東洋のオルトラン

宮城浩蔵論文選集

村上一博 編

明治大学出版会

目次

序文――《東洋のオルトラン》と称えられた刑法学者――001

第I部　法学関係論稿

「日本刑法論凡例」　宮城述『日本刑法論』第一巻　明治一四年　二月――038
「弁護権ヲ論ス」　『法律志叢』八七号　明治一五年　一月――038
「酌量減軽ヲ論ス」（一）　『法律志叢』九〇号　一月――040
「酌量減軽ヲ論ス」（二）　同　九五号　二月――042
「継続犯ノ弁」（一）　同　九八号　三月――043
「継続犯ノ弁」（二）　同　一〇一号　三月――045
「犯罪ノ教唆ヲ論ス」（一）　同　一〇五号　四月――048
「犯罪ノ教唆ヲ論ス」（二）　同　一〇六号　四月――050
「告訴ヲ待テ受理ス可キ事件ニ付キ被害者ノ棄権又ハ私和ノ解」　同　一一〇号　五月――052
「附帯犯罪ノ弁」（一）　同　一一二号　六月――055
「附帯犯罪ノ弁」（二）　同　一一五号　六月――057
「刑法講義第一回」　『法律講義』　一号　七月――059
「刑法講義講述者序」　宮城講述『刑法講義』第一巻　明治一八年　一月――066
「果合ノ処分ヲ論ス」（一）　『明法雑誌』　二号　三月――067
「果合ノ処分ヲ論ス」（二）　同　四号　五月――067

「公証ヲ経スシテ自己ノ不動産ヲ第一抵当ニ差入レ之ヲ掩蔽シテ
第二抵当ニ差入レ公証ヲ経タル場合ヲ論ズ」　同　六号　七月――070
「子孫ノ権利ヲ論ス」（一）　同　一九号　明治一九年　九月――073
「期満効に関する討論筆記」（一）　同　二〇号　九月――078
「期満効に関する討論筆記」（二）　同　二一号　一〇月――080
「試験心得」　同　三八号　明治二〇年　六月――080
「人ヲ殺サントシテ已ニ其事ニ着手スト雖モ自ラ其所為ヲ止メテ
遂ケサル者ノ処分方法ヲ論ス」（一）　【未見】『研法雑誌』　一号　明治二一年　六月――088
「人ヲ殺サントシテ已ニ其事ニ着手スト雖モ自ラ其所為ヲ止メテ遂ケサル者
ノ処分方法ヲ論ス」（二）　同　二号　七月――088
「民法草按中ニ自然義務ヲ設クルニ付テノ意見」（「民法編纂ニ関スル意見書」）
『日本近代立法資料叢書』第一二巻　一〇月――090
「決闘論」（一）　『明法雑誌』七五号　明治二二年　一月――093
「決闘論」（二）　同　七六号　一月――098
「裁判官に賄賂を贈り依て不正の裁判を為さしめたる者は
教唆者を以て論するや」　『法政誌叢』一〇〇号　明治二三年　一月――102
「山形日報ノ発刊ヲ祝ス」　『山形日報』　一号　五月――104
＊「府県制郡制ノ性質」　『法政誌叢』一〇九号　六月
「重罪控訴予納金規則ト刑事訴訟法トノ関係ヲ論ス」
同　一一八号　一二月――105
「宮城浩蔵氏の演説」　同　一一八号　一二月――108
「現行刑法改正論」（一）　同　一二〇号　明治二四年　一月――109

「現行刑法改正論」（二） 同 一二一号 二月 —— 113
「現行刑法改正論」（三） 同 一二二号 二月 —— 116
「現行刑法改正論」（四） 同 一二四号 三月 —— 118
「擬律擬判：刑事問題答案」 同 一二四号 三月 —— 122
「現行刑法改正論」（五） 同 一二五号 四月 —— 130
＊「勧業義済会告発事件を論ず」 日本商業雑誌』一冊一三号 四月
「勧業義済会告発事件ヲ論ス」 『法政誌叢』一二六号 四月 —— 132
「故矢代操君追悼演説」 矢代操・岸本辰雄著『民法財産取得編講義』巻之一 五月 —— 134
「擬律擬判：刑事問題答案」 『法政誌叢』一二七号 五月 —— 136
「真物ニ類似セサル印章ノ偽造ハ印章偽造罪ヲ成スヤ否ヤ（刑法第二百八条）」（一） 同 一二八号 六月 —— 138
「欠席判決アリタルノ後チ被告人ノ為メニ経過スル所ノ時効ハ刑ノ時効ナルヤ将タ公訴ノ時効ナルヤ」 『法政誌叢』一二九号 七月 —— 142
「序」 諏方武骨編『山形名誉鑑上巻』（諏方武骨） 七月 —— 145
「真物ニ類似セサル印章ノ偽造ハ印章偽造罪ヲ成スヤ否ヤ（刑法第二百八条）」（二） 同 一三〇号 八月 —— 146
「法典維持論ハ英法学者ヨリ起ル」 『法治協会雑誌』五号 一一月 —— 148
「商法部分施行論」 同 六号 一二月 —— 151
「訴訟法総論」 宮城著『民事訴訟法正義』（上） 一二月 —— 156
＊「フヒリップニ対スル裁判ニ付キ所見ヲ述ブ」 『法政誌叢』一三五号 明治二五年 一月
「フヒリップに対する裁判に付ての所見」 『日本之法律』四巻二号 二月 —— 164
「府県制郡制の性質」 同 四巻一二号 一二月 —— 169

「欠席判決ありたる後被告人の為に経過する所の時効は刑の時効なるや
将た公訴の時効なるや」『日本之法律』五巻一号　明治二六年　一月 —— 173
＊「府県制郡制の性質」『日本大家論集』五巻二冊　二月
「誹議罪ニ於ケル事実ノ証明ヲ論シテ新聞紙条例ニ及フ」
『明法誌叢』一三号　三月 —— 176
Les Thèse pour la Licence en droit（Faculté de droit de Lyon）　明治一三年　四月 —— 200

第Ⅱ部　帝国議会における発言

第一回帝国議会衆議院本会議
島田三郎動議「司法大臣の覆牒に対し本議院の目的を定め其利益を後来に確保し議員身体の自由を
安全にせんか為めに九名の委員を選挙する件」　明治二三年一二月　九日 —— 202
永井松右衛門提出「商法及商法施行条例期限法律案」第一読会　明治二三年一二月一六日 —— 203
天春文衛提出「特別地価修正案」　明治二四年　三月　四日 —— 214
第二回帝国議会衆議院本会議
箕浦勝人ほか提出「新聞紙法案」　明治二四年一二月　八日 —— 219
渡邊又三郎提出「商法及商法施行条例ノ一部施行ニ関スル法律案」
明治二四年一二月一〇日 —— 224
第三回帝国議会衆議院本会議
村田保ほか明治二五年五月一六日貴族院提出「民法商法施行延期法律案」
明治二五年　六月一〇日 —— 228
同特別委員会
明治二五年五月二六日本会議で特別委員へ付託「勅令第四十六号審査特別委員会」

明治二五年　六月　一日――240

第四回帝国議会衆議院本会議
　野出鋿三郎ほか提出「明治二十三年法律第八十四号改正案」　明治二五年一二月　六日――244
元田肇提出「裁判所構成法改正の法律案」第一読会　明治二五年一二月　九日――252

第Ⅲ部　弁護担当事件

新聞紙条例違反（朝憲紊乱）事件
「朝憲紊乱事件」『日本』五八七号　明治二三年一二月――260
「朝憲紊乱被告事件」『日本』五八九号　一二月――266
「朝憲紊乱上告事件」『日本』六八三号　明治二四年　三月――268
「朝憲紊乱事件」『日本』六八五号　三月――275
「朝憲紊乱事件の公判」『日本』七三九号　五月――277

第Ⅳ部　履歴および関係記事

[宮城浩蔵戸籍謄本]（天童市役所所蔵）――280
[箕作貞一郎（麟祥）塾入門請書]（箕作阮甫・麟祥関係文書、国立国会図書館憲政資料室所蔵）　明治　三年一〇月――280
[宮城浩蔵ほか仏国留学許可]（『太政類典』第二編第二四八巻第四類学制、国立公文書館所蔵）　明治　九年　八月――281
[仏国外務大臣ドウカーズ公爵宛ての鮫島尚信書簡]　明治　九年一〇月――282

「パリ大学法学部学籍簿」（パリ国立文書館所蔵）――284
「帰国届」（『太政類典』第四編・明治一三年第三七巻第四類学制、国立公文書館所蔵）　明治一三年　七月――285
「仏国留学中拝借金月賦返納許可」（『太政類典』同右、国立公文書館所蔵）　九月――285
筆記者「刑法講義緒言」　宮城浩蔵講述『刑法講義』第一巻（明治法律学校）　明治一七年　六月――286
「刑法講義広告」　『朝野新聞』三二〇四号　七月――287
西園寺公望「刑法講義序」　宮城浩蔵講述『刑法講義』第一巻（知新社）　八月――288
「巡廻」　『読売新聞』三六四八号　明治二〇年　三月――289
「宮城浩蔵氏辞職の噂」　『読売新聞』四五四四号　明治二三年　二月――289
「大同派の三騎」　『読売新聞』四五九三号　四月――290
「宮城浩蔵氏と大江卓氏」　『読売新聞』四六〇八号　四月――290
高橋忠治郎（摂提子）編『帝国議会議員候補者列伝全』　四月――290
正義会の一員「弁妄」　『山形日報』一号　五月――292
「宮城浩蔵氏の辞職に付内諭」　『読売新聞』四六四〇号　五月――294
「山形県第一区撰出議員　宮城浩蔵氏略伝」（衆議院議員列伝）　『国民新聞』一五六号　七月――294
「宮城浩蔵氏（山形県第一区）」（衆議院議員略伝）　『読売新聞』四六九四号　七月――295
「山形県第一区　宮城浩蔵氏」（議員略伝）　『朝野新聞』五〇三六号　七月――296
「天童の慰労会」　『山形日報』六九号　七月――296
木戸照陽編述『日本帝国国会議員正伝』　八月――299

関谷男也編『帝国衆議院議員実伝』 八月 300
「宮城浩蔵氏」『東京日々新聞』五六七六号 九月 302
〔代言広告〕『毎日新聞』五九四三号ほか 九月 302
「宮城浩蔵氏代言人となる」『読売新聞』四七六六号 九月 303
鈴操子「宮城浩蔵君ノ代言事務」『法政誌叢』一一六号 九月 303
「宮城浩蔵氏」『神戸又新日報』一九二三号 九月 305
「三代議士山田大臣の邸に会す」『中外商業新報』二六一四号附録 一二月 306
「宮城氏二百円を醵出す」『読売新聞』四八五六号 一二月 306
「法律家の集会」『日本』七六五号 明治二四年 三月 306
「宮城中村の二代議士自由倶楽部に加入す」『読売新聞』四九三八号 三月 307
秋野篠田正作著『明治新立志編』 四月 307
「東京代言新組合総会」『東京朝日新聞』一九一八号 四月 308
「正副会長及議長副議長」『東京朝日新聞』一九二一号 四月 308
諏方武骨編『山形名誉鑑上巻』 七月 309
「自由倶楽部愈々自由党と分離す」『読売新聞』五〇七八号 八月 311
「丸万座学術演説会」『山形自由新聞』三四三四号 八月 312
「仙台に於ける法治協会演説会」『読売新聞』五〇九七号 八月 312
日下（柳昌軒）南山子編著『日本弁護士高評伝全』 八月 313
「少し奇怪な人民」『東京朝日新聞』二一〇九号 一二月 316
「宮城代議士の一語永井代議士を首肯せしむ」『扶桑新聞』第一三六五号 一二月 316
伊東洋二郎著『国会議員百首』 一二月 317

「宮城浩蔵氏」『読売新聞』五二一七号　明治二五年　一月——317
「重野謙次郎氏宮城浩蔵氏に意中を明かす」『読売新聞』五二二三号　一月——318
「山形県第一区民党の候補者」『読売新聞』五二三一号　一月——318
「宮城浩蔵氏第四区に向つて応援す」『山形日報』五二一七号　二月——319
「宮城小僧と佐藤座頭治」『読売新聞』五二五三号　二月——320
「東村山郡に於ける慰労会」「西郷村に於ける両代議士当選の祝賀会」
「西里村大懇親会」『山形日報』五三一八号　二月——320
「宮城浩蔵氏売卜者の先見に服す（明治紳士ものがたり）」『読売新聞』五三三五号　五月——322
「宮城浩蔵対三崎亀之助」『読売新聞』五三六二号　六月——323
「宮城氏弁護を辞す」『東京日日新聞』六二一四号　七月——323
「養母殺し實玄と宮城浩蔵氏」『読売新聞』五三八四号　七月——323
松本徳太郎編『明治宝鑑』　九月——324
「東北組挙て同盟倶楽部に入る」『読売新聞』五五二二号　一二月——325
〔葬儀広告〕『毎日新聞』六六七一号　明治二六年　二月——325
「宮城浩蔵氏逝く」『郵便報知新聞』六〇九八号　二月——326
「宮城浩蔵氏逝く」『都新聞』二四三〇号　二月——326
「衆議院の弔詞」『読売新聞』五五九八号附録　二月——327
「宮城浩蔵氏逝く」『東京日々新聞』六三九三号　二月——327
〔会葬御礼〕『毎日新聞』六六七三号　二月——328
「宮城浩蔵氏の死去を祝するとは何事ぞ」『朝野新聞』五八二八号　二月——329
雑報「法界二将星落つ」「宮城氏」『法学新報』二三号　二月——329

佐々木忠蔵「先師宮城浩蔵先生略伝」　『明法誌叢』一二号　二月——330
岸本辰雄「祭宮城浩蔵君文」　同　一二号　二月——332
安達峰一郎「吊宮城浩蔵先生文」　同　一二号　二月——334
記事「宮城学士逝く」　同　一二号　二月——335
「宮城未亡人の事」　『東京朝日新聞』二四七四号　二月——336
「Nécrologie（追悼文）」『Revue Française du Japon（仏文雑誌）』第一期一四号　三月——336
＊岸本辰雄「祭宮城浩蔵君文」　『日本之法律』五巻四号　四月
岸本辰雄「序」「緒言」　宮城浩蔵著『刑法正義』　六月——339
佐々木忠蔵「先師宮城浩蔵先生小伝」　同　六月——341
「故宮城氏紀念碑の建立」　『読売新聞』五七五二号　七月——343
岸本辰雄「緒言」　宮城浩蔵著『民事訴訟法正義（訂正増補）』上巻　八月——344
「故宮城浩蔵氏一周年法会」　『読売新聞』五九五四号附録　明治二七年　二月——344
＊田能邨梅士著『明治法律学校二十年史』　明治三四年　六月
奥平昌洪著『日本弁護士史』　大正　三年一一月——345
「宮城氏建碑除幕式」「見聞雑記」　『山形新聞』一二三六〇号　大正　八年　六月——346
「碑文」（東京谷中墓地の墓碑、山形市千歳公園の顕彰碑）——348
佐々木忠蔵「故宮城浩蔵先生小伝」　『山形日報』九〇〇八号　六月——349
怒濤庵主人「選挙運動の別働隊　所謂壮士団の横行」　『山形公論』二巻一号　大正一五年　一月——351
佐々木忠蔵「宮城先生と垂石君」
　『山邊有意会々誌』第一二号（垂石前会長追悼記念号）　昭和　三年　五月——357
大植四郎編著『明治過去帳〈物故人名辞典〉』　昭和一〇年一二月——362

【注】掲載誌が異なる同一内容の論稿が存在する場合には、誤植などが少なく、より完成されたものを選んで飜刻した。飜刻対象としなかった論稿には、＊印を付した。

序文 《東洋のオルトラン》と称えられた刑法学者

村上一博

1. 宮城浩蔵とは、どのような人物か

明治二六（一八九三）年二月一六日、明治法律学校校長の岸本辰雄は、長年にわたって苦楽を共にし、一四日に急逝した宮城浩蔵を悼んで、次のように語った（岸本「祭宮城浩蔵君文」）。

君は、明治の初め、天童藩の貢進生に挙げられて名声夙に喧しく、私は君と出会うとすぐに意気投合して、お互い助け合う仲となった。法学を修め共に官命を帯びてフランスに留学、業成って帰朝するや、法学の普及が急務であると感じ、「相謀リテ経営苦辛、遂ニ我明治法律学校ヲ創立」した。以来、君は益々法学に力を注いで日夜精励して怠ることはなかった。学生に対する君の態度は「丁寧懇篤、猶ホ慈父ノ愛子ニ於ケルカ如」くであった。その刑法講義は「識見卓抜、細ニ蘊奥ヲ究」め、書物に編まれると評判を呼び、「東洋独歩」と高く評価されたが、まさにその通りである。それゆえ、君の薫陶に浴して智識を啓発された者は、明治法律学校の学生に止まらず、全国に及んでいる。君はまた、政府の立法事業に従事し、代言業に就くと忽ち頭角を顕わした。彼のように一身を擲っ

て法律学の普及に尽くし、その成果を挙げた者は稀であり、私も同志の徒も感銘を受けない者はいない。君はさらに、衆議院議員となり「独行」、民衆の頼むところ大であり、前途が大いに期待されたのだが、不幸にして帰らぬ人となってしまった。「嗟呼哀矣哉」。君は「啻ニ学識深博、弁舌勇壮ノミナラス天資英敏、温容玉ノ如シ、人ヲシテ敬服セシムルニ足ル」。

この岸本による追悼の辞は、宮城の生涯を簡潔かつ的確に語っているだけでなく、その法学識に対する深い尊敬と厚い友情に溢れており、読む者の胸を打つものがあるが、編者なりに整理して、宮城を日本近代法史上に位置づけると、次のようになる。

宮城浩蔵は、日本近代法学の母胎となった司法省法学校（明法寮）の第一期生として、明治政府の御雇法律顧問であったボワソナードらから、日本人として初めて本格的にフランス法を学び、パリ大学およびリヨン大学に留学した、我が国におけるフランス法学のパイオニアの一人である。帰国後は、民刑法典その他の立法事業に関わり、近代法体制の基礎を築いた法制官僚・法学者の中核的存在となり、とくに刑法学の分野で顕著な業績を挙げたことで、一九世紀前半を代表する著名なフランス刑法学者の名を借りて、「東洋のオルトラン」と称えられた。また、その傍らでは、岸本辰雄・矢代操とともに明治法律学校（現在の明治大学）を創設して、法学教育に献身し、多くの実務法曹を輩出した。さらに、第一～四回帝国議会において衆議院議員（山形県第一区選出）として、また大審院判検事・弁護士として活躍し、明治政府の立法施策とその健全な運用のため力を尽くした。宮城の生涯は、僅か四〇歳一〇ヶ月という短いものであったが、近代日本の形成期における法制度と法学の構築および、その運用普及に尽くした功績は大きく、まさに、燦然と輝き逝った「暁の明星」と言うに相応しい人物なのである。

2. 宮城浩蔵の略歴

宮城の主な経歴を、掲げておこう。

嘉永五年　四月一五日　羽前国東村山郡天童町に、天童織田藩典医武田直道（良祐、玄々）の次男として生まれる

文久三年　七月　藩校養正館開校・入学

慶応元年　五月　五日　天童藩士宮城瓏治家の養子となる（一三歳）

明治二年　藩命により上京

三年一〇月　三日　箕作貞一郎（麟祥）の私塾「共学社」に入門

一二月　天童藩貢進生として大学南校入学（一九歳）

このころ病気入院

四年　九月　貢進生制度廃止、大学南校廃止

一〇月　大学南校に再入学

五年　八月一七日　転学して、司法省明法寮生徒拝命（二一歳）

九年　七月　司法省法学校卒業

八月　五日　フランス留学省議決定（三年間、年間学資金千円）

一一月一五日　パリ大学法学部第一回受講登録

一二年　四月一二日　留学期間の延長許可

一〇月　五日　同　第一〇回受講登録

一三年（一月）　リヨン大学法学部へ転学、第一一回受講登録か

（四月）　同　第一二回受講登録・法学士第二回試験か
四月二四日　法学士号取得論文を提出
（口頭試問および学士号授与日は不明）
六月二八日　帰国
八月一九日　検事拝命
一一月　講法学舎講師
一四年　一月　明治法律学校創立
六月　司法省第八局詰
一〇月一五日　中田寅吉の三女くらと結婚
一五年　二月二七日　大審院検事（遅くとも、一六年一〇月以降　同判事）
一七年　七月二九日　訴訟規則取調委員
一一月　日本法律学士の学位授与、司法権少書記官、法律取調報告委員
一八年　一月一三日　代言人試験委員
一九年　五月　司法省参事官（民事局）
八月　警官練習所において刑法・治罪法講義
二一年　八月　明治法律学校副校長
二二年　代言人試験委員
二三年　三月　官職辞職願、明治法律学校退職
四月一二日　天童町に転居

五月二一日　司法省参事官・法律取調報告委員被免
七月　一日　第一回衆議院議員選挙当選［山形県第一区］
九月二五日　代言人免許取得
二四年　四月二五日　東京代言人新組合会長（二五年四月三〇日まで）
二五年　二月一五日　第二回衆議院議員選挙当選［山形県第一区］
三月二五日　同新組合の弁護士法案審査委員
二六年　二月一四日　腸チフスにより、東京市南豊島郡赤十字社病院で死去（享年四〇歳一〇ヶ月）
大正八年　六月二三日　山形市千歳公園内に、宮城浩蔵顕彰碑建立

3．本書編集の方針

右の経歴から知られるように、我が国における近代法学の形成期において宮城が果たした役割の重要性は、疑いの余地がないと言ってよいのだが、これまでの法学説史研究では、ともすれば、東京大学関係の法学者ら（その内でも特にドイツ法系列）が考察の中心とされ、司法省法学校関係の法学者ら（主としてフランス法系列）の法学説は、充分に検討されて来なかった憾みがある。しかし、近年、編者も参加した『ボワソナード民法典資料集成』（雄松堂出版）の刊行や『日本立法資料全集』（信山社出版）の復刻事業などを通して、後者の法学者たちにも、ようやく光が当てられるようになってきており、編者個人でも、日本近代法学の草創期の代表的な法学者である磯部四郎（主に民法）と岸本辰雄（主に商法）について、『日本近代法学の巨擘—磯部四郎論文選集』（信山社出版、二〇〇五年）・『磯部四郎研究』（平井一雄氏と共編、信山社出版、二〇〇七年）・『日本近代法学の揺藍と明治法律学校』（日本経済評論社、二〇〇七年）および『日本近代法学の先達—岸本辰雄論文選集』（日本経済評論社、二〇〇八年）を刊行した。

宮城浩蔵についても、編者はここ十数年にわたって関係資料の収集を続けてきたが、本書には、これまで長年にわたる明治大学史研究の成果も取り込んで、宮城の生涯および法学説の形成とその運用の全容に迫ることのできる資料集となるよう努めた。【第Ⅰ部】では、法学関係の論稿（明治法律学校機関誌などの諸雑誌に掲載した論稿・演説筆記や諸立法事業の過程で発表した建議・意見など）を、【第Ⅱ部】では、衆議院議員として帝国議会で行った発言を集め、【第Ⅲ部】では、弁護士として関わった事件の中から弁護内容が知りうる新聞紙条例違反（朝憲紊乱）事件を取り上げ、【第Ⅳ部】では、人物評伝や回顧談、宮城に関わる記事などを収録した。

なお、資料を翻刻するにあたっては、次のような基準に拠った。

一、漢字は原則として常用漢字を、俗字・略字などは正字体を用いたが、附・缺・曾など、原文のママとした場合もある。

二、かなの多くは現行の字体に、ξ（こと）、ヿ（コト）、𪜊（トキ）、𪜈（トモ）、朩（ナド）、〆（シテ）も、それぞれ、かな・カナに改めた。

三、句読点は原則として原文を尊重したが、あまりに煩雑な場合には省略した。

四、明らかな誤字・脱字の場合には［　］で補い、文意不明な場合には右側に（ママ）などと注記した。ただし、仏文の場合には、特に注記なく、訂正した。

五、同一の内容が複数の雑誌新聞に掲載されている場合、原則として初出に拠ったが、初出の記事が校正不良であったときは、後出に拠った場合もある。

以下、この解題では、本書に収録したすべての論稿や記事について、その内容を詳しく検討する余裕はないので、若干の論稿や記事を取り上げながら、(1)誕生からフランス留学、(2)明治法律学校の創立、(3)刑法学説、(4)代言人および(5)衆議院議員としての活動について、その特徴を簡単に述べておきたい。

4．生い立ちから藩校での修業、そして戊申戦争へ

宮城浩蔵の幼少年期（天童時代）については、本書第Ⅳ部に収載した評伝類や、一連の天童市史研究・明治大学大学史研究によって、その大凡が明らかとなっている。

浩蔵は、嘉永五（一八五二）年四月一五日、天童織田藩の御典医であった武田良祐（直道・玄々）の次男として、羽前国東村山郡天童町大字天童乙九番地（現在の天童市田鶴町）に生まれた。父は、天童織田藩の有力商人（薬種問屋）であった七代目佐藤伊兵衛（直諒）の三男として生まれ、天童藩御典医武田元亮の養子となって娘れいと結婚、緒方洪庵（適塾）・伊藤玄朴（象山堂）らから西洋医学を学んで、山形最初の近代的病院「済生館」の医師となった。浩蔵一三歳の時、慶応元（一八六五）年五月五日、天童藩で中士上位にあった宮城瓏治（宗［惣］右衛門）の養子となり、明治二（一八六九）年三月一五日に宮城家を相続している。

文久三（一八六三）年七月、天童藩の藩校養正館が開校され、「幼にして穎悟、文を好み武を嗜み」、「奇材」の評判が高かった浩蔵は、開校後まもなく同校に入って文武の道を講じ、「修学怠らず、嶄然頭角を露」わしたので、藩主信学は「大に其の材を愛し、擢て養正館の句読師」すなわち素読係を命じたと言う。養正館での教育は四書五経が中心であり、洋学は教えられなかったが、浩蔵は、父良祐から蘭学知識を得ていたと思われる。慶応四（一八六八）年三月、藩主信学に対して、織田信長の末裔という「格別ノ家柄」を理由に、奥羽鎮撫師の先導役が命じられたが、実際にその任にあたった中老吉田大八は、村山郡の旧幕府領を接収するため、庄内藩の追討を計ったが、庄内軍からの総攻撃を受け、閏四月四日には、藩主の居宅をはじめ、家中屋敷から町屋・寺院に至るまで、天童町は灰燼に帰した。浩蔵は「時年一七、藩の監軍吉田大八の麾下に属し、砲烟哨雨の間に嘗むること数閲月、大八殊に先生の勇胆を愛し、常に左右に従へて戦いに臨」んだと言われる。浩蔵は、大八のもとで、勇猛果敢に庄内軍との戦いに加わった

ようである。その後、天童藩は、奥羽鎮撫師先導役の辞任、奥羽列藩同盟への参加、大八の切腹、官軍への降伏、官軍の先鋒に復帰、と大きく揺れ動いたが、結局、天童藩は、去就に迷ったことを理由に、二千石の削減と藩主信敏の隠居という処分を受けた。戊辰戦争は、小藩の天童にとって厳しい結果に終わった。こうした、自藩の迷走と大八の死という激動の時期に、浩蔵が何を思い、どのように行動したのかを、知ることはできないが、戦乱が治まった頃、浩蔵は、藩命により、庄内藩酒田において松江藩の衛戍兵に付いてイギリス式兵法を学んでいる。帰藩後は、師範役となって藩士の練兵指導にあたり、大いに兵制を改革したと、伝記は記している。浩蔵は「亦自ら養正館に寝食して専心漢学を講究し、学殖日に進み」、藩内の学生の内で「君の右に出る者なし」と言われるほどに、成長していった。

5. 箕作麟祥塾から大学南校を経て、司法省明法寮へ

明治二（一八六九）年、浩蔵は、イギリス式兵学の更なる修業を目的として東京に出た。しかし、翌明治三（一八七〇）年一〇月には、自ら藩主に懇請して、箕作麟祥（貞一郎）の私塾「共学社」に入り、フランス学を学んでいる。軍事的知識を学ぶことを通して、西欧への目が開かれ、フランス学へと惹きつけられていったのである。このとき、箕作宛てに出された「一札之事」（入門願書）が残っている。浩蔵が入塾した頃、箕作塾はすでに最盛期を過ぎていたようだが、それでも、斯学の第一人者であった箕作が当時進めていたフランス諸法典の翻訳作業などを間近に見ることで、フランス法の重要性を、肌で感じたに違いない。

明治三年一二月、宮城は、天童藩から貢進生に推されて大学南校に入学した。貢進生として学び始めた頃、宮城は、矢代操と同じく、下谷竹町の病院に入院していたことが知られるが、二人とも南校に首尾よく再入学が認められているから、入院生活は、明治三年末から、明治四（一八七一）年四月に正規の貢進生教育が始まった頃までの間であろう。その後、廃藩置県にともない、明治四年九月に貢進生制度は廃止となり、同月二五日に南校も一旦閉校となった

が、翌月に、再入学が認められ、さらに司法省に新たに開設された法学校（明法寮）に転入した。

明治五（一八七二）年八月一七日、最初の司法省明法寮の生徒二〇名が決定した。いわゆる正則科第一期生（八年制で、前期の四年間に普通教育、後期の四年間に法学の専門教育が、いずれもフランス語で行われた）である。このうち、井上正一・栗塚省吾・熊野敏三・木下広次・岸本辰雄・加太邦憲・宮城浩蔵・小倉久・磯部四郎の九名が、南校からの転学組であった。

明治七（一八七四）年四月から、御雇法律顧問のボワソナード（G. E. Boissonade）とブスケ（G. H. Bousquet）による法律学の専門授業が開始され、八（一八七五）年八月には、井上・栗塚・熊野・木下・磯部・関口豊・岡村誠一の七名について、翌九（一八七六）年八月には、宮城・小倉・岸本の三名について、フランス（パリ大学）留学が認められた。彼らがパリ大学法学部に入学するにあたっては、外務大輔の鮫島尚信が、仏国外務大臣のドゥカーズ公爵（Decazes）に対して、日本人学生の入学について、文部大臣が文科バカロレア資格を免除してくれるように要請してほしい旨を、依頼していたことが知られる。

6．パリ大学からリヨン大学へ

パリ国立古文書館（Archives nationales de Paris）に所蔵されているパリ大学学籍記録から、宮城と岸本の、受講登録年月日や受験年月日および成績を比較してみよう。

パリ大学受講登録年月日

学年	登録回数	岸本辰雄	宮城浩蔵
1	第1回	1876・11・15	1876・11・15

	第2回	1877・4・6	1877・1・13
	第3回	1877・4・18	1877・4・13
	第4回	1877・6・28	1877・7・30
2	第5回	1877・11・6	1877・11・5
	第6回	1878・6・24	1878・6・26
	第7回	1878・7・2	1878・7・24
	第8回	1878・7・2	1879・1・15
3	第9回	1878・10・28	1879・4・19
	第10回	1879・1・13	1879・11・5
	第11回	1879・4・2	
	第12回	1879・6・17	

受験年月日と成績

学年	試験種類	岸本辰雄	宮城浩蔵
1	得業士第1回	1877・7・20（2B1R）	1877・8・2（2B1R）
2	同　第2回	1878・7・26（1B2R1N）	1879・2・19（2B1BR1R）
	法学得業士証書授与	1878・10・10	1879・3・11
3	法学士第1回	1879・3・19（1B1BR2R）	1879・7・24（3B1BR）
	同　第2回	1879・7・11（1B1BR2R）	

学位論文試験　1879・11・19（4R）
法学士証書授与　1879・12・3

岸本と宮城は、第一回の登録手続を、一八七六年一一月一五日に（担当教官はビュフノアール Bufnoir・ジイド Gide の両教授）行っている。岸本は、第二・五～七回登録が、本来の登録時期から遅れているが、合併登録することで乗り切り、結局は、最短の三年間全一二回の登録で、課程を修了している。これに対して、宮城は、第二回登録（一八七七年一月一三日）以降、順調に勉学を重ねて、得業士第一回試験に及第しているが、第七回登録（一八七八年七月二四日）から第八回（一八七九年一月一五日）まで約半年の空白期間がある。後述するように「病ニ罹リ種々療養ヲ尽シ」たためと推測される。その後は、得業士第二回試験及第、第九回登録、法学士第一回試験及第（試験成績は三白・一赤白であるから、岸本の一白・一赤白・二赤より良好であった）、第一〇回登録と再び順調に勉学を続けていったが、最終的に卒業（法学士号取得）に至るのに必要な、第一一・一二回登録と法学士第二回試験および法学士号取得試験の記載が、学籍簿に見出せない。一年目の担当教官はビュフノアール（民法）・ジイド（ローマ法）の二人、二年目は、ビュフノアール・ジイド・ルベイエ Leveillé（刑法）・ギャルソネ Garsonnet（民訴）の四人であり、岸本の場合と同じであるが、三年目の記載はない。こうしたことから、おそらく、宮城は、第一一回登録から（一八八〇年一月からであろう）リヨン大学に転学したと推測される。パリの国立図書館（トルビアック Tolbiac 分館）の蔵書中に、Kauzô MYAKI が、Le 24 Avril 1880 に、リヨン大学法学部（Faculté de droit de Lyon）に提出した法学士号取得論文が所蔵されており、審査にあたっては、学部長（doyen）のカイユメール Caillemer Exupère（民法）が主査を、マビール Mabire（民法）・タラー Thaller（商法）・オーディベール Audibert（ローマ法）の三人が副査を務めていることが分かる。カイユメールは、リヨン大学法学部の創立（一八七五年）に関与し、初代学部長として一九〇九年まで三三年間その職にあり、草創期のリヨン大学法学部を代表する法学者として知られている。リヨン大学に来る前、彼はグルノーブル大学に勤めており、ボアソナードと同僚であった時期があるから、宮城が転学した背景には、あるいは、ボワソナードとカイユメールとの親しい関係があったのかもしれない。

論文は、全五三頁、ローマ法とフランス民法に関する二編から構成されている。

ローマ法に関する論文では、所有者が自己の所有物を譲渡する権利を有しない場合と非所有者が譲渡する権利を有する場合（法学提要第Ⅱ巻第Ⅷ章）を取り上げ、前者については、①夫が嫁資財産を譲渡する権利を有しない場合と、②未成年被後見人がその者の物を譲渡する権利を有しない場合を、後者については、①質権者が債務者の所有物を譲渡できる場合と、②後見人が未成年者被後見人の所有物を譲渡できる場合について検討している。結論としては、Ⅰ．夫は嫁資の設定により、嫁資財産の有効な所有者となること、Ⅱ．嫁資財産の譲渡禁止は、分割訴訟が夫に対して提起される場合、分割事例に適用されないこと、Ⅲ．未成年被後見人は、債務を負担することができないが、彼が約束されたこと全てについて自然債務を負い、それ以上に彼が契約から得た利益を維持すること、の三点を導いている。

また、フランス法に関する論文では、委任をテーマに、その一般的性格・形式・目的・当事者能力・受任者の債務・終了について検討し、Ⅰ．委任は黙示で付与されうること、Ⅱ．自由業といわれる職業に属する行為を遂行する約束は、委任を構成しないこと、Ⅲ．（親権または後見から）解放されていない未成年者に付与された委任は、有効であること、Ⅳ．裁判所は、約定によって定められた受任者の賃金を減額する権利を有しないこと、Ⅴ．第１１６６条に基づいて行動する債権者は、受任者ではないこと、の五点を結論としている。

この宮城の論文が、当時のリヨン大学における法学士号取得論文として、どの程度の水準だったのか、また結論が妥当なものと言えるのかどうかについては、諸賢のご判断に委ねるほかないが、注目すべきは、ローマ法の論文は、ラテン語での執筆が通例であったにもかかわらず、宮城の場合にはフランス語で作成されており、文部大臣が大学規則の例外として（par dérogation aux règlements universitaires）宮城にそれを認めた旨がとくに注記されている点である。断定はできないけれども、この異例とも言える特別な計らいが、宮城をリヨン大学へ転学させた理由であったのかもしれない。リヨン大学時代の学籍記録はまだ発見されていないとはいえ、右の論文によって、宮城がリヨン大学法学部を卒業（法学士号取得）したことはほぼ間違いない。

岸本と宮城のフランス留学は、明治九（一八七六）年八月から三カ年間の予定であったが、明治一二（一八七九）年四月、小倉も加えて三人で、「勧解裁判所ヨリ初審、重罪、破棄等ニ至ル迄実際」を見聞したいとの理由により、一〇月から一年半の在留延期と学資支給を申請し、この申請は認められて、同年六月、定額学資（一人年間洋銀九五〇ドル）のほかに、一人当たり八〇〇ドルの別途手当金が支給されている。しかし、この在留延長は実際には履行されなかったようであり、岸本は、明治一三（一八八〇）年二月二七日、宮城は四ヶ月遅れて同年六月二八日に帰国している。帰国後、岸本・宮城・小倉（明治一二年一〇月に満期帰国）の三人は、フランス在留中に健康を害し「一命ニモ可関程ノ大患」を煩い「多方療養ヲ尽シ」たため、療養費として、公使館から、岸本は二一七七円余、宮城は一四七一円余、小倉は二〇五五円余を借用したので、それを月賦で返済したい旨、申し出て、岸本・小倉については、すぐに了承された。宮城については、借金がさらに嵩み、その処理が複雑であったため、司法省から太政官に次のような内容の伺いが出されている（明治一三年七月二八日）。司法省所管仏国留学生の宮城浩蔵は、フランスにおいて「病ニ罹リ種々療養ヲ尽シ」たため、公使館から一四七一円余を借用した（この金は仏国大使館から三井物産会社へ為替を組み、同社から請求があったので一二年度経費から繰り替えて支払済みである）。その後、一旦回復したので帰国しようとしたが「途中再発」し「薬餌其外ニテ多分ノ負債ヲ醸」したため、またまた公使館から仏貨二四六一弗余（この分の為替は到着しておらず、まだ支払っていないので、日本通貨への交換レートが分からない）を借用した。今般、宮城が帰国したので貸与した金額の返納を命じたが、宮城は「何分貧困ニシテ」返納の目途が立たないため、月賦返納したい旨出願してきた。十分に取り調べたが事実に相違がないようなので、当省の経費から打切払いにすることにして、宮城からの今後の月賦返納金は税外収入として大蔵省に納付したい、との趣旨であった（九月一七日、太政官承認）。

7．帰国後の諸活動

(1) 法制官僚および大審院判検事として

『神戸又新日報』（明治二三年九月二七日）が、宮城浩蔵について「大審院の判事と為り、尋で司法省参事官となりて、近頃まで刑法治罪法の改正案及び民法商法訴訟法等の取調編纂に従事したるよしなり」と報じているように、明治一三年六月末に帰国した宮城は、八月の検事任官を皮切りに、新進のエリート法制官僚としての道を歩み始め、大審院検事（一五年二月）から同判事（遅くとも一六年一〇月以降）、次いで、司法権少書記官（一七年一一月）・司法省参事官（一九年五月）・法律取調報告委員などを歴任していった。

司法省官僚として、民事訴訟法および民法の編纂作業に関与していたことは、明治一七（一八八四）年七月二九日に訴訟規則取調委員に任命され、八月からのテヒョー修正原案の審議に加わっていることや「民法草按中ニ自然義務ヲ設クルニ付テノ意見」などから知られ、明治一五年から施行された刑法・治罪法の改正についての論稿も散見される。例えば、明治二四（一八九一）年一月〜五月の『法政誌叢』に「現行刑法改正論」が五回にわたって連載されており、明治一五年刑法に対する一〇項目に及ぶ批判と改正意見、すなわち①「日本人又ハ外国人カ外国ニ在リテ犯シタル罪ヲ規定」していないこと、②「刑期ノ区別並ニ加減其方ヲ得」ていないこと、③「刑名宣告前ニ受ケタル未決拘留ノ日数ヲ刑期ニ計算」していないこと、④「加減順序ノ規定ハ法意不明ニシテ解」しえないこと、⑤「財産ニ対スル罪ノ自首減軽ハ大ニ不当ナル所」あること、⑥「数罪倶発ノ規定ハ其当を得」ていないこと、⑦「内乱ニ関スル罪ハ罪度ノ異ナル者ヲ同一ニ罰」していること、⑧「官吏侮辱罪ハ大ナル欠点」あること、⑨「文書偽造罪ノ規定ハ大ニ不完不明」であること、⑩「人ヲ保護ス可キ責任アル者必要ノ保養ヲ欠キタル時之ヲ罰スルノ規定不完全」なこと、が述べられている。

また、宮城が裁判官として担当した訴訟事件として、現時点で確認できるのは、明治一七年三月～七月の、八件の大審院民事判決のみであり（大審院明治一七年七月一八日判決・明治一七年第二四四号「草木伐採特約履行」事件）から、大審院明治一七年三月二八日判決・明治一七年第五六五号「共有山働場故障解除」事件）まで）、その他、大審院における刑事判決、あるいは下級審における民刑事判決は、一件も確認されていない。大審院民事判決に、裁判官の一人として宮城の名前は確認できるものの、判決文は複数の裁判官の合議によって作成され、宮城がどの程度その作成に関与したのかを知りえないため、本書には収録しなかった。

（2） 明治法律学校の創設

明治法律学校は、法律専門学校の一つであった講法学舎を母体として誕生した。講法学舎は、明治九（一八七六）年一二月に、北畠道竜・大井憲太郎・村瀬譲によって設立されたが、司法省法学校を卒業後に任官しなかった矢代操が設立時から参画しており、明治一三（一八八〇）年にフランスから相次いで帰国した岸本と宮城は、参事院議官補あるいは司法省検事として任官する傍ら、矢代に請われて同舎の講師となった。ところが、この頃、学舎内では、監事の大岡育造（代言人、のち衆議院議員）と学生の間で折合が悪く、生徒二三人（発頭人は安部遜）が矢代に大岡の追放を迫った。しかし、同学舎の経営は、大岡の資金的支えによって維持されていたため、矢代も容易に踏みきれずにいたところ、ついに明治一三年一一月一五（一六）日、一四～五名の生徒が退校するという事態となった。退校した生徒たちは、岸本・宮城宅を訪れて、私的なかたちで法学の教えを受けながら、新たな学校の開設を懇請したのである。岸本と宮城は、矢代と同様、明法寮の卒業式の際に、ボワソナードから「法学の普及こそが諸君の天職であり、使命である」と説示されていたことを想い起こしつつ、法学教育の理想像に思いを馳せていたが、折りしも、一〇月二一日に、パリで親交のあった西園寺公望が帰国したのを機会に、学校設立について相談したところ、その賛同を得たので、新しい学校の設立に踏み切った。

　学校設立にあたっては、まず趣意書を作る必要があった。西園寺が杉村虎一に諮りながら起草したとも言われているのが、「法学ノ管スル所…小ニシテハ人々各自ノ権利自由ナリ…」という名文で知られる「明治法律学校設立ノ趣旨」である。それに手を加えて、明治一三年一二月八日に、「明治法律学校設立上申書」とともに東京府に提出された趣意書では、創立者は、岸本・宮城・矢代の三名と記されている。最初の設立趣意書の起草に関与した西園寺や杉村の名前がなぜ消えたのか、その理由について、杉村は、学校創立に必要な経費や資金面について、西園寺は一切関与せず、岸本・宮城・矢代の三人が一切を連帯で負担することに決まったからだと述べている。学校を設立するために、相当額の資金が必要であったことは勿論であり、この資金調達には、とくに、矢代と斎藤孝治の二人が奔走したと言われている。なお、設立上申書の段階では、設立場所は、麴町区上六番地三六番地（現在の千代田区三番町一六番地の東郷元帥記念公園の一角）の宮城浩蔵宅と記載されており、教科書は、内外法律書、授業時間は、一日三時間・一週合計一八時間、入学年齢は、満一六歳以上とされている。

　明治法律学校は、明治一四（一八八一）年一月一七日、麴町区有楽町三丁目一番地（数寄屋橋内旧三楽舎・旧島原藩邸）を借り受けて開校した。経営は、創立者三人による幹事制がとられ（明治二一年八月から校長・副校長制となり、校長に岸本、副校長に宮城が就任した）、当初の生徒は四四名（通学生と寄宿生を併せて）、その内の約四割、後に校友代言人となる斎藤孝治・安部遜ら一七〜八名が、講法学舎以来の生徒であった。

　明治法律学校の経営状況は、開校以来、厳しい状況が続いた。収入は、もっぱら、学生が納める「束脩（入校費）」

（一円）と校費（通学生三〇銭、入塾生五〇銭）に依存していたが、これだけでは経営を維持することができなかった。講師たちはみな無報酬だったが、それでも校舎の賃貸料（地代と家税併せて毎月六六円二五銭）の支払いにすら窮する有様であった。そのため、矢代が、宮城と杉村を連帯保証人として縁戚の長直四郎から三〇〇円を借用し、岸本は、旧鳥取藩主の池田慶徳の嫡男輝知から、四年間にわたり毎月二〇円（総額一〇〇〇円弱）の資金援助を受け、さらに、新校舎（明治一九年末に駿河台甲賀町に竣工移転した）の建設のため、鳥取在住の義兄永見明久に、一五〇〇～二〇〇〇円（利子一割五分／年）の資金調達を依頼するなど、金策に腐心していたことが知られている。さらに、近年、初期の会計帳簿である『校費　自明治十六年九月　至同廿九年十二月　決算報告表』（壱）が発見されて、草創期の財政状況がより明らかとなった。ここでは、(1)月謝校費の収入が明治二一年度にピークを迎えていること、(2)教師車代と諸役員給料（創立者は無給であったようであるから、講師らに支払ったものと推測されるが、誰に支払ったのかは不明である）が支出の大きな部分を占めていること、(3)負債償却が明治二一年度で終了していること、を指摘するに留めたい。

　また、経営状態の厳しさを裏付ける資料の一つとして、宮城ほか明治法律学校関係者に対して提起された一三件の「貸金催促訴訟」の判決（明治一八年末から二〇年末の二年間に集中している）が発掘された。「貸金催促」訴訟は、被告の組み合わせは異なるとはいえ、創立者の三名を中心に、磯部・杉村といった、明治法律学校の経営と教学に参画していた人物が被告に名を連ねていることから、多額の借金は――判決文からはその目的・使途について知ることはできないが――、広い意味で、明治法律学校の経営と教学に関わるものであったと考えられる。草創期においては、法人としての明治法律学校の財務と経営担当者個人のそれとが、未分化であったことは、明治法律学校の意思決定者である「校員」による第一回会議（明治二一年二月）で定められた「校員申合規約」（『校員決議録』）に「明治法律学校ノ建物其他ノ財産及ヒ負債ハ校員ノ共有及ヒ共担ナリ」とあり、当時における明治法律学校の財産および負債は、すべて、「校員」による共有あるいは共担とされていたことでも知られる。

（3）刑法講義

明治一四（一八八一）年一月の開校当初、明治法律学校における講義は創立者三人だけで行い、岸本が仏国民法半部・仏国商法・行政法、宮城が日本刑法・治罪法、矢代が仏国民法半部・民事訴訟法を分担していたが、まもなく、西園寺公望が仏国行政法を担当し、続いてアペール（通訳は宇川盛三郎）・井上正一・杉村虎一・一瀬勇三郎が講師陣に加わった。明治一五（一八八二）年一月から開始された学期での講師と講義課目を、当時の諸新聞の広告記事などから見ると、経済学：アペール（宇川盛三郎口訳）、行政法：井上（正）、商法：岸本、日本治罪法：宮城、討論会：西園寺、仏国民法名代契約：矢代、仏国賃貸契約：一瀬、擬律擬判：杉村、という陣容であった。同年九月からの講義では、西園寺と一瀬の名前が消え、その後まもなく、熊野敏三と井上操が講師陣に加わり、熊野は法律大意・人事法・相続法・万国公法を、井上（操）は財産法・治罪法・訴訟法・英吉利証拠法を担当したようである。講義の内容は、宮城が担当した、刑法と治罪法（明治一五年施行）のほかは、フランス法が中心であり、講師のほとんどが、フランス留学組を中心にした旧司法省明法寮の生徒たち（いわゆる正則課第一期生）であった。時間割表によれば、講義は、早朝・夕方・夜の三時間だけであり、講師たちが官吏としての本業の傍らで、時間を遣り繰りしながら、講義を行っていたことが分かる。

宮城は、どのような内容の講義を行っていたのだろうか。刑法と治罪法に関して宮城自身が執筆した著書は一冊も残されていないのだが、明治法律学校における講義が、聴講学生たちの手で起こされ、少なくとも三種類の講義録が刊行されている。①『日本刑法論』第一～七巻合本（報告社、明治一四年）が最も早く、続いて、②五味武策・豊田鉦三郎・武部其文・安田繁太郎筆記による『（日本）刑法講義』（明治法律学校、明治一七年六月）、『同』二冊本・西園寺序（知新社、同年八月）、さらに、宮城没後に刊行され、その代表作とされるのが、③『刑法正義』上・下巻（明治二一・二二年度の講義筆記、講法会、明治二六年）である。もっとも、この間に、通信教育として、『法律講義』第一号（明治一五年七月）〜第八一号（明治一八年一〇月、知新社）【以下不明】にも、「刑法」・「日本刑法」講義録が掲載されており、また『日本治罪法講義』（明治法律学校講法会第二期法律政治講義録、明治二四年）もある。ちなみに、刑法関係以外では、『民法正義』財産編第一部巻二（亀山貞義と共著）・債権担保編巻一・二（新法註釈会、明治二三年）、『民事訴訟法正義』（上・中・下）（新法註釈会、明治二四・二六年）、『各国対照府県制郡制原論』（政治学講習会、明治三三年）や、ショウボー・アドルフ・フォースタン・エリー『仏国刑法大全』（磯部四郎と共訳、司法省、明治一九年一二月）、オルトラン『仏国刑法原論』全四冊（井上正一と共訳、司法省、明治二一年四月）、パテルノストロ述『法理学講義』（明治法律学校講法会第二期法律政治講義録、明治二二年）といった翻訳書もある。これらの著作には、数種類の異本や版を重ねているものがあるが、民法・民事訴訟法・府県制郡制に関するものを除くと、刑法関係の著作が大部分を占めていることが分かる。

宮城刑法学の検討に入る前に、彼は「東洋のオルトラン」と称えられたのだから、まず、オルトラン刑法学の特徴を一瞥しておこう（特に内藤謙・江口三角・中野正剛氏らの研究を参照）。オルトラン（Joseph Ortolan）は、一八〇二年に南フランスのプロヴァンス地方のトゥーロン（Toulon）に生まれた。一八三六年から、パリ大学法学部の比較刑法学講座を担当し、一八七三年に死去した。彼の主著である『刑法原論（Eléments de droit pénal）』全二巻（一八四四〜五六年刊）は西欧諸国で広く読まれた書物であり、宮城は井上正一とともに翻訳している。前述した『仏国刑法原論』（全四冊）である。オルトランの刑法学は「新古典学派」として知られる。フランス「古典学派」は、アンシャン・レジュームの刑法制度に大きな改革を齎した。罪刑法定主義を貫徹して裁判官による裁量の余地を否定し、また刑罰の功利的な目的性を一般予防の観点から追究したのである。しかし、その結果、犯罪性の量が社会的害悪の程度のみによって決定されることとなり、法定刑は幅のない固定的なものとなった。一八一〇年刑法（ナポレオン刑法）は、フランス革命の理念を反映した一七九一年刑法と比較して、第一帝制の反動的性格を反映して、犯罪の鎮圧という目的性に重点を置いて刑罰を著しく苛酷化した。そこで、自由主義思想の発展にともない、刑罰の目的性（社会的効用）と応報性（正義）を結合させようとする折衷主義刑法理論＝「新古典学派」が台頭したのである（一九世紀後半に至るまで支配的な学説となった）。その特徴は、犯罪を社会的害悪であると同時に、道徳的害悪でもあると解して、その折衷を実現しようとした点であり、社会的害悪（違法）の程度と義務違反性（有責性）の程度とを総合して犯罪性の量を決定して量刑に弾力性を与えた、換言すれば、自由意思＝責任の相対性を認め、責任を個別化し、量刑の弾力化を可能にしたのである。その代表的学者が、オルトランであり、ボアソナードもこの系列に属する。もっとも、一九世紀後半（明治二〇年代）になると、犯罪の急増を背景にして、ドイツ刑法学の影響から、「近代学派」（新派）が台頭し、社会防衛を目的とする国家主義的・権威主義的立場から、刑罰の厳格化が求められるようになり、「新古典学派」は、「寛弱」で、犯罪対策として無力だとの批判を受けるようになる。

明治一五年刑法は、オルトランの弟子であるボワソナードが、フランス刑法を基本としつつ、当時の進んだ刑法理論を採り入れてその不備を補完したものであった。宮城浩蔵ら司法省法学校第一期生たちの役割は、フランスを中心とした西欧の近代刑法理論を正確に祖述し、この刑法を適切に解釈運用していくことができる法曹を養成することにあったと言えよう。

それでは、主に『刑法正義』に拠りながら、宮城の刑法理論の一端を見てみることにしよう（特に、澤登俊雄・中野正剛氏の研究を参照）。

宮城はまず、「此社会が何故に人を刑し得るか、又其人を刑することは正当にして条理に適合するものなるか」という刑罰権の問題について、諸学説すなわち、①復讐主義、②恐嚇主義、③民約主義（ルソー）、④承認主義、⑤正当防衛主義、⑥必要主義（ベンサム）、⑦賠償主義、⑧純正主義（カント）、⑨命令主義（ベルトール）、⑩折衷主義（オルトラン）について説明する。

⑩折衷主義は「近時仏国の法学者オルトラン氏の主張したる所」であり、自らもこの立場をとると言う。この説は「純正主義と正当防衛主義とを調和して刑罰権の基礎とせるものなり。即ち純正主義の点に於ては罪悪を為せば悪報として必ず刑罰を受くる所以を表示し、正当防衛主義の点に於ては社会の刑罰権を有する理由を説明したるものなり。故に此説に拠れば、道徳に背戻したる悪為ありと雖も、社会を損害せざるときは、之に刑罰を加ふることを得ず。何となれば、悪報を受くべき所為なるも、社会は自ら防衛するの必要なければなり。又社会を損害したる兇行ありと雖も、道徳に背戻したる所なければ、是れ亦刑罰を科するを得ず。何となれば、社会は自ら防衛するの必要あるも、悪報を受くべき所為に非ざるを以てなり。論じて茲に至れば、此説に依りて刑法上罰すべき所為如何と云ふに、自ら制限ありて、道徳に背きたる者及び社会を害したる者ならざる可からざるなり」。

次に、刑罰の目的と性質について、目的には「懲戒」（特別予防）と「善例」（一般予防）の別があり、その性質は、(1)「刑ハ身体ニ及フヲ要ス」、(2)「刑ハ一身ニ止マルヲ要ス」、(3)「刑ハ標式トナリ他人ヲ警戒スルニ足ルヘキヲ要ス」、(4)「刑ハ犯者ヲ懲戒シテ悔悟セシムルコトヲ要ス」、(5)「刑ハ平等不偏ナルヲ要ス」、(6)「刑ハ分割スルヲ得可キヲ要ス」、(7)「刑ハ宜シク補償シ若シクハ取消スコトヲ得ルノ性質ヲ有スヘシ」という七要素を備えるべきものだとする。ボワソナードと比較すると、ボワソナードには(1)がなく、逆に宮城には「赦免スルヲ得ヘキヲ要ス」という要素がない。また、ボワソナードは熱心な死刑廃止論者であったが、宮城は、諸外国において死刑廃止に向けた努力が進捗している状況を詳しく紹介しながら、「疑ヒモナク死刑ハ懲戒ノ目的ニ反シ且ツ分割シ得可カラサルノ刑タリ、然レトモ天下ニ対シテ罪悪必罰ノ例ヲ示シ無智ノ民ヲ警戒シテ犯罪ヲ未完ニ撲滅スルハ此刑ニ若クモノナシ、嗚呼死刑廃止シ得サルナリ」と死刑を容認している。また、宮城が、行刑における懲戒処遇について、定役の教育的義務

（労働は人類の義務であるから）を強調するほか、賃金制・日数罰金制・仮釈放・保護観察などについても論じている。宮城は、ボワソナードの見解をそのまま受け入れていないことが分かる。

責任の問題について、宮城は、自然と違って人類には「其所為ノ結果ニ応フルノ責任」が生じると言う。なぜなら、人類は「善悪正邪ヲ弁別スルノ智識」があり「加フルニ自由ニ我四肢ヲ動止スルノ能力」があるから「理ノ須カラク為ス可ラサルノ事ヲ為シ又ハ須カラク為ス可キノ事ヲ為ササルトキハ如何ンソ其結果ニ応ヘサルコトヲ得ンヤ、是レ其人類ニハ所謂ル責任ノアルアリテ其所為ハ則チ罪トナルコトヲ得ル所以ナリ」。したがって、「智識」ないし「自由」を欠けば、責任なく、罪とならない。

宮城は、こうした責任とは区別して、有意（故意）犯と無意（過失）犯を、作為犯・不作為犯といった犯罪の種類として扱い、犯罪の心意的（moral）構成要素として説明する。「刑罰ヲ加フルニ付キ犯意ヲ必要トスル所為ハ有意犯ニシテ、犯意ノ有無ニ関セズ唯有形上ノ事実アルヲ以テ之ヲ罰スルモノハ無意犯ナリ。」「犯意アルハ有意犯ニシテ犯意ナキハ無意犯ナリ」と解するのは「大ナル誤解ナリ。」「区別ノ由テ生ズル所ハ罪ノ性質ニ在リ。」もし有意犯で犯意がないときは全く罪とならないが、無意犯は犯意があっても無意犯として罰することがあるからである（例：違警罪の車馬無燈火）。無意犯を処罰するのは「社会ノ安寧ヲ保護スル為メ已ムヲ得サルニ出テタルモノ」であが、社会防衛の立場からだけで処罰するのではなく、微細な原因から社会に大害が生じないよう注意する必要があり、その義務を怠って禍害が生じるのを顧みないのは道徳に反するからである。ここでは、注意義務違反と反道徳性とを併せて、折衷主義の立場から説明している。

不論罪（「其罪ヲ論セス」）については、次のように説明する。「正当防禦ハ是レ須カラク為ササル可カラサル事ヲ果シタルモノニシテ唯リ人間固有ノ権利ヲ行ヒタルノミナラス又其固有ノ義務ヲ尽シタリト云フモ不可ナキナリ、故ニ其行為ノ罪トナラサルハ尚ホ善行嘉言ノ罪トナラサルト一般ナリトス（民事賠償責任は生じない）、然ルニ強制ニ遇フテ為シタル所業ノ如キハ道徳上深ク排斥スル所ノ事ニシテ又固ヨリ権利ヲ行ヒタル者ニ非ス只タ僅カニ刑事上ノ責任ナキヲ以テ罪トシ論セサルノミ（民事賠償責任が生じる）」。ここでは、違法性阻却と責任阻却の区別を実質的に行っているようにも見える。

しかし、明治一五年刑法第七五条について、宮城は、「責任ヲ構成スルノ一条件タル智識ヲ有シタリト雖モ動不動ヲ決定スルノ自由ヲ欠キタルカ為メニ其所為罪トナル能ハサル場合」だと述べ、物理的強制（「有形的ノ強制」）の場合は、自由を完全に欠くから不論罪は当然であるが、心意的強制（「無形的ノ強制」）の場合は、自由束縛の程度により責任の有無が決定されると論じ、また、七六条については、上官の命令を遵守すべきものが命令を受けた以上、命令の是非善悪を論ずることなくこれに服従する義務があり、この義務は職を辞さない限り違反し得ないから、たとえ命令が違法であると知っていたとしても罪とならないと説いているから、不論罪を、基本的に、責任阻却の問題として捉えていたと考えてよいであろう。

次に未遂について。宮城は、行為の発展段階に応じて、①「予謀」、②「予備」、③「着手未遂」、④「着手既遂（実行未遂）」、⑤「既遂」に分け、いずれも反社会性を有するが、社会的害ないし危険の有無大小に段階的な差があり、可罰性の有無強弱に影響するとする。「外部的行為」が十分に表明されない段階で、「内部的行為」に対する刑法の関与を許すと、個人の自由が保全できないとする点を強調する。未遂犯論では、社会的害悪ないしその危険から出発した点で、折衷主義的・客観主義的理解を示す。反道徳性と社会的害悪の存否および大小を基準として、未遂の各形態を行為の発展段階あるいはその性格に応じて、詳細に分類し、その加罰性を検討している。「予備」と「着手」の区別の基準については犯罪構成事実の範囲内に入った時に「着手」を認め、「着手」の段階を「着手未遂」と「着手既遂（実行未遂）」に分けるが、前者をさらに「中止犯」と「障礙未遂」に、後者をさらに「既遂（結果発生）」と「結果不発生（または不十分）」に分ける。結果がまったく発生しなかった場合、不能犯の問題を、「絶対的不能」（道理上不能な場合）と「関係（相対）的不能」（方法の拙劣により不能な場合）に分け、「絶対的不能」は反道徳性があるが社会的害悪が生じないため不可処だが、相対的不能は「欠効犯」で処罰すべきだとする。したがって、「着手既遂」のうち未遂は、「欠効犯」（「意外ノ舛錯ニ因リ未タ遂ケサル者」）と「不能犯」（絶対的不能犯）に分けられる。結局、未遂犯は、「中止犯」「障礙未遂」「欠効犯」「不能犯」の四種類となる。中止犯と不能犯については『日本刑法草案』に規定があったが、『審査修正案』作成の際に削除されたため、（a）すべて未遂犯として処罰、（b）すべて不処罰、（c）発生した毀損の限度で罪に論ずる（草案と同じ考え）の三説があった。宮城は、（c）説を支持し、中止犯を不処罰と考えるのは、「自止」は反道徳性を減少させ、また内部に関する所為で犯意の有無が外部的に明らかでなく、不処罰にすれば自止を誘導して犯罪防止の一助ともなりうると言う。さらに、自止である以上はその原因を問わず不処罰とすべきだと述べ、草案のように「真心悔悟」などという証明しがたい内心のことを要件とするのは無意味だと述べている。

以上、宮城刑法理論のほんの一端を紹介したに過ぎないが、司法省明法寮でボワソナードから初めて西欧の近代刑法学を学んだ宮城が、フランス留学を経て、僅か一〇年余りで、その基本理論（総論）を体系的に理解し、さらに一つ一つの問題について独自の考察を深化させていることに、驚かされる。個別論文においても、明治一五（一八八二）年から『法律志叢』に「弁護権ヲ論ス」・「酌量減刑ヲ論ス」（一・二）・「継続犯ノ弁」（一・二）・「犯罪ノ教唆ヲ論ス」（一・二）などを次々と発表している。このうち、教唆についての論文は、教唆者を正犯とする理由について、教唆者は「強迫若クハ騙詐等ノ方法ヲ以テ、之ヲ現行正犯者ニ移シ、現行正犯者ヲシテ之ヲ容レシメタル者ニシテ、犯罪ノ結果ヲ生セシメタル已ム可ラサルノ原因ナリ、則チ智力ノ働キニ関シテハ、現行正犯者ト共ニ純乎タル主犯ナリ、且起念ノ点ハ必彼レニ在ルヲ以テ、唯智力上ヨリ観ルトキハ、反テ彼レヲ主トシ現行者ヲ従ト為スモ妨ケナキカ如シ」。それゆえ「幇助スル者」として従犯と見做すことはできないが、「若シ彼ノ教唆ノ如ク智力ノ働キニ関スル所為タリト雖モ、其所為幇助ニ止マルトキハ、以テ教唆ト為ス可ラサルヤ論ヲ待タス。是レ智力上正犯ヲ幇助シ犯罪ヲ容易ナラシメタル従犯ナリ」と述べ、教唆犯の本質を的確に説明している。

（4）代言人として

日下南山子編著『日本弁護士高評伝　全』は、宮城について、「君久しく官海にありと雖も質剛、気鋭、寧ろ民間の活発なる業務に適せり。且つや人に接する叮嚀切実又た能く人をして其情実を尽さしむるに足るを以て、其一たび代言事務所を京橋区鎗屋町に開くや依嘱の詞訟事件積て山をなすに至れり。同業者の信用亦厚く、新組合の諸氏君を迎て会長の椅子を譲れり」と述べ、宮城が代言事務所を開設するや依頼が殺到し、東京新組合代言人会会長に選任されたことを記している。

そもそも、東京代言人組合は、改正代言人規則によって、明治一三（一八八〇）年六月二九日に創設された（会長は元田直、副会長は星亨と目賀田種太郎、加入者数は一二〇名）が、明治二二（一八八九）年四月の春期通常議会で、会長選挙における記名投票の扱いを巡って紛糾し、選挙で敗れた大谷木備一郎が、東京始審裁判所検事に面会して、不法投票の始末を上申したことから、五月九日、渥美友成検事は、東京組合と東京新組合の分割を命じた。新組合は、五月二九日に、組合員八三名で発足（会長は高梨哲四郎、副会長は大岡育造）、一一月の改選では岡山兼吉、明治二三（一八九〇）年四月には鳩山和夫が、会長に選ばれた。次いで、明治二四（一八九一）年四月二五日に、新組合の春期通常議会が日本橋区坂本町銀行集会所において開かれたが、新組合では、「法典編纂問題の起りし頃より英法派と仏法派と隠然対立せしが、会長鳩山和夫英法派の人なれば同派の澁谷慥爾を後任の会長に推し一味の人々之を佐けて其候補者と為し運動怠らず、仏法派は宮城浩蔵を推し主として明治法律学校出身の人々之を佐け、東京組合代言人会中の仏法派の人々を語らひ、応接の為め臨時新組合へ転入せしめたりしかば、英法派も横浜組合代言人中より転ぜしめたり」（奥平昌洪著『日本弁護士史』）という混乱状態となり、選挙の結果、宮城浩蔵一〇七票、澁谷慥爾九八票という小差で宮城が会長に選ばれた（役員もすべて仏法派の手に帰した：副会長丸山名政、議長中島又五郎、副議長浦田治平）。宮城が東京新代言人組合の会長に選ばれた背景には、法典論争に絡むイギリス法派とフランス法派の対立があったのである。

宮城が、訴訟当事者の法定代理人として弁護を担当した民事事件で、大審院判決で確認しうる最も早い時期のものは、明治二五（一八九二）年三月一二日判決（明治二四年民第一三三号「共有立木分配」事件）であり、民録および刑録に掲載された事件が七件、不掲載の事件が八件（日文研データベース）、行録に五件が掲載されている。控訴院および地裁での弁護担当事件も数多いが、その弁護内容を詳しく知ることができるのは、刑事事件では、①明治二三年一二月二六日の東京控訴裁判所判決（新聞紙条例違反［朝憲紊乱］事件）、民事事件では、②明治二四年一一月二三日の横浜地方裁判所判決（希臘人烟草税則違犯事件）である。

前者①は、明治二三年九月一〇日に名古屋で開催された関西二十二州会において山県有朋内閣への辞職勧告が決議されたのだが、この決議の内容を掲載した全国の諸新聞（東京では、東京日々・毎日・日本・東京朝日・東京公論・東京新報・国民・有喜世・朝野の九新聞）が、新聞紙条例違反（朝憲紊乱）に問われた事件である。東京の九新聞に対する第一審は、明治二三年一〇月一日に東京軽罪裁判所で有罪判決が下され、『日本』だけが控訴、その弁護を担当したのが、宮城と高橋庄之助であった。その後の裁判は、

明治二三年一二月二六日　東京控訴院　無罪判決　…（弁）宮城・高橋庄之助
明治二四年　四月　六日　大審院判決　名古屋控訴院へ移送…（弁）宮城・高橋
明治二四年　五月二一日　名古屋控訴院　有罪判決　…（弁）宮城・高橋・美濃部貞亮
明治二四年　九月二四日　大審院　有罪判決　…（弁）高橋

という経過を経て、大審院で有罪に結局することになるが、東京控訴院における宮城の弁論記録が『日本』紙上で詳しく掲載されている。宮城は、第一審の有罪判決は、『日本』の記事を「朝憲紊乱」と認定した理由を明示せず、その定義も曖昧であるのみならず、およそ犯罪の意思のない、かつ不能犯である行為を罰するものであって、到底承服できるものでなく、無罪とすべき旨を強く主張しており、東京控訴院は、この宮城の主張を受けて無罪判決を下している。

後者②は、横浜居留地内において、無免許・無印紙で巻煙草を製造・販売していたギリシャ人のフィリップ（Andre Philippe）が、煙草税則第二一・二三・三〇条違反容疑で起訴された事件である。明治二四（一八九一）年一二月一日、横浜区裁判所が無罪判決を下し、検察側が控訴したため、横浜地方裁判所でフィリップの弁護を担当したのが、宮城浩蔵と岡村輝彦であった。宮城は、『法政誌叢』と『日本之法律』に自らの見解を載せ、区裁の無罪判決とは異なる理由から、無罪を主張した。すなわち、フィリップは、フランス領事の保護を受けて横浜居留地に住居し、「治外法権の下に於て商業の自由を有すと思惟したるより、其筋に願出て、免許鑑札を受くることを為さずして、居留地に店舗を設け、招牌を掲けて、公然、烟草製造小売幷に仲買の業を営み、殆んと二ヶ年」に及んだのであり、フィリップは「仏国臣民と同しく、我国に対して治外法権を有すと確信して営業したる者にして、煙草税則の制裁を受けて営業すへき者なるとは毫も之を知らす」、また「其筋に於て固より之を咎めす、仏国領事庁も亦之を怪まさ」なかったのであるから、「無意犯構成の要件たる懈怠を虧欠するにより」「犯意なきの所為として無罪と決せざるへからす」と主張している。

（5）　衆議院議員として

帝国議会が明治二三年に開設されるのを前に、明治法律学校教師たちの多く（とくに仏国留学経験者）が、衆議院議員として政界への進出を期した。岸本辰雄は鳥取県第二区からの選出を目指したものの結局候補者となりえなかったが、明治二三（一八九〇）年七月一日の第一回衆議院議員選挙において、宮城浩蔵は山形県第一区、井上正一は山口県第一区、磯部四郎は富山県第一区、光明寺（末松）三郎は山口県第一区から、それぞれ当選した。ただし、井上は検事任官のため、磯部は判事任官のため、ともに衆議院議員選挙法第六三条により当選を辞退している。ちなみに、明治法律学校出身者（主に代言人）では、第一回選挙で、美濃部貞亮（愛知県第一一区）・岩崎萬次郎（栃木県第二区）、第二回選挙で、工藤卓爾（青森県青森市）・小磯忠之輔（山形県第四区）・武部其文（富山県郡部）・立川雲平（長野県郡部）・丸山名政（東京府東京市）が、衆議院議員に当選している。

第一回選挙の結果は、衆議院議員全体で、大同倶楽部54、立憲改進党43、愛国公党36、九州連合同志会24、自由党17、自治党12、国権派12、保守中正派6、無所属その他96（国会召集前には、弥生倶楽部［立憲自由党］131、大成会85、議員集会所［立憲改進党］43、無所属41、に再編される）という野党が多数を占める結果となり、第一回帝国議会では、民党が連携して、政府予算を大幅に削減して、山県有朋内閣を退陣に追い込み、第二回帝国議会においても、民党側が政府予算の削減案を提出したため、衆議院解散となった。明治二五（一八九二）年二月一五日の第二回選挙は、品川弥次郎内務大臣らによる全国的な選挙干渉が行われたが、純吏党は90弱、自由党95、改進党37ほかとなり、またしても野党が多数を占め、政府の目論見は不首尾に終わった。

少し前に遡って、山形県の政治状況を見ると、明治一四（一八八一）年五月、佐藤里治が特振社（支持基盤は村山地方の豪農層であり、立憲改進党の流れをくむ穏健派）の社長となり、一五（一八八二）年一二月「山形毎日新聞」創刊（一七年に山形新聞と合併）した。他方、明治一四年、講法学舎出身の重野謙次郎が山形東英社（急進派）を結成し、明治九（一八七六）年九月創刊の「山形新聞」をその機関紙とした（→出羽新聞→山形新聞→山形大同新聞→二四年七月一日山形自由新聞）。明治一九（一八八六）年、佐藤の特振社は羽陽同盟会と改称して「羽陽新報」を機関誌とし、他方、重野の東英社は山形義会と改称して「出羽新聞」を機関誌としたが、二二（一八八九）年二月六日、両者は合体して山形倶楽部を結成（→山形大同倶楽部）、「山形新聞」「山形大同新聞」を機関誌とした。二三年一二月の大同倶楽部本体の分裂を受け、改進党系（佐藤）の羽陽同盟会（→羽陽正義会）と、自由党系（重野）の山形義会に分離した。このように、佐藤里治（改進党系）と重野謙次郎（自由党系）の二大勢力が対立する中で、第一回衆議院選挙に突入したのである。

山形県の議員定数は六名、第一区（山形市・南村山郡・東村山郡・西村山郡）二名、第二区（東置賜郡・南置賜郡・西置賜郡）一名、第三区（飽海郡・西田川郡・東田川郡）二名、第四区（最上郡・北村山郡）一名であり、第一回選挙における第一区選挙結果（有権者二三九八名、総人口の一・四四％）は、宮城浩蔵［改進］一六二五票・佐藤里治［改進］一三八四票・重野謙次郎［自由］一〇八四票、第二回選挙における第一区選挙結果（有権者二二七一名）は、宮城浩蔵［改進］一四〇三票・佐藤里治［改進］一二一五票・重野謙次郎［自由］一〇六七票、であった。

選挙活動の様子は、宮城・佐藤を支援した山寺村荒谷の村形忠三郎「衆議院議員撰挙之儀ニ付諸控」（山形大学附属博物館所蔵）によって知られるが、改進党の絶対的勝利の原因について、「改進党の党風を引く羽陽正義会の性格が、質実穏健な県民性にむかえられて、よくその支持を受けたことと、直接的には羽陽正義会の会員が、会長佐藤里治を中心に一糸乱れず、善戦したこと」であり、宮城浩蔵は「本邦屈指の法律学者であつたが、天童出身という地縁はあるが、永らく故里を離れていたので顔は少しも売れていなかつた。佐藤里治はこの顔のきかない宮城浩蔵を相棒にして、中原に鹿を追うのであるから、とくに自由党の重野をはじめ松浦、戸狩等候補者は民権論者として生粋の政客であつたので、なみなみならない苦労であり重荷であつた…選挙母体がもとの特振社であつたことが、この戦果をあげ得たのである」（丸山茂「山形県の政社系譜とその消長」四）という見解も見られるが、宮城が明治二二年頃から郷里からの立候補に向けて準備を重ねていたことが明らかとなっている。山辺の斎藤秀善の記録中には、「国会開設ノ準備上宮城浩蔵学士来県数回面談同人ノ為メ運動セリ」（『山辺町史』下巻）とあり、また同年八月に宮城が帰省したおり、校友根本行在や生徒佐々木忠蔵らが、山形の千歳館に集まって同窓会を開催し、法律学校を計画していたことなども知られる。郷里との繋がりという点では、明治一三（一八八〇）年結成の「責善舎」（啓蒙団体）を一九（一八八六）年頃再盛し、二四（一八九一）年天童会と合併して「天童責善舎」（学術研究団体）が結成されたが（幹事阿部庫司）、佐々木忠蔵・佐藤治三郎らが東京に支部を作って例会を開くなどの活動を展開し、また、明治一四（一八八一）年結成の「村山会」では、司法省法学校の板垣不二男ら在京者が、宮城浩蔵らを招いて演説会を開催するなどしていた（湯村章男「明治法律学校の創立者　宮城浩蔵」）。宮城は、東京在住の間も、山形から上京してきた学生たち（のち国際司法裁判所長となった安達峰一郎ら）の面倒をみるなど、その郷里との関係が途切れることはなかったのである。

宮城は、第一〜四回帝国議会の衆議院本会議を中心に、数度発言しているが、圧巻は、旧民法および旧商法の施行断行を主張して、延期派の議員と激しい論争を展開したことである。

第一回帝国議会では、「商法及商法施行条例期限法律案」の第一読会において、「本員は羽州の生で訥弁の上に、加ふるに羽州訛」があるため、聴き苦しい点は容赦願いたと前置きしつつ、第一に、条文用語が渋難で理解し難いとの批判に対しては、およそ法典には、「字句整然、義理明瞭」さが求められ、一種独特の語句を用いざるを得ず、とくに日本では「事実が有つて言語が少いから」、「渋難なる所の言語を用いざるを得」ない。第二に、我が国の商業慣用語を採用していないという批判に対しては、確かに従来の用語を変更して新しい用語を用いた所もある（例えば、番頭を代義人、乗合商業を共算商業組合と言う）が、従来多義的に使われてきたため、特別な用語を使用せねばならないのは止むを得ない。第三に、民法と重複あるいは抵触する、用語の画一を欠くといった批判には、商法は民法の例外法であるため、民法と重複することもあるが、これをすべて削除してしまうと商法が不完全で不明瞭なものとなってしまうのであり、「抵触もあれば矛盾もある」のは当然である。第四に、商法が我が国の旧慣を採用していないという批判に対しては、政府は商慣習を収集して、「商業習慣条例類集」(『商事慣例類集』の誤り…村上注)を編纂しており、充分に旧慣に配慮したが、慣習と言っても種々様々であって、「多少の風俗慣習に反するは、止むを得ざることであつて、旧慣に反せぬ様に勉めたものである故に、畢竟旧慣に反して居ると言つて一概に攻撃するのは」編纂の事業の苦心を少しも知らずに論じたものと言わなければならない。第五に、我が国商業の需要にない規定を設けたという批判に対しては、「若し商業に少しでも通暁したならば、斯の如き愚論を吐くことは出来ぬ」。商法は、明治初年以来、充分な準備と編纂過程を経て、「即商法が発布に至るまで少なくも二十年を経過して居」るのであり、「此の際許多の名士が即臘漿を搾つて充分に力を尽したと云ふことも想像し得べきである、只一概に謹慎を加へない、注意を加へないと云ふのは、甚だ惨酷の論と云はなければなりませぬ」と述べている。

また、第三回帝国議会では、「民法商法施行延期法律案」の第一読会において、安部井磐根議員による(1)「繁文文縟」「有名無実」と(2)「仏蘭西模擬」という民商法批判に対して、(1)「民法は今の公法の如く、人の権利を束縛するものではなく、契約の自由にあ」り「己の意思を表明して其法律に反してなすことは、固より妨ない」のだから「繁文の弊が多いとか、或は文縟と申します様な事柄は、是は行政機関の運動等に当て篏めます場合は、随分其理窟がありますが、其理窟を以て今の民法商事の事に当嵌めてたまるものではない」、(2)確かに民法起草者はフランス人だが、「各国の法律を参照し又日本の法学者連、及実際家が集りまして、実に精神を籠めて成立つた所の法律である、然るを之を仏蘭西法律の翻訳なりと云ふ、恐くは此法律を見ない――此法律を読むことを知らぬ所の議論であらうと思ふ(中略)大変な違ひである」。また「民情風土に適せぬ」との批判もあるが、「明治初年以来我日本帝国は此法理学の上に於て、段々進歩し来つて…我民法商法の大部分は之を適用して居るではありませぬか、成程それは成文法を以て規定しなければ適用することが出来ぬ所の法理が沢山ある、あるけれとも併しながら成文法を必要と致しませぬものに就いては、我は或民法の法理を適用するか、若くは英吉利学風の法理を適用するか、若くは独逸学風の法理を適用すると云ふことになつて居る、然らば則ち今の裁判の有様は民情風土に適せぬと言はなければならぬ、此裁判からして悪いと言はなければならない、実に奇怪の御論と思はれます」と述べている。

宮城は、帝国議会の外でも、法治協会の中心メンバーとして、民商法の施行を断行すべき旨の演説を行い、論文を発表している。結局、法典論争は仏法派の敗北に終わったが、宮城の主張は、論旨明快で説得力に富むものであった。

＊　＊　＊

以上、本書に収載した論稿・記事のいくつかを取り上げながら、宮城の人物像と法学説の特徴について概観してみた。本書には、宮城に関わる重要な論稿は、可能な限り幅広く収載するように努めたが、紙幅の関係もあって、大審院判検事あるいは弁護士として関わった民刑事事件の関連記事や、諸新聞雑誌の宮城関係記事については、省略せざるを得なかった。ともあれ、いくつか重要な論稿が脱落しているのではないかと恐れている。諸賢のご教示を得て、他日、追補する機会を得られれば幸いである。

本書の編集にあたっては、明治大学大学史資料センターから全面的な支援を、また刊行については、明治大学出版会のご理解を得た。また、二〇一一年以来、毎年、天童市と明治大学の連携講座「てんどう笑顔塾」で講義を担当する機会に恵まれたことも、本書を纏めるのに大きな支えとなった。天童市教育委員会はじめ、私の拙い話に耳を傾けてくださった湯村章男先生ほか天童市の皆さんに、厚くお礼を申し上げたい。

駿河台キャンパスの宮城浩蔵の胸像を前に

編者識

参考文献

明治大学百年史編纂員会編『明治大学百年史』全四巻、明治大学、一九八六～九四年
明治大学発祥地記念碑建立委員会編『明治大学の発祥』明治大学、一九九五年
明治大学史資料センター編『明治大学小史』（全二巻）学文社、二〇一〇～一一年
同　『私学の誕生―明治大学の創立者―』創英社／三省堂、二〇一五年
明治大学校友会山形県支部編『明治大学創立者　宮城浩蔵―国と地域をかける―』二〇〇二年
同　『近代を拓いた明大創立者　宮城浩蔵』二〇一〇年
明治大学創立一三〇周年記念事業実行委員会編『創立期から大学昇格期に至る明治大学財政事情―会計帳簿の分析―』明治大学、二〇一一年
天童町史編纂委員会編『天童の生い立ち』天童町、一九五二年
天童市史編纂委員会編『天童市史編纂資料42（宮城浩蔵関係資料）』天童市、一九八六年
同　『天童市史』中巻（近世編）天童市、一九八七年
同　『天童市史』下巻（近・現代編）天童市、一九九二年
阿部安佐『天童織田藩政史餘話』豊文社、一九八七年
池田真朗『ボワソナードとその民法』慶応義塾大学出版会、二〇一一年
岩谷十郎「宮城浩蔵の刑法講義」村上一博編著『日本近代法学の揺籃と明治法律学校』日本経済評論社、二〇〇七年
江口三角「オルトランの刑法学」『森下忠先生古希祝賀・変動期の刑事法学（上）』成文堂、一九九五年
大久保泰甫『日本近代法の父　ボワソナアド』岩波新書、一九七七年
大槻文彦『箕作麟祥君伝』丸善株式会社、一九〇七年
奥平昌洪『日本弁護士史』有斐閣、一九一四年
加来耕三『明治大学を創った三人の男』時事通信出版局、二〇一〇年
霞　信彦「明治史の一隅を訪ねて―『東洋のオルトラン』宮城浩蔵をめぐって―」『書斎の窓』第四六九号、一九九八年、霞『矩を踰えて』慶応義塾大学出版会、二〇〇七年
加太邦憲『自歴譜』岩波文庫、一九八二年
唐澤富太郎『貢進生―幕末維新期のエリート―』ぎょうせい、一九七四年
木田純一「旧刑法と宮城浩蔵の刑法学」『愛知大学法律論集　法律篇』第六八号、一九七二年

駒澤貞志・川端博「解題」復刻版：宮城浩蔵『刑法正義』明治大学、一九八四年

鮫島文書研究会編『鮫島尚信在欧外交書簡録』思文閣出版、二〇〇二年

澤登俊雄「宮城浩蔵の刑法理論」一・二『法律時報』第五〇巻五・七号、一九七八年、吉川経夫・内藤謙・中山研一・小田中聰樹・三井誠編著『刑法理論史の総合的研究』日本評論社、一九九四年

末道泰之『フランス刑法における未遂犯論』成文堂、一九九八年

鈴木秀幸「宮城浩蔵—その東京時代と山形—」『明治大学大学史紀要』第六号、二〇〇一年

同「地域と生活から見た宮城浩蔵」『明治大学史資料センター事務報告』第二七集、二〇〇六年

同「近代日本法制・教育の開拓と精神」「初期法律専門学校の学生生活」『幕末維新期地域教育文化研究』日本経済評論社、二〇一〇年

同「学校創立者・教師と地方」「校友から見た高等教育」『大学史および大学史活動の研究』日本経済評論社、二〇一〇年

鈴木正裕『近代民事訴訟法史・日本』有斐閣、二〇〇四年

同『近代民事訴訟法史・日本2』有斐閣、二〇〇六年

高島元洋『山崎闇斎—日本朱子学と垂加神道—』ぺりかん社、一九九二年

武田良一「明治法律学校の創設と刑法思想」『平成十三年度企画展　天童が生んだ人物』天童市立旧東村山郡役所資料館、二〇〇一年、前掲『明治大学創立者　宮城浩蔵—国と地域をかける—』、および『平成二十二年度企画展　天童が生んだ人物』二〇一〇年

為本六花治「東洋のルソーをめぐる私的断章」『書斎の窓』第三〇八号、一九八一年

手塚　豊『明治法学教育史の研究（著作集第九巻）』慶應通信、一九八八年

内藤　謙『刑法理論の史的展開』有斐閣、二〇〇七年

中野正剛『明治時代の未遂論について』雄松堂書店、二〇〇一年

同『未遂犯論の基礎—学理と政策の史的展開—』成文堂、二〇一四年

中村義幸「パリ法科大学における宮城浩蔵の留学生活」『明治大学史紀要』第一二号、一九九四年

西堀　昭『日仏文化交流史の研究（増訂版）』駿河台出版社、一九八八年

平野泰樹『近代フランス刑事法における自由と安全の史的展開』現代人文社、二〇〇二年

福永俊輔「フランス共犯規定とオルトランの共犯論」『九大法学』第一九号、二〇〇九年

星野　通『民法典論争資料集』日本評論社、一九六九年、復刻増補版、二〇一三年

丸山　茂「山形県の政社系譜とその消長」四『山形警友』第一二巻五号、一九六〇年

丸山真男「闇斎学と闇斎学派」『山崎闇斎学派（日本思想大系31）』岩波書店、一九八〇年

村上一博「岸本辰雄・宮城浩蔵のパリ下宿」『明治大学学園だより』第三二六号、二〇〇四年一月

同　「ボワソナードの条約改正観と希臘人煙草税則違犯事件」『同志社法学』第二〇九号、一九八九年

同　「法律雑誌と新聞を読む—フィリップ事件を追う—」石川一三夫・矢野達雄編著『法史学への旅立ち』法律文化社、一九九八年

同　「法律学における通信教育の嚆矢—井上正一・宮城浩蔵編『法律講義』—」『法史学研究会会報』第九号、二〇〇四年

同　「宮城浩蔵のリヨン大学法学士号取得論文」『明治大学大学史紀要』第九号、二〇〇五年

同　「岸本辰雄らに対する貸金催促訴訟」『明治大学大学史紀要』第一一号、二〇〇七年

同　「草創期明治法律学校の財政状況と貸金催促訴訟」『明治大学大学史紀要』第一七号、二〇一三年

森　芳三「宮城浩蔵と山形の時代背景」『明治大学創立者　宮城浩蔵—国と地域をかける—』

矢田陽一「旧刑法期における間接正犯概念の生成と展開」『明治大学大学院法学研究論集』第三〇号、二〇〇八年

山中永之佑「箕作麟祥」潮見俊隆・利谷信義編著『日本の法学者（法学セミナー増刊）』日本評論社、一九七四年

湯村章男「明治法律学校の創立者　宮城浩蔵」『平成十三年度企画展　天童が生んだ人物』天童市立旧東村山郡役所資料館、二〇〇一年、前掲『明治大学創立者　宮城浩蔵—国と地域をかける—』、および『平成二十二年度企画展　天童が生んだ人物』二〇一〇年

同　「宮城浩蔵についての二つの推論—吉田大八とかかわって—」『天童ひろば』第八七号、二〇一〇年

同　「『佐藤重禮書簡』にみる宮城浩蔵と地元とのかかわり」『天童ひろば』第九〇号、二〇一一年

同　「明治大学130年記念講演・シンポジウム—刑法学者宮城浩蔵理解のために—」『天童ひろば』第九一号、二〇一一年

吉田悦志「明治大学の中の地域文化—岸本辰雄・宮城浩蔵・矢代操・子母澤寛たち—」『明治大学国際日本学研究』第六巻一号、二〇一三年

渡辺武男「宮城浩蔵とかかわる人々」『平成十三年度企画展　天童が生んだ人物』天童市立旧東村山郡役所資料館、二〇〇一年、前掲『明治大学創立者　宮城浩蔵—国と地域をかける—』、および『平成二十二年度企画展　天童が生んだ人物』二〇一〇年

渡辺　政「千歳公園に建つ宮城浩蔵顕彰碑」『平成十三年度企画展　天童が生んだ人物』天童市立旧東村山郡役所資料館、二〇〇一年、前掲『明治大学創立者　宮城浩蔵—国と地域をかける—』、および『平成二十二年度企画展　天童が生んだ人物』二〇一〇年

渡辺隆喜「宮城浩蔵の人と学問」『自由への学譜—明治大学を創った三人—』明治大学、一九九五年

同　「宮城浩蔵と天童人脈」『明治大学大学史紀要』第三号、一九九九年

この他、村上一博編『日本近代法学の先達—岸本辰雄論文選集』（日本経済評論社、二〇〇八年）xiii〜xiv頁の「岸本辰雄関係文献一覧」参照。

第Ⅰ部

法学関係論稿

「日本刑法論凡例」

宮城浩蔵述『日本刑法論』第一巻、報告社、明治一四年二月刊

一　此書ハ刑法ニ著名ナル仏良西碩儒先生ノ定説ニ基キ刑法ノ原理ヲ講論シ次ニ我日本ノ刑法ヲ明ニシ且ツ対照スルニ仏国刑法ヲ以テシ各条ノ理由及ヒ釈義且ツ得失異同ヲ弁明スルモノトス

一　此書明治十四年一月ヲ以テ筆ヲ起シ随テ成レバ随テ刻シ毎月発兌二回ト定メ凡テ二十五回前後ヲ以テ全局ヲ終フルモノトス読者之ヲ諒セヨ

明治十四年一月　　宮城浩蔵識

「弁護権ヲ論ス」

『法律志叢』第八七号、明治一五年一月三日発兌

弁護権トハ何ソヤ社会ノ一人罪アリトシテ法庭ニ告ケラル、ニ当リ弁論説明シテ以テ自ラ護衛スルノ権ナリ罪ナキ者ハ因テ以テ其冤ヲ雪ク可ク罪アル者ハ因テ以テ過当ノ刑ヲ免ル可シ豈ニ至重ノ権ナラスヤ

ヲルトラン氏曰広ク且ツ自由ニ弁護権ヲ行ハシメスシテ為シタル裁判ハ裁判ニ非ス是レ圧制ノミト我深ク此言ニ服ス

然ルニ諸国ノ法律此点ニ於テ不完全ナルモノ少ナカラス然シテ唯タ法ノ不完全ナルノミナラス法ヲ解スル者モ亦動モスレハ刑事ヲ民事ニ比較シ刑事弁護ノ権ヲ以テ民事答弁ノ権ト同視シ刑事検察官ヲ以テ民事原告ト同視スルノ弊アリ故弁護ノ権ヲ以テ一ニ被告ノ為メナリト思考シ此権ハ独リ被告ノ有ノミナラス刑事ニ原告ノ資格ヲ具フル社会モ亦共ニ之ヲ分有スルコトヲ覚ラス豈ニ危フカラスヤ我レ将サニ我治罪法ニ就キ先ツ弁護権ノ伸縮ヲ畧説シテ次ニ此権ノ独リ被告ノ為メニスルニ非ル所以ヲ弁セントス

治罪法ヲ通覧スルニ我立法者ハ弁護権ヲ貴重スル至ラスト云フ可ラス則チ禁錮以上ノ刑ニ該ルヘキ被告人公判ノ日時ニ出廷セサルニ当リ予審終結ノ言渡書或ハ呼出状ヲ本人ニ送達シタルノ証アルニ非サレハ闕席裁判ヲ許サヾルハ被告本人ノ必ス自ラ出廷シ弁論スルヲ要スルカ故ナリ既ニ弁論ニ取掛リタル後ト雖トモ被告人精神錯乱シタル時ハ弁論ヲ停止シ其痊癒ノ後ヲ待チテ新タニ之ヲ為スモノハ独リ本人ノ現在ヲ要スルノミナラス其精神ノ自由ニシテ発言ノ可否得失ヲ自ラ監ムルヲ得ンコトヲ欲シテナリ違警罪軽罪ニ付テノ呼出状ニ必ス被告事件ヲ記載シ重罪ノ場合ニ於テハ公訴状ノ謄本ヲ被告人ニ送達シ各其相当ノ期日ヲ附シテ出廷ヲ命スレハ被告人ノ能ク其告ケラル、事件ノ顛末結果ヲ熟知シテ出廷センコトヲ欲シテナリ法廷ニ於テ証人ノ陳述ヲ弁護シ又自ラ弁護人ヲ撰フヲ許シ又最終発言ノ権ヲ必ス被告人ニ与フルモノハ弁駁論議之ヲ尽サヾルノ憾ミ無カランコトヲ欲シテナリ其他弁護権ニ関スルノ規則治罪法中ニ散見スルモノ其数無慮今一々之ヲ枚挙ス可ラサルナリ要スルニ我立法者此権ヲ貴重スルノ精神自ラ法律ノ全篇ニ溢レ灼々トシテ争フ可ラサルモノアリ

然レトモ我国裁判所ノ組織公判ノ手続ニ於テ犯罪ヲ訴ル為メニハ検察官ヲ置キ犯罪ノ証憑ヲ蒐緝スル為メニハ予審判事ヲ置テ細密ノ訊問ヲ尽スノ制恐クハ弁護権ノ消長ニ影響ヲ及ホスコト蓋シ少ナカラス何トナレハ公判ノ際罪ヲ鳴ラシ刑ヲ求ムル者ハ人爵ヲ有スル熟達ノ官吏ナリ罪ヲ証スルノ証人ハ既ニ予審ノ訊問ヲ経テ調書ニ捺印セルノ証人ナリ而シテ今被告ノ之ニ対スルヤ微々タル弁護人ヲ以テ検事ノ雄弁ニ応セシメ又口頭ノ弁駁ヲ以テ既ニ調書ニ捺印セル証人ノ陳述ヲ覆サントス噫亦難カラスヤ是ヲ以テ論容レラレス言信セラレス弁護人ノ弁論ハ動モスレハ空論ニ属シ証人ハ唯々トシテ裁判長ノ訊問ニ対ヘテ已ムノミ如何ンゾ弁護ノ法其主旨ヲ尽シテ憾ナキニ至ルヲ得ンヤ然ラハ則チ如何ンシテ可ナラン曰ク凡ソ判官タリ検察官タル者ハ常ニ弁護権ノ唯リ被告人ノ為メニスルニ非ルノ理ヲ服膺シ其公判ニ望ムヤ容貌ヲ温良ニシ言語ヲ淳厚ニシテ力メテ被告人及ヒ証人ヲ誘導シ弁護ノ自由ヲ尽サシムルヲ得ハ庶幾クハ此弊ヲ免レンカ若シ着目此ニ出スシテ弁護ノ方法其宜シキヲ失ヒ不幸ヲ罰シ若シクハ過当ノ刑ニ処ル如キアラハ夫レ被刑

者ノ不幸カ将タ社会ノ不幸カ上ハ
聖主ノ明徳ヲ損シ下ハ社会公衆ノ危険ヲ来タス豈ニ独リ被刑者ノ不幸ナランヤ嗚呼弁護権ハ独リ被告ノ有ニアラスシテ原告ノ資格ヲ有スル社会モ亦共ニ之ヲ分有スト云フ豈ニ宜ナラスヤ

「酌量減軽ヲ論ス」（一）

『法律志叢』第九〇号、明治一五年一月二一日発兌

我刑法ノ酌量減軽法ヲ置キ裁判官ニ許スニ犯者罪悪ノ度ヲ照察シ刑ヲ減軽スルノ権ヲ以テスルヤ其範囲寧ロ広キニ過ルモ狭小ニ失スルノ謗ヲ来タスノ患ナシトス今此ニ此権ノ広キヲ致ス所以ノ尤モ著ルシキ者ヲ挙クレハ凡ソ罪トシ名クル者ハ其軽重大小ヲ論セス裁判官能ク所犯ノ情状ヲ照察原諒シテ之カ刑ヲ減軽ス可ク又既ニ立法者ノ自ラ加減シ若クハ法律ニ於テ明カニ彼ノ三百六十五条ノ如キ特別ノ宥恕及ヒ不論罪ノ例ヲ用フルコトヲ禁シタル場合ト雖トモ其刑ヲ減軽スルハ判官ノ権内ニ在テ存ス又刑ヲ減軽シテ理由ヲ附スルヲ要セス故ニ判官ノ一旦之ヲ施スニ当テヤ何人ト雖トモ啄ヲ其間ニ容ル、ノ権ナク仮ヒ司法権ノ長者タル司法卿ト雖トモ尋ヌルニ其減軽ノ因テ出ル所以ヲ以テスル能ハサルナリ我国裁判官ノ犯罪情状ヲ思察シ該当ノ刑ヲ定ムルノ権又大ナラスヤ
権既ニ大ナリ宜シク法理ヲ推究シテ其範囲ノ及フ所ヲ定メ止マル可キ所ニ止ラスンハ其弊実ニ測ル可ラサル者アラン而シテ弊ノ尤モ恐ル可キ者ハ唯リ所犯情状ニ就テ酌量スルニ止マラスシテ刑ノ寛厳ヲ論シテ酌量スルニ至ル是ナリ即チ例ヘハ此被告ハ犯罪人タルニ必要ナル条件ヲ尽ク具ヘテ法律上犯罪ヲ構造スルノ事実ヲ全ク為シ了セリ故ニ別ニ其犯状ニ就テ酌量ス可キナシ然レトモ法律ハ此刑ハ元来厳ニ過ク宜シク酌量シテ減等ス可シト論スルカ如シ噫々是レ司法官ニシテ擅マ、ニ法律ヲ変更シ又酌量ス可キノ事実ナキニ酌量シ以テ自ラ欺クニアラスヤ而シテ此弊タル生シ難キ

ニ似テ其実甚タ易シ既ニ殷監〔鑑〕アリ我将サニ酌量減軽ノ法理ヲ講究シ此弊ヲ未タ生セサルニ撲滅セントス凡ソ罪ト刑トヲシテ権衡ヲ得セシメ寛ニ過キ厳ニ失スルノ憂ナカランコトヲ欲セハ刑ヲ定ムルニ当テ犯罪構造ノ事実ト所犯ノ情状トニ依リ罪悪ノ度ヲ称量シ刑ヲ定メサル可ラス然レトモ限リアルノ刑、限リアルノ思想ヲ以テ千変万化億兆啻ナラサルノ所犯情状ヲ予度シ該当ノ刑ヲ擬定セント欲スルハ博識明智ト雖トモ決シテ為シ得ル能ハサルノコトナリ故ニ立法者ハ犯罪情状ノ初メヨリ著ルシク予知シ得ヘキモノニ対シテハ能ク犯状ニ依リ斟酌商量、刑ヲ定メ其予知シ得ヘカラスサル者ハ一切犯罪ヲ構造スルノ事実ニ就キ道徳ニ背キ社会ヲ害スルノ軽重ヲ論シテ刑ヲ定ムルニ止リ其所犯ノ情状ニ依リ罪悪ノ度ヲ称量シ刑ヲ定ムルニ至テハ一ニ之ヲ判官ニ委任ス此ニ於テ自由ヲ剝奪スルニ係ル有期ノ刑ニハ長短期ヲ置キ財産ニ及フノ刑ニハ多寡ノ数ヲ置キ判官ヲシテ其間ニ上下スルノ権ヲ得セシム然レトモ犯状ノ殊ニ軽ク刑ノ最短期最寡数ニ減シ尽シテ未タ足ラサルアラン又此制ヤ犯状ヲ尤モ鄭重ニ審按酌量ス可キ犯罪ニ該ルノ刑則チ終身自由ヲ束縛スルノ刑及ヒ生命ヲ剝奪スルノ刑ニ之ヲ施ス可ラス若シ其レ此点ニ際シテハ寧ロ過当ノ刑ヲ存センカ勢ヒ更ニ他ノ減等法ヲ設ケ判官ニ許スニ又幾何ノ権ヲ以テセサル可ラス是レ其酌量減軽法ノ由テ起ル所以ナリ是ニ由テ之ヲ観レハ判官ノ一罪ヲ挙クルヤ力メテ其犯状ヲ考察シ犯者ノ年齢性質知愚教育貧富及ヒ其社会ニ在ルノ位置ヨリ悪意ノ度量犯時ノ摸様損害ノ多寡被害者ノ身分等其他百般ノ細事ニ至ルマテヲ検案シ之ヲ斟酌商量シテ至当ノ刑ヲ該ルヲ以テ尤其至重ノ任トスト雖トモ其為スコトヲ得ル所ノ事ヤ所犯情状ト刑トヲ比較シ刑ノ軽重ヲ論スルニ止リテ犯罪構造ノ事実ト刑トヲ比較シテ刑ノ軽重ヲ論スル能ハサルナリ

「酌量減軽ヲ論ス」（二・完）

『法律志叢』第九五号、明治一五年二月二一日発兌

然レトモ法ヲ司ル者動モスレハ酌量減軽ヲ宣告シテ其理由ヲ明示スルノ義務ナキニ乗シ右ノ原則ヲ蔑如シテ屢々立法権ノ区域ニ僭入シ本法ノ得失良否ヲ論シテ刑ヲ定ムルノ弊ナキ能ハサルナリ我刑法ノ原因タル仏蘭西刑法酌量減軽ノ如キモ業已ニ濫用ノ弊ヲ来タシ識者ハ其改正ニ力ムル所ナリ請フ其顚末ヲ陳セン

仏蘭西刑法ノ酌量減軽法ハ之ヲ適用スルノ場合二アリ其一ハ各被告ノ所犯情状ヲ照察シ酌量シテ本刑ヲ減軽スル是ナリ則チ該法ノ本色ニシテ此法理ニ依ルトキハ仮令ヒ現ハニ法律ノ本刑厳ニ過キ至当ト称スル能ハサルアルモ別ニ所犯情状ノ原諒ス可キ無キ限リハ刑ヲ減軽スル能ハサルナリ其二ハ千八百三十二年刑法改正ノ精神ヨリ出ル所ニテ仏国古来ノ刑法ハ一二例外ヲ除クノ外重罪ニ酌量減軽ヲ用フルコトヲ許サヽリシカ千八百三十二年刑法改正ニ際シ当局者以謂ク其各条載スル所ノ刑ヲ改メントスルハ一朝ノ能クスル所ニアラス故ニ先ツ酌量減軽ヲ総テノ犯罪ニ適用スルコトヲ許シ陪審及ヒ裁判官ヲシテ刑ヲ酌量セシメ至当ノモノヲ施サシムルニ若カスト終ニ酌量減軽法ノ適用ヲ重罪ニ拡メタリ此精神ニ依ルトキハ陪審及ヒ裁判官ハ唯リ所犯情状ニ就テ酌量スルコトヲ得ルノナラス若シ法律ノ本刑重キニ過クルト察スル時ハ別ニ情状ノ原諒ス可キナキモ猶本刑ヲ減軽スルヲ得ルモノトス是レ則チ暗ニ仏蘭西治罪法ニ所謂ル陪審ノ職務ハ罪ノ有無ヲ判スルニ止マリテ其判決ヲ為スニ当リ被告人受クル所ノ刑ノ軽重ニ関ス可ラストノ規則ヲ廃滅ニ属セシメタルモノナリ故ニ仏国陪審及ヒ裁判官酌量減軽ヲ適用スルニ於テ其権ノ範囲之ヲ他国ノ法ニ比スレハ特ニ広大ナリトス

其然リ然リト雖トモ其範囲豈ニ際限ナキヲ得ンヤ必ヤ其止ル所アリテ存ス何トナレハ酌量減軽ノ法ハ之ヲ適用シテ其理由ヲ明示スルヲ命セサルモ凡ソ陪審タリ判官タル者豈ニ之ヲ其心ニ明記セスシテ可ナランヤ必ヤ冥々ノ中ニ其ノ理由原因ヲ明示スルノ義務アリテ存スル疑ヲ容レサレハナリ然ルニ実際陪審ノ判決ニ係ル者ヲ観ルニ往々所犯情状ノ毫

モ原諒ス可キナク又本刑ノ理論ニ照シテ厳ニ過ルト為ス能ハサル者ニ対シテ猶且酌量減軽ヲ宣告シ徹頭徹尾其理由ヲ窺ヒ知ル能ハサラシムル者実ニ鮮少ナラス是レ其識者ノ深ク酌量法ノ濫用ニ出ルヲ疑ヒ其弊ヲ防カントシテ或ハ減軽ノ理由ヲ明示スルノ義務ヲ附セントシ又ハ他ノ方法ニ依リ法官ヲ束縛スル所アラント欲スル所以ナリ

我国ノ如キモ旧時ノ判決ヲ見ルニ酌量法適用ノ理由ノ得テ解ス可ラサル者鮮シトセス蓋シ我旧法ノ酌量減軽ハ大ニ仏国刑法酌量法ト其趣ヲ同フスル所アルニ因ルト雖トモ又仏国陪審ト同シク濫用ノ弊ナキヲ保シ難シ若シ誤テ慣習ニ制セラレ現時ノ酌量減軽ニ同一ノ解釈ヲ下スニ於テハ其弊実ニ恐ル可キモノアリ是其我輩ノ窃カニ杞憂ヲ抱ク所ナリトス

抑モ現行刑法ノ酌量減軽ハ其正文ノ明カニ指スカ如ク一ニ所犯情状ニ就テ之ヲ適用スルヲ許シ其他ハ何等ノ理由アリト雖トモ此法ニ擬スルヲ許サヽル所ナリ夫レ法律ノ良否ヲ検シ刑ノ権衡当否ヲ論スルハ法律家進取ノ気象又止ヲ得サル所ニシテ法律ノ為メニ深ク賀ス可キ美事ナリト雖トモ判官ノ罪ヲ治ムルニ当リ此思想ヲ抱テ判決ヲ下スニ於テハ是レ司法官ニシテ擅マヽニ法律ヲ変更シ酌量ス可キノ事実ナキニ酌量ヲ宣告シテ法律ヲ紊リ又自ラ欺ク者ト云フ可シ誤謬モ亦甚タシカラスヤ蓋シ法官法理ヲ講スルノ余知ラス識ラス此弊ニ陥ルアリ慎マサル可ケンヤ

「継続犯ノ弁」（一）

『法律志叢』第九八号、明治一五年三月九日発兌

甚哉継続犯ノ弁セサル可ラサルヤ擅ニ人ヲ監禁スル者アリ若シ此所業ヲ論スルニ継続犯ヲ以テスレハ公訴期満免除ノ期限ハ監禁ヲ解キタル日ヨリ起算ス可ク若シ即時犯ヲ以テスレハ監禁ヲ為シタル日ヨリ起算ス可シ又強窃盗ノ委托ヲ受ケ贓物ヲ蔵匿スル者アリ即チ先ツ之ヲ受ケテ其家ニ蔵ムルコト数日官吏ノ臨検ヲ懼レテ遂ニ之ヲ其庭中ノ空井ニ投

ス然レトモ尚ホ安カラサル所アリ更ニ之ヲ空井ヨリ出シテ他人ニ交付ス抑モ此所業ノ如キ継続犯タルヤ将タ即時犯タルヤ若シ継続犯ヲ以テ論スレハ期満免除ノ期限ハ一ニ贓物ヲ他人ニ交附シタルノ日ヨリ始マルヲ以テ既ニ之ヲ其家ニ蔵メタルヨリ三年ヲ経過スルモ此蔵メタルノ所業猶ホ期満免除ヲ得ス然ルニ即時犯ヲ以テ之ヲ論スルトキハ贓ヲ家ニ蔵メタルノ所業、空井ニ投シタル所業、他人ニ交附シタルノ所業、各其固有ノ期満免除ノ期限アリトス又有夫ノ婦姦通スル者アリ常ニ姦情ヲ通シテ密会スルコト数回例ヘハ年ノ一月ヨリ六月ニ至ル若シ夫レ本罪ヲ以テ継続犯トセンカ本夫一旦告訴シテ証憑充分ナラサルニ因リ被告無罪ニ帰スルトキハ爾後更ラニ確証ヲ得ルモ確定裁判ノ権力ニ制セラレ更ニ訴ヲ為ス能ハサルナリ若シ之ニ反シ即時犯ヲ以テ論センカ本夫六月ノ密会姦通ニ対シテ告訴シ被告無罪ニ帰スルモ他日一月若クハ二月ノ密会ニ対シ確乎タル証憑ヲ得ルトキハ数罪倶発ノ例ニ照ラシテ更ラニ訴ヲ為スコトヲ得ルモノトス是ニ由テ之ヲ観レハ一罪ヲ挙テ之ヲ即時犯トシ若クハ継続犯トスルノ一事ハ社会ノ公権、被害者ノ利害殊ニ被告人権利ノ消長ニ関スル大ナリト云フ可シ甚哉継続犯ノ弁セサル可ラサルヤ

治罪法頒布以来其第十三条ニ継続犯ノ語アルヨリ諸家各其説ヲ為スト雖トモ甲論シ乙駁シ堅白異同終ニ其帰スル所ヲ知ル能ハサルカ如シ豈ニ前文ニ所謂ル之ヲ明弁スルヲ緊要トスルノ旨趣ニ背クナキヲ得ンヤ予不似ト雖トモ仏国諸大家ノ説ニ基キ初学ノ為メニ聊カ一弁ヲ試ミントス

凡ソ刑法ノ罪トシ認ムル所ノ所為ニ就テ之ヲ観ルニ之ヲ行フヤ即時結了スルモノアリ則チ殺傷放火強窃盗ノ如キ仮令ヒ其予備執行ノ方法ニ多少ノ時間ヲ費シタリト雖トモ之ヲ行ヒ遂ルヤ直チニ其終リヲ告ク名テ即時犯ト云フ継続犯ニ対スルノ称呼ナリ継続犯ハ則チ国禁ノ兵器弾薬ヲ儲蔵シ又人擅ニ人ヲ監禁スル等ノ如キ者ニシテ罪ヲ行ヒ之ヲ遂クルヤ即時ニ出ツト雖トモ所為直チニ終ヲ告ケスシテ間断ナク同体ヲ現ハシ所為止マサレハ現在ノ位置モ亦止マサルモノ是ナリ此種ノ犯罪之ヲ即時犯ニ比スレハ其数少ナシト雖トモ又其種類中ニ就テ観レハ実ニ多カラストセス

即時継続犯ノ区別ハ唯リ前例ニ所謂ル殺傷監禁ノ如キ行フテ罪トナル者ノ中ニ存スルノミナラス猶行ハスシテ罪トナ

ル者ノ中ニ存ス若シ行ハサルニヨリ欠ク所ノ義務其義務ノ性質即時ニ係ルトキハ是即時犯ナリ故ニ年月日時ヲ定メタル裁判所ノ召喚ニ応セサル如キハ不行犯罪中ノ即時犯ナリトス又之ニ反シ欠ク所ノ義務其義務ノ性質接続ス可キモノニ係ル時ハ是継続犯ナリ故ニ人ノ通行ス可キ場所ニアル危険ノ井溝其他凹所ニ蓋又ハ防囲ヲ為サヽル如キ若クハ官署ノ督促ヲ受ケテ崩壊セントスル家屋牆壁ノ修理ヲ為サヽル如キハ是レ不行犯中ノ継続犯ナリトス

「継続犯ノ弁」(二)

『法律志叢』第一〇二号、明治一五年三月二七日発兌

是ニ由テ之ヲ観レバ彼ノ国事犯、常事犯、有意犯、無意犯、現行犯、非現行犯等其罪何種ノ部類ニ属スルヲ論セス凡ソ刑法万般ノ犯罪皆ナ即時若クハ継続犯ノ称呼ヲ得サルハナク必ヤ何レカ其一ニ居ラサルハ之レナキナリ

然レトモ其果シテ即時犯タリ継続犯タル所以ノ理ヲ尋ヌレハ或ハ其固有ノ性質ニ因テ然ル者アリ或ハ罪ノ性質ヲ論スレハ純乎タル即時犯ニシテ所犯ノ方法ニ因テ継続犯タル者アリ是其学者ノ之ヲ区別スルニ苦ム所ナリトス請フ先ツ罪ノ性質ニ因テ継続犯タル者ヲ弁シテ次ニ即時犯ニ及ハン

我刑法第百二十一条ニ所謂ル内乱ヲ起シタル罪又百二十九条外国ニ与シテ本国ニ抗敵シ又ハ外国ト交戦中同盟国ニ抗敵スル罪、百二十七条内乱ノ情ヲ知テ犯人ニ集会所ヲ給与スル罪、第二編第三章第五節私ニ軍用ノ銃礮弾薬ヲ所有スル罪、第百五十四条公権ヲ剝奪セラレ又ハ公権ヲ停止セラレテ勲章ヲ佩用スル罪、二百二十九条商賈農工定規ヲ増減シタル度量衡ヲ所有スル罪、二百六十条賭場ヲ開張スル罪、二百五十九条風俗ヲ害スル冊子図書其他猥褻ノ物品ヲ公然陳列スル罪、二百七十八条官吏不正ニ人ヲ監禁スル罪、二百七十九条司獄官吏囚人ヲ出獄セシム可キノ時ニ至リ之ヲ放免セサル罪、三百二十二条擅ニ人ヲ私家ニ監禁スル罪、四百二十五条規則ヲ遵守セスシテ火薬其他破裂ス可キ物

品又ハ自ラ火ヲ発ス可キ物品ヲ貯蔵スル罪、四百二十九条橋梁又ハ堤防ノ害ト為ル可キ場所ニ舟筏ヲ繋キ又ハ牛馬諸車其他物件ヲ道路ニ横タヘ又ハ木石薪炭等ヲ堆積シテ行人ノ妨害ヲ為シタル罪ノ如キ皆ナ是レ其固有ノ性質ニ因テ継続犯ナリトス何トナレハ是等ノ所為ニ就テ法律ノ罪トシ論スル所ノモノヲ看ヨ則チ事件ヲ構造スルニ必要ナル第一着ノ所為ナルヤ将タ第二着ノ所為ナルヤ例ルハ擅ニ人ヲ監禁スル罪ノ如キ詐偽又ハ暴行等ヲ以テ人ヲ監禁ノ場所ニ誘フタル第一着ノ所為ヲ罪トシ論スルヤ将タ現ニ其場所ニ幽閉シ置ク第二ノ所為ヲ罪トシ論スルヤ又私ニ軍用ノ銃礮弾薬ヲ所有スル罪ノ如キ此物品ヲ偶然又ハ購求等ノ方法ニ依リ所有スルニ至ラシメタル第一着ノ所為ヲ罪トシ論スルヤ将タ現ニ之ヲ所有スル第二ノ所為ヲ罪トシ論スルヤ今之ヲ律ノ正文ニ照セハ法ノ罪トスル所ハ則チ第二ノ所為ニ在ル疑ヒヲ容レサルナリ而シテ此第二ノ所為ヲ観ルニ事一タヒ成ルヤ必多少ノ時間継続シテ間断ナク同一ノ有様ヲ存シ他ニ之ヲ止ムルノ所為ナクンハ此有様モ亦止マサルモノトス法律ハ正サニ此継続ス可キノ性質ヲ有スル第二ノ所為ヲ罪トシ論セリ是其右ニ挙クル諸罪ノ如キ皆ナ其固有ノ性質ヨリシテ継続犯タル所以ナリ

然ルニ即時犯ハ之ニ異ナリ法律ノ罪トスル所第二ノ所為ニアラスシテ第一着ノ所為ニアリトス故ニ彼ノ窃盗犯ヲ看ヨ法律ノ罪トシ論スル所ハ他人ノ所有ヲ窃取スル第一着所為ニアルカ将タ此窃取シタル物ヲ所持スル第二ノ所為ニアルカ又重婚ノ罪ノ如キ既ニ配偶者アル者重ネテ婚姻ヲ為シタルニ在ルカ将タ此婚儀ニ依テ得タル夫又ハ妻ト共ニ生活スルニアルカ囚徒逃走ノ罪ノ如キ詐偽暴行等ヲ以テ獄舎ヲ逃レ出タルニアルカ将タ獄舎ヲ出テ外ニ在ルニアルカ贓物ニ関スル罪ノ如キ強窃盗ノ贓物ナルコトヲ知テ之ヲ受ケ又ハ寄蔵故買（ママ）シタルニ在ルカ将タ之ヲ受ケタル後チ其家ニ蔵シ置クノ所為ニアルカ放火ノ罪ノ如キ自己ノ宅舎又ハ人ノ家屋ヲ焼キタルニアルカ将タ家宅ノ焼失シテ本ニ復セサル悪結果ニアルカ殺傷ノ罪ノ如キ人ノ生命ヲ絶チ又ハ人ヲ傷ケタル第一着ノ所為ニアルカ将タ絶チタル生命ノ本ニ復セス又ハ人ヲ廃篤疾ニ致シ若クハ其創痕ノ滅セサル悪結果ニアルカ抑モ是等ノ罪第一ノ所為ハ之ヲ行フヤ即時結了シテ直チニ終リヲ告ケ第二ノ所為ハ第一ノ結果ニシテ多少ノ時間必継続シ又ハ際限ナク継続スル者ナリ而シテ之ヲ理論ト律

ノ正文ニ照スニ法ノ罪トシテ論スル所ハ第一ノ所為ニアル疑ヲ容ル可ラス是其右ニ挙クル罪ノ如キ皆ナ即時犯タル所似ナリ

故ニ学者ノ一罪ヲ挙ケテ其果シテ即時犯タルヤ継続犯タルヤヲ弁別スルニ屢々苦ム所以ノモノハ畢竟法律ノ罪トシテ論スル所ハ事件ヲ構造スル諸般ノ所為ニ就テ其果シテ何ノ点ニアルヤヲ明弁セサルニ因ル若シ此理ヲ覚リ律ノ正文ニ就テ其犯罪ニ与フル所ノ定解ヲ求メ法ノ罰スル所ハ第一ノ所為ニシテ継続スル能ハサルモノニアルカ将タ第二ノ所為ニシテ継続スルコトヲ得ル者ニアルカヲ知ルコトヲ得ハ即時継続犯ノ弁従テ明カナラン

其然リ然リト雖トモ此ニ一ノ困難ヲ来タス者アリ則チ罪ノ性質ヲ尋ヌレハ即時犯ニシテ所犯ノ方法ニ因テ継続犯タル者是ナリ請フ先ツ偽造貨幣ノ罪ヲ例トシ之ヲ弁セン世ノ識者往々偽造貨幣ノ罪ヲ以テ其性質継続犯ナリトス蓋シ誤ルト云可シ而シテ此誤ヲ来タス所以ハ我刑法ノ正文明カニ偽造ト行使ヲ弁別セルニ拘ハラス此偽造ト行使ヲ混合スルニ因ル歟請フ先ツ偽造ノ所為ヲ看ヨ其予備ノ方法等ニハ多少ノ時間ヲ費スナル可シト雖トモ製造ノ点ニ至テハ即時ニ行ツテ即時ニ結了ス故ニ例ヘハ此ニ鍛匠ノ不図不良心ヲ生シテ一円銀貨一箇ヲ偽造スル者アリ如何ンソ此偽造ヲ以テ継続犯ト為スコトヲ得ンヤ又行使ノ所為ヲ看ヨ偽造ノ貨幣タルヲ知テ一商店ニ至リ物品ヲ購求スル者アリ此行使ノ如キ継続ノ点何レニアルヤ故ニ曰ク偽造貨幣ノ罪ハ其性質純乎タル即時犯ナリ然レトモ偽造ノ方法ニ依リテハ継続犯トナルナキニ非ス例ヘハ金貨ヲ偽造スル者アリ金壹万円ヲ製造セントシ器械ヲ以テ之ニ着手シ先ツ一円金貨一箇ヲ製造シテ二ニ及ヒ遂ニ継続シテ一万箇ニ至ル此所為タル一箇ノ製造既ニ一罪ヲ為スヲ以テ其実一万罪ナリト雖トモ継続犯ヲ以テ論シ一罪トナサヽル可ラス是其所犯ノ方法ニ因リテ継続犯タル者ノ第一例ナリ

有夫姦ノ罪ハ即時犯ナリ何トナレハ法ノ罪トシ論スル所ハ密会ニアリテ其密会タルヤ即時結了ス可キモノナレハナリ然レトモ姦情止マスシテ屢々密会スル時ハ其実数罪ナリト雖トモ継続犯ヲ以テ論シ一罪ト為サザル可ラス是其所犯ノ方法ニ因リテ継続犯タル者ノ第二例ナリ

強窃盗ノ贓物ナルコトヲ知テ之ヲ蔵匿スルノ罪ハ既ニ前ニ言フカ如ク即時犯ナリ故ニ之ヲ受ケテ其家ニ蔵ムルコト数日官吏ノ臨検ヲ懼レテ之ヲ其庭中ノ空井ニ投シ尚ホ安カラサル所アリテ更ニ他人ニ交付スル如キ其所為各自蔵匿ノ一罪ヲ為スヲ以テ其実数罪ナリ然レトモ継続犯ヲ以テ論シ一罪ト為サヽル可ラス是其所犯ノ方法ニ因リテ継続犯タル者ノ第三例ナリ

其他官ノ文書ヲ偽造シテ行使スル罪ノ如キ偽造ノ貨幣ヲ行使スル罪ノ如キ其固有ノ性質即時犯ニシテ所犯ノ方法ニ因リテ容易ク継続犯トナル者枚挙スルニ遑アラサルナリ然シテ右所犯ノ方法ニ因リ即時ヲ継続犯ト論スルノ理由如何ン曰ク此罪ヲ犯スノ意思、此罪ヲ犯スノ決定、此罪ヲ犯スノ目的一ナルノ理此数罪ヲ連結シテ一ト為シ理方サニ数罪ヲ以テ論スルヲ許サヽレハナリ若シ夫レ其固有ノ性質ニ因リテ継続犯タル者ト異ナル所ハ何ソヤ曰ク一罪其継続犯タルノ理由固有ノ性質ニ出ル時ハ事立法者ノ定ムル所ニ係ルヲ以テ裁判官之ヲ左右スル能ハサルナリ然ルニ若シ継続タルノ理由所犯ノ方法ヨリ出ル時ハ之ヲ然リトシ又之ヲ然ラストスルノ権一ニ裁判官ニアリトス是其異ナル所ナリ然レトモ一旦継続犯ノ名ヲ得タル後ニ至テハ皆ナ其結果ノ均一ナル可キヤ疑ヲ容レス学者或ハ此所犯ノ方法ヨリ出ル継続犯ヲ以テ連続犯ト命ス亦不可ナキノミ

「犯罪ノ教唆ヲ論ス」（一）

『法律志叢』第一〇五号、明治一五年四月二一日発兌

我刑法ハ其第百五条ニ於テ人ヲ教唆シテ重罪軽罪ヲ犯サシメタル者ハ之ヲ正犯ト為スコトヲ定メ其何等ノ所業ヲ指シテ教唆ト云ヒ其何人ヲ命シテ教唆者ト呼フノ点ニ至テハ一ニ之ヲ法ヲ解釈スル者ノ見解ニ任シタリ蓋シ初メヨリ此点ヲ定ムル時ハ法律ノ正文精密ナルカ如シト雖トモ未来ノ事件ヲ網羅シ尽スハ人智ノ能クスル所ニアラサルヲ以テ反テ

漏洩ニ失スルノ恐アレハナリ嗚呼亦第百五条ノ如キハ良法ト云フ可シ然レトモ法ヲ学フ者ハ単ニ之ヲ立法者ノ為ス所ニ任シテ可ナランヤ力メテ理論ニ照シテ根拠ヲ定メ可及的教唆ノ区域ヲ精確ニシテ将ニ来ラントスルノ事件ニ応セサル可ラス是其本論ノ因テ起ル所以ナリ

例ヘハ此ニ少年ヲ誘導教唆シテ漸次廉恥ノ心ヲ失ハシメ終ニ兇漢無頼法律ノ罪人トナラシムル者アリ以テ教唆者ト為ス可キ乎曰ク第百五条ノ教唆者ト相去ルコト遠シ以テ教唆ト為ス可ラス又例ヘハ貧困者ニ正業ノ利ヲ得ルニ迂ニシテ悪行ノ財ヲ攫スルニ速ナルヲ説キ賊盗以テ生計ヲ立ルヲ教唆シ終ニ此貧困者ヲシテ法網ニ羅ラシムル者アリ教唆者ヲ以テ論ス可キカ曰ク猶未タシ又例ヘハ窃盗ヲ為サントスル者ニ対シ誰某ノ家資財多シ以テ取ル可シト告諭ス教唆ヲ以テ論ス可キカ曰猶未タシ説諭ハ教唆タルヤ曰ク否ナ助言ハ教唆ト為ス可キカ曰ク非ナリ

又例ヘハ是非ヲ弁別スルコト能ハサルノ幼者若クハ知覚精神ヲ喪失シタル者ヲ教唆シテ重罪軽罪ヲ犯サシムル者アリ以テ教唆者ト為ス可キカ曰ク教唆者ト云フ可ラス何ントナレハ此ハ是レ自ラ犯罪ヲ起念シ決定シ決行セル純乎タル正犯ニシテ其幼者若クハ知覚精神ヲ喪失セル者ノ如キハ唯々其決行ノ方法ニ用ヒタル機械ニ過キサレハナリ

然ラハ則チ何ヲカ教唆ト云フ曰ク此ノ問ニ答ヘント欲セハ宜シク先ツ教唆者ヲ罰スル所以及ヒ之ヲ正犯ト為スノ理ヲ講セサル可ラス蓋シ此方法ノ如キ講学ノ順序ニ背クカ如シト雖トモ若シ右ノ理論ヲ明カニスルコトヲ得ハ教唆ト命スル者ノ区域従テ明カナラン請フ教唆ヲ罰スル所以ノ理ヨリ論及セン

刑法第百十一条ニ曰ク罪ヲ犯サンコトヲ謀リ又ハ其予備ヲ為スト雖トモ未タ其事ヲ行ハサル者ハ本条別ニ刑名ヲ記載スルニ非サレハ其刑ヲ科セスト是レ明カニ事若シ罪ヲ犯スノ決心ニ止マリタル時ハ法ノ論スル所ニ非サルヲ示シタルモノナリ而シテ教唆者ノ所行ヲ看ヨ其自ラ為ス所罪ヲ犯スノ初念ヨリ決心ニ至ルニ止マリテ体力ヲ用フルニ至ラス正ニ刑ヲ科スルノ理ナキカ如シ然ルニ刑法ノ尚ホ之ヲ罰スルハ何ソヤ誠ニ故アルナリ凡ソ犯罪ハ一時ノ念ニ出テ直チニ之ヲ遂クル者最モ多シト雖トモ初メテ念ヲ起スヨリ漸次進歩シテ決行ニ至ル者モ亦少ナシトセス而シテ此二者起念ノ

初メヨリ決行ニ至ルマテ其経過スル所ニ長短ノ異ナルアリト雖トモ各皆智力ノ働キト体力ノ働キトヲ経サル者ナシ故ニ犯罪ノ原因ハ必智力ノ働キニ在テ体力ノ働キニアラス猶流水ノ原因ハ泉源ニアリテ河川ニアラサルカコトシ然シテ彼レ教唆者ハ此有形ノ事実則チ犯罪ノ原因タリ若シ此原因ニシテ存セスンハ此事実モ亦之アル能ハス此事実ヲシテ之レアラシメタルハ教唆者ナリ自ラ手ヲ下シテ之ヲ為シタルト何ソ異ナラン如何ンソ之ヲ罪トシ論セサルヲ得ンヤ且ツ一人トシテ智力ト体力ノ働キヲ兼ネ行フタル者之ヲ純乎タル正犯ト云フト雖トモ又智力ト体力トノ働キヲ分テ二人以上之ヲ行フ能ハサルノ理ナシ猶ホ二人以上ニテ体力ノ所行ヲ分ツコトヲ得ルカコトシ故ニ教唆者及ヒ被教唆者ハ二人同体ト云フモ不可ナキナリ若シ被教唆者事ヲ行ハサルトキハ是レ二人同ク決心ニ止マリタリト云フ可ク若シ之ニ反スルトキハ二人同ク之ヲ行フタリト云フ可シ是其教唆者ヲ罰スル所以ナリ

「犯罪ノ教唆ヲ論ス」（二）

『法律志叢』第一〇六号、明治一五年四月二七日発兌

其教唆者ヲ以テ正犯ト為スハ何ソヤ凡ソ犯罪ハ決心ヨリ予備ニ至リ予備ヨリ決行ニ至ルトキハ予備ノ所為タル之ヲ決心ニ比スレハ犯罪ノ悪結果ニ向テ一歩ヲ進メタリト云フ可シ然ルニ我刑法ハ有形的ノ予備ノ所為ヲ以テ正犯ヲ幇助シタル者之ヲ従犯ト為シ反テ無形的ノ決心ニノミ関スル教唆者ヲ以テ正犯ト為スハ理ノ正サニ然ラシムル所アリテ然ルモノニシテ固ヨリ偶然ニ出ルニアラサルナリ既ニ前ニ云フ如ク犯罪ハ必ス二類ノ元素ヲ以テ其構造ヲ成ス則チ智力ノ働キト体力ノ働キト是ナリ然シテ彼ノ教唆者ハ自ラ此第一ノ元素ヲ作リ強迫若クハ騙詐等ノ方法ヲ以テ之ヲ現行正犯者ニ移シ現行正犯者ヲシテ之ヲ容レシメタル者ニシテ犯罪ノ結果ヲ生セシメタル已ム可ラサルノ原因ナリ則チ智力ノ働キニ関シテハ現行正犯者ト共ニ純乎タル主犯ナリ且起念ノ点ハ必彼レニ在ルヲ以テ唯智力上ヨリ観ルトキハ反テ彼

レヲ主トシ現行者ヲ従ト為スモ妨ケナキカ如シ如何ンソ之ヲ彼ノ只他人ノ為サントスル所若クハ其為ス所ヲ幇助スル者ト日ヲ同クシテ語ル可ンヤ然ルニ彼ノ予備ヲ為ス者ヲ看ヨ其為ス所既ニ已ニ罪ノ原因ニアラス又罪ノ結果ヲ生スル直接ノ事業ニアラス只体力ノ働キヲ以テ正犯ヲ幇助スルノミ是其教唆者ヲ以テ正犯ト為シ反テ犯罪ノ事実ニ一歩ヲ進ムト雖モ尚ホ予備ノ所為ヲ以テ正犯ヲ助クル者ヲ従犯ト為ス所以ナリ故ニ若シ彼ノ教唆ノ如ク智力ノ働キニ関スル所為タリト雖モ其所為幇助ニ止マルトキハ以テ教唆ト為ス可ラサルヤ論ヲ待タス是レ智力上正犯ヲ幇助シ犯罪ヲ容易ナラシメタル従犯ナリ故ニ例ヘハ窃盗ヲ為サント思考スル者ニ対シ其贓物ノ牙保ヲ為サント約シ或ハ犯者ヲ蔵匿シテ逮捕ヲ免レシメント約シテ其決心ヲ容易ナラシメタル者ノ如キ是レ教唆者ニアラス智力ノ働キニ就キ正犯ヲ幇助シタル従犯ナリ只此種ノ従犯ハ法律ノ之ヲ罰セサルノミ

以上論スル所ニ依レハ教唆ト名クル所為ノ区域教唆者ト命スル者ノ分限略ホ定マリタリト云フ可シ則チ教唆者ヲ罰シ且之ヲ正犯ト為ス所以ノモノハ自ラ犯罪ノ原因ト為リ自ラ犯罪ヲ構成スルモノ、一部分ヲ行ヘハナリ故ニ之ニ反スルトキハ教唆ヲ以テ論ス可ラサルヤ明カナリトス然シテ其如何ナル場合ニ於テ原因ト為リタリト云フコトヲ得如何ナル場合ニ於テハ然リトスル能ハサルヤヲ知ルノ点ニ至テハ人各々其良知良能ニ照ラスニアルノミ然レトモ茲ニ一箇ノ元則アリ曰ク法律上人ノ一所為ヲ以テ犯罪ノ教唆ト名クルコトヲ得ルニハ教唆セントスル者其方法ヲ以テ幾何カ能ク被教唆者ノ精神ニ勢力ヲ及ホシ被教唆者ノ精神為メニ制セラレタルヲ要ス然ラサレハ犯罪ノ結果アリト雖トモ教唆者ヲ以テ之カ原因ト為ス可ラス故ニ法律ノ所謂ル教唆ヲ以テ論ス可ラスト誠トニ教唆ノ区域ヲ定ムル至ラレリト云フ可シ何トナレハ被教唆者モ亦一箇独立社会ニ対シテ十分責任アルノ人ナリ故ニ教唆者之ニ罪悪ヲ勧メ仮令ヒ千万言ヲ費シタリト雖トモ之カ精神ヲ制シタルニア［ラ］サルヨリハ其所業ニ関シテ責任ヲ負フノ理ナケレハナリ若シ夫レ其如何ナル場合ニ於テ教唆者能ク勢力ヲ被教唆者ノ精神ニ及ホシ被教唆者為メニ制セラレタリト云フコトヲ得ルヤト謂フニ至テハ論点既ニ其極ニ達シタルモノニシテ例ヲ挙ケテ之ニ答フルノ一路アルノミ曰ク財物ヲ贈与シテ罪ヲ犯サンコトヲ教唆スル者アリ被教唆者若シ罪ヲ犯サヽレハ此財物ヲ得ルニ由ナシ是レ其精神為メニ制セラレタルナリ曰ク罪ヲ犯サハ何某ノ利ヲ与ヘント約スル者アリ被教唆者若シ罪ヲ犯サヽレハ此利ヲ得ル能ハス其精神又制セラレタリト云フ可シ曰ク強迫シテ罪ヲ犯サシムル者アリ若シ此強迫ニ従ハサレハ已レニ不利ヲ来タス是レ教唆者能ク被教唆者ノ精神ニ勢力ヲ及ホシタルナリ其他威権若クハ詐偽等ヲ以テ被教唆者ヲ制スルノ例実ニ枚挙スルニ遑アラス欧州諸国ノ刑法教唆ノ方法トシテ贈与、約束、威権等ヲ律ノ正文ニ掲ルモノアリ又以テ我刑法教唆ノ解ノ一助ト為スニ足ランカ助言ヲ以テ教唆ト為スヤ否ヤノ点ニ至テハ識者之ヲ論スルコト久シ中ニ就テ決心セシムルノ一事アルトキハ之ヲ教唆ト為スニ足ルト云フ者アリ然レトモ予ヲ以テ之ヲ観レハ仮令ヒ決心セシムルノ事アリト雖トモ助言ハ以テ教唆ト為スニ足ラス抑モ助言トハ何ソヤ則チ既ニ生シタル犯罪ノ念慮ニ就テ之ヲ増進セシメ又ハ決定ヲ容易ナラシメタル幇助ヲ指スノ言ニシテ仮令ヒ之カ為メニ現行者ノ決心ヲ来タスアリト雖トモ固ヨリ此犯罪ノ原因トナルニアラス又因テ以テ被助言者ノ精神ヲ制シタルニ非ス焉ソ之ヲ命シテ教唆ト為スコトヲ得ンヤ

「告訴ヲ待テ受理ス可キ事件ニ付キ被害者ノ棄権又ハ私和ノ解」

――『法律志叢』第一一〇号、明治一五年五月二一日発兌

左ノ一篇ハ我師仏蘭西大学法学士宮城浩蔵先生ノ講義ニシテ生ノ嘗テ筆記スル所ノモノナリ近時代言人方波見祐助氏ヨリ以呂波新聞編輯長ニ係ル誹毀ノ罪告訴及ヒ棄権ノ件ニ関シ学者ノ論錯雑一ニ出サルカ如シ然レトモ生ヲ以テ之ヲ観レハ一点ノ疑フ可ラサルモノアリ依テ先生ノ許可ヲ得テ之ヲ貴社ニ寄ス貴社幸ニ之ヲ公ニシ輿論ニ質ス所アレ

在東京　吉村秀助

被害者ノ棄権又ハ私和ニ因リ公訴権ノ消滅スル理由及ヒ棄権私和ノ解釈ハ前講既ニ之ヲ尽セリ依テ本講ハ如何ナル場合ニ於テ棄権私和ノ事実其効ヲ生スルヤヲ弁明セン告訴ヲ待テ起ル公訴権ノ成立ニ関シ二説アルハ予嘗テ之ヲ弁セシヲ以テ諸君ノ既ニ曲サニ了セラル、所ナラン然ルニ今先ツ第一説告訴ヲ待テ受理ス可キ事件ニ付テノ公訴権ハ告訴アリテ初メテ生スト云フニ従ハンカ第九条ノ被害者ノ棄権私和ニ因テ公訴権消滅ストハ公訴ノ起リタル後ノ場合ノミヲ指スヤ明カナリ何ントナレハ告訴ナキ時ハ公訴権生セサルニ因リ其未タ生セサル者ヲ消滅スト云フノ理ナケレハナリ又第二説ニ従ヒ告訴ヲ待テ論ス可キ罪ト雖トモ公訴権ハ犯罪ヨリ直チニ生ストセンカ同ク第九条第二ハ告訴アリテ公訴ノ起リタル以後ノ場合ヲ指ス者トセサルヲ得ス或以為ラク公訴ヲ為スノ権ハ犯罪ト共ニ生シ社会ニ属シテ被害者ノ左右シ得ヘキ所ニ非ス仮令ヒ親告ヲ待テ論ス可キ罪ト雖トモ一旦告訴ニ因リ公訴起リタル以上ハ被害者ノ随意ニ之ヲ消滅セシムルコトヲ得ルノ理ナシ故ニ第九条第二ハ未タ告訴ヲ為サ、ル以前ノ場合ノミヲ指シタル者ナリト此説一理アルカ如シト雖トモ之ヲ駁スルコト固ヨリ難カラサルナリ治罪法草按註解ニ依レハ業已ニ右第二ハ告訴ヲ為シタル後ノ場合ヲ指スコトヲ明言スルノミナラス単ニ論理ニ就テ観ルモ若シ棄権私和其効ヲ生スルハ唯リ告訴ヲ為スノ前ニアリトセハ法律ノ故サラニ之ヲ明言スルヲ要セサルニ非スヤ何ントナレハ既ニ告訴スル者ナキヲ以テ公訴起ル能ハス其起ル能ハサルノ公訴権ニ対シ法律上之カ消滅ヲ論スルヲ要セサレハナリ又之ヲ仏蘭西治罪法ニ照スニ同法ノ解釈二途ニ出ツ甲説ハ公訴権ノ性質ヨリ論ヲ立テ親告ヲ要スル事件ト雖トモ有夫姦ノ罪ヲ除クノ外一旦告訴アリテ公訴起リタル以上ハ被害人ノ棄権私和ニ因テ公訴権消滅スルコトナシト説キ乙説ハ被害者ノ告訴ヲ待ツ所以ノ理ヨリ推シ及ホシ仮令ヒ公訴起リタル後ト雖トモ棄権私和其効ヲ生スト弁セリ然シテ此二説ヲ来スモノハ畢竟律ニ棄権私和ヲ以テ公訴権消滅ノ一原因ト為スノ明文ナキニ因ル然ルニ我治罪法ノ之ヲ明言セルニ基キ立法者ノ意ヲ推セハ我立法者ハ右乙説ヲ取リ且ツ法ヲ解スル者ヲシテ惑ヲ来サ、ラシメンカ為メ之ヲ明言セルヤ疑ヲ容レサルナリ故ニ曰ク公訴権ノ成立ニ関スル何レノ説ニ依ルモ第九条第二ニ於テ被害者ノ棄権私和ヲ以テ公訴権消滅ノ原因ト為セルハ告訴アリタル後ノ場合ヲ指スヤ明カナリトス

右既ニ明カナルトキハ更ニ一歩ヲ進メテ公訴起リタル後何レノ点ニ至ル迄棄権私和其効ヲ生スルヤヲ看ルニアリトス

諸君既ニ前段ノ論理ヲ了解セラル、ニ於テハ別ニ此ニ議論ヲ要セサルカ如シト雖トモ今諸君ノ為メニ公訴起リタル後経過スル所ヲ四箇ニ別テ之ヲ説明セン

第一　公訴起リテヨリ始審ノ裁判官言渡アル迄　前段已ニ公訴起ルノ後ト雖トモ棄権私和其効ヲ生スルノ論ヲ容レタル以上ハ訴訟ノ点何レニアルモ又仮令ヒ公廷ノ弁論結了シテ裁判言渡アラントスルノ際ト雖トモ棄権私和其効ヲ生シ既ニアリタル審按ヲ無効ニ属セシムルモノトス何トナレハ同時公訴権直チニ消滅スルヲ以テ之ヲ継続スルノ理ナケレハナリ

第二　始審裁判言渡アリテ未タ確定セス　此場合ニ於テハ裁判言渡アリタルヲ以テ相当ノ理由ニ基キ之ヲ取消スニアラサレハ自ラ確定ニ至ルニ因リ棄権私和其効ヲ生スル能ハサルカ如シト雖トモ則チ果シテ此棄権私和ナル者自ラ取消ノ原因タルヲ以テ裁判言渡ノ後ト雖トモ其効ヲ生スト言ハサルヲ得ス而シテ其取消ノ原因タルヲ得ルハ何ソヤ曰裁判確定ニ至ラサレハ公訴権消滅セス故ニ裁判言渡後ト雖トモ猶存在ス棄権私和ハ即チ此存在スル所ノ公訴権ヲ消滅ス然ラハ則チ此裁判ハ確定セントスルニ際シテ其基本タル公訴権ヲ失フモノナリ是其棄権私和ハ裁判取消ノ原因タルヲ得ル所以ナリ

又且ツ諸君幸ニ法律ト事実トヲ区別スルコトヲ得ハ予ノ論スル所益明カナルコトヲ得ン公訴権消滅ノ点ハ法律ナリ裁判言渡ハ其亦タ確定セサル間ハ早キコトヲ得晩キコトヲ得ル一箇ノ事実ナリ此ノ判官ノ都合ニヨリ早キコトアリ晩キコトアルノ事実如何ンソ法律ノ定ムル公訴権消滅ニ影響ヲ及ホスコトヲ得ンヤ

第三　検察官若クハ被告ヨリ控訴中又ハ終審裁判確定ニ至ラスシテ被害人棄権又ハ私和ス　此場合ハ始審ノ時ト論理

異ナル所ナキヲ以テ之ヲ贅セス

第四　上告中被害人棄権又ハ私和ス　或以為ラク終審ノ裁判破毀セラル、トキハ新裁判中ノ棄権其効ヲ生ス可シト雖トモ若シ別ニ破毀スルノ理由ナキ時ハ前裁判ヲシテ確定ニ至ラシムルカ故ニ上告中ノ棄権私和ハ到底無効ナリト云ハサルヲ得ス何トナレハ棄権私和ハ事実ナリ大審院ハ前裁判ノ法律ニ適スルヤ否ヤヲ審按スルノミニシテ裁判後ニアリタル棄権等ノ事実ニ関セサレハナリト一理アルニ似タリト雖モ亦是皮相ノ見ニ過キサルノミ上告中ハ裁判確定セス既ニ確定セサルトキハ公訴権猶存ス棄権私和ハ正サニ此存スル公訴権ヲ消滅セシム大審院如何ンソ既ニ確定ニ至ラスシテ公訴権ノ消滅セル裁判ヲ確定セシムルヲ得ンヤ又自ラ如何ンソ公訴権消滅シテ訴ル者ナキニ判決ヲ下スコトヲ得ンヤ或者ノ言フカ如ク棄権私和ハ是レ疑ヒモナク裁判言渡ノ後ニアル一箇ノ事実ナリ然レトモ此事実直チニ公訴ノ消滅ヲ来タスヲ以テ法律ノ論ニ入ラサルヲ得ス是其大審院ノ之ニ関セサルヲ得サル所以ナリ

諸君ヨ是ニ由テ之ヲ観レハ告訴ヲ待テ受理ス可キ事件ニ付キ被害者ノ棄権私和ハ裁判確定ニ至ルマテハ何時ニテモ之ヲ為シテ其効ヲ生スト云ハサルヲ得サルモノトス（下略）

「附帯犯罪ノ弁」（一）

『法律志叢』第一一二号、明治一五年六月三日発兌

数人通謀シテ一罪ヲ犯ス之ヲ数人共犯ト云フ一人数罪ヲ犯ス我刑法ハ此場合ヲ名ケテ其各々未タ判決ヲ経サル者ニ係ルトキハ数罪倶発ト云ヒ其判決ヲ経タル者ト経サル者ト並ヒ発スルニ係ルトキハ再犯ト云フ則チ刑法第一編第五章第七章第八章ニ詳ナリ然ルニ若シ一人若クハ数人ニテ数罪ヲ犯シ此罪種々ノ原因ヨリ相連絡スルトキハ如何ン曰ク我治罪法第三十九条ニ所謂ル附帯犯罪是ナリ之ヲ彼ノ数人共犯数罪倶発ト比照スルニ数人共犯ハ罪一ニシテ犯者ノ多数ナ

ルヲ要シ附帯犯罪ハ犯者ノ数ニ関セス罪多数ナルヲ要ス又数罪倶発ハ罪ノ連絡スルト否トニ関セスシテ犯者ノ一人ナルヲ要シ附帯犯罪ハ罪ノ連絡スルヲ要シテ犯者ノ数ニ関セス故ニ曰ク附帯犯罪ノ場合ハ数人共犯数罪倶発ノ間ニ在テ相対スルモノナリ

治罪法第三十九条ハ附帯犯罪ノ場合三箇ヲ明示セリ然レトモ法ヲ解スル者若シ此正文ヲ墨守スルカ若クハ此正文ニ拘束セラレ他ハ尽ク附帯犯罪ニ非スト論セハ実際治罪ノ手続大ニ抵触スル所アルノミナラス反テ立法ノ精神ニ背ク所アラン何トナレハ本来数罪ヲ連絡スル原因ノ如キ千態万状立法者ノ予メ知ル能ハサル所ナルニ因リ蓋シ三十九条ノ如キハ其大概ノ場合ヲ明示セルニ過キサレハナリ読者若シ予カ以下歴述スル所ヲ観ハ予ノ言ノ妄ナラサルヲ知ルニ足ラン三十九条第一ノ場合ハ同一ノ場所ニ於テ同時ニ一人又ハ数人ニテ数罪ヲ犯シタル時ナリトス然シテ之ヲ附帯犯罪ト為スモノハ何ソヤ曰ク犯罪ニ至ルノ原因又ハ犯罪ノ機会ノ同一ニシテ罪ヲ連絡スレハナリ例ヘハ一家火ヲ失シ怱忙火ヲ救ヒ家具ヲ運搬スルニ乗シ一人ニテ器物ヲ盗ミ幼女ヲ略取スル如キ又ハ同時ニ数人通謀シ若クハ各自ニ什具ヲ盗ミ去ルカ如キ又例ヘハ兇徒多衆暴動ノ際甲ハ人ヲ殺シ乙ハ火ヲ放チ丙ハ金穀ヲ刧掠スル如キ又例ヘハ数人路上ニ往来ノ馬車ヲ要シ甲ハ旅人ニ逼テ金銭ヲ強奪シ乙ハ行李ヲ取リ丙ハ旅人ノ妻ヲ強姦スル如キモノニシテ其数人是等ノ罪ヲ犯スニ係ル時ハ其通謀スルト否ト又相互ニ犯状ヲ知ルト知ラサルトニ関セサルナリ然リ而シテ我治罪法ハ同一ノ場所ニ於テ同時ニ数罪ヲ犯シタル時之ヲ附帯犯罪ナリトシテ犯罪ニ至ルノ原因ト犯罪ノ機会ノ同一ナルニ関セサルカ如シ蓋シ犯罪ニ至ルノ原因ニアリ故意ニ出ルト（下ニ詳ナリ）偶然ニ出ルトナリ（前例失火ノ場合ノ如キ）而シテ偶然ニ出ルニ係ル犯罪ノ原因同一ナリト雖モ場所ト時ト異ナル時ハ連絡ノ理極メテ間接ナルカ故ニ附帯犯ヲ以テ論ス可ラサレハナリ又殊ニ前例ニ挙ル罪ノ如キハ概ネ同一ノ場所ニ於テ同時ニ犯スモノナルカ故ニ唯場所ト時ノ同一ヲ以テ数罪連絡ノ理ト為シタルニ過キス故ニ我治罪法ハ畢竟数罪連絡ノ理ヲ近キ事実ニ求メテ其実ハ犯罪ニ至ルノ原因ト犯罪ノ機会トニアルニ説キ及ハサルノミ若シ是ヲ之レ覚ラスシテ徒ラニ法律ノ正文ヲ墨守シ犯罪ノ原因ト機会トニ関セス只場所

ト時トノ同一ナルヲ以テ附帯犯罪トセハ例ヘハ姦婦姦夫ヲ懐テ睡ル時同房ニ入テ窃盗ヲ為スモノアリ又ハ官ノ文書ヲ監守スル官吏家ニ在テ此文書ヲ擅マ、ニ増減変換スルノ際強盗入リテ其妻ヲ姦スル等ノ如キヲ以テ数罪連絡スルノ理アリトシ附帯罪ヲ以テ論スルニ至ラン豈奇怪ナラスヤ

「附帯犯罪ノ弁」（二）

『法律志叢』第一一五号、明治一五年六月二二日発兌

三十九条第二ノ場合ハ数人通謀シテ日時又ハ場所ヲ異ニシ数罪ヲ犯シタル時ナリトス例ヘハ兇徒数人謀ヲ定メタル後処々ニ散シ甲ハ一方ニ於テ窃盗ヲ為シ乙ハ他方ニ於テ強盗ヲ行ヒ丙ハ他ノ一面ニ於テ人ヲ殺シ丁ハ又他ノ一面ニ於テ火ヲ放チ然ル後チ相集テ贓ヲ平等ニ分ツカ如キ又例ヘハ多数ノ偽造貨幣ヲ正貨ニ換ヘントシ数人四方ニ散シテ之ヲ行使スル如キ又例ヘハ遊猟者数人相期約シ銃猟禁制ノ場所ノ処々ニ於テ銃猟ヲ為スカ如キ是ナリ

若シ夫レ此数罪ヲ以テ附帯犯罪ト為スモノハ何ソヤ曰ク仮令ヒ犯時又ハ犯所ヲ異ニスト雖トモ犯罪ニ至ルノ原因同一ニシテ且ツ此原因タル故意ヨリ出ルヲ以テ充分此数罪ヲ連絡スルノ理アレハナリ故ニ之ヲ彼ノ第一ノ場合ト比スルニ第一ノ場合ハ犯罪ニ至ルノ原因同一ニシテ犯時ト犯所ヲ同フスル時ハ其原因ノ故意ニ出ルト偶然ニ出ルトニ関セス之ニ反シテ第二ノ場合ハ犯罪ニ至ル同一ノ原因必故意ニ出ルヲ要シテ犯時ト犯所ニ関セサルモノトス

三十九条第三ノ場合ハ自己又ハ他人ノ犯罪ヲ容易ニスル為メ又ハ其罪ヲ免カル、為メ他ノ罪ヲ犯シタル時ナリトス其之ヲ附帯犯罪ト為ス所以ノモノハ数罪相互ニ原因結果ヲ為シテ相連絡スレハナリ且ツ此原因結果ヲ為ス所以ノモノ故意ニ出ルヲ以テ其関係ノ理連絡ノ由極メテ密ニ唯リ之ヲ附帯犯ト為ス耳ナラス時トシテハ二罪混シテ一罪トナリ為メニ刑ヲ加重スルノ例刑法中ニ少ナカラストス然シテ其犯罪ヲ容易ニスル為メトハ例ヘハ予備ノ点ニ在テハ内乱又ハ兇

徒聚衆ノ罪ヲ犯スカ為メニ国禁ノ弾薬銃砲ヲ貯蔵スル如キ殺人ノ罪ヲ犯ス者ノ為メニ人ノ武器ヲ盗テ之ニ与ル如キ又執行ノ点ニ在テハ人ノ物品ヲ盗ムカ為メニ先ツ其人ヲ殺ス如キ囚徒ヲシテ逃走セシメンカ為メ看守人ヲ殺スカ如キ人ヲ焼殺センカ為メ家屋ニ火ヲ放ツカ如キ強姦ヲ遂ケンカ為メ婦女ヲ監禁又ハ殴打スル如キ皆ナ是一罪ハ一罪ヲ容易ニスルカ為メナリトス又其罪ヲ免カル、為メニハ例ヘハ人ヲ殺シテ後チ焼死ト信セシメンカ為メ家屋ニ火ヲ放ツカ如キ婦女ヲ強姦シ又ハ物品ヲ強取シタル後チ告訴者ナカラシメンカ為メ之ヲ殺ス如キ検証ノ官吏ニ賄賂ヲ行フ如キ罪ヲ犯スノ際巡査ニ認メラレテ之ヲ殺ス如キ是ナリ

故ニ治罪法第三十九条ニ三個ノ場合ヲ認メテ附帯犯罪ト為シタルハ之ヲ要スルニ第一ノ場合ハ数罪ノ原因又ハ機会ノ同一ナルニ因リ第二ノ場合ハ同一ノ原因故意ニ出タルニ因リ第三ノ場合ハ数罪相互ニ原因結果ヲ為スニ因ルモノトス然リ而シテ我治罪法ハ附帯犯罪ノ場合ヲ認ムル尽セリト云フ可ラス何トナレハ例ヘハ贓物ナルコトヲ知テ之ヲ受ケ又ハ寄蔵故売スル罪ノ如キ他ノ罪ト必原因結果ヲ為スヲ以テ理論上疑モナキ附帯犯ナリト雖トモ一ニ犯罪ノ利ヲ全フスル為メニアリテ犯罪ヲ容易ニスル為メニ非ス又罪ヲ免カル、為メニ非ルカ故ニ第三ノ場合中ニ入ル可シト云フヲ得サレハナリ

又例ヘハ路上ニ於テ殴打シテ人ヲ殺シ遂ニ其家ニ入リテ物品ヲ盗ムカ如キ又現行犯ヲ認ラレテ警察署ニ引致セラレ此ニ於テ官吏ヲ罵詈スルカ如キ強盗ヲ行フニ因リテ婦女ヲ略取シ他処ニ於テ之ヲ強姦スル如キ甲ハ貨幣ヲ偽造シ乙ハ他日其偽造ナルヲ知テ之ヲ行使スル如キ甲乙二人窃盗ヲ為シ其利ヲ分ツニ当テ争ヲ生シ甲ハ乙ヲ殺ス如キ皆是レ一罪ハ一罪ノ原因又ハ結果ニシテ其原因タリ結果タル所以故意ニ出ルニ非スト雖トモ理論上附帯犯ヲ以テ論ス可キヤ疑ヲ容レス然レトモ之ヲ彼ノ三十九条三個ノ場合ニ照ラスニ其一ニタモ入ル能ハサルナリ

然ラハ則チ右数例ノ如キハ附帯犯罪ヲ以テ論ス可ラサル乎曰ク附帯犯罪ヲ以テ論シテ妨ケアルコトナシ何トナレハ三十九条ノ如キハ其大抵ノ場合ヲ明示シタルノミニシテ之ヲ此ニ限リタルニアラサレハナリ若シ解釈此ニ出スシテ徒ラ

ニ正文ヲ墨守スルニ於テハ実際ノ処分上大ニ矛盾シ立法者ノ精神ニ背クヤ疑ヒナキナリ

【刑法講義第一回】

『法律講義』第一号、明治一五年七月二一日発兌

第一回

諸君ヨ

余ノ浅学寡聞ト雖トモ敢テ辞セスシテ此講壇ニ登リ諸君ノ為メニ刑法ヲ講スルモノハ濫リニ教師ノ名義ヲ冒シテ虚栄ヲ貧ラント欲スルニ非ス実ニ已ム可カラサルノ理アリテ存スレハナリ

夫レ法律ノ改良シテ止ム可ラサルヤ猶人智ノ進歩シテ其止マル所ヲ知ラサルカ如シ旧時ノ事ハ措テ論セス近ク之ヲ維新以降ニ徴スルニ曩キニ新律綱領改定律例ノ成ルヤ当時人以為ラク絢爛明確ニシテ皆ナ是金科玉条実ニ古今無比ノ良法ナリト然レトモ其金科玉条ト思惟シ無比ノ良法ナリト考定セルハ畢竟我明治十五年ノ今日アルヲ知ラサルノ致ス所ニシテ今我刑法ヲ手ニシ昔日ヲ回顧スレハ忽然トシテ夢ノ初メテ覚ムルカ如ク雲霧ヲ排テ白日ヲ見ルノ感ナキ能ハサルナリ嗚呼又誰カ識ラン今日夢初メテ覚メ雲霧ヲ排テ白日ヲ見ルカ如キノ思ヒヲ為スモノハ憐ム可シ他日アルヲ知ラサルノ致ス所ニシテ他日ヲ以テ今ヲ観レハ猶今ノ昔日ヲ観ルカ如キノ感アランコトヲ故ニ曰法律ノ改良シテ止ム可ラサルヤ猶人智ノ進歩シテ其止マル所ヲ知ラサルカ如シト

然リ而シテ其法律ノ改良シテ止マサルヲ致ス者ハ果シテ誰ソヤ嗚呼諸君ヨ我朝二千五百年ヨリ六百年ノ経過ニ遭遇スル諸君ト余輩トニ非スヤ嗚呼他日ノ為メニ酔夢ヲ覚マシ雲霧ヲ排カントスルハ諸君ト余輩トノ任ニアラスシテ果シテ誰カ任ソヤ是其法学ノ止ム可カラスシテ余ノ浅学寡聞ト雖モ此講壇ニ登リテ辞セナル所以ナリ

諸君宜シク此意ヲ了セラレ余ノ講説スル所ニ於テ義理ノ不明ナル理論ノ尽サヽルアラハ駁議ヲ発シ疑点ヲ質シテ顧慮スル所アル勿レ願クハ講究ノ術ヲ尽シテ憾ミナカランコトヲ余ハ亦師ボワソナード先生ノ伝フル所ト巴里府留学中諸大家ヨリ得タル所トニ照ラシ蘊奥ヲ叩テ余ス所ナカル可シ若シ幸ニ切瑳琢磨其功ヲ奏シ因テ以テ真理ヲ発見スルコトヲ得ハ豈唯タ諸君ト余トノ幸ノミナランヤ

刑法

刑法ノ源流ヲ歴史ニ稽ヘ之ヲ其当時ノ世運ニ照ラシ其勢力ト効果トヲ考察スレハ法律ノ学ニ於テ欠ク可ラサルノ事タリト雖モ是カ為ニ我本法ノ講説ヲ遅延セシムルハ亦余カ諸君ノ為メニ取ラサル所ナリ故ニ余ハ唯我邦刑法ノ沿革ニ付キ其概略ヲ歴述シテ已マントス

我国上古天罪国罪ノ名称有テ之ヲ処スル大率ネ抜除自新ノ法ヲ以テス是其抜除ノ詞万世我国ニ伝ハル所以ナリト之ヲ然レトモ上古ハ邈タリ得テ考フ可ラス史書刑ヲ記スルハ始テ崇神紀ニ見ユ推古帝十二年上宮太子憲法十七条ヲ創定シ天智帝ノ世中臣連鎌足等ヲシテ律令ヲ撰定セシメ之ヲ天下ニ領行セシム尋テ支武帝ノ世ニ至リ藤原不比等律令ヲ撰定ス世ニ所謂ル大宝律是ナリ其体裁漢土ノ律ヲ摸擬スルモノニシテ粗ト酷トニ失スル所アリト雖モ名例ヨリ雑律ニ至ル迄井然完整粲然トシテ見ル可キ者ハ我国此律ヲ以テ嚆失トス爾来源平ノ兵乱ニ至ル迄嵯峨帝ノ世刑断例十条ヲ撰定スル等小変革ナキニ非スト雖モ大率ネ大宝律ニ基キ其軽重ヲ斟酌シテ旧章ヲ損益セシニ過キサルノミ

源頼朝府ヲ鎌倉ニ開クニ及ヒ武断ヲ用テ刑ヲ行ヒ法三条ヲ制シテ群盗屏息シ姦邪ヲ跡潜ム法令ノ厳明ナルコト前世ニ優ル万々然レトモ其治ヲ致ス専ラ威力ニ是頼リテ刑法ノ如キハ未タ大ニ更改セシ所アルヲ見ス北条氏陪臣ヲ以テ国命ヲ執ルニ及ヒ大ニ意ヲ刑法ニ用フルアリテ式目五十条ヲ制定シテ之ヲ領布ス然レトモ其目的只当時ノ武人ヲ戒飭スルノ一点ニ在リシノミ降テ足利氏ノ世ニ至リテハ乱逆相踵キ綱紀頽敗刑法復タ論スルニ足ル者ナシ織豊二氏ノ世ニ当リ

テハ天下兵アルヲ知テ復刑ニ法アルヲ知ラス徳川氏ハ其覇業ノ成ルニ及ヒ二氏ノ敗ニ懲リテ鋭意治ヲ期シ古制ヲ取捨シテ法令百箇条ヲ撰定ス然レトモ其百箇条ト称スル者深ク之ヲ秘府ニ蔵メ肯テ之ヲ公行セザリキ之ヲ要スルニ覇府以来治ハ則ナ《（ママ）》治ヲ得タルコトアリト雖トモ刑法ノ点ニ至テハ上世ニ及ハサルコト遠シ

王政維新ノ初メ庶事草創未タ刑法ヲ詳定スルニ遑アラス唯徒刑ヲ復シテ其他ハ総テ徳川氏ノ旧ニ依レリ然レトモ法律ヲ重ンスルノ風早ク已ニ当局者ノ胸襟ニ入リ幾何モナクシテ新律綱領成リ尋テ改定律例ヲ領布ス是レ我邦ノ刑法王政ト共ニ古ニ復シタルモノナリ明治十三年七月ノ領布ニ係ル改定刑法創定治罪法ニ至リテハ古来ノ弊習ヲ一洗シ万国ノ善美ヲ薈シテ成ル所ニシテ我国刑法沿革ノ一大変局ト云フ可ク在来ノ刑法ト日ヲ同フシテ語ル可ラサルナリ

諸君ヨ以上既ニ刑法沿革ノ概略終リタルトキハ以下将サニ刑法二字ノ解ニ及ハン

詳カニ刑法二字ノ解ヲ為サントセハ必ヤ先ツ法ノ何者タルヲ説カサル可ラス而シテ法ノ義理ヲ説明スルコト固ヨリ至難ノ事ニ非スト雖トモ亦初学ノ為メニハ高尚ニ過クルノ慮ナキニ非ス故ニ余ハ唯刑法ノ義理ニ付キ其講説ヲ一言ニ止メ速ニ他事ニ移ラント欲スルナリ諸君ヨ其詳説ノ如キハ他日別ニ弁スル所アルヲ待ツ可シ

法トハ何ソヤ人類ノ社会ヲ為シ因テ生スル所ノ関係ニ附着スル自然ノ規則是ナリ此規則ヤ必ス制裁ナカル可ラズ而シテ此制裁ヲ刑罰ニ取ル者之ヲ刑法ト云フ故ニ曰刑法トハ人類ノ関係ヲ支配スル規則ニシテ其制裁ヲ刑罰ニ取ルモノ是ナリ今其含蓄スル所ノ者ヲ尋ヌレバ第一罰ス可キノ所為幷ニ其刑第二刑事裁判権第三刑事訴訟手続ト此三者ヲ含蓄ス而シテ其第二其第三ヲ制規スル者之ヲ治罪法ト名ヅク又其刑律ノ何種ノ部類ニ属スルヲ尋ヌレバ刑法ハ人ト社会トノ関係ヲ支配スルヲ以テ内部公法ニ属スルモノトス

用刑ノ原則

仏国学士ノ説ニ拠ルニ欧州ニテ古昔用刑ノ説ハ社会復讐ノ名義ニ基キシモノニシテ千七百八十九年仏国大革命ノ時マテハ此説ニ依リ刑法ヲ論シタリシ然レトモ是レ実ニ悪ヲ以テ悪ニ報ヒ暴ヲ以テ暴ニ易フルコトナレハ社会ノ開ケ理論

ノ明ナルニ従ヒ自ラ此説ハ消滅スルニ至リタリ

其後「モンテスキュー」氏「ルーソー」氏等ノ如キハ社会合約ノ説ヲ主張シ之ヲ以テ用刑ノ原則トセリ其説ニ曰ク凡ソ社会ニ在ル者ハ其権利自由ヲ保タンカ為メ其権利自由ノ一部ヲ抛棄ス而シテ之ヲ抛棄スルハ若シ其権利自由ヲ妄用シテ害ヲ他ニ加フルコトアラハ其責ニ任シ其責ヲ受ケント自ラ認メテ之ヲ諾スルナリ然レハ即チ是レ罪ヲ犯ストキハ其刑ヲ受ケンコトヲ人々皆自ラ相約シタルナリ是ニ依リ此約ニ背キ罪ヲ犯ス者アルトキハ社会ハ之ヲ刑スルノ権アリト

然レトモ如此キ事ハ古来ノ歴史等ヲ閲スルモ曾テ之ニ類セシコトダモ見シコトナシ又道理ニ依テ之ヲ考フルモ決シテ在ル可キ事ニ非ラサルナリ何トナレハ生命自由ハ天賦ノモノニシテ自身ト雖トモ之ヲ棄ルヲ得ス故ニ自ラ身ヲ殺スノ権アレハ之ヲ他人ニ与ヘテ他人ヲシテ己レヲ殺サシムルヲ得可シト雖トモ己レ自ラ此権ヲ有セサレハ仮令ヒ約束等ヲ為スモ之ヲ以テ他ニ与フルヲ得サレハナリ

又「アベッス」氏「バンゼーヌ」氏等ハ社会ノ便益ヲ以テ用刑ノ基礎ト為セリ其説ニ曰ク社会ノ開進保存ニ害アル所為ハ之ヲ刑スルヲ得ヘシト此説ニ依ルトキハ道理ノ如何ヲ論セス所為ノ正否ヲ問ハス苟モ社会ニ害アルモノハ輙チ之ヲ刑スルヲ得ヘシ然リ而シテ社会ノ刑勢ハ常ニ一定不動ノモノニ非ス時ニ依リ所ニ従テ其便益ヲ異ニス而シテ又此便益ナルモノハ必シモ道理ニ適スルニ非ス却テ大ニ道理ニ違フコト亦是レアリ然バ其便益ヲ害スルモ亦道理ニ背クニ非ス却テ之ニ適スルコトアル可シ然ルヲ事ノ当否ヲ論セスシテ社会ヲ害スルヲ以テ之ヲ刑スルハ是レ甚タ不正ナリ又唯其不正タルノミナラス社会ノ便益ノ異ナルニ従テ其罪モ異ナラサルヲ得サルナリ刑法ノ基礎タル如此ク時ニ依リ所ニ従テ変ス可キモノニ非ラサルナリ

又社会正当防衛ノ説アリ是レ「フラ子ル」氏等ノ主張セシモノナリ其説ニ曰ク社会ハ害ヲ蒙ラントスルノ恐アルトキハ自ラ防衛スルノ権アリ刑ヲ用フルハ即チ害ヲ防キ悪ヲ止ムルカ為メナリト是レ害ノ未タ来ラサルニ先ツ其来ランコ

トヲ憂慮シテ之レカ予防ヲ為スナリ又其事ノ正否ヲ問フコトナシ此説モ亦未タ盡クサ、ルモノナリ

又命令ノ説アリ是レ「ブラグリ」氏「ベソール」氏等ノ主張セシモノナリ其説ニ曰ク社会ハ命令ヲ発シ禁制ヲ下タスノ権アリ故ニ此命令禁制ヲ犯ス者アルトキハ之ヲ刑スルヲ得ヘシ然ラサレハ命令禁制ハ徒法ニ陥ル可シト是レ亦権力処分上ノ論ニシテ事ノ正否ヲ論スルコトナシ

前諸説ハ各一理ナキニ非スト雖モ皆一方ニ偏スルカ故ニ其当ヲ得ル能ハス故ニ之ヲ折中参酌スルニ於テハ直ニ用刑ノ原則ヲ立定スルコトヲ得ヘシ是レ実ニ「オルトラン」氏「ホースタンニリ」氏等ノ主張スル所ニシテ直ニ其中ヲ得世人皆之ニ依従シ更ニ間然スル所ナキモノナリ

刑ノ基礎ヲ定メンニハ先ツ罪ノ元素ヲ定メサル可カラス罪ハ本ナリ刑ハ末ナリ本立テ而シテ末定マル是レ自然ノ理ナリ然レハ罪トハ何ソヤ曰ク道徳ニ背キ社会ヲ害スルノ所為之ヲ罪トイフ即チ之ヲ分折スレハ凡ソ法律上ノ罪ニハ必ス道徳上ノ悪ト社会上ノ害トノ二元素ヲ具備スルヲ要ス然ラサレハ刑律ニ於テ之ヲ罪トスルヲ得ス故ニ又之ヲ刑スルヲ得サルナリ何トナレハ唯道徳ニ背リノミヲ以テ之ヲ罪トスレハ人ノ自由ヲ害スルコト甚タシクシテ酷ニ過キ又唯社会上ノ害ノミヲ以テ之ヲ罪トスレハ専横ニ渉リテ事理ノ正否ヲ顧ミサルノ弊アレハナリ故ニ凡ソ犯罪ヲ構成スルニハ必ス道徳上ノ悪ト社会上ノ害トノ具備スルヲ要ス若シ其一ヲ缺クニ於テハ決シテ之ニ罪名ヲ付ズ可カラサルナリ

事不正ニ渉ルト雖モ害他人ニ及ハサルモノハ之ヲ為スモ尚ホ可ナリ即チ法律上ヨリ論スレハ之ヲ為スノ権アリトイフヲ得ヘシ然レトモ事既ニ不正ニシテ害他人ニ及フモノハ決シテ之ヲ為スノ権ナシ前文既ニ論セシカ如ク凡ソ罪ナルモノハ事不正ニシテ而シテ害他人ニ及フモノナリ然レハ凡ソ罪タル事ハ決シテ之ヲ行フノ権ナキコトハ固トヨリ論ヲ待タスシテ明ナル可シ

又事不正ニシテ而シテ害我ニ及ブトキハ則チ我之ヲ制シ之ヲ禁ズルノ権アリ然レトモ事不正ナリト雖モ其害我ニ及バザルニ於テハ我如何ンゾ之ヲ制シ之ヲ禁スルヲ得ン又害我ニ及ブド雖モ彼正クシテ而シテ我正シカラザル我如何ンゾ

之ヲ制シ之ヲ禁ズルヲ得ン故ニ此禁制ノ権ニモ亦自ラ二個ノ要件アリ彼ノ所為不正ニシテ而シテ其害我ニ及ブコト是レナリ用刑ノ原則モ亦之ニ外ナラザルナリ道徳上ノ悪ハ即チ其所為ノ不正ナルナリ社会上ノ害ハ即チ所謂ル害我ニ及ブモノナリ社会ニ害アレバ之ヲ刑スルモ人ノ自由ヲ妨グルニ非ズ道徳ニ背ケバ之ヲ刑スルモ我ニ於テ専横ナル所ナシ之ヲ要スルニ真ノ罪ハ則チ之ヲ刑スルノ権アリ罪ナラザル事ハ決シテ之ヲ刑スルヲ得ザルナリ

刑法ノ勢力

語曰不㆑教而殺謂㆓之虐㆒、罪アレバ則チ之ヲ刑スルヲ得ルハ固ト論ヲ待タザル事ナリト雖モ然レトモ罪ノ何タルヲ示サズ犯時犯処ノ如何ヲ問ハズ一概ニ之ヲ刑スルハ実ニ虐タルヲ免カレザルコトナリ又国権ノ及ブ処自ラ内外国人ノ別アリ之レガ区分ヲ為サザルヲ得ザルナリ故ニ刑法ニハ左ノ事ニ付キ一定ノ規則ヲ示サル、可カラズ

一　刑法問フ所ノ事如何

二　既往将来ニ付キ刑法ノ管スル処如何

三　刑法ノ管スル処内外国ノ別ナキヤ如何

四　刑法ノ管スル処内外人ノ別ナキヤ如何

此事、時、所、人ノ四者ハ必ズ相関係シテ離レザルモノナレバ必ス之レカ規則ナキヲ得サルナリ

第一第二ノ論題ハ律ニ朋文アリ以テ之ヲ定ム第二条第三条第三第四ノ論題ハ更ニ之ヲ定ム可キノ規則ナシ最初草案ニハ其第四条ヨリ第八条マテニ此規則アリシト雖トモ終ニ刪除セラレタリ蓋シ其刪除セラレシハ外国人ハ別ニ条約ニ依リ所謂ユル治外法権ナルモノヲ有スレハ仮令ヒ刑法ニ此規則アルモ実地之ヲ外国人ニ適用スルヲ得サルカ故ナル可シ然リト雖トモ国人ノ外国ニ在テ罪ヲ犯シ又条約国外ノ者来テ我国ニ於テ罪ヲ犯スコトナキニシモ非ラサル可シ若シ是等ノコトアラハ其処分ヲ為ス如何曰ク凡ソ法律ハ土地人民ヲ管理スルモノナレハ外国人ト雖モ我国ニ在テ罪ヲ犯ストキハ之ヲ刑スルヲ得ヘク又外国ニ在リト雖モ内国人ノ罪ヲ犯ストキハ亦之ヲ刑スルヲ得ヘシ然リト雖トモ我国ニ於テ

罪トシテ罰スル所ノ事彼国ニ於テ之ヲ罰セス彼国ニ於テ刑スル所我国ニ於テ刑セサルコトアル可ク又彼之ヲ重クシテ而シテ我之ヲ軽クシ我之ヲ重クシテ而シテ彼之ヲ軽クスルコトアル可シ故ニ時ニ臨ミ事ニ従テ而シテ最モ注意ヲ加ヘサル可カラサルナリ其細目ノ如キハ並ニ之ヲ略ス

犯罪ノ解及ヒ其等級

罪ハ猶ホ非違曲事トイフカ如シ凡ソ道ニ悖リ理ニ逆フノ所為ハ皆罪ナリ例ヘハ獲罪㆓於㆑天ノ罪ノ如キ是レナリ然レトモ法律ニテハ如此ク広ク非違曲事ヲ罪トスルニ非ス法律ノ罰スル罪ハ法律ヲ犯シテ其禁スル所ヲ為シ其命スル所ヲ為サヽルモノヽミヲイフ而シテ犯ス所ニ従テ罪ニ大小軽重ノ別アリト雖トモ凡ソ法律上ノ罪ハ唯道徳ニ悖ルノミナラス又必ス社会ニ害アルモノナリ

今茲ニ言ヲ所ハ専ラ法理ニ就テ論スルモノナリ実地律文ニ就テ見ルトキハ必シモ道徳上ノ悪ト社会上ノ害トノ具ハリタル所為ノミ罪トシテ罰スルニ非ラス或ハ道徳上ノ悪ノミニシテ直接ニ社会ヲ害セサルモノアル可ク又或ハ社会ニ害アリト雖モ道徳ニ背カサルモノモアル可シ而シテ之ヲ罪トシテ罰スルハ一時已ムヲ得サルニ出ルナリ立法官ノ法律ヲ制定スルハ固トヨリ社会ヲ保護センカ為メナレハ或ハ弊風陋俗ノ甚シキモノヲ矯シテ或ハ政事上ニ重大ナル妨害アルモノヲ禁センカ為メ一時法律ヲ設ケテ之ヲ罪トシ罰スルナリ

法律ノ大ナルモノヲ犯ストキハ其罪モ従テ大ニ法律ノ小ナルモノヲ犯ストキハ其罪モ亦従テ小ナリ故ニ犯シタル法律ノ大小ニ従テ其罪ニ自ラ軽重ノ別アルカ故ニ一罪毎ニ其差等アリ然ルニ法律ニテハ罪ヲ別テ三個ト為シ其大ナルモノヲ重罪トイヒ其次ナルモノヲ軽罪トイヒ又其次ナルモノヲ違警罪トイヘリ如此ク罪ノ等級ヲ三個ト為シタルハ別段主意アルコトニ非ス一罪毎ニ其差等アルハ勿論ナリト雖モ許多ノ区別ヲ為ストキハ煩ニ堪ヘサルノ恐アリ又区別ノ疎ニ過クルトキハ懸隔甚クシテ権衡ヲ失スルノ憂アリ蓋シ三ノ数ハ両端アリテ又其中アルモノナレハ最モ便宜ナルモノナリ且ツ外国ノ法律ニモ之ヲ三個ニ別チタルモノ多ケレハ亦其例ニ依リシナリ

【刑法講義講述者序】

明治一八年一月刊

宮城浩蔵講述『刑法講義』第一巻、五味武策・豊田鉦三郎・武部其文・安田繁太郎筆記、明治法律学校、

一　此書ノ原稿ハ曩キニ明治法律学校ニ於テ同学諸士温習ノ用ニ供スル為メ印刷ニ付シタリシカ其際故アリテ印行ヲ急ニシタルヨリ余ノ校閲ヲ経サリシヲ以テ或ハ遺憾トスル所ナキニ非サリキ然ルニ今回同校ニ於テ更ニ之ヲ印行シ世ニ公ニシテ徧ク有志ノ士ニ頒タンコトヲ欲シ余ヲシテ訂正ノ筆ヲ執ラシメタリ是レ本書ノ成レル所以ナリ

一　本書ハ元ト口述ノ筆記ニ係ルヲ以テ法条解釈ノ順序或ハ時ニ前後スル所ナキニ非ス故ニ余ハ当初之ヲ世ニ公ニスルノ意アラサリシナリ然レトモ学校ノ請ノ切ナルニヨリ考一考スルニ若シ此書ノ公行シテ聊カ世ニ裨益スル所アラハ余ノ初思ノ及ハサル結果ニシテ余ノ光栄何ヲ以テカ之ニ加ヘン乃チ無似ヲ以テ辞譲セス一諾訂正遂ニ数千言ヲ増補シタリ

一　本書ノ原稿ハ才学優美加フルニ筆記ノ術ニ長シタル五味豊田等諸君ノ筆記ニ係ルヲ以テ講術者ノ意ヲ誤マルカ如キ患ナシト雖トモ如何セン述者ノ訥弁ナルト本邦言語文章其体ヲ一ニセサルトヨリ口伝耳受筆記ノ際或ハ時ニ差異ヲ生シ譬喩ヲ以テ実例ト為シ過去ヲ以テ現在ト為シタルカ如キ者ナキニ非サルヲ故ニ本書ニ就テハ余固ヨリ其責ニ任スト雖モ本書原稿ノ世ニ公布シアル者ニ就テハ余其責ニ任セサルコトヲ茲ニ明言セサルヲ得サルナリ

一　此書行文ノ体均一ナラサルモノハ数人ノ筆記ヲ採択シタルニ因ル而シテ余訂正ノ際之ヲ変更セス是レ惟リ公私繁務ノ際字句ヲ撰択スルノ余暇ナキノミナラス筆記者ノ労ヲ没スルト講義筆記ノ体ヲ失ハンコトヲ恐ル、カ故ナリ読者幸ニ之ヲ諒セヨ

明治十七年八月　講述者識

「果合ノ処分ヲ論ス」（一）——『明法雑誌』第二号、明治一八年三月七日発兌

果合トハ甲乙二人間ニ争ヲ生シ之ヲ決スルニ当リ司法裁判ニ訴フルコトヲ為サズシテ腕力兵器ニ訴ヘ雌雄ヲ決スルヲ云フ抑モ此果合ナルモノハ欧州諸国ニ於テハ古来ヨリ存スル所俗ニシテ人文進歩ノ今日ニアリテモ尚ホ依然トシテ存スルノミナラス愈盛ンニ行ハル、ノ傾向アリ真トニ奇ト云フ可シ我国ニ於テハ武門政治ノ世ニアリテ屢々聞ク所ナリシガ王政維新以来幸ニ其跡ヲ絶ツニ至レリ実ニ我輩ガ我国俗ノ為メニ賀スル所ナリ

「果合ノ処分ヲ論ス」（二・未刊）——『明法雑誌』第四号、明治一八年五月七日発兌

按スルニ現時欧州諸国ニ行ハル、所ノ果合ハ其方法規律頗ル方正周密ニシテ尋常ノ闘争ト日ヲ同フシテ論ス可カラサルモノアリ今茲ニ其大略ヲ挙クレハ則チ先ツ果合ヲ挑マント欲スル者ハ其知人中ニ就テ二人ノ証人ヲ撰定シ之ヲ其対手人ニ送リテ期ヲ乞ハシム対手人ハ又之ニ応スル為メ同ク二人ノ証人ヲ撰ヒ挑唆者ノ証人ノ許ニ送リテ合議セシム之ヲ果合ノ初局トス此ニ於テ双方ノ証人ハ相会シテ先ツ和解ヲ試ム可キヤ否ヤヲ商議シ若シ和解シ得ヘカラサルモノト思料スル時又ハ和解ヲ試ムルモ其目的ヲ達シ得サル時ハ乃チ果合ノ日時場所及ヒ兵器方法等ニ関シ更ニ商議ヲ為ス其兵器ハ概ネ短銃若クハ刀剣ノ類ニシテ必ス長短利鈍相等シキモノ二箇ヲ択ヒテ之ヲ決闘者ニ授クルヲ例トセリ又其方

法トハ闘争ノ度ニ関スル約束ニシテ発銃ノ距離発銃ノ員数ヲ定ムル如キ又ハ決闘者ノ一方死ニ至ルヲ以テ終結ト為ス可キヤ将タ死ニ至ラサルモ創傷ノ為メ闘戦ニ堪ユル能ハサル時ヲ以テ終結ト為ス可キヤヲ定ムルノ類是ナリ之ヲ果合ノ第二局トス而シテ右議定マル時ハ期日ニ至リ決闘者ハ各其証人ヲ携テ既定ノ場所ニ臨ミ約束ニ従テ決闘ヲ為ス之ヲ果合ノ終局トス然ラハ則チ現時果合ト称スルモノハ其所為大ニ尋常ノ闘争ト異ニシテ尋常闘争ノ概ネ急ニ怒ヲ発シ手ニ触ル、所ノモノヲ以テ器械ト為シ苟モ殴打スルカ如キノ比ニアラサルナリ

偖テ右述ル所ノ果合ヨリシテ死若クハ傷ヲ来シタル時我裁判所ハ如何カ之ヲ処分ス可キヤ殴打創傷ヲ以テ論ス可キヤ謀殺罪ヲ以テ処断スヘキヤ将タ之ヲ不問ニ付ス可キヤ若シ夫レ果合ニ名ヲ仮リ暗ニ約束ヲ破リ偽計ヲ行テ以テ死傷ニ致シタルカ如キアラハ是レ純乎タル予謀ノ殺傷ニシテ之ヲ刑法ノ各正条ニ照シテ処断ス可キ固ヨリ疑ヲ容ル、所ナシト雖トモ苟モ約束ヲ遵守シ公明方正ニ果合ヲ為シタル以上之ヲ通常予謀ノ殺傷ト同一視スルハ頗ル疑ナキ能ハサル所トス是レ其本題ノ論ノ因テ起ル所以ナリ蓋シ果合ニシテ既ニ我邦ノ風俗ニ存セサル以上ハ其結果ノ死傷ニ付テモ之ヲ論スルノ要ナシト云フ者アランカ這ハ大ニ誤ル者ナリ何トナレハ果合ハ則チ我風俗ニアラスト云フ迄ニシテ其事実ハ決シテ無キヲ保シ難ケレバナリ況ンヤ我刑法ニシテ我邦在留ノ外人ヲ支配スルノ日到着セバ是等ハ即チ直チニ必要ナル一問題トナルヘキヲヤ

以上本題ノ論ノ因テ起ル所以ノ点定リタル時ハ余ハ茲ニ本論ニ入ルノ前ニ於テ論ノ主点ヲ緻密ニスル為メニ先ヅ果合ヨリ出ル死傷ヲ刑法ニ問フ可キモノトセハ其何ノ条ニ問フ可キヤヲ詳ニス可シ

我刑法ハ殺傷ノ罪ヲ無意殺傷、憤怒殺傷、正当殺傷、故意殺傷、予謀殺傷ノ五個ニ区別セリ而シテ果合ヨリ出ル殺傷ハ其何レニ属ス可キヤト尋ヌルニ第一ニ其無意殺傷ニ属セサルハ勿論ナリ元来果合ニ於テハ決闘者互ニ他ヲ殺傷スルコトヲ必シ難ク其殺傷シ得タルハ偶然ニ出ルコトモアル可シト雖トモ業ニ既ニ殺傷スルノ意アリテ殺傷シ得ヘキノ事ヲ為スカ故ニ如何ナル場合ト雖トモ無意殺傷ヲ以テ論スルコトヲ得サルモノトス

又憤怒殺傷ヲ以ス論スルコトヲ得ス我刑法第三百九条ニ曰ク自己ノ身体ニ暴行ヲ受クルニ因リ直チニ怒ヲ発シ暴行人ヲ殺傷シタル者ハ其罪ヲ宥恕スト然ルニ果合ナルモノハ仮令ヒ暴行ヲ受タルニ原因スルニモセヨ直チニ其暴行人ヲ殺傷スルニ非スシテ則チ約束ヲ為シ深思熟慮シテ為スモノナレハ此条ノ宥恕ヲ与フ可キ謂レナシ又果合ノ現時敵手ノ己レヲ襲撃スルヲ以テ此条ニ所謂暴行ト見做スコトヲ得ス何トナレハ此襲撃ハ己レ始メヨリ之ヲ諾シタルモノナレバナリ

然ラハ則チ正当殺傷ヲ以テ論スヘキヤ人或ハ以為ラク果合ノ殺傷ハ刑法第三百十四条ニ身体生命ヲ正当ニ防衛シ已ムコトヲ得サルニ出テ暴行人ヲ殺傷シタル者ハ其罪ヲ論セストアルニ従ヒ無罪ト為サヽル可カラスト而シテ其理由トスル所ヲ聞ニ曰ク果合ニ於テハ各決闘者互ニ己レ殺傷セラル、カ人ヲ殺傷スルカノ二ニ居ラサルヲ得ス若シ夫レ果合ノ所為ヲ論スレハ其所為固ヨリ非ナリト雖トモ既ニ果合ヲ始メタル以上ハ自己ノ危難ヲ避クルカ為メニ必ヤ敵手ヲ殺傷セサルヲ得サルヲ以テ正当防衛ト為サヽヲ得スト這ハ大ニ正当防衛ヲ誤解シタルノ論ノミ本来正当防衛ト称スルニハ必ヤ左ノ二条件ヲ具備スルコトヲ要ス即チ暴行ノ不意ニ起リタルコト之ヲ避クルニ他ノ方法ナキコト是ナリ然ルニ果合ニ於ケルカ如キハ暴行不意ニ起リタリト云フコトヲ得ルヤ又他ニ之ヲ避クルノ方法ナシト云フコトヲ得ルヤ、否ナ暴行ハ始メヨリ之ヲ認諾シ且ツ充分ニ之ヲ避クルコトヲ得シモノナレハ果合ハ正当防衛ノ条件ヲ具備セリト云フコトヲ得サルナリ

以上已ニ無意殺傷、憤怒殺傷、正当殺傷、ヲ以テ論ス可カラサル時ハ果合ノ死傷ハ則チ故意殺傷ヲ以テ論ス可キヤ、否ナ故意殺傷ヲ以テ論スルコトヲ得ス凡ソ故意殺傷ト称スルハ急ニ怒ヲ発スルカ又ハ其他ノ原因ヨリ突然殺傷ノ意ヲ生シ直チニ之ヲ行フノ場合ニシテ果合ニ於ケルカ如キ予謀アル場合ヲ包含セサルナリ既ニ果含ト称スル以上ハ必ヤ約束ヨリ成リタルモノト為サヽルヲ得ス既ニ約束アリタル時ハ是レ予謀アリタルノ最モ確実ナル証拠ナリ如何ンゾ之ヲ単純ナル故意ノ殺傷ナリト云フコトヲ得ンヤ

是ニ由テ之ヲ観レハ果合ノ殺傷ハ予謀殺傷ニ帰スルカ将タ無罪ニ帰スルカ其一ニ居ラサルヲ得ス辞ヲ換ヘテ之ヲ言ヘハ果合ヲ為シ其敵手ヲ殺シタル者ハ刑法第二百九十二条ニ従ヒ之ヲ死刑ニ処スルカ律ニ正条ナキヲ以テ無罪トスルカ又其傷ニ止ル者ハ第三百二条ニ従ヒ有期徒刑以下ノ刑ニ処スルカ無罪トスルカ二者必ス其一ニ居ラサルヲ得ス論モ亦大ナリト云フ可シ学者曰ク無罪ト為サヽル可カラスト余曰ク第二百九十二条若クハ第三百二条ニ問ハサル可カラスト請フ先ツ学者ノ説ヲ挙ケ次キニ余カ説ニ及バン

「公証ヲ経スシテ自己ノ不動産ヲ第一抵当ニ差入レ之ヲ掩蔽シテ第二抵当ニ差入レ公証ヲ経タル場合ヲ論ズ」

――『明法雑誌』第六号、明治一八年七月七日発兌

人アリ戸長ノ公証ヲ経ズシテ自己ノ不動産ヲ第一抵当ニ差入レ置キ之ヲ掩蔽シテ更ニ該不動産ヲ第二抵当ニ差入レ戸長ノ公証ヲ経タル場合ニ於テハ先取特権ヲ第二抵当ヲ得タル者ニ与フベキヤ否ヤハ実際上屢バ生ズル所ノ問題ニシテ而シテ種々ノ説アリ未ダ確定セザルト云フ此問題ヤ刑法上ノ問題ト大ニ牽連シテ而シテ刑法ノ適用ニ至リテハ無罪ヲ見テ有罪ト為スノ憂アルヲ以テ大ニ弁明セザルヲ得ザルモノト信ズルナリ抑モ此問題ニ対シテ二個ノ説アリ其第一説ニ曰フ公証ヲ経ズシテ自己ノ不動産ヲ抵当ニ差入レ之ヲ掩蔽シテ第二ノ抵当ニ差入レタル所為ハ我刑法第三百九十三条ノ二項ニ該当スベキ犯罪ニシテ刑法ニ問フハ勿論ナレトモ其刑法ニ問ハンガ為メニ第二ノ抵当ヲ無効ノモノトナスコトヲ得ズ何トナレバ第二ノ抵当ハ犯罪ヨリ成立セシモ民法ノ規則ニ従フテ公証ヲ経タルモノナレバナリ是故ニ第二ノ抵当ト為シタル所為ハ第三百九十三条ノ二項ニ該当スベキ犯罪ナルモ先取特権ハ之ヲ第二抵当ヲ得タル者ニ与ヘザルベカラスト此説ニ拠レバ刑法第三百九十三条第二項ノ犯罪ノ被害者ハ第二抵当ヲ得シ者ト為ルナリ第二説ハ第二ノ

抵当ハ民法ニ従ヒ公証ヲ経タルモノニ因リ有効ナルヲ以テ第二ノ抵当ヲ得タル者ハ毫モ害ヲ被ムル無シト雖トモ第一ノ抵当ヲ得シ者ハ民法ニ従ヒ公証ヲ経ザレバ則チ害ヲ被ラザルヲ得ス故ニ本問題第二ノ抵当トナセシ犯罪ノ被害者ハ第一抵当ヲ得タル者ナリト曰フ是レハ之レ民法ニ基キ以テ立テタル一説ナリ此二説ハ理論ニ適スルヤ否ヤヲ稽考スルニ両ツナガラ正当ニアラスト信スルナリ故ニ今先ヅ第一説ヲ論ゼンニ第一説ノ如ク単純ニ刑法ノ正条ヲ解スレバ第二ノ抵当ヲ得シ者ヲ被害者トスルハ実ニ正当ナルモヽノ如ク然リ然リト雖トモ本問第二抵当ヲ得シ者ハ民法ニ従ヒ公証ヲ経タレバ其抵当ハ有効ナルヲ以テ固ヨリ害ヲ被ムラザルナリ然ルニ之ヲ被害者ト云フハ謬レリ矣加之説者ガ第二ノ抵当ニ差入レタル所為ヲ犯罪ト認メ乍ラ之ヲ有効ナリト言ヘル理由ハ他ナシ唯ダ民法ニ従ヒ戸長ノ公証ヲ経タルニ由ルノミ然レトモ此点ハ則チ之ヲ穏当ナリト謂フヲ得ズ何トナレバ第二ノ抵当ニ差入レタル所為ノ犯罪ナル以上ハ戸長ノ公証如何ニ関セズ之ヲ無効ト為サヽルヲ得ザレバナリ故ニ彼ノ第一説ハ深ク弁明ヲ要セズシテ其非ナルハ明瞭ナリ第二説ニ至リテハ実ニ容易ナラザル所アレバ大ニ弁明セザル可ラズ夫レ此説ハ第二ノ抵当ニ差入レタル所為ハ刑法第三百九十三条二項ノ犯罪ナリト雖トモ第一ノ抵当ヲ得シ者ヲ被害者トナシ第二ノ抵当ヲ得シ者ハ被害者ニアラザルヲ以テ第二ノ抵当ヲ得シ者ノ先取特権ハ有効ナリト云ヘリ此説タルヤ皮想ヨリ之ヲ観レバ理ニ適スルモノヽ如ク然リ然レトモ是レ亦誤説タルヲ免カレズ今此説ノ第一抵当ヲ得シ者ヲ被害者トスルノ正当ナルヤ否ヤヲ論センガ為メ刑法ノ正文ニ照サンニ刑法第三百九十三条ニ曰ク「他人ノ動産不動産ヲ冒認シテ販売交換シ抵当典物ト為シタル者ハ詐欺取財ヲ以テ論ズ」「自己ノ不動産ト雖トモ已ニ抵当典物ト為シタルヲ欺隠シテ他人ニ売与シ又ハ重ネテ抵当典物ト為シタル者亦同ジ」トアリ此条ニ拠リ第二ノ抵当ト為シタル所為ヲ詐欺取財ヲ以テ論ズル所以ハ第二ノ抵当ヲ得タル者ヲシテ完全ナル抵当権ヲ得タリト思惟セシメ却テ公売ノ日ニ当リ損失ヲ受ケシムルニ由ル故ニ本条ノ罪トシ論ズル処ハ業已ニ公証ヲ経タル証書ヲ以テ第一抵当ニ差入レ置キ而シテ後チ戸長ト通謀スルカ又ハ詐欺ノ方法ヲ以テ第一ノ公証抵当アルヲ隠蔽シ第二ノ抵当ニ差入レタル場合ニシテ本条ハ即チ第二抵当ヲ得タル者ヲ被害者トシテ制定サレタルヤ

明白ナリ蓋シ此点ニ於テハ説者ト雖トモ之ヲ争フヘカラサルナリ然ルニ説者ハ已ニ本条ノ正解斯ノ如クナルニモ係ハラズ第一抵当ヲ得タル者ニ害ヲ被ラシメタル場合ニモ適用セント欲スル乎果シテ然ラハ我刑法第三百九十三条ハ之ヲ二様ニ解釈シ得ルモノニシテ或ル時ハ甲ヲ以テ被害者トナシ又或ル時ハ乙ヲ以テ被害者ト為スノ条ナリト謂ハサル可ラス奇怪モ亦甚ダシカラスヤ凡ソ刑法ノ解釈ハ厳明正確ニシテ必ス一意貫ク所アリ之レガ為メ仮令不可ナル結果ノ生ジ来ルモ得テ左右スルコト能ハザルモノトス然ラサレハ則チ我刑法第二条ノ原則ハ終ニ徒法ニ属セントス況ンヤ第一抵当ヲ得シ者ヲ被害者トナシ第二抵当ヲ得シ者ヲ被害者トナサヾルト之ニ反シテ第二抵当ヲ得シ者ヲ被害者トナシ第一抵当ヲ得シ者ヲ被害者ト為サヾルトハ之ヲ刑法上ヨリ論スレハ大関係ヲ来スコトアルニ於テヲヤ（例ヘハ公証ヲ経スシテ自己ノ不動産ヲ第一抵当ニ差入レ而シテ公証ヲ経テ亦之ヲ第二抵当ニ差入レタル場合ニ於テ犯者第一抵当ヲ得シ者ノ親族ナル時ハ又罪ヲ論スルコト能ハスト雖トモ若シ第一ノ抵当モ第二ノ抵当モ共ニ公証ヲ経タル場合ニ於テハ第二ノ抵当ヲ得シ者ハ被害者ト為ルニヨリ第一抵当ヲ得タル者ハ仮令親族ナリト雖トモ第二抵当ヲ得シ者ハ他人ナルヲ以テ第三百九十三条二項ニ拠テ論セサルヲ得ズ故ニ第一抵当ヲ得シ者ヲ被害者トナスト第二抵当ヲ得シ者ヲ被害者トナスニ就テハ刑法上ニ大関係ヲ来スモノナリ故ヲ以テ此点尤モ注意ヲ要スベキナリ）以上論セシ所ニ由テ観レバ第二説ハ我刑法正条ノ解釈ニ違フヲ以テ僻説タルヲ免カレズ然ラバ則チ此問題ハ如何論決スベキモノ乎曰ク第二ノ抵当ハ有効ニシテ特権ノ存スルハ当然ナリト謂ハザル可カラズ何トナレバ第二ノ抵当トナシタル所為ハ刑法ヲ以テ論ズベキ者ニアラズシテ民事上ノ規則ヲ以テ論ズベキモノナレバナリ何ヲ以テカ斯ノ如ク論ゼザルヲ得ザルト云ハ、元来法理上民事ト刑事ノ分ル、点ヲ明定スルハ古来立法者及ヒ法学者ノ難ンズル所今尚ホ明確無瑕ノ説ヲ得ザルモ近世学者ガ定説ノ帰スル所ハ概シテ尋常良知良能ノ得テ防グコト能ハザルノ所為アリ其所為人ヲ害スルトキハ刑事ニ問ヒ尋常良知良能ノ得テ防グヘキ所為アリ其所為人ヲ害スルトキハ民事ヲ以テ論ズベキモノト云フニアリ此定解ニヨレバ例ヘバ不意ニ他人ノ物品ヲ掠奪シ又ハ方策偽計ヲ構ヘテ他人ノ財物ヲ取ルガ如キ人ノ容易ニ得テ其害ヲ予防ス可ラザルノ所為ハ刑法ヲ以テ論ズベク之レニ反シテ百円ノ値アル物品ヲ二百円ナリト称シ之ヲ他人ニ売却シ又ハ自ラ返済ノ方法無キヲ知リ乍ラ期日ヲ約シ返済スベシト言ツテ人ノ金銭ヲ借ルガ如キ其所為固ヨリ道徳ニ背クト雖トモ被害者ニ於テハ容易ニ其害ヲ防グベケレバ民事ヲ以テ論ズルニ止マリ刑事ヲ以テ論ズルヲ得ズ然ラバ則チ公証ヲ経ズシテ自己ノ不動産ヲ第一抵当ニ差入レ而シテ該不動産ヲ第二ノ抵当ニ差入レタル所為ノ如キハ純粋ナル民事ヲ以テ論ズベキ者ニシテ刑事ヲ以テ論ズベキモノニアラザルナリ今之ヲ外国ノ法律ニ考照スルニ仏蘭西ノ如キ独逸ノ如キハ刑事ヲ以テ之ヲ論ゼズ（英米モ亦然ルベシ）是ニ由テ之ヲ観ルモ余ガ論ノ正当ナルヲ知ルニ足ル矣

「子孫ノ権利ヲ論ス」（一・未完）

『明法雑誌』第一九号、明治一九年九月五日発兌

夫レ孝ハ百行ノ基本ニシテ人倫ノ道之ヨリ大ナルハナシ故ヲ以テ我邦古代ヨリノ教訓及孔聖伝来ノ学ニ於テモ孝ヲ以テ道徳ノ大綱ト認メサルハナシ而シテ其区域ハ唯リ道徳上ニ止マラスシテ広ク法律上ニ及ヒ乃チ父母ノ奉養ハ民事上ノ義務トナリ刑事上ノ制裁ヲ受ケタリ、故ニ旧時ノ法律ニハ不孝ノ子孫ヲ罰スルノ条アリテ現時ノ刑法ニモ亦第三百六十四条ノ如キアリ曰ク子孫其祖父母父母ニ対シ衣食ヲ供給セス其他必要ナル奉養ヲ欠キタル者ハ十五日以上六月以下ノ重禁錮ニ処シ二円以上二十円以下ノ罰金ヲ附加スト又同条第二項ニハ因テ疾病又ハ死ニ致シタル者ハ前条ノ例ニ同シトアリテ則チ廃疾ニ致シタル者ハ有期徒刑ニ処セラレ篤疾ニ致シタル者ハ無期徒刑ニ処セラレ死ニ致シタル者ハ死刑ニ処セラル可シ、又以テ我朝君子国ノ名虚シカラスシテ孝ヲ貴フノ至レルヲ看ル可キナリ、然レハ我輩カ茲ニ子孫ノ権利ヲ論スト題シテ父母モ亦子孫ニ対シ法律上ノ義務アリ子モ法律上ノ権利アリト論シタランニハ人或ハ不孝ノ兒孫ヲ保庇誘導スルニ近シト駁ス可シト雖トモ這ハ我輩ノ本旨ヲ知ラサルナリ蓋シ我朝ハ道徳明教ノ上国ニシテ不慈

ノ父母アルノ謂レナク又人情ヨリ推スモ故歌ニ「子ヲ思フノミ真トナリケリ」トアルカ如ク孫ヲ愛セサルノ父、子ヲ思ハサルノ母ナカル可シト雖トモ既ニ不孝ノ子ナキヲ保シ難ケレハ不慈ノ父母ナキモ亦保シ難カル可シ、然レハ我輩カ此論ヲ作ルハ子孫ヲシテ権利ヲ主張セシメント欲スルニ非スシテ父母ヲシテ義務ヲ尽サシメント欲スルニアルヲ知ル可シ

偖テ子孫ノ権利ヲ論スルニ当リテ冒頭ニ知ラサル可ラサルノ一事ハ子ト呼フ者ハ一個ノ人間ニシテ此人間ノ社会ニ出テタルハ其出ンコトヲ自ラ請求シテ出タルニモ非ス又其出サル、コトヲ承諾シテ出テタルニモ非サルコト是ナリ、既ニ父母タル者此人間ノ請求モナク承諾モナキニ自ラ好ンテ之ニ生命ヲ与ヘ之ヲ社会ニ出シタル以上此人間ハ乃チ活物ニシテ養ハサレハ死スルト云フノ事アル限リハ之ヲ食シ之ヲ衣シ自ラ生活スルコトヲ得ルニ至ルマテ之ヲ養育スルノ義務アルヤ明カナリ、既ニ此義務アリ是レ其対応トシテ子孫ノ権利ノアル所以ナリ、此権利ハ之ヲ区別シテ数種トナシ之ニ種々ノ名ヲ附スルコトヲ得ヘシト雖モ我輩ハ之ヲ大別シテ認識セラル、ノ権（ドロワー、ア、エートル、ヲルコンニュー）養育セラル、ノ権（ドロワー、ア、エートル、エルウヘー）ノ二種ト為ス可シ

認識セラル、ノ権トハ辞ヲ換ヘテ之ヲ言ヘハ子タル者父母ヲシテ其子ナリト認メシムルノ権利ニシテ自然ヨリ得タル純粋完全ノ権ナリ、即チ実際ニ於テ如何ントモ之ヲ行フ能サルノ場合アルヲ除クノ外如何ナル制限ヲモ受ク可カラサルノ権利ナリ何トナレハ彼ノ昔昔春秋ニ所謂ル桃実ヨリ生レタル桃郎ヲ除クノ外ハ自然ノ定数ヨリシテ父母ナキノ子アルノ謂レナケレハナリ、然リト雖トモ我カ此現時ノ社会ニ於テハ飽マテモ此理ヲ推ス能ハサルコトアリテ存ス即チ、

明治六年一月十八日布告第二十一号ニ

　妻妾ニ非サル婦女ニシテ分娩スル児子ハ一切私生ヲ以テ論シ其婦女ノ引受タルヘキ事

　　但男子ヨリ己レノ子ト見留メ候上ハ婦女住所ノ戸長ニ請テ免許ヲ得候者ハ其子其男子ヲ父トスルヲ可得事

トアリ、然レハ人ノ妻ニモ非ス妾ニモ非サル婦人ヨリ生レタル児子ハ其父アルニハ相違ナシト雖モ其父ヲシテ子トシ

認メシムルコトヲ得サルモノニシテ則チ成文法律ヲ以テ認識セラル、ノ権ニ制限ヲ置キタルナリ、本来此等ノ法律ハ止ヲ得サルヨリ出タル者ナリトス、若シ結婚セサレハ男女ノ交接ハ一切無キモノタルカ又ハ少ナクモ一婦ハ必ス一夫ヲ守リタランニハ此例外法ヲ設ケサルモ可ナリト雖トモ如何セン人類ハ万物ノ霊ト自ラ誇言スルニモ拘ハラス甚シキ短所ノアル者ニシテ唯リ一婦ヲシテ一夫ヲ守ラシムルコトヲ必シ難キノミナラス公然ト一婦ニシテ数男ニ接スルコトヲ認可セラル、娼妓ノ輩モアリ、若シ此等ノ婦ヨリ生ル、兒子ヲシテ其父ヲ求ムルコトヲ得且ツ認メシムルコトヲ得セシメタランニハ基礎ナキノ争論訴訟百出シテ人ノ醜行汚辱ヲ摘発シ其奇怪実ニ見ルニ忍ヒサルニ至ラン、是レ其比例外法ノ出テ其結果ハ罪モナク過失モナキ兒子ヲシテ天然固有ノ権利ノ幾分ヲ失ハシムルニ至リタル所以ナリ

上文ニ述ヘタルガ如ク此父無キノ子アルコトヲ得ルノ法律ハ独リ我邦ノミナラス英仏其他概子西洋諸国ノ皆ナ然ル所ニシテ且ツ此諸国ニ於テハ父母共ニ無キノ子アルコトヲ得ルノ場合スラ之ヲ認メタルノ法律アリ蓋シ人類ノ短所ハ孰レノ国ニ於テモ同一ニシテ今更ラ之ヲ歎クモ其効ナク実ニ止ヲ得サルコトナリ

然リト雖トモ我邦ニ於テハ前ニ所謂ル第二十一号布告ヨリ他ニ此件ニ関スル成文法ノアルコトナケレハ之ヲ除クノ外ハ如何ナル場合ト雖トモ子タル者ノ認識セラル、ノ権ハ常ニ完全無欠ナリト云フ可キナリ、故ニ先ツ結婚ノ婦女ヨリ生レタル兒子ニ就テ論センニ其父母故ヘアリテ子トシ認メサラント欲スルモ子ハ飽クマテモ子タルノ由ヲ主張スルヲ得ヘク事宜ニ因リテハ裁判所ニ訴ヘテ己レヲ子トシ認メシムルコトヲ得ヘシ、故ニ例ヘハ父母タル者四十二ノ二ツ子ハ親ニ崇（ママ）ルト云フガ如キ世ニ忌ハシキ俗説ヲ信スルカ又ハ他ニ忌ム由アルカ若クハ避ケ難キノ事情アリテ其兒ヲ親知ラストカ唱フル養子ニ人ニ与ヘタリトセンカ又ハ之ヲ遺棄シテ人ノ拾フニ任カセタリトセンカ其兒子ハ何時ニテモ仮令ヒ幾数十年ヲ経ルモ証拠ノ之ヲ証明シ得ル限リハ其父母ヲシテ己レヲ子トシ認メシムルコトヲ得ヘキナリ、又妻妾ニ非サル婦女ヨリ生レタル兒子ニ係ルトキハ既ニ法律ノアルアリテ其父ノ認識ハ之ヲ要求スルコトヲ得サレトモ其母ニ対シテハ常ニ之ヲ要求スルコトヲ得ルモノトス、然レハ茲ニ良家ノ処女密通シテ兒ヲ挙ケ其過チヲ掩フ為メニ之ヲ

他人ニ交附シタリトセンカ又ハ未亡人ニシテ懐胎シ其羞恥ヲ陰サンカ為メニ其兒ヲ棄テタリトセンカ兒子ハ是等ノ婦女ヲシテ公然己レカ母タラシムルコトヲ得ベキナリ

人或ハ言ハン既ニ父母ナキノ子アルノ謂レナケレハ吾子ノ論スル所ロ理ハ即チ理ナリト雖モ右ニ挙ケタル如キ場合ニ於テ子タル者ヨリ穏カニ其父母ニ対シテ子トシ認ムルコトヲ哀ミ乞フコトハ兎モ角モ之ニ対シテ法衙ニ訴ヘ其要求ヲ貫カントスルニ至リテハ是レ其父母ノ醜行汚辱ヲ公布シ時トシテハ刑辟ニ触ル、事柄ヲモ摘発スルナリ寔トニ斯カル所業ヲ以テ法律上為シ得ルノ事ナリト云フハ如何カアル可キ歟吾子ノ言実ニ怪ムニ堪ヘタリト、謂フ所其趣キアルニ似タレトモ個ハ道徳ト法律トヲ混同スルヨリ出ル所ノ臆説ニ過キサルノミ、本来道徳ヨリ論スレハ凡ソ父母ノ其子ヲ放棄スル所為タルヤ人倫ヲ紊リタルノ行ヒナレハ子タル者ヨリ此父母ニ対シテ法衙ニ訴ヘテ認識セシメントスルハ既ニ不孝ノ行ヒタルノミナラス場合ニ因リテハ穏カニ之ヲ請求スルスラ尚ホ為シ得サルコトアル可シ何トナレハ因テ以テ父母ノ陰事ヲ見ハシテ之ヲ苦シメ遂ニ孝道ニ背クニ至リテハ法衙ニ訴フルト其理一ナレハナリ、然レトモ法律ノ論スル所ハ之ニ異ナリ、夫レ法律ノ人類ヲ見ルヤ公平同一ニシテ苟モ権利アレハ之ヲ保護シ之ヲ伸張セシム若シ此ノ権利ヲ行ハシムルカ為メニ其結果偶マ人ニ不利ナルコトアルモ是レ已ムヲ得サル所ナリ然レハ父母ナリト言テ之ニ私スルノ義ナク子ナリト言テ之ヲ保庇セサルノ謂レナシ、若シ権利ノアルアラハ之ヲ保護スルニ至テハ其父タリ子タルヲ分タサルナリ、我輩既ニ言ハスヤ天下人ノ子ト称スル者父母ニ対スル義務アレハ又之ニ対スル権利アリテ認識セラル、ノ権ハ乃チ此権利ニ第一ニ位スト既ニ此権利アレハ法律ハ之ヲ行フコトヲ得セシメサル可ラス然ルニ之ヲ行フカ為メニ其結果ハ間接ニ父母ノ醜行汚辱ヲ摘発スルニ至ル個ハ猶ホ債主ノ権利ヲ保護シテ其負債主ノ妻子ヲ凍餒セシムルニ至ルモ人力ノ如何ントモスル能ハサルト其義一ナリ、若シ此結果ヲ悪ンテ認識セラル、ノ権ハ之ヲ行フコトヲ得ストセハ人ヲ保護スルノ法律ニシテ人ノ権利ヲ保護セサルナリ如何ンソ之ヲ法律ト云フコトヲ得ンヤ況ンヤ法衙ニ訴フルノ一事ハ父母ノ之ヲ招キタルニ係ルヲヤ又況ンヤ法衙ニ訴フレハ必ス父母ノ醜行ヲ摘発スト云フニアラサルヲヤ、然リ而シテ道徳ノ論スル所ト法律ノ論スル所ト斯ク異ナル所以ノモノモノハ道徳ハ子ニ対シテ単ニ不孝ヲ責ムルニ止マラスシテ並ヒニ孝ヲ責メ法律ハ孝ヲ責メスシテ唯リ不孝ノ甚シキヲ責ムレハナリ、茲ニ例ヲ挙ケテ之ヲ証セン今父母ノ疾病ニ臥スアランニ子タル者ハ須カラク昼夜冠帯ヲ解カスシテ之ヲ看護シ寝食ヲ忘レテ湯薬ヲ進メ汲々トシテ寸時モ其治癒ヲ希ハサル可ラス然ラサレハ是レ道徳ヲ満足セサル者ニシテ即チ道徳ノ罪人ナリ然ルニ法律ハ固ヨリ是等ノ所業ヲ希ハサルニ非スト雖トモ其之ナシト云テ法律ヲ満足セサルニ非ス止タ父母ニ対シ衣食ヲ供給セス其他必要ナル奉養ヲ欠キテ始メテ法律ノ罪人タルノミ亦以テ道徳ト法律トノ万事ニ渉テ其支配スル所ノ異ナルヲ看ル可キナリ、又一歩ヲ進メテ純粋ニ道徳ノ区域ニ入リテ論スルモ我輩ハ法衙ニ訴ヘテ認識セラルヽノ権ヲ伸張スル兒子ヲ指シ直チニ不孝ノ子ナリトシテ之ヲ責ムルニ急ナルヲ欲セサルナリ何トナレハ此父母ニシテ此子アリ従テ其情恕ス可ケレハナリ、経ニ曰ク父ニシテ父タラスト雖モ子ハ［子］タラスンハアル可ラスト至極ノ徳言ト云フ可シ、然リト雖トモ何ソ父母ノ父母タラサル可ラサルコトヲモ責メサルヤ、焼野の雉子夜の鶴凡そ生とし活きる者子を思はさるハなきに万物ノ霊トシテ其兒ヲ遺棄シ若クハ親知ラスノ養子ト名ケテ人ニ与ヘ恬然トシテ其生死存亡艱難苦楽ヲ顧ミサルトハ抑モ何事ゾヤ、勿論父母トシテ此極ニ至ルハ実ニ已ムル得サルノ事由アルカ故ナル可シト雖モ亦他ニ此悪行ヲ避クルノ方法ナキニモアラサル可シ、又仮令ヒ真ニ已ムヲ得サルニ出ツルニモセヨ要スルニ是レ己レカ不利ヲ免ルヽ為メニ為ス所ノ所業タルニ過キサルノミ、嗚呼是レ豺狼其幼兒ト肉ヲ争ヒ之ヲ咬殺スト何ソ択ハンヤ、寔トニ我人類ヲ辱カシメ社会ノ栄誉ヲ蹂躙スル反賊ト云フ可キナリ、乃チ此人面獣心ノ父母ニ対シテ子ハ其子トシ認メラレンコトヲ要メ因テ以テ其醜行汚辱ヲ摘発スルニ至ル固ヨリ其処ナリ、若シ夫レ此父母ニシテ始メヨリ己レノ不利ヲ顧ミスシテ其子ノ請求ニ応シタランニハ法衙ニ於テ其醜行ノ現ハルヽコト無カル可キニ此父母ハ曩キニ苛酷ニモ其兒ヲ棄ルコトスラ之ヲ忍ヒタル者ナレバ又認識ニシテ己レニ不利ナルカ故ニ之ヲ拒絶スルニ忍ヒタリ、然ルカ故ニ其兒ハ法衙公衆ノ前ニ訴ヘテ遂ニ其醜行ヲ現ハニスルニ至リタリ、又所謂ル自業自得タルニ過キサルノミ我輩ハ道徳上ヨリスルモ此兒子ヲ責ムルニ急ナルヲ欲セサルナリ、語ニ曰ク忠臣ハ孝子ノ門ニ出ツト我輩ハ之ニ加ヘテ言ハン孝子慈父母ノ門ニ出ツト、之ヲ要スルニ東洋道徳ノ教ハ父母ノ関係ヲ論スルニ当テ子ヲ責ムルニ急ニシテ父母ヲ責ムルニ寛ナルノ弊アル如シ我輩ノ常ニ遺憾トスル所ナリ

【期満効に関する討論筆記】（一）

『明法雑誌』第二〇号、明治一九年九月二〇日発兌

討論筆記問題　期満効は法律上に於て設くへきものに非す

（第四席）宮城浩藏君　曰く流石は本校の講師校友の御方々にて高説を聴取して殆んと迷ひを生せんとするに至れり然れ共余に於ても亦説なきにあらされは聊か此れを弁して尚ほ高議を煩はす事となすべし前席に於て熊野君は刑事に期満効の必要ならずとの事を弁して此れを設くる時は懲戒の目的を達し得さるに至るとの事を陳へられたり左れ共個は其一を知りて未だ其二を知らさるの論とこそ考ふるなり蓋し斯る理屈は此れあらざるべし今此れを例せば今夕の討論会場に於て余が論弁の際強姦若くは姦通の例等を引き猥褻に亘りたる演説をなせし事ありとせんか若し明日にても均繫の身となり所刑を受くるが如きこと、ならば固より快しと云ふにはあらね共亦自ら反省する所ろもありて諦らめらる、なり然れ共若し三年若くは五年も経過したる後に於て列席の諸君中検察官等の任を得ることもありて今夕の事を摘発し刑を科せんとせらる、こともあらば余は決して此れに服する能はざるなり惟ふに今夕の事を知るものと雖殊に余に怨あるもの、外は此等の処置を以て至当の事とは考へざるべし又新聞紙抔にて詭激なる議論をなしたりとて四五年も経し後に至りて此れを取り出し罰せんと試むるも一人として此れを当然の事とは思はざるべし現に独逸及び英国抔にては事歴明瞭なる犯罪に附ては其期満を大に短ふせり又民事の事に附て見るに期満得有及ひ得免の如きは理論

上不都合のものにも此れあるべし然れ共其不都合とは圧制主義なるか故不都合との話しにて実益上に不都合ありとの事には非るなり然り而て圧制主義なるが故此れを廃棄すべしと云ふ時は法律は悉く此れを廃棄せさるべからず何となれば法律は何れも多少圧制主義たるを免れさればなり仏国に於て余の議論を確かむべきを面白き一の話あり或る村に一人の労力者あり美麗なる娘を有しけるが近隣に一人の無頼漢ありて如何にかなして此の娘と通じばやと思ひ色々に奸策を運らして此れに逢ひ初め異日は夫婦たるべしとの約束を以て此れを欺き遂に情交を接することを得其後に互に往来なしつ、ありしが間もなく該女は懐胎の身となれり左れば世の義理人情に迫られたる者の常として只管其非行を悔ひ身を棄つるか又は堕胎をなして恥を免れんと思ひ悩み有りの儘を其の父に告げければ父も大に当惑なし如何様ともして此の難を救はばやと案じ無頼者とは知りつ、も事の仔細を語りて初めの約束通り夫婦となり呉るべしとのことを情夫に頼みけるに彼れは却て靦然応ずへき様子も見えざる故怒りを発して此れを殺さんとせり此の事一条の騒ぎとなり遂に重罪裁判を開くことになれり此の時此に関係の三人の者の口供に因りて右に示せし通りの事情明瞭になりければ陪審の投票を以て親父は無罪のものなりと宣告なせり然れ共若し右の事実が我日本国に起りたりと仮り定められよ我邦には陪審なるものあらさるゆゑ若し余をして裁判官たらしむるも其親父には刑は科せざるを得ず而して其刑を受くべきは只親父一人なりとす右の顚末を詳にして尚ほ此の判決をなすが如きは人情の忍びさる所なれ共天下の法を正さん為めには又已むを得ざること、す実に金科玉条とは云ひつ、も場合を探くれば斯る圧制を被むるものの出で来るは免れ難き話しにて若し一歩を進て云ふときは法律は凡て圧制なりと云ふも差支へなきが如し此の如きの次第なるに彼の期満効なるものが少しく圧制主義に出てたるが故なりとて世の実益をも顧みず直に此れを廃せんとするが如きは抑も軽重を知らざるの甚だしきものとなさざるを得ず若しも明治の裁判官をして賢明敏達の人々のみとせばいざ知らず今日の現状にては此の期満効の規定の如きも決して欠く可らさるものなりとこそ考ふるなり

【期満効に関する討論筆記】（二）

『明法雑誌』第二一号、明治一九年一〇月五日発兌

（第九席）宮城浩藏君　曰く余は已に先席に於て余の持論を弁明なしたれば今更らに陳べき程のことも無けれ共前席に於て熊野君の為めに冤罪を被りし故一言此れを弁せんと考ふるなり固より君が刑事期満の事を反駁せられたるは立論明白なり得されば此れを駁するの要もなし只君は法律の博士として加ふるに哲学者を以て広く知られたるが故君の痛駁を受け黙して已むは頗る好ましからざるが故為めに一言を弁するものなり君は圧制なる制法を脱して自由の法律に支配せられんことを望むと云はれたり余とても固より何とて圧制の制法を好んて自由の法律を忌むものならんや余は此れを云ふにあらさるなり実に今日の法律上には一種の証拠法と云へるものも置きて一葉の信約証能く千万金の権利義務を判案するものあり此の如きものと雖も若し神明の力を以て此れを見せしめば焉んぞ多少の圧制中にあるものなきを知らんや然れ共この推測法をして偶ま事の圧制に出るものあるが為悉く此れを廃せんと試みんか却て世の秩序も失せ自由も亡ぶことなるべし期満効の法律の如きも畢竟は一の圧制法に過ぎざれ共諸他の証拠法等を今日の世に取除く能はさると同一の理を以て又此れを今日に除き得ずと申すことなりとす若し我邦の前途に於て神の如き明裁判官を得ることにも至らはいざ知らず今日の如く知者一歩を判明に進むれば奸者一歩を陰謀に企るるが如き勢ひにては未だ容易に期満効の不用なるへき世をも前知する能はさる処なりとす

「試験心得」

『明法雑誌』第三八号、明治二〇年六月二〇日発兌

左の一篇は本校講師宮城浩造《（ママ）》先生が本校生徒の心得までに口述せられたるを筆記せしものなれども筆記不完全にして十分に先生の意を表する能はざるのみならず或は誤記もあるべければ読者幸いに之を諒せられよ

筆記者

諸君は目下定期試験を受け居らる、ことなるが凡そ本校の試検なり代言試検なり判事登用試検なり又本校卒業の後受くる処の大学の試問なり諸君に取て甚た大切なることは今更云ふ迄もなきことなり何となれは巨多の資金を抛ち数年の精神を労して学び得たる成蹟を検試発表する処のものなれはなり殊に試検なるものは一たび落第するときは永く其人の癖となるものなれは最も謹慎を加へさるへからす而して屢々落第の不幸に遭遇するときは為めに畢生の目的を誤り消費と苦辛とは悉く水泡に帰し諸君の名誉は勿論本校予輩の名誉にまで関係を及ほすこと少からす予か今諸君に向て試検心得を一言するも亦偶然にあらさるなり

凡て試検を受けんとする者の須らく服膺せさるへからさる心得あり是れ畢竟予の老婆心に出るものなりと雖も平素勉強せられ相当に学力を有する所の諸君にして不幸にも及第するを得さるか如きは実に遺憾に耐へさる処あり不勉強なる者の落第することあるは自ら招くの不幸なれは如何ともすへからされは予は是等の不勉強者に向て御話するも毫も其効なきを信す唯勉強家にして僅々たる事故よりして落第することあるは遺憾に堪へさる所なり

試検を区別して二種となす学力検定試検（エキザマン）競争試検（コンクール）是なり

競争試検とは例へは茲に教師二名を要し之を募らんとするに当り之に応する者数十名ありとせん此場合に於ては其志願者に就き各自の学力を試検し其中最も優等なるもの二名を採らさるへからす是此の試検の性質に於て自ら学力競争の試検とならさるを得さるものとす

然るに本校に於て行ふ所の試検、代言試検、判事登用試検大学試問の如きは決して競争試検にあらすして学力検定試検即ち各自学力の証明を受くる処の試検なり故に是等の試検を受くへき人は唯自己固有の学力の証明を受くるに止る

か故に決して他人と競争するの精神を懐くへからす而して受検者にして悉く良好なる成蹟を得れは悉く及第し之に反すれは悉く落第すへく及第すると落第するとの人員に限りあるとなし

検定試検の性質如此なるを以て其答案は敢て議論に渉るを要せす又論理、文章、筆法等の巧拙を検査することなし然らは唯講師の講する処書物の載する処を記臆するを以て足れりとするか決して然らす各問題に付ては必す先哲の議論もあるへきか故に予て其可否を決定するの用意なかるへからす

試検の方法二あり筆記試検、口答試検、是れなり此二種の試検に通用すへき心得を述るに先ち試検者に種々の弊害あることを一言すへし

第一試検者に於て甚た奇なる問題を発することあり受検者の為め最も不幸なる弊害と云ふへし是或は試検者自己の学力を表示し衆人をして喫驚せしめんとするに出ることある歟予も此弊に陥りしことあり嘗て刑事に於て大審院の職務と裁判所の職務と分るの処如何との問ひを発したり此問題の旨趣は裁判所は事実上より有罪無罪の判決をなし法律上の裁判は大審院の職務なりと答へしめんとするに在りて敢て奇なる問題とも覚へさりしか後ち同僚中より最も奇問を発せりとの咎めを受けたり其受検者は優等者なりしか故に満足にはあらさりしと雖も難なく答弁を為したり

第二試検者甚た難問を発することあり之れ徒らに受検者を苦めんとするものにて受検者の困難するを見されは満足せず容易く答弁を了るときは兎角試検を為したるの心地せさるもの、如し実に愚の至りと云ふへし而して其甚しきに至ては試検者其人も之を判決すること能はさるか如き奇談なきにあらす

第三競争試検と検定試検とを誤ることあり即ち試検者自己の主持する議論を強て答へしめんとする如き之なり

第四試検者法律の正文のみに拘例すること例へは一の定義を与へんとするに当り正文に適せされは満足せさること又は毫も正文に関せさること之なり

此二者は全く相反対する者にして受検者の学力を発表するを妨くるものなり

又口答試検を行ふに当り受検者答を発し一言の誤りあれは直に之を押ふることあり是亦一の弊害にして受検者答弁中屢々此詰問に逢ひ為めに狼狽して遂に完全なる答へを為し能はさるに至る固より法律の解釈なるものは一言一句を誤ることなきを緊要とすと雖も一言を誤る毎に直に之れを反問するは却て学力の実蹟を発表する能はさらしむるものなり

又一問題を発するに当り屢々語を変して前後左右より問ひを掛くることあり是亦一の弊害と云ふべし何となれは受検者最初の一言を聴き脳裡既に考案を巡らすに当り更に第二第三の問を掛けらる、に逢は、其問題の旨趣を覚るを得すして遂に完全なる答を為し能はさるに至る

又一問を発して之に答ふる能はさるときは更に他を顧みさること是亦一の弊害にして若し其一問に答ふる能はさるときは直に落第となるに至らしむるは未た学力を完全に試検したりと為すを得す

右の外試検者の弊害を穿鑿するときは尚ほ之に止まざる可し而して此等は皆受検者の幸不幸を来すこと大にして固有の学力を発表せしむること能はさらしむるものなり然りと雖も是等試検者の弊害は受検者に於て如何ともすること能はす実に遺憾と云はさるを得す唯受検者に於て予め之に注意するに於ては実地試検に臨み多少此弊害を避くるの道もあらんか

是より受検者の為し得へき所に就き一言すべし

受検前には必す多少予備の日子あり此時に当り試検を受くるの目的を以て温習すへからす何となれは試検の目的を以てする時は単に教師講する処書中載する所に就き種類条件区別等の数のみに注目し之を記憶するに汲々として少しも其基本を研究することを顧みさるの弊あれはなり如此其基本を究めすして其結果のみを記憶せんとするは実際毫も利益なく試検を終れは直に遺忘するものなり

問題は常に自ら之を作り自ら之に答ふることに熟せさるへからす単に書物にのみ依拠するときは実際事に当て困難す

ること多し

試検に切迫するときは非常に勉強することあり此は得策となすを得ず何となれば為めに身心を疲労し実地試場に出て用をなさ、るに至ることあれはなり故に試検に切迫したるときは余り精神を労せさるに注意せさるへからす

試検を受くるに当ては飲食物を撰び殊に大食せさるに注意せさるへからす大食するときは自然精神を鈍からしむること生理学上に於て明かなり又精神を刺撃せしむる茶、酒、コーヒーの類を飲用すへからす予曾て仏国巴里に在りしとき友人コーヒーに牛乳を混して飲用し大に困難を感したることあり

試検を受くるに当ては決して不安心を懐くへからす己れの学ひ得たる処の問ひに応ひ之に答ふるは即ち及第するものなれは実に之より確かなるものなし落第することある等の恐れを懐くは不可なり

受検者落第することあるも試検者に対して怨みを懐くへからす試検者不正の意を以て遇するに於ては格別なれとも苟も不正の意なき以上は決して怨むへからす固より数人の試検者あるに当ては人に依り採点等に多少の不同なきを得す同一の人と雖も朝に於てすると夕に於てするとに依り自ら不同なきを保せす是等の幸不幸は止むを得さるの結果なり然れとも是等の為め決して大差を生するものにあらす予は屢々試検委員に従事したるを以て同僚三人或は四人の間に於て試みに一答案に就き最初一人之に点数を付し而して之を示すことなくして次きの一人に送り順次採点を終り最後に之を比較したる事ありしか其点数殆んと同一にして大差あるも僅かに二三点を出ることなし左れは或は幸不幸を見ることあるも其結果は実に些々たるものなれは決して試検者を怨むことあるへからす

試検に臨みては筆記試検にても口答試検にても一問題に付二派以上の議論ありて之を駁するに過激の語を以てすへからす何となれは若し試検者にして其反対の説を主持する者なるときは為めに感情を傷くるの憂あり又一にはナマイキなりとの感覚を発せしむるに至るへし故に可及的穏当なる語を用ひさるへからす

答弁をなすには可成問題に直接の答へを為さ、るへからす不直接なる語を用ひ或は迂回なる答へを為すは一時をゴマ

かさんとするものにて卑劣の甚しきものなり否らさるも試検者をして学力浅薄なる者なりとの感覚を起さしむるに至るべし

全く答へを為さゝることは最も謹まさるへからす答へをなせは迚其最も不可なるものは零点となることあるも全く答へをなさゝれは常に零点たるを免かれす然れとも到底其問題に答ふる能はさるを知らは全く答へをなさゝるに如かず何となれは僥倖を希望し濫りに答へをなすときは為めに他の答案に影響を及ほすの憂あれはなり

問題に答ふるに当り例外あることに注意せさるへからす故に答弁中決して、必す、常に等の語を謹むべし法律上一の原則ある毎に例外の之に附従せさることなし故に例外なきことを明知する場合に於ては格別苟も然らさる以上は動すへからさるの語を以て答へを為すへからさるなり

答へを為すに当り己れの信する処を答ふるに決し躊躇すへからす試検者より反問を受くるときは之に理由を付して其答弁を貫くべく之か為め説を変することをなすへからす若し反問に逢ふ毎に説を変するときは遂に正当なる答へも其旨趣を貫かさるに至らん

答弁をなすに当り最初より例を挙くるは不可なり試検者をして学識の短なるを感せしむ

区別、種類、或は差異を挙くるに其数を限るへからす何となれは初めより其数を挙くるときは必す之を数へさるへからす而して必す其数に充てんとして精神を労すること甚しく又不幸にして其数を充たすこと能はさるときは自ら其答案の不完全を来すものなるべし

例を掲くるには其例に出つへき人数を減するに注目せさるへからす若し其人数多きに渉るときは自ら之を混用するの恐あるのみならす試検者をして混雑せしむるの憂あり

又金額若くは期限等に関する例を挙くるには其数の大なるを要す何となれは法律学に従事する者は多くは数学に拙きか故に小数の例にして分数を生するときは其計算上理解に困むことあれはなり又数は可成偶数を用ひ奇数を避くるを

要す例へは軽罪の刑に就き加減例の例を示すには四ヶ月以上四年以下若くは四円以上四十円以下等の数を用ひるか如し

法律の正文は可成注意して遺忘せさるを務めさるへからす何となれは正文を暗せさるときは認許法と命合法とを誤り試検者をして学識狭きものと感せしむることあれはなり

是より事記試験と口答試験とに特別なる心得を述べんとす

筆記試検に付問題を発するは甚た困難なるものなり何となれは答案の短簡なる問題を発するときは其数を増さゝるへからす然るに問題の数を増すときは煩に耐へさるの憂あるか故に其中庸を得さるへからされはなり而して筆記試検は試検者に於て反問するを得さるか故に充分に学力を試検するの効を奏せす要するに筆記試検の問題に付ては其答案長きを要するものと心得べし

筆記試検を受くるに当り決して文章を飾るへからす何となれは為めに時間を徒費し精神を労するのみにて毫も其効を見されはなり

筆記試検の答案を作るに当り数問題あるとき其内己れに最も容易なる問題を先きにし困難なるものを後にするは試検者の通弊なり宜く此弊を避けさるへからす何となれは容易なる問題を先きにし其答案に着手するときは他の困難なる問題の考案脳裡を去らす為めに容易なる問題の答案も完全ならさるに至る可し故に問題の順序に従ひ時間に比例して一問題に要する時間を定め整然其順を逐ふて答案を作る可し蓋し数個の答案中其一は甚た長く其一は甚た短きときは試検者をして其長く細密なる答案は偶然之を作り得たるものなりとの感情を起さしむるに至るを以て答案は長短大凡そ平均なるを要す

問題に対しては決して不平を鳴らす可からす問題の不平を唱ふるは決して其効なく自然其答案不完全のものなることあり

抑も試検者問題を発するは決して易々たるの業にあらす然るに之を思はすして問題に不平を懐くは或は己れの学力の足らすして玆に至ることもあるへく或は問題を誤解して其不平を鳴らすこともあらん謹まさるへからす

口答試検の問題は多くは其答の短きものなり然れとも其答に対して推問をなすものなること此試検の性質なれは屢々推問して以て其学力を検定し得るものとす

問題を発するに当り語て誤りあるも之を咎むへからす何となれは試検者の感情を傷くるの憂あれはなり又議論を含むの語気を発すへからす何となれは試検者の不平を誘ふに至れはなり

試検者の意を迎さることなきを謹まさるへからす試検者より反問を受くるに当り其意を察し其意に応して答弁を変し又更に推問を受けて再ひ其意を迎ふるか如きは終に其底止する処なきに至るへし

試検者書を著したることあるも其書中の議論を墨守するの意を有すへからす何となれは強て之れに従はんとして其説に従ひ答弁をなすも其原因結果に渉り反問を受くるときは終に其答をなす能はさるに至ることあり宜く己れの信する所の説を以て貫くに如かす

「人ヲ殺サントシテ已ニ其事ニ着手スト雖モ自ラ其所為ヲ止メテ遂ケサル者ノ処分方法ヲ論ス」（一）

――『研法雑誌』第一号、明治二一年六月発兌）［未見］

「人ヲ殺サントシテ已ニ其事ニ着手スト雖モ自ラ其所為ヲ止メテ遂ケサル者ノ処分方法ヲ論ス」（二・完）

――『研法雑誌』第二号、明治二一年七月二〇日発兌

既ニ述ヘシ如ク日本刑法草案ニ於テハ本問ノ如キ場合ハ重ク罰スルノ精神アルモ無罪ニスルノ精神ハ毫厘モ之レ有ルナシ其后更ニ日本刑法草按ヲ修正シタル者アリ之ヲ審査修正按ト為ス此修正按ヲ見ルニ本問ニ関スル条文ハ已ニ削除セラレタリ何故ニ之ヲ削除シタリヤ罰スヘキノ必要ナキカ為メニアラサルヘシ是レ法理上固ヨリ罰スヘキモノナレハナリ且修正者ハ曩キノ日本刑法編纂者トハ同種類ノ人ニシテ其中ニハ真心悔悟ノ維持者ヲモ加ハリタリキ然レハ茲ニ至リテ俄然其意ヲ変シテ本問ノ如キ場合ヲ不問ニ附セントスルノ理由アルヲ発見セサルナリ蓋シ修正者ハ謂ラク之ヲ規定シテ困難錯乱ヲ極メンヨリハ之ヲ明言セサルノ勝レルニ如カサルヘシト実ニ之ヲ明言シ規定セサルモ其結果ニ就キテ充分罰スルコトヲ得レハ却テ此削除ノ理由アルヲ見ルニ足ルヘシ

審査修正案已ニ脱稿シテ現行刑法ノ頒布アリ而シテ其条文ハ審査修正案ト大ニ相違スル所ナシ其条文已ニ修正案ニ同シキ時ハ其精神モ亦異ナル所ナキハ理ノ尤モ睹易キ所ナリ之ヲ要スルニ我立法者ノ本問ノ場合ニ関シテ懐包セル精神ハ無罪トスルニアラサルナリ未遂犯トスルニアラサルナリ則チ現ニ生シタル毀傷損害即チ殴打創傷罪ニ問フニ在ルコト仏文草按ノ初メヨリ毫モ異ナル処アルナシ

刑法ノ精神其レ此ノ如シ然レトモ之ヲ適用スルニ当リ別ニ不都合ヲ生セサルカ曰ク何ソ以テ不都合ヲ生ス可ケンヤ現ニ生シタル結果ニ創傷アル時ハ之ヲ殴打創傷罪ニ照シテ罰シ創傷ヲ生セサルトキハ律ニ正条ナキヲ以テ無罪ト為ス可

シ然ラハ則チ何ノ理由アリテ之ヲ殴打創傷罪ニ問フヘキカ曰ク此ニ窃盗ヲ為サントシテ他人ノ家宅ニ侵入シタルニ或ル原由ヨリシテ自ラ其所為ヲ止メ目的ヲ達セスシテ帰リタル者アリ是ノ此所為ハ窃盗ノ未遂犯トシテ論スルコトヲ得ス即チ家宅侵入罪ノ刑ヲ以テ之ヲ罰ス可シ蓋シ家宅侵入罪トハ故ナク人ノ住居シタル邸宅若クハ人ノ看守シタル建物ニ入リタル所為ヲ謂フ者ニシテ所謂故ナクトハ正当ノ理由ナクト云フ意味ヲ表スルナリ故ニ此罪ハ之ヲ罰スルノ区域実ニ広クシテ謀殺ヲ目的トスルモノ強盗ヲ目的トスル者姦通強姦ヲ目的トスル者等即チ苟モ家宅ニ侵入シテ自ラ其所為ヲ止メタル者ハ悉ク此罪ニアラサルハナシ唯実際ヲ視ルニ人ノ家宅ニ侵入シテ窃盗ノ目的ヲ達シタル時ハ窃盗罪ノ刑ニ問フノミニシテ家宅侵入罪ハ之ヲ論セサルナリ此場合ト雖モ家宅侵入罪ヲ構成セサルニアラス而シテ之ヲ論セサル所以ノ者ハ軽キ家宅侵入罪ノ刑ハ重キ窃盗罪ノ刑ニ吸収セラルヽニ由ル本問ノ場合ヲ殴打創傷罪ニ問フノ理由ハ毫モ此例ニ異ルナシ蓋シ殴打創傷罪ハ法文ヲ一見スレハ明晰疑ヒ無キカ如シト雖モ立法者ノ此罪ヲ規定スルニ当リ非常ノ困難ヲ覚ヘタリ因テ単ニ其所為ノ結果ニ就キテ広ク之ヲ罰シ其目的トスル所ノ意志ノ如何ヲ問ハサルナリ例ヘハ人ヲ斬ルノ意思ニテ其隻手ヲ斬リタル者モ唯タ人ヲ苦マシムル意思ニテ其隻手ヲ斬リタルモノモ等シク殴打創傷罪ト為ス何トナレハ故意ニ人ヲ殴打スレハ此罪ヲ構成スルヲ以テナリ然ラハ即チ殺意アリテ行ヒタル所為モ亦殴打創傷罪カ曰ク然リ然レトモ殺意ハ実ニ重悪ナレハ立法者ハ殊ニ殴打創傷罪中ヨリ抽出シテ所謂謀殺故殺罪ヲ規定シタルナリ故ニ謀故殺罪ノ成立ト共ニ殴打創傷罪モ亦成立スルヤ明カナリトス之ヲ換言スレハ殴打創傷罪ノ道路ヲ経過セサレハ人ヲ殺スコトヲ得サルナリ本問ノ場合ニ於テ犯人自ラ其殺意ヲ放棄シタルヲ以テ殺意消滅ス殺意消滅スルヲ以テ謀殺罪成立セス謀殺罪成立セサルヲ以テ故意人ヲ創傷シタル所為ノミ残ル者トス是レ尚ホ窃盗罪カ成立セスシテ家宅侵入罪ノミ残ルト同一ナリトス因ニ予ハ本問ヲ以テ疑ヒモナク殴打創傷罪ト断言シタル所以ナリ此点ニ付キ人ノ尤モ疑ヲ起ス所ハ曰ク本問ノ場合ニ於テ現ヒ生シタル創傷ハ即チ殺意ヲ以テ生セシメタル者ナレハ単ニ之ヲ殴打創傷罪ニ問フハ理論ニ適合セサルカ如シト然レトモ已ニ述ヘタルカ如ク謀殺ノ意志中ニハ故意ノ分子ヲ含ムヲ以テ謀殺罪ノ成立セサ

ルハ以テ故意人ヲ創傷シタル罪ノ成立ヲ妨クルコトヲ得サルナリ故ニ曰ク本問ニハ諸説紛々トシテ雑出スルニモ拘ハラス予ハ之ヲ殴打創傷罪ニ問ハントスルモノナリ

「民法草按中ニ自然義務ヲ設クルニ付テノ意見」（明治二二年一〇月）――「民法編纂ニ関スル意見書」『日本近代立法資料叢書』第一二巻

学者曰仏国ノ立法者羅馬ノ野蛮法ヲ基礎トシ民法ヲ編纂スルノ際自然義務ノ語ニ邂逅シ此語ハ其金科玉条トスル羅馬法ニ存スルモノナルヲ以テ之ヲ棄ルニ忍ヒス逐ニ之ヲ民法中ニ存シタリ然レ供羅馬法ニ於テ此語ニ与フル所ノ意義ハ当時ノ民法ニ於テ到底之ヲ維持スルコトヲ得サルニヨリ他ニ此語ニ与フル所ノ意義ヲ求メサル可カラサリキ而シテ今日ニ至リ尚ホ求メントシテ求メ得サルモノハ此意義ナリト

右ハ諧謔ニ類シタル評ニシテ仏国立法者ノ苦心ヲ看ル事冷淡ナルニ過キタリト雖モ評シ得テ適切ナルカ如シ何ントナレハ爾来仏国民法ヲ解説スル無数ノ学儒自然義務ニ無数ノ定義ヲ与ヘタリト雖モ終ニ完全ノ定義ヲ与フルヲ得サレハナリ

民法草按中ニ自然義務ヲ設クルノ可否ニ関シ委員長閣下ノ下問ヲ辱フスルニヨリ小官ハ之ヲ設クルヲ不可トシテ奉答スル者一人ナリ其卑見左ノ如シ

一　法理ニ於テ自然義務ナルモノ存在セス

仏国民法ハ羅馬法ヨリ自然義務ノ語ヲ遺伝セラレ之ヲ保存シタルヨリシテ之ニ相当スル義務ヲ見出スノ必要ヲ生シ従テ取消シタル契約ヨリ生スル義務又ハ時効ニ因テ消滅シタル義務等ヲ自然義務ト名クルニ至リタリト雖モ是レ畢

竟名アルカ為メニ強テ其実ヲ求メタルニ過キスシテ法理ヨリシテ所謂ル自然義務ト名ク可キ特種ノ義務アルニ非ス其証ハ則チ其何物タルヲ示スニ足ル定義ナキヲ以テ明カナリ今仏国ノ碩儒数輩カ之ニ与ヘタル定義ノ一二ヲ挙クレハ曰ク自然義務トハ名誉ト良心トヨリシテ債務者ヲ拘束スル義務ヲ云フト（ポチエー）此定義ハ道徳上ノ義務ト法律上ノ義務トヲ混シタルモノニシテ若シ此定義ヲシテ真ナラシメハ仏国ノ裁判官ハ道徳ノ区域内ニ入リテ裁判スル事ヲ得ルモノナリ奇怪モ亦甚シト云フ可シ又曰ク自然義務トハ債務者ノ自白若クハ之ニ相当スル或ル所為ニ依ルニ非サレハ誤謬ナル事ノ顕ハレサル法律上ノ推測ノ理由ヨリシテ法律カ訴権ノ制裁ヲ拒絶シタル所ノ義務ナリト（ウードー）又曰ク自然義務トハ訴権ノ制裁ハナシト雖供民事上ノ或ル効果ヲ生スル所ノ義務ナリト此二定義ノ如キハ第一ト異ニシテ民事上ノ義務ナル事ヲ示スニ足ルト雖供固ヨリ一物ノ定義ト為スニ足ラス試ニ看ヨ此数言ハ先ツ自然義務ト名ク可キ者アル事ヲ想像シ次キニ其例ヲ知リテ然ル後チ之ヲ看レハ之義務ノ定義タルカ如キノ思アリト雖モ若シ之ニ反シ此数言ヲ先キニ看テ其如何ナル物ヲ説明セントシタルヤヲ判継セントセハ何人ト雖モ其何等ノ事ヲ言フ為メナルヤヲ知ルヲ得サラン然リ而シテ其ノ斯ノ如キハ何ソヤ他ナシ法理上存スル事ヲ得サルモノヲ強テ想像シ又強テ之ニ定義ヲ与ヘントスルニ係レハナリ

二　自然義務ヲ民法ニ設ケントセハ之カ定義ヲ与ヘサル可カラサルノ不便アリ

民法中ニ自然義務ト呼フ特種ノ義務ヲ設ケントセハ宜シク之カ定義ヲ与ヘ其如何ナル物タルヲ明確ニ示ササル可カラス然ラサレハ其解釈錯雑紛乱シテ適従スル所ヲ知ル事ナク法理ニ乖戻スルノ点ニ於テハ賭博ヨリ生スル債務ヲ自然義務ト為スカ如キノ怪説ヲ来メシ道徳ニ闖入スルノ点ニ於テハ親族（父子ノ如キヲ言フニ非ス）相互ニ為ス可キ養料ノ給与ヲ自然義務ト称スルカ如キノ奇説ヲ生スルニ至ラン然レ供如何セン前段ニ謂フカ如ク此義務ニ与フ可キノ定義ナキヲ

三　自然義務ノ名称ヲ民法中ニ存スルノ必要ナシ

仏国民法ニ所謂ル自然義務及ヒ目下問題ニ係ル自然義務ハ皆ナ法定ノ義務ナリ何ヲカ困テ故サラニ此異様ノ名称ヲ付スルヤ茲ニ此名称ヲ得タル義務ノ重モナル者ヲ挙ケ其法廷ノ義務ナル事又ハ義務タル可キ事ヲ略説スル左ノ如シ

第一　子ノ生計ヲ立ルニ付キ父母ノ負担スル義務

子ハ父ニ対シ生育セラルルノ権利ヲ有ス即チ飼養セラレ教育セラレ人ト成サルルノ権利ヲ有ス従テ父母ハ此権利ニ対スル義務ヲ有ス子ノ為メニ生計ヲ立ルカ如キハ此義務ノ一部分タルニ過キス法律ハ宜シク此義務ヲ法律上ノ義務トシテ規定セサル可カラス

第二　法律上ノ無能力ノ理由ヨリシテ銷除セラレタル義務

法律ハ固ヨリ不当ノ利得ヲ許サス又不正ニ損害ヲ加フル事ヲ許サス故ニ事実上ノ有能力者ニシテ義務ヲ負担シ法律上ノ無能力ノ為メニ其義務ヲ免レタリト雖モ尚ホ其義務ヲ履行セハ是レ不当ノ利得不正ノ損害ノ返還賠償ヲ為シタルモノニシテ即チ法定ノ義務ヲ履行シタルモノナリ

第三　既判効又ハ時効ニ因テ消滅シタル義務

法律ハ既判効又ハ時効ノ利益ヲ拋棄スルヲ禁セス故ニ此利益ヲ拋棄シタル者ハ純然タル義務者ニシテ其義務ヲ履行シタルハ法律上ノ義務ヲ履行シタル者ナリ

第四　破産者ヨリ破産前ノ債権者ニ対スル義務

破産者身代ヲ持直シ其旧債ヲ償却スルハ是レ不正ニ人ニ加ヘタル損害ヲ賠償スルモノニシテ法定ノ義務ヲ履行シタルナリ

（右ノ四例ハ学者一般ニ自然義務ト為シテ疑ハサルモノノミヲ挙ケタルナリ）

之ニ由テ是ヲ観レハ学者ノ一般ニ自然義務ト称セルモノハ皆ナ法定ノ義務ナリ即チ法律上純然履行ヲ要スル所ノ義務ナリ法律ハ只之ニ訴権ヲ付セスシテ其債務者ヨクスル履行ヲ待ツニ過キス

以上ハ小官カ自然義務ノ設定ヲ不可トスルノ理由ナリトス序述甚簡略ナルハ細密ニ弁説シテ冗暢ニ流レ却テ委員長閣下ノ瀏覧ノ便ヲ害スルヲ恐レタレハナリ若シ不明ノ点アリテ幸ニ下問ヲ賜ハラハ口頭ニテ開陳ス可シ

明治二十一年十月十九日

法律取調報告委員　宮　城　浩　蔵

「決闘論」（一）（若林玵蔵氏筆記）

『明法雑誌』第七五号、明治二二年一月一〇日発兌

決闘の所為を法理上罰すへきものとして刑法に、正条を設くる時ハ、之を公罪として静謐を害する罪となすへきものなりや、又ハ之を私罪として誹議罪か若くハ殺人罪殴打罪に次て編入すへきものなりやといふ疑問ハ、刑法編纂に関したる一大問題てあります、然るに刑法ハ已に成文となりて頒布せられてあるに、決闘に関したる事は一も規定なき時に当り此決闘より生したる殺傷を如何に処分すへきものなりや、と言ふ問題に付てハ説必す二様に出なけれハなりません、即ち律に正条なきを以て無罪なりといふ説と、謀殺罪若くハ殴打罪に問ふといふ説との二つてあります、是れ本講義者か謀故殺罪に次て決闘の事項に移りたる次第てあります

又決闘なる風俗ハ、我日本国に存在するものなりや、否やといふに、昔し封建時代に者所謂武門武士の間に於て、随分行ハれて居りし様てある、然るに明治の革命に逢ひ、王政古に復し、武断政治の止むと共に決闘も其痕を絶つことになりました、随て此事項を講究するの必要ハ之なきよふてありますなれ共近来又決闘論ハ刑法上の一問題となり多少世人の注目する所となりたり故に此問題につきてハ尤も明晰に論決して置かさるへからさる機に到着せりと考ます、好し決闘ハ世上の問題とならす、又此風俗か、曾て存在したること無しとするも、苟も刑法を攻むる者ハ后来必す有り得へき決闘に付いて、充分に論決せねハならぬことてある、此故に本講義者ハ此まて数回刑法の講義を為し、謀故

殺を講したる後にハ、必す決闘のことを論して怠りませんでした、是れ今回も亦決闘に付き詳論を為す所以てあります

決闘とハ仏語シユエンの訳語にして、ジユエルといふ語ハ、二人の間に於ける闘戦といふ意義を有する語にして其事実ハ殆と我国に唱ひ来りたる果合と同種類のものてあります、我国の果合ひに関してハ、是れが果合ひの慣習上の規則と認め得るものハ之れ無く、種々様々に行ひたるものゝ様で、ジユエルの如く、二人にて互ひに公平に行ふといふこともなく、一方が一人にて他の一方が二人又ハ数人にて闘ふこともあり又闘戦に用ふる武器の如きも、何を用ゐさるへからすといふ制限とてハ之れなく、只一般に飛び道具の類ハ用ふることを許さゝりし如くある、然るに現時亜米利加、又ハ欧州各国、殊に仏蘭西に於て行ハるゝ所の、ジユエル即ち決闘は、我国の果合とハ体面を異にする所あり、固より此所為ハ野蛮の遺風たるハ免れさる所なれとも、大に文明と共に装飾を加へて、種々の規則から成立て居るものとなりたり、尤も規則といふものゝ、法律上の規則にはあらすして、決闘に伴ひ生したる慣習上の規則てあります、今此決闘に関してハ、詳密に叙述したる著書とてもあるに非されハ本講義者ハ先つ決闘の原由及ひ方法を略陳して、諸君の参考に供しましやう、其方法にして分明なれハ、決闘の学問上の定義ハ自然に生することゝなる、

決闘を為す原因を詳しく列挙するときハ、種々あるなるへしといへとも一般につきて言はゝ、栄誉を害せられたるより起るものなりとす、故に決闘ハ全く栄誉上の問題てある、即ち政治上につき、社交上に付き或ハ其他のことにつきて一方の者が一方の者に向ひて侮辱を為し此侮辱を受けたる者か、栄誉を回復せんとし侮辱の賠償を得んことを望みて之を決闘に訴ふる所のものてある、併し決闘の原因ハ必すしも侮辱を受けたる場合にのみ限るにあらすして、他の原因よりも決闘を為すこと往々之れ有り、故に決闘を申込むものも、申込みを受けたるものも、共に真の原因を明かにせすして為す場合かあります、夫れハ多く姦通なとに原因する決闘てある、姦通のことたる之を明に証人なとに知らしむるときハ、却て自身に言ふへからさる恥辱を受け、名誉を毀損するものてあるにより、此等の場合にハ、承認

も亦深く其原因を探知せずして、之に干与するものもあります、証人を撰ふにハ、先つ侮辱を受けたるもの即ち侮辱の被害者なりと自信するものよりして、二人の証人を撰ひて之れを加害者に送りて、以て決闘を挑む、決闘を申込る丶者ハ、断然執りて之に応せぬ時ハ、これ迄にて決闘とは成りません、併し慣習上決闘の申込ミを受けて、之に応せぬといふことハ、出来ません、若し理由なきに拒みて応せさるときハ、此者ハ世間に対して卑怯者なりといふ、汚名を蒙り、社会一般の交際を絶たれます、故に決闘の申込みハ必す承諾せなけれハなりません、決闘の申込みを承諾したる場合にハ、其人よりまた証人二人を選ひて、敵手に送りて、承諾の意を表します、是に至れば証人ハ都合四人となる、証人ハ決闘の周旋を為す前に、先つ之れか和解を試みます、故に証人ハ強ち決闘を助くる計りてなく、即ち一種の和解者てある、併し和解ハ多く成就せぬものて、且つ事に因りてハ和解の全く為すへからさるものもありとす、此の如く和解成就せさるか、或ハ和解の為すへからさる者なるときにハ、証人互に協議して、決闘の方法を定む。

其方法にハ種々ありと雖も、先つ決闘に使用する武器を定めます、決闘者互に武器の選択を推譲して、全く選択権を証人に委任することもありと雖も一般の法則としてハ、決闘申込者にて選ふこと丶なりて居れり、何となれは其の事件に就いて侮辱を受けたりと思惟するものハ、此武器を以て雌雄を決せんとするものなれハ、固より選択の権を有するものてあるといふことになります、其武器ハ双方同種の物を用ゐ、一方か鉄砲を持ち他の一方か刀剣を携ふるといふことハ、実際許されさる所である、其使用するものハ剣によるか或は刀或ハ短銃に依るか、多くハ此三種に限ります、同種類のものを用ゐるにも、亦制限ありて、同性質のものてなけれハならす、例へハ刀剣なれハ同長同形のものを撰ひ、抽籤にて之を用ゐるか如き次第なり、斯の如くして武器既に確定したる後に於て、始めて決闘に取り掛ることてある、

此武器の使用に関したる条件を尋ぬるに、刀剣を用ゐるときにハ、死に至るまて闘ぶか、或ハ決闘者の一人か創を蒙りて已に闘ふ能ハさるまて闘ふか、或ハ又一方に於て最初に血を流したるを合図に闘ひを止むること丶為すか、多く

ハ此三個の方法に依りて行ひます、又短銃にて闘ふときにハ、双方発砲の数を限りて、之れより超過することを許さず且つ距離ハ短銃決闘にハ最小必要のことにして発砲の前后を定むことも亦必要なり、通例ハ決闘を挑まるゝ者より、先つ発するが慣習になりて居る、此等か即ち武器を使用するに関したる条件の大略にてあります、

又次に決闘を行ふ場所と、時日を定むる必要あり、場所に付てハ、決闘の屢々行ハるゝ国にてハ、大概一定して居ります、或ハ人の邸地内に於てするあり、或ハ公園地の森林中に於てするあり、或ハ法律を以て厳に決闘を罰する国にてハ、外国に於て行ふこともあります、外国の境界に接近する国にてハ暫時にして外国に往復すること甚た易く、且つ外国に於て決闘を行ふも、実際警察官ハ之を妨害することが出来ません、故に此等の国に於てハ続々外国に於て行ひます、

決闘を為す方法につきての約束ハ、決闘者の撰ひによりて、死に至るまで闘ふか、或は血を見て之を止むるか何れにてもて、約束次第なりと雖も、別段本人等に於て望みなき時ハ、証人か協議して其方法を定めます、若し其協議の調はさる時にハ、証人ハ其職を辞します、証人職を辞するときハ、復た他人を撰ひて証人となす、此証人ハ再ひ更に協議を為し、協議調ひたる時ハ、即ち之を調書に記載して予定の時間及ひ場所に於て決闘を為すへきことを決闘者に報告いたします、決闘の場所にハ証人必す之に立ち合ひ、約束に反背することを得さらしむ、もし決闘者か約束通り行ハさるときハ、飽くまても之を妨止することか出来ます、約束の通り決闘を行ひ終ハれハ、又調書を作りて後日の証とす又決闘の場所に医者を伴ひ来ることあり、是れハ負傷者を治療する為めなり、

以上ハ即ち現時欧州各国に於て行ハるゝ所の決闘の慣例なりとす、要するに決闘ハ、双方の約束上に出てゝ、証人の之に立合ひ、闘ふ方法に制限ありて、実に双方をして遺憾なからしめたる甚た公平なる闘戦と謂ふへきものてある、斯の如く弁し来りますれハ、所謂決闘なるものゝ事実ハ、稍々分明になりたり、依りて是より法学上よりの定義を与ふへし、決闘とハ予め為したる約束に従ひ私益に関し二名の人か随意に行ふ所の闘戦をいふ、故に法理上の問題とし

てハ、証人を立つること、武器は如何なるものを用ゐるといふか如き事ハ、決闘の純粋の問題にハ関係なきものといハれます、即ち以上与へたる定義によるときハ二人の間に於てする闘戦即ちジユエルの名を得んにハ、三個の条件を要します、

第一随意に為されたることを要す、

随意といふことハ最も必要なる条件にして、双方自由に好みて為したるものにあらされハ、一方ハ必す正当防禦の位置に在り、他の一方ハ謀殺若くハ殴打等を以て論せらるへき位置に立つものてあります、故に双方随意に為されたる決闘にあらされハ、最早決闘の問題とハならず、

第二、私益に関して為されたるを要す、

闘戦者二人の間にて、若しも公益に関して行ひたるときにハ、決闘にハ成りません、例へハ、内国戦争若くハ外国戦争等に際して、戦ひの模様に因りてハ、二人相対して戦ふことか屡々有ります、然れとも斯の場合に一方か一方を殺傷するを決闘を以て論すへきものてない、又謀殺を以て論すへきものてもない、是等ハ即ち人民なるものか国民の義務として公益上行ひたるものてあります、故に決闘となりまするにハ、私益に関して行ひたることか必要とす、

第三、予め約して為されたることを要す、

決闘を為すにハ、約束によりて、日時、場所、其他方法等を定めて行ひますが最も必要てあります、予め約束したることなくして、不意に闘ひを為すときにハ、即ち殺人罪となり、殴打罪となりて、決闘とハなりません

右述へたる三条件か具備しますれハ、シユエル即ち決闘か成り立ちます、諸君よ私か以下論しまする決闘ハ、皆此種の決闘て有ります、諸君之を記憶に留められよ。

「決闘論」（二・完）

『明法雑誌』第七六号、明治二二年一月二〇日発兌

偖て此より決闘なる者ハ法律上罰すへきものなりや或ハ罰すへからさるものなりやといふ問題を論せんと致しますが此問題に関して之を三段に区別します

第一　決闘の歴史

第二　決闘ハ法理上罰すへきものなりや否や

第三　決闘ハ現行刑法に照して罰す可ものなりや否や

第一　決闘の歴史　決闘は法律上之を罰するや、罰すへからさるやを決するに当りて其の歴史を講するハ必要あらさるが如しと雖も元来決闘は古より通常の殺人罪又ハ殴打罪とハ異にして、一種の性質を具ふるものなることを知り、又ハ古に於ては如何なる方法を以て之を罰したるか古人ハ之につき如何なる考を有せしかといふことを知るにハ立法上の関係がありますから歴史を述ふるハ敢て不用無益の事とハ考へません故に先つ決闘の歴史を簡単に弁明致します仏蘭西ハ今日決闘の最も盛に行ハる、国なり此国に行ハる、決闘の原因を探れハ遠く古代に行ハれたる裁判上の闘戦、及び武人の私闘の二つが決闘の原因となれる様である

裁判上の闘戦といふことハ太古にハ無かりしといふ、然るに野蛮時代に至りて裁判上の闘戦なる習慣か起りました、蓋し一方より訴へ、一方之れが被告となりし時に其訴訟に関しても弁護することに付きても、証拠を挙げざれば裁判官ハ其曲直を決することを得す、曲直を決することを得ざるものから神の証拠といふものを考へました、神の証拠ハ種々ありますが、鉄の板を赤く焼き其鉄板の上を渡つて其足爛れさる者が勝ち或ハ熱湯の中に手を入れて火傷をなさぬ者が勝つといふか如き事かありました、故に裁判所に於て証拠がなく、裁判官に於て曲直を決することを得されハ即ち原被両造の間に神の証拠によりて其曲直を判断致します之を裁判上の闘戦と称ひます裁判所ハ之を許して闘ハし

む是に於て此闘戦に勝ちを占めたる者ハ道理を有し、即ち勝訴者となります、此裁判上の闘戦ハ実に奇怪の事と言ハさる可からすと雖も古代に在りてハ証拠の原則即ち挙証の責任ハ原告に在りといふことか認められてなかつた故に必要の者てありました凡そ普通ハ原告人よりして其の立証をなし、被告人に於てハ原告より挙げたる証□に付いて、之に反対する証拠あるときハ之を挙けて原告人を攻撃することか尤も必要てある然るに此の証拠を挙る責任ハ孰れに在るといふことか明かならすして、常に原被両造の言ふことを聴かなければならぬ様であります、故に訴訟が多く起ります訴訟か多く起るも証拠がなけれハ、裁判の与へ様がありません、故に多くハ宣誓に依りて裁判したりといふ、即ち請求を為す者ハ先つ誓ひを為し敵手も亦宣誓を為します此時代に於てハ宣誓を用ゐるハ独り民事のみに限らす刑事にても之を用ゐ終に宣誓ハ極めて些細の事にまて用ゐるに至りましたか斯く些細の事にまて宣誓を用ゐるか故に宣誓者屢々虚偽の誓を為すことあり凡て宣誓ハ尤も重大なる事件ならてハ用ゐへからすとせハ誠に貴ふときものなれとも極めて些細の事にまて用ゐれハ其勢ひ人々虚言を為すに至るハ免るへからさる事てあります斯く宣誓によりて虚言をいふこと屢行ハれたるより宣誓に依て裁判するが尤も危険になりまして、止むを得ず証拠に依る、証拠がないから茲に裁判上の闘戦を以て証拠と為し理否を決します、此証拠即ち裁判上の闘戦ハ啻に原被両造の間に於てのみ用ゐるにあらす、証人と証人の為めに害を受る者との間に行ハるヽことあり又裁判官と敗訴者との間に行ハる、即ち敗訴者ハ此裁判を不当となし、裁判官ハ正当となすよりして終に裁判官と訴訟関係人との間に裁判上の闘戦が行ハれます、実に危険千万の事でありませんか以上ハ即ち裁判上の闘戦の概略であります蓋し裁判上の闘戦ハ奇怪の事なりといへ野蛮の当時に方てハ必要のことであツたと見へます、併しながら文明の進歩するに従て是れ等の証拠方法の存す可からざることハ弁を費さすして明かである、故に裁判及び訴訟の方法の進歩するに従ひ此の裁判上の闘戦ハ禁せらるヽに至りました、尤も宗教上にてハ堅く之を禁じます、宗教上のみならず、一般立法上に於て之を禁じまする様になりました、併し禁するとハいへ全く迹を絶たしむることハ甚た難事てある、何となれば裁判上闘戦の為めに利益を得ることかあります即ち婦人、老人の如きハ代人を以て闘戦を為せしめます、代人ハ実際自ら闘ふへからさる者の為めに大なる利益を受くるか故に之を維持するものあるに至れり故に全く無くなることハありませんが今日にてハ裁判上の闘戦ハ全く迹を絶つに至りました

然るに之と同時代に他の一種の悪風がありました、それハ私闘即ち私の闘ひといふことてある、是れハ野蛮時代から中世まで依然存して居りました、元来戦ひを為しまするこ とハ原則から見れば国の主権者の特権にして、王政国と、共和国とを問ハず、主権者の定めることである、然るに封建時代にハ主権者の権が充分明かでありません従ひて王権が充分に行はれて居らぬ、王権が充分に行はれて居らぬよりして封建時代にハ諸侯が割拠して居り、まして相互ひに戦ひを為します国王の命令に依りて戦を禁したることがありしが全く之を絶滅せしむること能ハさりし斯く諸侯が相互ひに戦ひを為しまするときハ其下に属する武人即ち侍なる者も亦此権利を有して居ると云ハなければなりません、それハ自然に出ることであります、故に武人ハ常に争の生するときにハ腕力にて闘戦をなすことに決して居りました而して此の私闘も法律上之を禁せずして許されたるか如き姿かありました以上ハ私闘の大略てある」

夫れ今日の決闘ハ即ち所謂私闘と、裁判上の闘戦との二つより出てたりといふと雖も多くハ私闘に基きたるものでありまして、武人相互ひの闘戦の余波が今日存して居るのでありませう、何となれば裁判上の闘戦ハ訴訟を決するものである、即ち証拠として為すべきものである、然るに私闘ハ全く栄誉上に関係する闘争であッて一方より一方の者の栄誉を害したる損害の賠償として行ひたるものであります、即ち今日行ハれる決闘は昔武人間に行はれたる私闘でありませう、此私闘即ち決闘ハ王権の発達するに従て漸く之を禁することになりました、元来裁判を為すと云ふことハ国君の特権である、然るに決闘ハ私に裁判を行ふことにして即ち国王の特権を害したるものであるといふ点より之を禁することになりました、之を禁するに付いて其制裁として之を行ふ者を罰しなければなりません故に爾来決闘に関したる法律が甚だ多く頒布せられまして、王の禅代毎に之に関する法律を頒布したりといふ、而して其決罰を罰する

刑の如何を見れハ、決闘を為す者ハ敵手を死に致すも、致さゞるも悉く死刑に処し、決闘者の所有する財産ハ悉く之を官没するといふが重もなる刑でありました又縦令決闘ハなさゝるも決闘を挑みたるのみにても重刑に処することてありました、斯く非常の厳刑を以て決闘を禁ぜんとしたれとも厳刑の厳なるにも拘ハらず、法律があるにも拘ハらず人悦びで決闘を行つて居りました、即ち武人の私闘ハ権利なりと思考して好みて之を行ひました此時に際して決闘を為して現に死刑に処せられた貴族あり是れ武人ハ皆貴族なるか故に貴族にて死刑に処せられたことがありしなり然るに斯く刑が厳重でありますから此刑の厳なる為めに屢々適用せさることが、ありて為めに法律をして屢空文に属せしむることがありました、又決闘ハ之を禁ずれども一方より窃に奨励したる事実ありて決闘にて勝ちたる者に褒美などを与へしことありし、故に法律が行ハれす行ハれさるより復た法律を頒布して之を禁し禁して行ハれす故に復た法律を頒布して之を禁し此く一法律を立てゝは復た一法律を立てゝ遂に同様なる多くの法律を頒布することゝなりぬ然るに決闘禁止の法律を立てゝ其目的を達したりしむ路易十四世でありました、此ときにハ決闘が迹を絶つにハ至らされとも先つ少くなツたといふことであります、又其際に文学、哲学などが大に行ハれて参りまして、即ち「ジヤンジアック、ルーソー」氏大に私闘即ち決闘の悪風を攻撃しました以来遂に学者か学問上よりして決闘を排撃することになりて学問の力ハ決闘を減少せしむるに与て力ありき斯く学問上より又ハ法律上より屢攻撃しても全く禁することを得すして遂に大革命になり、大革命のとき仏国の法律が悉く敗れ尋て新たに法律が制定せられしも此決闘を罰する法律ハなかりし故に決闘なる習慣をして依然として今日迄存せしめたり、是れか即ち仏蘭西の決闘の歴史であります

其他欧羅巴、亜米利加に於ても決闘が行ハれ其歴史がありませうが、多くハ前に弁明致しました所と大同小異にして、決闘の歴史は一般に斯の如き者であります

偖て日本に行ハれたる果し合ハ何れより出てたるかといふに此点ハ書類に徴しても充分の書類之なく判然せすと雖も蓋し武断政治の余弊の様であります、尤も封建時代にありてハ裁判の方法綿密ならす権利を伸長することか充分なら

されハ従ひて刑罰が充分でありません、刑罰が充分ならされハ私の復讐をしなければならぬのハ自然の勢ひである之れが即ち決闘の原因を為すもの、如しと雖も裁判上にて権利を充分発達するを得さるハ或ハ通常の謀故殺罪の原因となると雖も所謂決闘の原因とハならぬ故に果し合い全く武断政治が原因となつたのでありませう、何となれは我国に於て封建の制度が行ハれ源頼朝幕府を開いてより以来武断政治となり各地に割拠する諸侯ハ相互ひに戦ひを為すの権利を有して居るか如く思考し諸侯に属する武人も亦互ひに闘戦を為す権利を有するか如く考へた、是れそ我国の果し合の原因である、然るに明治の初年に至り王政古に復し武士の常職を解いて以来私闘即ち果し合ひなとが想像だも出来ないことになりました、随て果合をなす者がありません、然るに今日ハどう云ふ風の吹回しか決闘をなしもせずに唯た囂々として決闘々々と唱ひ出し遂に世上の一問題となりました是れ者日本の決闘即ち果し合ひの歴史であります

講談討論「裁判官に賄賂を贈り依て不正の裁判を為さしめたる者は教唆者を以て論するや」

『法政誌叢』第一〇〇号、明治二三年一月二五日発兌

余ハ問題の決定を与ふるに先たち茲に予め二三の反対論を駁し去らんとす

第一　（正犯の身分に由り別に刑を加重すへき時ハ他の正犯従犯及ひ教唆者に及ほすことを得す）此れ単に刑を加重するの原因となるのみにして若し犯罪構成の原素となるときハ他人に及ふは当然なりとす若し然らさらん乎奇妙なる結果を生せん例へハ女子ハ女子を強姦するを得す然るに一女子か他の一男子を教唆して強姦せしめたるときは其教唆者たる女子を罰することを得さるに至らん第二　裁判官か賄賂を受けたるに向て売婬と比較して論したる論者あり然れとも二者の間にハ重大なる差異あり元来売婬ハ男女の交合を罰したるにハあらすして風俗壊乱を罰するものなり然

れとも賄賂収受罪ハ不正の金銭を得るを罰するものなり公権損傷を罰するものなり二者の間決して混同する能はさるなり第三　不正の裁判を為したる場合と単に賄賂を取る場合とを混同する勿れ論者曰く裁判の正不正は人知の得て知り難しと果して然らんには是れ法律自から不明の事実を規定したるものなりとす蓋し法律に於ては其明文上等級を分て明規したるにあらすや論者の言の如きハ漠として殆んと其根基なきの迷説なり

抑も此贈賄者を罰するの理由は百五条に於て規定したるに由りて明瞭なり然るに其疑団の生出するは左の数点より来るものなり

一　他の場合にハ正文ありて此場合にハ正文なし

二　草案に於ては単に賄賂を送りたるものにして尚ほ之を罰せり然るに審査修正の際之を削除したるは蓋し之を罰せさるの意にあらさるか

三　元来賄賂を贈りたる者は寧ろ犯罪の被害者にあらすや自己は公平の裁判を受くるの権利ありなから殊更らに金円を出したるものなるを以て是れ被害者に似たり然るに之を罰するハ少しく怪訝に堪へさるか如し

然れとも余は此疑問を排斥して発題者の論拠を助くるものなり請ふ之を左に述へん第一　他の場合にハ明文ありて此場合にハ明文なきも此を以て贈賄者を罰せすとは信する能はさる所なり何そや若し一々明文を掲けさる可からすとせは各条積み重りて実に無益の煩雑を執らさるへからす故に規定なきハ凡て総則を遵奉すへきものとす第二　草案に於てハ単に賄賂を送りたるのみにて未た不正の裁判を為さゝるも尚之を罰せり此の事を修正の際削除して現行刑法に於ては罰せさるの精神なるや否やと云ふに元来賄賂の為めに不正の裁判を為す否やとハ其結果なり只賄賂罪は金銭を得たる点を罰するものなれハ仮令不正の裁判を為さすと雖とも之を罰して可なり此の事たる明言せさるも明かなるを以て立法者ハ之を更に記せさるなり去れハ修正委員か修正の際其精神迄をも削除したりとは見る能ハさるなり第三　現今の法文に在ては如何に之を罰するを得るか余は断して百五条の明文を迪用するに躊躇せさるなり若し然らさるとき

は（検事警察官吏賄賂を受受《ママ》せすと雖とも云々）二百八十七条を奈何せんや論者尚ほ怨心を挟むに至らしめたる者は之を罰するの要なしとするか余は此等は教唆者たるを疑はさるなり且つ一歩を進めて賄賂を行はすして他の方法（賄賂にあらさるもの）即ち約束又は詐偽よりして裁判官の心意を動かしたるときハ此れ教唆者にあらすして何そや之をしも罰せさらん乎刑法の正文ハ到底破滅に帰するを免れさるなり故に賄賂を用ゐさるものと雖とも之を罰するを得へきや当然なり或論者ハ裁判官に於て自身に決定し之を常人に請求したるときハ賄賂にあらすと説明したり然れとも此れ亦教唆者たるに於ても全く同一なり例へは余甲者に怨恨あり乙者之を知り余に説て曰く余輩甲者を殺さんとす君請ふ百万金を投せよと余其請求を納れたるか為めに乙者は遂に甲者を害せり是れ其発議ハ乙者より来りたるにもせよ彼をして甲者を殺すの決心を確かめたるハ余の投したる百万金にあること明かなり故に曰く其教唆者たるに至てハ彼此其論決を異にすへきものにあらさるなり斯く論し来らハ反対論者も最早や反駁を為すの余地なかる可し之を要するに身分に依て刑を加重する場合に於ては他の身分なき者に適用するを得すと雖とも身分に由て罪のある場合に於ては身分なき者にも適用するを得可し

茲に於て会長決を取りしに教唆者を以て論するの説多数なりき

「山形日報ノ発刊ヲ祝ス」

『山形日報』第一号附録、明治二三年五月一三日発兌

我山形県ニ正義会ナル政事的団体アリテ山形日報ナル新聞ヲ発刊セリ抑正義会ハ何ノ必要アリテ起ルカ山形日報ハ又何ノ必要アリテ生ル、カ、事ノ作ルハ必ス作ラサル可カラサル原因アリテ作ルモノナレハ此会、此新聞モ亦大ニ原因アリテ起リ若クハ生レタルナリ而シテ其原因ハ予ノ既ニ之ヲ知ルノミナラス世人モ亦之ヲ知ルヲ以テ茲ニ贅セス予ハ

唯日報記者ニ一言ヲ呈シテ山形日報ノ初陣ヲ祝ス

山形日報ハ最モ困難ナル社会ニ生レ一層困難ナル社会ニ向ヒテ進撃ヲ始ム予其勇壮ナルヲ喜フト同時ニ大ニ希望ヲ属スルモノアリ嗚呼世道人心ノ紛糾錯雑ハ一ニ何ソ此ニ至ルヤ殊ニ大憲章頒布以来我県政界ノ有様ハ忽ニシテ妖霧四ニ塞リ正邪曲道ヲ弁シ難シ忽ニシテ百怪現出シテ白昼横行ス忽ニシテ石雨リ集会鳩鳴ル治安モ為ニ破レ法網モ為ニ乱ル其惨怛タル状態ハ目モ当テラレヌ程ナリキ若シ既往ヲ以テ将来ヲ推ス時ハ向後ノ形勢ハ一層思ヒ遣ラル、ナリ此時ニ際シテ日報記者ハ何ヲ以テ之ニ処スルカ嗚呼公平ナル哉、嗚呼正義ナル哉、公平ト正義トハ記者ノ宝玉ナリ記者請フ堅ク之ヲ懐抱シテ敢テ或ハ遺棄スルコト莫レ然レトモ山形日報ハ疑モ無ク正義会ノ機関新聞ナリ機関新聞ハ最モ公平ノ見ヲ持シ難ク最モ正義ヲ踏ミ難キノ弊アルヲ免レス知ラス日報記者ハ同シク此ノ弊ニ陥ルカ否々記者ノ達識ナル殊ニ正義会ノ本旨トスル所ヨリ観察スルニ何ソ此ノ弊ニ陥ルカ如キコト有ランヤ記者ヨ満腔ノ熱血ヲ灑キテ言ハント欲スル所ノ者ハ悉ク之ヲ言ヘ筆誅セント欲スル所ノ者ハ悉ク之ヲ筆誅セヨ夫ノ妖霧ヲ排シ夫ノ百怪ヲ殄チ以テ我県民ヲシテ正邪曲直ノ判別ス可キコトヲ悟了セシメヨ公平、正義ニハ抗敵スル者ナシ百万ノ賁育アリテ勇力ヲ加フト雖モ何ソ以テ之ニ打勝ツコトヲ得ンヤ山形日報記者勉旃

「重罪控訴予納金規則ト刑事訴訟法トノ関係ヲ論ス」

『法政誌叢』第一一八号、明治二三年一二月一四日発兌

明治十三年七月ヲ以テ制定セラレタル治罪法ハ本年十一月一日ヨリシテ全ク其効力ヲ失ヒ之ニ代リテ刑事訴訟法ヲ発布セラレタルニヨリ治罪法カ尚ホ命脈ヲ存シタル当時ニ発布セラレタル特別法ト刑事訴訟法トノ関係ニ付キ論ス可キコト甚タ多シト雖モ中ニ就イテ重罪控訴予納金規則ト刑事訴訟法トノ関係ノ如キハ之ヲ論スルコト大ニ価値アリト信

ス

控訴予納金ニ関スル規則ハ軽罪ニ付キテハ明治十八年一月六日第二号布告第三条ヲ以テ――被告人公訴ノ裁判言渡ニ対シ控訴ヲ為サントスルトキハ裁判費用ノ保証トシテ金十円ヲ予納スヘシ――ト規定シ明治二十三年六月二十八日法律第四十七号ヲ以テ該条文中「公訴ノ裁判言渡ニ対シ」トアルヲ「公訴ニ関シ」ト改メ本年十一月一日ヨリ施行スルコトト定メラレタリ而シテ重罪ニ関スル予納金ノ法律ハ明治二十三年二月八日法律第七号ヲ以テ左ノ如ク頒布制定セラル即チ

重罪控訴予納金規則

第一条　重罪ノ刑ノ言渡ヲ受ケタル者控訴ヲ為サントスルトキハ裁判費用ノ保証トシテ金二十円ヲ予納スヘシ

第二条　重罪ノ刑ノ言渡ヲ受ケタル者貧困ニシテ保証金ヲ予納スル能ハサルトキハ控訴ノ申立ト同時ニ保証金ノ免除ヲ請求スルコトヲ得

第三条　保証金ノ免除ヲ請求シタル者ハ其請求ヲ為シタル日ヨリ十四日内ニ控訴ノ趣意書ト共ニ裁判費用支弁ノ資力ナキコトヲ証スヘキ住居地市町村長ノ証明書ヲ差出ス可シ但其市町村役場三里以外ニ在ルトキハ治罪法第十九条ニ規定シタル猶予ヲ与フ

第四条　前二条ニ記載シタル書類ハ訴訟ニ関スル一切ノ書類ト共ニ第一審裁判所ノ検事ヨリ控訴院ノ書記課ニ之ヲ送致ス可シ

第五条　控訴院ハ検事ヘ意見ヲ聴キ保証金免除請求ノ当否ヲ決定スヘシ但控訴ノ事由ナシト認ムルカ又ハ事由アルモ実益ナシト認ムルトキハ免除ヲ与ヘサルモノトス

第六条　保証金ノ免除ナキトキハ控訴ノ申立ハ其効ナキモノトス

第七条　被告人ニ於テ証人鑑定人ノ呼出ヲ請求スルトキ第一条ノ保証金ニテ不足ト認ムル場合ニ於テハ別段其費用

ヲ予納セシムヘシ

抑々此規則ノ発布アリタリト雖モ当時直ニ其効力ヲ生セス何トナレハ重罪ノ控訴ハ治罪法存在中ハ未タ允許セラレサレハナリ然レトモ今ヤ刑事訴訟法ノ頒布ニ逢ヒ重罪ニ控訴ヲ允許セラレタルニモ拘ラス此規則ハ治罪法ト共ニ其命脈ヲ絶チタリ換言スレハ此規則ハ未タ効力ヲ生スルニ至ラス刑事訴訟法ノ頒布ニヨリテ消滅シタリ請フ其理由ヲ詳陳セン

人或ハ曰ハン此規則ハ特別法ナルヲ以テ刑事訴訟法ニ関スルコトナク特立シテ其効力ヲ有スト是レ未タ深ク考察セサルノ論ト謂ハサル可カラサルナリ試ミニ刑事訴訟法ヲ取リテ之ヲ瀏覧セヨ該法ハ控訴ノ制ヲ定メ而シテ其制中ニ於テ嘗テ保証金ノ事ヲ言ハス然レハ刑事訴訟法ニ規定スル手続ノ如クスルトキハ控訴シ得ラル、モノニシテ保証金ヲ予納スルヲ要セサルナリ而シテ刑事訴訟法ハ此規則ノ後チニ出テタルモノナルヲ以テ此規則ハ刑事訴訟法ノ力ニ因リテ当然其効力ヲ失ヒタルモノト謂ハサル可カラス又更ニ此規則ヲ取リテ之ヲ熟視セヨ此規則ハ治罪法ニ就キテ規定セラレタル者ナリ何トナレハ其文辞ニ「治罪法云々」トアルノミナラス刑事訴訟法発布前ノ法律ニ係レハナリ（重罪控訴予納金規則ヲ制定シタル当時ノ意旨ハ他日裁判所構成ヲ変更シ而シテ重罪ニ控訴ヲ許スニ至ルト雖モ全ク治罪法ヲ廃スルコト今日ノ如クスルニアラサリシナラン）然レハ治罪法ハ刑事訴訟法施行ノ後チニ於テ其存廃ノ効果如何ナルヤ別言スレハ治罪法ハ単ニ刑事訴訟法ト抵触スル部分ノミ其効果ヲ失ヒ其抵触セサル部分ハ依然其効力ヲ存スルモノナルヤヲ案スルニ刑事訴訟法典附則第五条ニ「此法律ハ明治二十三年十一月一日ヨリ施行シ其日ヨリ治罪法ヲ廃ス」ト云フニ由リテ之ヲ観レハ治罪法ハ明治二十三年十一月一日ヨリ全ク其効力ヲ失ヒタルモノナルコト昭然明白ナリトス夫レ治罪法ハ全ク其効力ヲ失ヒタルモノナルトキハ治罪法ニ就キテ規定セラレタル所ノ法律即チ此ノ法律ノ如キハ治罪法ト同時ニ其効力ヲ失ヒタルモノナリト論結セサル可カラス何トナレハ主タル者已ニ滅シテ従タル者独リ存スルノ理ナケレハナリ又更ニ他ノ点ヨリ論スレハ此ノ規則ハ刑事訴訟法施行ノ後チ仍ホ存スト論セント欲スルモ到底能ハサルモノアルヲ如何ンセン其一例ヲ示セハ此規則第三条ニ「治罪法第十九条ニ規定シタル猶予ヲ与フ」トアルカ如キ治罪法已ニ廃止セラレタルヲ以テ其第十九条ノ規定ニ従フニ由ナカル可シ或ハ治罪法第十九条ハ即チ刑事訴訟法第十六条ナリト曰フ者アラン歟是レ治罪法ノ全ク廃セラレタルコトニ注意セサルノ説ナリ夫レ治罪法ハ已ニ全ク廃セラレテ刑事訴訟法新ニ出テタルナリ豈治罪法第十九条ハ即チ刑事訴訟法第十六条ナリト曰フコトヲ得ンヤ

余ハ以上数個ノ理由ニヨリテ此ノ規則ハ刑事訴訟法ノ発布ニヨリ夫ノ治罪法ト共ニ其効力ヲ失ヒタルモノト信シテ疑ハサルナリ然リト雖モ此ノ如ク論結スル時ハ実ニ奇怪ナル結果ヲ生スルヲ見ル何ソヤ既ニ前ニ一言シタルカ如ク此ノ規則ハ重罪ニ控訴ヲ許サレサリシ間ハ未タ以テ其効力ヲ実際ニ生スルニ至ラス而シテ重罪ニ控訴ヲ許サレタル今日ニ至レハ則チ已ニ廃滅ニ帰シタリ然ラハ此ノ規則ハ只公布セラレタルノミニテ其ノ施行ヲ見ルニ及ハスシテ効力ヲ失ヒ譬ヘハ猶ホ胎児ノ死シテ世ニ出テタルカ如キ観アリ豈真ニ奇怪ナラスヤ抑モ朝令暮改ハ従来吾人ノ屢々目撃スル所ナリ然レトモ其法令ハ兎ニ角皆効力ヲ実際ニ生シタルモノニテ空文徒条ニハアラサリキ今此規則ハ則チ然ラス効ヲ実際ニ生スルニ至ラスシテ已ミ遂ニ之ヲシテ空文徒条トナラシムルコト実ニ遺憾ナラスヤ又此ノ如ク論結スル時ハ軽罪控訴ニ関シテノミ保証金予納ノ事アリ而シテ重罪ニ関シテ此ノ事ナク甚タ不適当ナル結果ヲ生スト雖モ然レトモ固ト法律ノ不完全ヨリ生スル所ノ結果ニシテ止ムヲ得サルナリ聞ク以上ノ如キ不都合ナル結果ヲ生スルヲ以テ実際ニ於テハ重罪控訴予納金規則ハ刑事訴訟法ノ施行ニ拘ラス其効力ヲ有スト為スト云フ然レトモ別ニ法律ヲ以テ之ヲ定ムルニ非サルヨリハ此ノ如ク論スルコトヲ得サルナリ

「宮城浩蔵氏の演説」――『法政誌叢』第一一八号、明治二三年一二月一四日発兌

本月九日衆議院議場に於て逮捕事件に於ける司法大臣の覆牒に対し本議院の目的を定め其利益を後来に確保し議員身体の自由を安全にせんか為めに委員を撰挙するの件に付き島田三郎氏より動議を起されしに直ちに議院より上奏して勅裁を仰かんと云ふ反対説大に起けり時に宮城氏は簡単に議院と司法大臣との争に関し上奏して勅裁を仰くは何の法律にあるか、天皇陛下は此の事件に付き責任を負はさる可らさるか、立法権司法権の上に一の裁判権を設くると云ふ結果を生せさるかと云ふ疑問を発して痛く上奏することを非難せりと、氏の疑問は国法学上最も注意すへき原理を発顕せられたるものと謂ふへし、流石は法律家の言なるかな、

「現行刑法改正論」(一)（佐々木忠蔵筆記）『法政誌叢』第一二〇号、明治二四年一月三〇日発兌

本論ハ宮城先生カ旧臘明治法律学校ニ於テ演述セラレタルモノナリ、但シ当時ノ演述ト此筆記トハ或ハ順序ノ前後、繁簡ノ差アルハ、其後筆記者カ先生ニ就キ、其命ニ応シテ之ヲ増減修補シタル者ナリト云フ、　編者識

諸君。回顧スレハ明治十五年我刑法典ノ発布セラレテヨリ、今日ニ至ルマテ其間殆ト十年、十年ノ日子甚タ長キニアラス、然レトモ刑法典ハ、学理上ヨリ推スモ、適用上ヨリ論スルモ、其欠点実ニ枚挙ニ遑アラス、為メニ執法者ヲシテ罪ノ処分ヲ誤ラシメ、人民ヲシテ不幸ヲ蒙ラシム、此点ヨリ言ヘハ、其十个年間ハ甚タ長キノ念ヒナクンハ有ラサルナリ

人或ハ曰ク、刑法ハ罪悪ヲ罰スル者ナリ、故ニ悪ヲ為サヽレハ刑法ヲ以テ問擬セラルヽコト無シ、然ラハ則チ、刑法ノ不完全ハ、其影響単タ悪人ニ止マリ、善人ハ之レカ為メニ不幸ヲ受クルノ虞ナシト、是レ実ニ謬見ノ甚キ者ト謂ハサルヘカラス、蓋シ刑法ニシテ不完全ナルトキハ、執法者ヲシテ罪ノ処分ヲ誤ラシメ、依テ以テ不幸罪ニ陥リ、軽キ

罪重ク罰セラル、ハ必ス免カレサル所ナリ、而シテ兇棍罪ヲ免カレ、重キ罪軽ク罰セラルニ至リテハ、一ニ刑法ノ不完全ニ基ス、嗚呼刑法ノ不完全真ニ恐ル可キカナ、安ソ或人ノ言ノ如ク其不完ナルヲ知リツヽ、之ヲ放任スルヲ得ンヤ、

一方ヨリ観察スレハ、我刑法典ハ、広ク世界各国ノ刑法ニ比肩シテ恥チサルノミナラス、之ヲ仏国刑法ニ比スレハ、其上ニ出ツルコト数等ナリ、是故ニ我刑法典ノ始メテ発布セラル、ヤ、欧州ノ法学者、之ヲ称揚シテ止マサリシ、然レトモ亦他ノ一方ヨリ観察スレハ、法学者ノ称揚ハ、我刑法其物、換言スレハ日本文字ヲ以テ記載セラレタル者ニ付キテ為サレタルニアラスシテ、欧文殊ニ仏語ヲ以テ記載セラレタル者ニ付キテノ評論ナリ、仏語ヲ以テ記載セラレタル者ト、日本文字ヲ以テ記載セラレタル者ト比較スレハ、同一事件ノ記載ト雖モ、用語ノ精不精、適不適ノ差アルコトハ、苟モ欧文ヲ解スル者ノ悉ク知ル所ナリ、是ニ由テ法学者ノ称揚ノ如キハ、以テ我刑法ノ真価ヲ評シタル者ニアラサルヲ知ルヘシ、且ツ我刑法ノ各国刑法ト比肩シテ恥チサルハ、固ト比較上ヨリ出テタル者ニシテ、刑法其物ヨリ論スレハ、則チ我刑法ハ実ニ不完全ナリト謂ハサルヲ得ス、然リ而シテ近年発布セラレタル伊太利刑法ノ如キ、独乙刑法ノ如キハ、刑法中ノ萃ナルモノニシテ、超然トシテ我刑法典ノ上ニ出ツルヲ見ル、ア、我国ノ立法者、今ノ時ニ当リテ安ソ刑法典ヲ改正スルコトヲ勉メスシテ可ナランヤ、

元来我刑法典ハ、モトボアソナアート氏之ヲ起案シ、司法省之ヲ翻訳シ、併セテ修正増減シ、元老院復タ之ヲ審査修正シタル者ナリ、ボ氏ノ起案ハ之ヲ現行刑法典ニ比スレハ、其善良ナルコト数十等ヲ出ツト雖モ、固ヨリ不完全ヲ免カレス、而シテ司法省之ヲ翻訳シテ、誤謬アルヲ免カレス、之ヲ修正増減シテ不良ヲ来シタルヲ免カレス、継テ元老院之ヲ審査修正シテ、益々不良ヲ致ス、要スルニ我刑法典ノ草按ハ、修正スル毎ニ不完全ヲ呈スルニ至ルコトコソ不幸ナレ、然リト雖モ予ハ当時ノ修正ニ従事シタル人ヲ咎ムルニアラス、惟フニ法律編纂ノ事ハ、一人ニテ之ヲ為スニアラス、多数其事ニ従フヲ以テ、其間意見ノ抵触、其他種々ノ事情ニヨリテ、不良ノ結果ヲ来タスコト有ルハ、予ノ

実験シタル所ナリ、且ツ当時ト現時ト比スレハ、我国文明ノ度ハ、実ニ著顕ナル差異アルヲ以テ、現時ヲ以テ、当時ヲ咎ムルハ、固ヨリ識者ノ採ラサル所ナリトス、唯タ予ハ我刑法典ノ不完全トナリシ歴史ヲ示シタルニ過キサルナリ、之ヲ要スルニ、予ハ仮令如何ナル反対議論アルニモ拘ラス、深ク我刑法典ノ不全ナル儘ニテ永ク存在スルコトヲ悲ムモノナリ、曾テ我国ノ将来ヲ思念シ、同胞ノ幸福ヲ忖度シ並ニ民権ノ拡張ヲ企図シ、若シ政府ニ於テ改正セサレハ、自ラ起チテ改正按ヲ帝国議会ニ提出センコトヲ期シタリシカ、今ヤ我政府ハ不日其改正按ヲ議会ニ提出セントスルノ目的ナリト聞ク、実ニ予ノ満足スル所、抑モ我同胞四千万ノ幸福ナリ、

政府ノ改正案ハ未タ議会ニ提出セラレサルカ故ニ、固ヨリ得テ知ルヘカラスト雖モ、予ハ予ノ常ニ改正ノ必要ヲ感シタル重ナル点ヲ挙ケテ、諸君ニ示サントス、予ハ本校ニ在リテ刑法ヲ講スルコト殆ト十年ニ垂ントス、其間我刑法典ノ不完全ナルコトヲ演フルヤ、最モ力ヲ致セリ、故ニ現行刑法ノ何レノ点カ、改正スヘキヤトイフ予ノ意見ハ、諸君中必ス之ヲ了知セラル、者之レ有ルヘシト雖モ、予ノ茲ニ一場ノ演説トシテ諸君ノ清聴ヲ煩ハシタルハ刑法改正論ハ不日帝国議会ノ大問題トナリ内外国人ノ悉ク注目スル所ノ者ナレハ、其改正ノ点並ニ其理由ヲ詳知スルハ、講法者ノ為メニ其益甚タ多シト信シタレハナリ、新ニ入校セラレタル数百ノ生徒諸君ハ、未タ曾テ予ノ講説ヲ聴キタルコト之レ無キヲ以テナリ、諸君之ヲ諒セヨ、

現行法ニハ日本人又ハ外国人カ外国ニ在リテ犯シタル罪ヲ規定セス

刑法ハ法律ニ違背シタル者ヲ罰シテ社会ノ秩序ヲ保維スル者ナレハ、苟モ我国ノ法律ヲ犯シ、我国ノ安寧ヲ破リ、秩序ヲ乱リタル者アルトキハ、其犯処ノ日本タルト外国タルトヲ問ハス、其犯人ノ日本人タルト外国人タルトヲ論セス之ヲ責罰シテ寛仮スヘカラス、然ルニ我刑法典ニハ、日本人又ハ外国人カ、外国ニ在リ、我カ法律ヲ破リタル罪ヲ規定セラレサルカ故ニ如何ナル重大ノ罪ヲ犯スモ、其犯処ノ外国ナルカ為メニ、刑ヲ免カル、ヲ得、例ヘハ日本人支那

ニ在リテ、阿片烟ヲ齧飲スルモ、我法律ハ之ヲ罰スルコトヲ得ス、日本人仏国ニ在リテ、日本人ヲ殺シ、又ハ御璽ヲ偽造シテ我国ニ帰リ、我良民ト伍ヲ同フスルモ、我法律ハ之ヲ如何トモスルコト能ハス実ニ不都合ト謂ハサル可ケンヤ、或ハ正条ナシト雖モ罪ヲ治スルコトヲ得ヘシト論スル者之レ無キニ非サレトモ、是レ正鵠ヲ得タル議論ニアラサルナリ、

現行法ハ刑期ノ区別並ニ加減其方ヲ得ス

現行刑法ハ刑ノ区分細小ニ過クルヲ以テ、各刑ノ期間甚タ短縮シ、為メニ適用上困難ヲ極ム、例スルニ重罪刑ノ期間ノ最モ短キハ六年ニシテ、長キハ十五年此九年間ヲ有期徒刑、重懲役及ヒ軽懲役ノ三個ニ区別シ、軽懲役ハ六年以上八年以下、重懲役ハ九年以上十一年以下、有期徒刑ハ十二年以上十五年以下トスルヲ以テ、軽懲役ト重懲役トノ間、重懲役ト有期徒刑ノ間、各一ヶ年ノ定位ヲ存スト謂フヘシ、是故ニ裁判官又ハ従来ノ立法者カ、某ノ犯罪ニ付キ八年半ノ刑、又ハ十二年半ノ刑ヲ科セント欲スルモ、決シテ之ヲ為スコトヲ得ス、蓋シ犯罪ノ饒多ナル、其所犯情状ノ千差万別ナル六年以上八年以下九年以上十一年以下、又ハ十二年以上十五年以下トイフカ如キ、或ル限度内ニ局促セラル、時ハ、決シテ罪刑相応スルコトヲ得ス、要スルニ刑ナル者ハ仮令区分カ細小ナルニモセヨ、其刑期ハ成ル可ク潤大ニシテ執法者ニ充分運動スルノ余地ヲ与ヘサルヘカラサルナリ、而シテ我刑法ノ刑期ノ短縮ニシテ、而カモ各一ヶ年ノ定位ヲ存スルカ如キ不都合アルハ、之ヲ改正セスシテ止ム可ケンヤ、又軽罪ノ刑期ハ十一日以上五年以下ナリ、故ニ其期間潤大ニシテ、執法者ニ運動ノ余地ヲ与フルノ観アリト雖モ、其加減法甚タ不当ナリ、蓋シ軽罪ノ刑ノ加減法ハ、通加通減ト称スルモノナルヲ以テ、四等ヲ減スレハ其刑全ク減尽シ、四等ヲ加フレハ本刑ノ二倍トナリ加減ノ度非常ニ急激ニ過キ、刑ノ権衡ヲ失スルニ至ル、是レモ亦改正ヲ加フヘキ必要ナル点ナリトス、

「現行刑法改正論」（二）

『法政誌叢』第一二一号、明治二四年二月一〇日発兌

現行法ニテハ刑名宣告前ニ受ケタル未決拘留ノ日数ヲ刑期ニ計算セス

現行刑法ヲ按スルニ、刑期ハ刑名宣告ノ日ヨリ超《(ママ)》算スルヲ原則トス。此ノ法意ヲ繹ヌルニ被告人カ刑名ノ宣告ヲ受ケテヨリ刑ノ執行ヲ受クル迄ノ間多クハ未決拘留ニ在リテ身体ノ自由ヲ束縛セラレ、因テ以テ感スル所ノ苦痛ハ、実際刑ヲ執行セラル、ト殆ト異ルナキヲ以テ、此規定ヲ為シ被告人ヲ保護シタルモノナリ、然ラハ則チ刑名宣告前ノ未決拘留ノ日数モ、亦刑期ニ算入スルヲ以テ至当トス、何トナレハ未決拘留ノ苦痛ハ刑名宣告ノ前後ニヨリテ差違アルニ非サレハナリ、即チ刑名宣告後ノ未決拘留ノ日数ヲ刑期ニ算入スルノ必要アラハ、宣告前ノ日数モ亦之ヲ算入スルノ必要アレハナリ、然リ而シテ現行刑法ノ規定コ、ニ及ハス、欠典ト謂ハスシテ何ソ、夫レ刑名宣告前ニ被告人ヲ未決拘留ニ置クハ、罪証湮滅ヲ防キ、若クハ罪犯逃亡ヲ遏ムル等裁判上必要ナルコト之レ有リト雖モ、人ノ自由ハ貴重セサル可カラス、裁判上ノ必要ハ未タ以テ被告人ノ身体ノ自由ヲ束縛スヘカラサルナリ、曾テ聞ク刑名宣告前即チ予審中未決拘留ニ在ル者ハ、其日数甚タ長キヲ常トシ、或ハ延ヒテ二三年ノ長キニ渉ルコトモ有リト、而シテ其実際執行スル所ノ刑ハ、僅々二三ヶ月ノ禁錮ノミナルコトモ之レ有リト、僅々、二三ヶ月ノ禁錮ヲ科スルカ為メニ、二三年ノ長キ時間、身体ノ自由ヲ束縛スルハ、人ノ自由ヲ裁判上ノ犠牲ニ供スル者ト謂ハサル可カラサルナリ、予ハ実ニ恐ル、異日不法ノ裁判官アリ、被告人ニ宿怨ヲ晴サンカ為メ、若クハ政事上ノ必要ニヨリ、枉ケテ其裁判ヲ遷延シ、数年ノ久シキ未決拘留ニ置キ、自由ノ空気ヲ呼吸セシメス、自由ノ日月ヲ拝観セシメサルカ如キコト之レ有ルトキハ、現行刑法ハ之レカ救済ノ途ナキヲ恐ル、世益々進歩シ、民権愈々拡張スルノ今日、何ヲ以テ現行法ノ規定ニ満足スヘケンヤ、

現行法ノ加減順序ノ規定ハ法意不明ニシテ解スル能ハス

現行刑法第六章加減順序ハ、僅々タル一箇条ノミニシテ、刑法中最モ解シ難キ条文ナリ、茲ニ本条ヲ二箇ニ区別シ先ツ本文ノ不明ナル点ヲ挙クレハ第一、何故ニ一、再犯加重二、宥恕減軽三、自首減軽四、酌量減軽トイフ順序ヲ立テタル乎、即チ加重ヲ先キニシテ減軽ヲ後ニシタルノ理由、減軽ノ順序ハ何レヲ先キニスルモ其結果ノ異ナルコト無キニモ拘ラス宥恕自首酌量ノ順序ヲ立テサル可カラサルノ理由何レニ在ルヤ第二、此加減法ハ通加減法ナリヤ、或ハ逓加減法ナリヤ第三、何故ニ未遂犯及ヒ従犯ノ減軽ヲ他ノ減軽ト共ニ規定セス之ヲ但書ニ譲リ第二編以下各本条ノ減軽ト同一ニシタルヤ、又但書不明ノ点ヲ挙クレハ第一、本刑トハ如何ニ解釈スヘキカ、本文ノ本刑トノ差違ハ如何、第二其加減方法ハ通加減カ逓加減カ第三、加減ハ罪ノ性質ヲ変スルヤ否ヤ第四、其加減ハ加重ヲ先キニスルカ減軽ヲ後ニスルカ第五、本文ト但書トノ加重減軽ノ原因同時ニ発生スル時ハ孰レヲ先キニスヘキ乎、凡ソ以上ノ疑問ハ、本条ヲ一読スルモノ、脳裡ニ浮動スル所ニシテ、之ヲ明瞭ニ解スルノ困難ナルカ為メニ、此規定ヲ不当トスルノミナラス、此等ノ疑問ヲ生スルハ業ニ已ニ其不完全ノ条文ナルヲ知ルヘシ、顧フニ我刑法中此ノ如キ不明ノ条文ヲ存スルハ啻該条ノ不幸ノミナラス、現行刑法ノ不幸ナリトス、然リト雖モ法律ニ加重減軽ノ原因ヲ規定スル以上ハ、其原因ノ同時ニ併生シテ以テ加減順序ヲ定ムルノ必要ニ遭遇スヘシ、故ニ之ヲ改正スルハ実ニ目下ノ急務ト謂ハサルヘカラサルナリ

現行法ノ財産ニ対スル罪ノ自首減軽ハ大ニ不当ナル所アリ

現行刑法ニ拠レハ、財産ニ対スル罪ヲ犯シタル者、自首シテ其贓物ヲ還給シ損害ヲ賠償シタル時ハ、自首減等ノ外仍ホ本刑ニ二等ヲ減スルノ規定ナリ、故ニ例ヘハ窃盗ノ已遂犯ト未遂犯トアリ、已遂犯者ハ其刑ヲ畏レテ直チニ自首シ、

其贓物ヲ還給スルトキハ先ツ窃盗罪ノ本刑ヨリ自首ニヨリテ一等ヲ減セラレ、贓物還給ニヨリテ二等ヲ減セラレ、都合三等ヲ減セラル、又未遂犯者ハ亦其刑ヲ畏レテ自首シタレトモ、固ヨリ未遂ニテ贓物ヲ得サレハ還給スヘキノ物コレ無シ、然ルトキハ未遂ニヨリテ一等ヲ減セラレ、（固ヨリ二等ヲ減スルコトヲ得サルニ非ス然レトモ法律上当然二等ヲ減セラル、ニ非ス）自首ニヨリ又一等ヲ減セラレ、都合二等ヲ減セラル、已遂犯ト未遂犯トノ間ニ於テ此ノ如キノ差違ヲ生シ、重キ罪ハ軽ク罰セラレ、軽キ罪ハ重ク罰セラル、コト実ニ不権衡ト謂ハサルヘケンヤ、是レ等ハ須ク改正ヲ要スヘキノ点ナリ、

一歩ヲ進メテ論スレハ、財産ニ対スル罪ヲ犯シ、自首シテ贓物ヲ還給シ損害ヲ賠償スレハ都合三等ヲ減セラル、ニヨリ、犯者ニシテ稍々富饒ナル時ハ、法衙ニ於テ未タ要求ヲ受ケサル前ニ、自ラ好ミテ（ヴロンテールマン）所有ノ田地若クハ家屋ヲ以テ賠償ニ充テント開陳スルコト有ル可シ、此ノ如キ場合ニテモ尚ホ三等減ヲ受ケサルヲ得ス、然ラハ則チ富者ハ減等ヲ得、貧者ハ之ヲ得サルノ不権衡ヲ生スルヲ見ル、又稍々理論ニ偏スルノ嫌アリト雖モ、例スルニ共犯者或財物ヲ窃取シ之ヲ分配シタルニ当リ、一人ハ自首シテ其分配ヲ得タル財物ヲ賠償スルモ共犯ナル者ハ倶ニ一罪ヲ犯シタル者ナレハ、未タ以テ三等減ヲ受クルコト能ハス、之ニ反シテ一人自首シ、他ノ一人ハ全部ノ損害ヲ賠償シタル時ハ、一人ハ毫絲モ賠償スルコト莫クシテ三等減ヲ得、実ニ不都合ト謂ハサル可ケンヤ、尚ホ進ミテ立法上ヨリ論スレハ、自首シテ後自ラ好ミテ贓物還給損害賠償ヲ為シタル者ト、自首シテ後要求ヲ受ケテ贓物還給損害賠償ヲ為ス者ト、被害者ノ損害ノ点ニ於テ敢テ差違ナク、由シ多少ノ差違アリトスルモ、此ノ如キ私益上ノ所為ニヨリテ、刑罰ヲ軽重スヘカラサルナリ、然ルニ現行法ニヨレハ、自首シタル上ニ自ラ好ミテ損害ヲ賠償シ贓物ヲ還給スレハ、三等ヲ減セラレ、要求ヲ受ケテ後ニ損害ヲ賠償シ贓物ヲ返還スル時ハ僅ニ一等減アルノミ、以上之ヲ実際ニ徴シ之ヲ法理ニ照スモ、財産ニ対スル罪ノ自首減軽ノ規定ハ、之ヲ刑法中ニ存スレハ厭フヘキ一汚点ヲ留ムルノ嫌ナクンハアラサルナリ、

「現行刑法改正論」(三)

『法政誌叢』第一二二号、明治二四年二月二五日発兌

現行法ノ数罪倶発ノ規定ハ其当ヲ得サル者ナリ

数箇ノ犯罪有形的ニ倶発シタル場合即チ数罪倶発ヲ処分スルニハ蓋シ緊要ニシテ正当ナル刑ヲ科スルヲ以テ一大原則トス然レトモ其科刑ノ方法ニ付キテハ古来立法者若クハ学者ノ頭脳ヲ悩マシムル所ニシテ今日ニ至ルマテ尚ホ未タ最良法ヲ発見シタル者アラス即チ緊要的正当的ヲ満足スル所ノ方法ヲ規定シタル者無シ夫ノ併科主義ニヨリタル方法ノ如キハ実ニ不正当不緊要ニシテ今日各国ノ法律一般ニ之ヲ採用セス其吸収主義ニヨリタル仏国刑法ノ方法ノ如キモ今日学者ノ非難スル所トナリ殆ト孤城落日ノ姿ヲ呈セリ独逸白耳義以太利等ノ刑法ニ於テ重罪ニ関スル数罪倶発ノ処分ハ一ノ重キニ従ヒテ処断シタル上尚ホ一等ヲ加重スルコト、規定シ吸収主義ヨリ生スル弊ヲ矯正セントシタリト雖モ到底正当ニシテ緊要ナル方法ニハアラサルヘシ要スルニ数罪倶発ニ関シテハ各国適宜ノ方法ニヨリテ処分スルモ予ヲ以テ之ヲ見ルニ一モ緊要的正当的ヲ満足セシムル者之レ無キナリ

我現行刑法典ハ如何ナル方法ニ拠ルカトイフニ既ニ諸君ノ知ラル、カ如ク亦吸収主義ヲ用ヒラレタリ吸収主義トハ一ノ重キ刑ハ他ノ軽キ刑ヲ吸収スト云フ理論ヲ根基トシ数罪倶発スル時ハ単ニ一ノ重キ刑ノミヲ科シテ一罪ヲ犯シタルト同一ニ罰スル所ノ者ナリ是ヲ以テ適用上種々ノ弊害ヲ生ス其犯者カ数罪ヲ犯スヲ以テ利得トナシ屢々罪ヲ犯スノ危険アルカ如キ、罪ト刑ト相適応セサル弊害アルカ如キ理論上ノ弊害アルノミナラス実際上ノ大弊害トシテ見ルヘキ者アリ此主義ハ重キ刑ハ軽キ刑ヲ吸収スト云フニヨリ軽キ刑ハ為メニ消滅スルヲ以テ重キ刑ニ該スル罪ニシテ大赦特赦若クハ上告再審等ニヨリテ其刑ノ無効ニ属スル時ハ軽キ刑ニ該スヘキ罪ハ大赦特赦等ニ遇フコトナクシテ之ヲ不問ニ

置クノ結果ヲ生ス、重キ罪若クハ重キ刑ノ消滅スルカ為メニ軽キ罪ト刑トヲ消滅セシメテ之ヲ不問ニ措クハ不都合モ亦甚シト謂ハサル可ケンヤ

我刑法ノ採用シタル吸収主義ハ理論上実際上ノ弊害アルコト其レ此ノ如シ然ラハ之ヲ廃セシカ、廃シテ之ニ換フヘキ良方法ノ有ランニハ廃スル何ソ愛マン、然レトモ一利一害一長一短、到底緊要的正当的ヲ満足スルニ足ラサル者ノミナル時ハ暫ク吸収主義ヲ採用シ之ニ改正ヲ加ヘテ其実際ニ起ル所ノ弊害ヲ刈除スルニ若カサルナリ其改正方法ノ如キハ予カ常ニ諸君ニ対シテ講述スル所因リテ茲ニ吸々セス而シテ予ノ此演壇ニ登ルハ改正スヘキ欠点ヲ挙止スルニ在リテ改正スヘキ方法ヲ論究スルニ非ラサルナリ

又我刑法ノ規定ニ基ケハ前発ノ刑ヲ判決スル時未タ発セサル罪再犯ノ罪ト共ニ発シタル時ハ其再犯ト比較シ一ノ重キニ従ヒ前発ノ刑ヲ通算セス、此規定タル大ニ不権衡ノ結果ヲ生ス例ヘハ人アリ重懲役十年ニ該当スル甲乙二罪ヲ犯シ甲罪先ツ発覚シテ之ヲ処断スルニ際シ更ニ重禁錮一年ニ該当スル丙罪（即チ再犯ノ罪）ヲ犯シ乙罪ト倶ニ発覚スル時ハ丙罪ト乙罪ト比較シテ重キ十年ノ刑ヲ科シ更ニ甲罪ト併算シテ都合二十年ノ刑ヲ科ス然レトモ諸君請フ一考セヨ丙罪ハ甲罪ニ対スレハ再犯ナレトモ乙罪ニ対シテハ再犯ト謂フヘカラス而シテ甲乙二罪ハ純然タル数罪倶発ナリ故ニ甲乙二罪同時ニ発覚シ已ニ判決ヲ経タル後丙罪ヲ犯シタル者トスレハ甲乙二罪ノ刑相等シキニヨリ其刑十年トナリ更ニ丙罪ノ刑一年ヲ併加シテ都合十一年ノ刑ヲ科セラル、ニ至ルヘシ、発覚ノ前後アリタルカ為メニ若クハ強イテ丙罪ト乙罪ト倶ニ比較スルカ為メニ十一年ヲ科スヘキ者ニ二十年ノ刑ヲ科セサルヘカラサルハ誰カ復其不正当ニ驚カサランヤ此等ハ須ク改正セサル可カラサル緊要ノ点ナリトス

「現行刑法改正論」（四）

『法政誌叢』第一二四号、明治二四年三月二七日発兌

諸君、刑法第一編ハ其説明スヘキノ点甚タ多ク固ヨリ以上ニ述ヘタルノミニテ未タ満足スヘキニアラス然レトモ予ハ僅々一二時間ニテ刑法全編ノ不完不備ノ点ヲ指摘スルコトヲ企テタルニ由リ固ヨリ之ヲ詳説スルヲ得ス因テ第一編ハコ、ニ止メ是ヨリ第二編以下ニ移ラン、

現行法ノ内乱ニ関スル罪ハ罪度ノ異ナル者ヲ同一ニ罰ス

内乱ニ関スル犯罪ハ其社会ニ対スル危害ノ重大ナルコト固ヨリ他ノ犯罪ノ比ニアラス而シテ其罪ノ性質亦大ニ他ノ犯罪ト趣ヲ異スルニ者（ママ）アルヲ以テ立法者此罪ヲ規定スルニ当リテハ最モ慎重ヲ加ヘスンハアラサルナリ今現行刑法典ハ此罪ニ付キ如何ニ規定シタルカ予ヲ以テ之ヲ見ルニ罪度ノ大ニ異ル行為ニ対シ同一刑ヲ科スル者有リ抑モ内乱ニ関スル罪ハ二箇ニ区別スルヲ要ス其結果ハ等ク国家ノ組織ヲ侵害スルト雖モ其目的ニ至リテハ大ニ逕庭スル所ノ者アリ即チ申スモ畏多キ事ニ属スレトモ　皇室ヲ顚覆シ皇嗣ヲ紊乱シ封土ヲ僭窃スルカ如キコトヲ目的トシテ内乱ヲ起スモノ即チ国家ノ基礎ヲ破壊スルコトヲ目的トシテ罪ヲ犯ス者アルヘク或ハ政府ノ当路者ト政事上ノ意見ヲ異ニスルヲ以テ政府ノ傾覆若クハ政務ノ変乱ヲ目的トシテ内乱ヲ起ス者有ルベシ此ク其目的異ル所アリ故ニ其罪度亦軽重ナクンハアラサルナリ夫レ国家ノ基礎ヲ破壊スルヲ目的トスルモノハ罪悪貫盈固ヨリ重ク罰スルノ必要アリト雖モ其政府ノ当路者ト政事上ノ意見ヲ異ニシタルカ為メニ内乱ヲ起シタル者ハ罪度軽カラサルヲ得ス何トナレハ当路者ノ執ル所ノ政治上ノ方針常ニ必シモ善良ナルニ非ス之ニ対シテ反対スルハ人民ノ常ナリ而シテ之ニ反対スルノ極、終ニ兵ヲ起スニ至ル職トシテ政治ノ改良ヲ図ルニ由ル即チ邦家ノ旺盛ヲ企ツルニ在ルモノナレハ之ヲ夫ノ国家ノ基礎ヲ破壊セントスル者ニ比スレハ其軽其重問ハスシテ知ルヲ得ヘシ而シテ我刑法ハ之ヲ同一ニ規定シ同一ノ刑ヲ科スルハ何ソ不当ト謂ハサル可ケンヤ、

或ハ曰ク我帝国将来ノ政治界ヲ観察スレハ人民ノ政治思想ハ愈々発達ス可ク若シ政党内閣ヲ組織スルカ如キアラハ党派的軋轢ノ結果政府即チ内閣ヲ顚覆セント企ツルモノ益々多キニ至ルヘシ而シテ今之ヲ国家ノ基礎ヲ破壊スル者ト区別シ之ヲ軽ク罰スルカ如キコトアラハ此種ノ犯罪ヲ助長スルモノナリト予曰ク否我国ノ将来或ハ此種ノ犯罪益々多カラン然レトモ此レ輿論政治ニ免ル可カラサルノ通患ナリ之ヲ慮リテ理論上区別ス可キ犯罪ヲ区別セス軽重スヘキ犯罪ヲ軽重セサルハ豈当ヲ得タルモノナランヤ要スルニ現行法典ハ内乱ニ関スル罪ヲ区別スルコト無ク軽重同ク罰スルハ実ニ不当ノ規定ニシテ一日モ早ク之ヲ改正修補セスンハアラサルナリ

現行法ノ官吏侮辱罪ニ大ナル欠点アリ

現行法ノ官吏侮辱罪ノ規定ニハ大ナル欠点ノ存スルコトハ何人モ既ニ認ムル所而シテ何人モ亦其改正ヲ熱望セサル莫シ個《（ママ）》ハ文書演説其他ノ方法ヲ以テ官吏ノ職務上ニ於テ不正ノ行為アリト侮辱シタル者ニ対シテ其事実ヲ証明スルコトヲ允サレサルコト是ナリ夫レ侮辱ハ悪徳ナリ訐イテ以テ直ト為ルハ正人ノ為サヽル所況ンヤ身官職ヲ帯ヒ公務ニ鞅掌スル者ニ対シテ其奸ヲ発キ之ヲ公ニスルニ於テヲヤ其事実ノ証明ヲ許サヽルハ公益上已ムヲ得サルコトナルカ如シ然レトモ徳義上ノ原則ヲ以テ法律上ノ行為ヲ規ス可カラサルノミナラス仔細ニ講究スレハ官吏職務上ノ不正ノ行為ヲ訐発シ因テ以テ汚吏ノ膽ヲ摧クハ人民ノ国家ニ対スル責務ナリ、権利ナリ人民既ニ其責務ヲ尽シ其権利ヲ行ヒ而シテ罪ヲ得ルコト刑法規定ノ罪其数多シト雖トモ蓋シ此罪ノ如キ莫ケン是ヲ以テ官吏侮辱罪ニ付キテハ特ニ其事実ノ証明ヲ允シ、事実ノ証明ヲ為ス能ハサルニ至リ始メテ之レヲ罰スルヲ以テ事理ノ当ヲ得タル者ト為ス然リ而シテ我刑法典ハ此規定ナシ此規定ナキカ為メニ官吏ハ以テ悪事兇行ヲ為シ易ク人民ハ以テ冤枉ニ陥リ抑圧ニ苦ムヲ致ス文明世界何ソ此ノ如キ汚点ヲ存ス可ケンヤ、幸ニ新聞条例ニハ侮辱罪ニ対シテ事実ノ証明ヲ許サルヽト雖トモ豈独リ新聞記者ノミ利益ヲ得権利ヲ保護セラルヽノ理アランヤ是レ此点ニ付キテハ片時モ早ク改正ヲ加フヘキ緊要ナル所ナリトス

現行法ノ文書偽造罪ノ規定ハ大ニ不完不明ナリ

文書偽造罪即チ現行法ノ所謂官文書偽造罪及ヒ私文書偽造罪ノ規定条文ハ簡ニシテ意足ラス之ヲ一読スルサヘモ疑義百出ス況ンヤ実際之ヲ適用スルニ於テヲヤ其解釈家、執法者ヲ苦慮セシムルモノ実ニ枚挙ニ遑アラスト雖トモ其重モナル点ヲ挙クレハ第一、文書偽造罪トハ如何ナルモノナリヤ第二、文書偽造罪ハ如何ナル場合ニ生スルヤ第三、文書トハ如何ナルモノナリヤ、此三点ハ実ニ曖昧ニシテ人々其解釈ヲ異ニスルヲ観ル、予ハ左ニ此ノ三点ニ付キ簡説スヘシ

第一、文書偽造トハ如何ナル者ナリヤ、現行法此罪ノ定義ヲ与ヘス故ニ罰ス可ラサルヲ罪トスルコト其例少キニ非ラス曾テ実例アリ或裁判所カ民事被告人ニ対シテ呼出状ヲ発シタリ被告人使丁ヨリ之ヲ受取リ一覧スレハ自己ニ対スル呼出状ナリ依テ大ニ原告人ノ亡状ヲ激怒シ呼出状ヲ寸裂シテ火中ニ投シタリ予審判事ハ之ヲ官文書毀棄ノ罪トシテ重罪公判ニ移シタリシカ公判廷ニ於テハ之ニ対シテ無罪ノ言渡ヲ為シタリ其理由トスル所ハ呼出状ハ固ヨリ官文書ナリト雖トモ之ヲ被告人ノ手ニ渡セハ被告人ノ私有物トナル私有物ヲ毀棄スル何ノ罪カ之レ有ラント云フニ在リト聞ク此理由果シテ正鵠ヲ得ルトセンカ被告人未タ其呼出状ヲ受取ラサル時ニ之ヲ毀棄スレハ官文書毀棄罪ヲ成スト謂ハサルヲ得ス蓋シ呼出状ヲ受取ルト受取ラサルトハ間髪ヲ容レス一歩ヲ進ムレハ罪トナリ一歩ヲ退ケハ罪ナシ豈ニ復危殆ナラスヤ抑モ官文書毀棄ノ罪ハ甚タ重ク其刑軽懲役ナリ仮令未タ受取ラサル呼出状ト雖モ其毀棄ノ所為ヲ軽懲役ニ処ス誰復タ其不当ヲ認メサランヤ吾人ハ実ニ感情ニ激セラレテ発作シ易シ故ニ一時ノ憤怒ニ乗シテ呼出状ヲ毀棄スルカ如キ所為ハ往々免カレサル所ナリ然ルニ忽チ軽懲役ニ処セラル、アラハ吾人ハ一日片時モ寧処スルヲ得サルナリ是ニ由テ之ヲ観レハ或裁判所ノ判決ノ理由ハ実ニ不当ニシテ文書偽造罪ノ性質ヲ知ラサルニ坐スル者ナリト雖モ要スルニ法典カ官文書毀棄ノ罪ノ定義ヲ与ヘサルニ帰因スルモノニアラサルハナシ

第二、文書偽造罪ハ如何ナル場合ニ生スルヤ是亦大ニ不完不明ナリトス例ヘハ大蔵省ヨリ発行スル証券類ヲ偽造スルカ如キ或ハ他人ノ金員借用証書ヲ偽造スルカ如キ行為ハ明ニ之ヲ罰スルコトヲ得レトモ想像ノ官署若クハ人ニ関スル証券ノ偽造例ヘハ今日既ニ廃セラレタル工部省ノ発行シタル証券ヲ偽造シタルカ如キ或ハ為替手形ヲ偽造シテ其信用ヲ得ンカ為メニ其裏書ニ数多想像ノ人ヲ記載スルカ如キハ之ヲ罰スルヤ否ヤ実ニ明瞭ナラス又無形的偽造即チ官吏ニ対シ虚偽ノ陳述ヲ為シ因テ以テ無実ノ文書ヲ作ラシメタルハ其害悪有形的文書ノ偽造ニ比スレハ優ルコトアルモ劣ルコト無シ而シテ我刑法ハ之ヲ罰スルノ精神ナリヤ否ヤ是亦茫トシテ之ヲ知ルニ由ナシ

第三、文書トハ如何ナルモノナリヤ第二百三条ニハ第一項第二項共ニ官ノ文書ト記ス然レモ是レ同性質ノ文書ニ非ラス而シテ法文上毫モ区別アルヲ見ス例ヘハ大蔵省ヨリ発行スル文書ヲ偽造スルハ疑モナク第一項ニ問擬セラル、モ若シ其文書ヲ毀棄シタル時ハ如何其文書カ若シ自己ノ所有物ナル時ハ其毀棄ハ却テ自己ノ権利ヲ毀損スルモノニシテ固ヨリ罪トスルヲ得サルカ如シ若シ其文書カ他人ノ所有物ナル時ハ他人ノ権利ヲ害スト雖モ未タ以テ官文書毀棄罪トシテ軽懲役ヲ科ス可キ所為ニアラス例ヲ換ヘテ大蔵省ノ所蔵ニ係ル文書ヲ毀棄シタル時ハ社会ノ危害決シテ鮮少ニアラス固ヨリ之ヲ軽懲役ニ問フノ価値アルカ如シ之ヲ要スルニ第一項ハ官ヨリ発行スル文書ヲ想像シ第二項ハ官ノ所蔵ニ係ル文書ヲ想像スルモノナリト雖モ法文上此区別ナシ実ニ不都合ト謂ハサル可カラサルナリ

之ヲ要スルニ現行法ノ文書偽造罪ノ規定ハ一箇条トシテ疑問ノ紛出セサル者ナシ実ニ一大改正ヲ試ミスンハアル可カラサルナリ

【擬律擬判：刑事問題答案】

『法政誌叢』第一二四号、明治二四年三月二七日発兌

刑事問題

銀行頭取アリ明治廿四年一月一日自己ノ用ニ消費スルノ意ヲ以テ役員ニ命シテ預金ヲ引キ出サシメ二月一日役員ヨリ之ヲ受取リ三月一日之ヲ消費シタリ而シテ四月一日預ケ主ヨリ請求ヲ受ケタレトモ之ヲ返還スルコト能ハサリシ右頭取ノ委托金消費罪成立ノ時期如何

（発題者：在長野　校友　雲山生［三島亀四郎］）

解答

余ハ本問委托金消費罪成立ノ時期ハ四月一日即チ預ケ主ヨリ請求ヲ受ケテ返還スルコト能ハサリシトキニアリトス

刑法第三百九十五条ヲ観ルニ委托金消費罪ハ

第一　委托金ナルコト

第二　消費スルコト

ノ二条件ヲ具備スルトキハ直ニ成立スルモノ、如クニシテ之ヲ本問ニ比照セハ三月一日即チ消費シタルトキニアリトス然レトモ刑法第三百九十五条ハ罪ノ定義ヲ詳悉セルモノニ非ス固ヨリ其成立ノ時期ノ標準ヲ示サ、ルナリ乃チ法理ニ従テ其罪本来ノ性質ヲ尋求セサルヘカラス

予カ断案ヲ解説スルノ前本問ヲシテ疑団ヲ遺サ、ラシメンカ為メ其発意ノ日ヨリ順次ニ成否如何ヲ見ントス

一月一日ハ頭取委托金ヲ消費スルノ発意ヲナシテ役員ニ之ヲ引出サンコトヲ命シタルノ日ナリ此日ハ罪ヲ成サ、ルコト固ヨリ論ナキナリ何トナレハ凡ソ罪ナルモノハ意思ニ連絡スル結果ノ相完成スルニ非サレハ成立セサルモノナルニ未タ毫モ其結果ノ見ルヘキモノアラサレハナリ二月一日ハ役員ヨリ金ヲ受取リタルモ亦未タ消費ノ結果ヲ生セサルヲ

以テ予備ニ止マルモノト謂ハサルヘカラス人或ハ曰ハン金銭ハ代替物ナリ已ニ消費ノ目的ヲ以テ之ヲ引出スニ於テハ実際消費セサルモ尚ホ之ヲ混費シタリト見做スコトヲ得ルニ非スヤト余曰ク代替物ナルカ故ニ未タシ何トナレハ実際之ヲ消費スルモ尚ホ之ヲ代補スルコトヲ得ルモノナルニ況ンヤ実際之ヲ消費セサルモノナレハナリ三月一日ハ実際之ヲ消費セリ此日ヲ以テ罪成立ノ時期ト為スノ論者或ハ多カラン然レトモ余ハ以為ラク此日ハ実際消費シテ刑法ノ要ムル二条件ヲ具備スルモ未タ以テ委托金消費罪ヲ構成スルニ足ラスシテ尚ホ他ニ委托者ノ請求ヲ受ケテ返還スルコト能ハサリシトノ一条件ヲ要スルナリ以下歩ヲ之レカ解説ニ移サン

委托物消費罪ナルモノハ本ト背信ノ罪ナリ故ニ之ヲ消費スルヤ仮令悪意ニ出テタリトスルモ委托者ノ請求ヲ受ケテ直ニ之ヲ返還スルニ於テハ之ヲ信用ニ背キタリト謂フ可カラス信用ニ背クトハ其信用ニ対スル任務ヲ尽サスシテ委托者ヲ満足セシメサルコトヲ謂フモノナリ然ルニ其委托物ハ一旦之ヲ消費スルモ委托者ノ請求ヲ受クルニ当テ之ヲ返還スルニ於テハ之ヲ委托者ノ信用ニ対スル任務ヲ尽サヽル者ト謂フヘキカ委托者ヲ満足セシメサル者ト謂フヘキカ若シ果シテ単ニ消費ノ事実アルヤ直ニ其罪ヲ成ストセハ是レ野蛮苛酷ノ刑法ト謂ハサルヘカラス何トナレハ委托物消費罪ナルモノハ背信ノ罪ナルニ委托者ノ信用ニ背カサルモ其罪ヲ成セハナリ今例ヘハ友人ヨリ書籍購求ノ依頼ニテ其代価ヲ受托シタリ然ルニ途中自己ノ必要ニテ右金銭ヲ消費シタリトセン又友人ヨリ一個ノ時計ヲ受托シテ自己一時ノ急ニ供セン為メ典物トナシタリトセン其消費典物ノ所為ハ果シテ直ニ委托物消費罪ヲ構成スルヤ其期限ニ書籍ヲ購求シ其期限ニ時計ヲ返還シ委托者ヲ満足セシムルニ於テハ何ノ点ヲ以テ信用ニ背キタリト謂フヤ人或ハ右等ノ所為ハ悪意ナシ固ヨリ刑法ノ問フ所ニ非スト曰ハンカ余敢テ問フ然ラハ即チ委托者ノ請求ヲ受ケテ返還スルコト能ハサルトキモ亦悪意ナキニ於テハ之ヲ罰セサランカ論者ノ論誤レリト謂ハサル可カラス乃チ知ル委托物消費罪ナルモノハ仮令悪意ナキモ之ヲ消費シテ委托者ノ請求ヲ受ケテ返還スルコト能ハサルニ於テハ其罪成立シ又悪意ニ出テタリトスルモ委托者ノ請求ヲ受ケテ之ヲ返還スルニ於テハ決シテ其罪ヲ成サヽルコトヲ然レトモ論者ハ必ス左ノ如ク曰ハン

一若シ果シテ委托者ノ請求ヲ受ケテ返還スルコト能ハサルノ時ニ於テ初メテ其罪ヲ成ストセハ是レ委托者ノ請求ノ遅速ニ因テ其罪成立ノ遅速ヲ為スモノナリ凡ソ罪ハ犯者ノ所為ト同時ニ現出スルモノナルニ委托者ノ請求ノ遅速ニ因テ其罪成立ノ遅速ヲ為スハ何ソヤ

二若シ果シテ斯ノ如クナレハ委托物消費罪ハ被害者（委托者）ノ告訴ヲ待ツニ非サレハ検事ハ公訴ヲ提起スルコト能ハサルニ至ラン何トナレハ請求ヲ受ケテ返還スルコト能ハサルノ事実ハ委托者ノ告訴ニ因ルニ非サレハ之ヲ知ルコト能ハサレハナリ

三犯者ハ期満免除ヲ得ルノ時期ナカラン何トナレハ委托物ヲ消費シテ幾何年ヲ経過スルモ其委托者ノ請求ナキニ於テハ期限ヲ起算スルコトヲ得サレハナリ

一、委托者ノ請求ヲ受ケテ返還スルコト能ハサルハ即チ委托物消費罪ヲ犯シタルノ所行ナレハ委托者ノ請求ナクシテ其返還スヘキヤ否ヤ未確定ナル場合ニ於テハ委托物消費罪ヲ犯シタルノ所行アリト為スコトヲ得サルハ窃盗ヲ為サントシテ未タ為サヽル間ハ其罪ヲ成立セサルト一般ナリ委托者ノ請求ノ遅速ニ因テ其罪成立ノ遅速ヲ為ストハ太タ難題ナリ

二、委托者ノ告訴ヲ待ツニ非サレハ検事ハ起訴スルコトヲ得サルニ至ルトハ何ソヤ委托者ノ請求ヲ受ケテ返還スルコト能ハサル事実アルニ非サレハ固ヨリ公訴ヲ起スコトヲ得サルモ已ニ其事実ノ明白ナルニ於テハ何ソ委托者ノ告訴ヲ要センヤ例ヘハ委托者損害賠償ノ訴ヲ民事裁判所ニ起シタルトキノ如キ又返還スルコト能ハスシテ逃走シタルトキノ如キ是ナリ決シテ親告罪ト同一ノ結果ヲ見ルニ至ルカ如キコトアラサルナリ

三、論者ハ犯者ノ為メニ期満免除ヲ得ルノ道ヲ失フコトヲ悲ムト雖モ杞憂ニ過キサルナリ請求ヲ受ケテ返還スルコト能ハスシテ逃走シテ三年ヲ経過セハ当然犯者ハ市街ニ横行スルコトヲ得ルナリ而シテ其消費ヤ幾何年前ニアルモ委托

者ノ請求ヲ受ケテ返還スルコト能ハサリシトノ事実ノ生セサル以前ハ固ヨリ其罪ヲ成サヽルモノナレハ期満免除ヲ得サルハ当然ナリ

以上ノ理由ナルニヨリ委托物消費罪ナルモノハ第一委托物ナルコト第二消費スルコト第三委托者ノ請求ヲ受ケテ返還スルコト能ハサリシトノ三条件ヲ要スルナリ而シテ本問銀行頭取ノ委托金消費罪成立ハ四月一日ナルコト亦明晰ナラスヤ

本問ハ頃来世上に囂々然たる森時之助氏委托金消費事件と殆と其事実を同ふするを見る該件の犯罪成立の時期に関しては森氏弁護人宮城浩蔵氏は斬新なる解釈を下だし法廷にて弁論せられたりと聞く今宮城浩蔵板倉中両氏より大審院に呈せられたる上告拡張書を得たれは本問答按に代へて之を掲く但し該拡張書中には本問に関せさる事件をも論すれども之を掲載する所以のものは法理に関する高論の咀嚼堪へさるの味あると此道に志すものを裨益すること少からさる所あるをと《ママ》以てなり読者諒焉

編者曰

○上告拡張書

一本年一月廿七日東京控訴院カ森時之助ニ対シ言渡シタル委托金費消被告事件ニ係ル裁判ハ不服ニ付前キニ及上告置候処這般更ニ其趣意ヲ拡張シ左ニ其理由ヲ詳陳致シ候

第一条

○被告第一ノ所為即チ被告カ言ヲ設ケテ若松支店長上田明哲ニ命シ該支店ヨリ金六百円ヲ出サシメタル所為ニ対シ原裁判カ之ヲ委托金費消罪ト倣シタル謬点ヲ摘破センカ為メ茲ニ其罪ノ完成スベキ時期ニ就テ法理上ヨリ之ヲ論述センニ此時期ヲ定ムルニ付キ左ノ三個ノ問題ヲ生ス

第一被告カ其金ヲ実際ニ費消シタル時ヲ以テ其罪完成シタリトナスベキヤ

第二被告カ実際ニ其金ヲ落手シタル時ヲ以テ犯罪完成ノ期ト為スベキヤ

第三被告カ上田明哲ヲシテ若松支店ヨリ出金セシメタル時ニ犯罪ノ完成ヲ告ケタリト為スベキヤ

右三個ノ問題ニ就キ法理ニ依リテ之ヲ究明スレハ左ノ論結ヲ得

第一実際費消ノ時ヲ以テ犯罪完成ノ期ヲ為スヲ得ス其理ハ即チ左ノ如シ

(1)被告カ第六十銀行頭取ノ資格ニ因リ委托セラレタル金員ニ就キ株主等ノ信用ニ背キタルノ時期ハ該金員ヲシテ其資格ニヨレル委托ノ外ニ出テシメタルノ時頭取ノ資格ヲ以テスル監督ヲ止メ一私人タル森時之助ノ所持中ニ移シタルノ時ニアリトス決シテ費消ノ時ヲ俟ツテ要セサルモノトス

(2)若シ実際費消ノ時ヲ以テ其罪完成スルモノトセバ被告ガ未ダ其金ヲ費消セズシテ今日尚ホ之ヲ手中ニ存スルアラハ被告ノ委托金消費罪ハ今日ニ至ルモ尚ホ未完成中ニアリト做シ之ヲ罪トスルヲ得ザルニ至ルベシ

(3)今仮ニ数歩ヲ譲リテ該金ヲ費消シタルノ証アリトスルモ金銭ハ其性質上代替物ニシテ尤モ同種類多キガ故若シ被告ニシテ他ノ金円即チ同種類物ヲ以テ之ヲ償補シ置カバ終ニ其罪ナシト論ゼザルヲ得ザルニ至ルベシ

(4)然ルニ該金ヲ実際ニ費消シタルノ証ハ本件ノ如キ尤モ代替シ易ク尤モ同種多キ物ノ費消ニ付テハ其所為ノ性質ヨリシテ到底之ヲ確挙シ得ザルガ故費消ト云ヘルコトハ之ヲ認ムルコト尤モ難ク終ニ其犯罪完成ノ時期オモ確知シ能ハサルニ至ルベシ

第二被告ガ実際ニ其金ヲ落手シタル時ヲ以テ犯罪完成ノ期ト為スヲ得ズ其理由ハ即チ左ノ如シ

(1)被告ハ該金ヲ己レニ落手シタルニヨリテ始メテ株主等ノ信用ニ背キタルニアラス之ヲ換言スレバ落手ト云フコトハ背信罪構成ノ要素ニアラサレハナリ

(2)被告カ第六十銀行頭取ノ資格ヲ以テ委托ヲ受ケ兼ネテ監督オモ為セル所ノ金ニ対シテ之ヲ頭取ノ資格ニヨレル委托ノ外ニ出テシメ己レノ資格ニヨレル監督ノ外ニアラシメタルハ決シテ金ヲ落手シタル時ニアラスシテ実ニ

被告カ言ヲ設ケテ上田明哲ニ金ヲ取リ出サシメタル時ニアレバナリ

(3)是故ニ被告ガ福島ニ於テ金ヲ落手シタルノ所為ハ背信所為ノ既ニ成リタル後ニ向テ自然ニ伴ナハレ自然ニ生シタル一結果タルニ外ナラス即チ己レノ資格ニヨレル委托ヲ放止シテ最早己レノ資格ニヨレル監督ノ裏ニアラザル所ノ金ヲ落手シタルモノニ過キス

(4)若シ委托消費即チ背信罪ハ実際ニ金ヲ落手シタルニヨリテ始メテ完成スルモノトセバ其金円ニシテ途中ニ滅失セハ被告ノ所為ハ罪ト為ラズ例ヘバ該支店ガ朝鮮ニアリト仮定シ被告ハ在韓支店長ニ命ジテ金ヲ航送セシメタルニ風浪ノ為メ其船全没セルトキハ被告ハ未タ実際ニ該金ヲ落手セザリシヲ以テ其罪ナキニ至ラン豈ニ奇怪ノ結果ト云ハザル可ケンヤ

第三委托金消費即チ金銭ノ如ク代替物ト消耗物トノ性質ヲ兼有スル物ヲ費消シタルトキハ其犯意ト有形ノ働トヲ備フルニ於テハ其時ヲ以テ直チニ犯罪完成ノ期ト為サヽル可ラス其理ハ即チ左ノ如シ

(1)抑々己レニ委托セラレタル物ヲ費消スルハ其性質上純然タル背信罪ニシテ而シテ背信罪ニハ其物ヲ実際ニ費消シ若クハ落手アルコトヲ要スルモノニアラス既ニ犯意アリテ且ツ有形ノ働ヲ認メ得ラルヽニ於テハ即チ背信罪ヲ構成スルニ足ルモノナリ

(2)而シテ本件ノ如キハ其性質トシテ背信ノ所為ト同時ニ費消ノコトヲ伴ナハレツヽアルモノトス何トナレハ金銭ハ代替物ニシテ仍ホ消耗物ノ性質ヲ有スルヲ以テ此種ノ背信罪ニハ決シテ落手若クハ費消ノアリタルコトヲ待ツヲ必要ト為サヽレハナリ若シ然ラストセバ背信ノ証ハ何ニ拠リテ決スベキ乎即チ此種ノ背信罪ハ遂ニ其費消ノ実ヲ証挙スルノ道ナキヲ如何セン爰ニ於テ乎此種ノ背信罪ハ常ニ無罪ト為ルノ奇観ヲ呈スルニ至ルヘシ

(3)故ニ本件ノ如キ性質ヲ有スル背信即チ費消罪ハ被告カ言ヲ設ケテ上田明哲ヲ使用シ彼ノ金円ヲ以テ委托外ニアラシメ監督外ニアラシムルノ所為ヲ施シタル時ヲ以テ其犯罪完成ノ時期ト為サヽル可ラザルナリ

(4)即チ前段ニ援例シタル如ク在韓支店長ニ命ジテ出サシメタル金ニシテ仮令其航送中ニ沈滅スルコトアルモ被告ノ犯罪ハ依然トシテ既ニ完成シタルモノトス

右論シタル所ヨリ被告第一ノ所為ハ疑ヒモナク上田明哲ニ命シテ金ヲ出サシメタル時期ニ於テ犯罪ノ完成ヲ告ケタルヲ以テ即チ既ニ期満免除ヲ獲得シ之ニ対スル公訴権ハ全ク消滅ニ帰シタルヤ明カナリトス

第二条

○被告第二ノ所為即チ酒田七十二銀行ニ関スル件ニ付テハ原裁判不法ノ要点ヲ二大区別ト為シテ陳述スベシ

第一原裁判ハ民事ト刑事トノ区域ヲ混乱シタルコト其理由ハ即チ左ノ如シ

(1)民事ハ人民ノ私権ニ関スルモノニシテ而シテ刑事ハ国家ノ公権ニ関スルモノナリ是以テ二者ノ間互ニ法律ヲ異ニシ手続ヲ異ニシ猶且ツ其制裁ノ効果オモ異ニセリ然ルニ若シ民事ニ係ルモノニ対シテ刑事ノ責ヲ帰スル如キアラハ是レ国家ノ公権ヲ以テ人民ノ私権ヲ蹂躙スルモノニ異ナラズ人民ノ私権ハ何ニヨリ其保固ヲ頼マンヤ何ニヨリテ其安全ヲ望マンヤ民刑ノ画域ヲ混雑スルトキハ法律ノ用ヲ錯乱シ制裁ノ効ヲ顚倒シ社会ノ秩序安寧ニ関シ不幸之レヨリ大ナルハ莫ク擬律ノ錯誤法条ノ謬解等実ニ此ニ職由スルモノトス

(2)然ラハ則チ民事ト刑事トノ分岐スル所ハ何ヲ標準トシテ其画域ヲ限定スベキ乎ト云フニ本件背信ノ所為ノ如キハ尤モ慎重以テ之ヲ断定セザル可ラス即チ其被害ニシテ苟クモ普通ノ智識普通ノ方法ヲ以テ之ヲ防避シ得ラルルノ余裕アルニ於テハ必ラズヤ之ヲ民事ノ範囲ニ置カサル可ラス若シ之ニ反シテ実際上道理上到底其被害ヲ防避シ得ザルノ事実アルニ於テハ方サニ始メテ之ヲ以テ刑事犯ト為ス可キモノトス

(3)此区別ヲ判定スルノ標準ハ法学者間惣テ認ムル所ノ説ニシテ今ヤ殆ント一定動カス可ラザルノ標準トナレリ就中仏国ニ於テハ全ク此説ニ従ツテ民刑ノ画域ヲ分岐シ此標準ニ拠レル判決例ハ多々ニシテ且ツ尤モ屢々採用スル所トナレリ而シテ我法院ニ於テモ此説ニ従テ民刑分岐ノ標準ト為シ以テ裁判セラレタルノ例ハ敢テ少

ナキニアラザルナリ

(4)本件被告ノ所為ハ果シテ如何之ヲ民事ト為スベキモノナル乎将タ刑事犯ノ範囲ニ属スヘキモノナル乎ト云フニ被告ノ所為ハ断シテ民事犯ノ区域ニ止マルヘキモノナリ何トナレバ則チ被害者ト称スル者ニ於テ道理上事実上普通ノ智識ヲ以テ普通ノ手段ヲ以テ十分ニ其害ヲ防避シ得ルノ余裕ヲ存シタリシガ故ナリ即チ被告ノ名義ヲ書キ改メテ他人ノ名義ト為シ置クトモ或ハ被告ト特約ヲ締結シ置クトモ共ニ被害者ノ択ブ所ニヨリテ容易ニ其害ヲ避ケ得ルノ道ヲ有シタルモノナレバナリ然ルニ原裁判ハ如此明亮適切ナル標準ニ従ハス即チ一般法学者ノ学説ニ背キ遂ニ民刑ノ画域ヲ混乱シタルハ不法モ亦タ甚シト云フベシ

第二原裁判ハ其理由ト判決ト矛盾セリ其要点ヲ挙クレバ左ノ如シ

原裁判ノ判文ニハ「被告ハ自己ノ名義ヲ以テ第七十二銀行ニ当座預ケ金ト為シアルヲ奇貨トシ」云々ト云ヒテ被告ガ自己ノ名義ヲ有スル金円ヲ使用シタルコトヲ明示シタルヲ以テ即チ被告事件ノ民事犯タルコトヲ認メタルモノト云ハザルヲ得ズ然ルニ其判決ニ至リテハ却テ之ヲ刑事犯ナリトシ委托金費消ノ罪アリト裁判シタル即チ其理由ト判決ト相矛盾シタルモノト云ハザル可ラズ

以上述ヘタル如ク本件被告第一ノ所為ハ既ニ公訴期満免除ヲ得タルモノニシテ而シテ其第二ノ所為ハ全ク民事犯ニ止マルベキモノナルニ付キ原裁判ハ刑事訴訟法第二百六十九条ニ抵触セル不法ノ判決ト確信候間何卒公訴私訴共御破毀ノ上私訴入費ニ付テハ曲者ニ於テ弁担候様公明ノ御裁判被成下度奉願候

「現行刑法改正論」（五・完）

『法政誌叢』第一二五号、明治二四年四月一二日発兌

現行法ニハ人ヲ保護ス可キ責任アル者必要ノ保養ヲ欠キタル時之ヲ罰スルノ規定不完全ナリ

現行法ニ拠ルニ子孫其祖父母父母ニ対シ必要ナル奉養ヲ欠キタル時ハ第三百六十四条ヲ以テ之ヲ罰スルコトヲ得、タトヘハ父一貧洗フカ如ク而シテ病苦ニ艱ミテ起ツヲ得ス到頭人ノ救助ヲ得ルニ非サレハ則チ斃ル此ノ時ニ際シ其子孫頑然衣食ヲ給セス其他必要ノ奉養ヲ欠キタルカ如キ場合ハ現行刑法之ヲ罰スルノ条文アリテ毫モ困難ヲ感セス、然リト雖モ人ヲ保護スヘキ責任アル者其責任ヲ尽サ［サ］ル時タトヘハ父母其児子ニ対シ衣食ヲ与ヘス其他必要ノ養育ヲ欠キタル場合ニハ固ヨリ第三百六十四条ニ問擬スルヲ得ス之ヲ他ノ条文ニ索ムルニ一モ此事ヲ規定シタルモノ無シ、或ハ之ヲ第三百三十六条以下ノ幼者又ハ老疾者ヲ遺棄スル罪ニ問ハン乎所謂衣食ヲ与ヘス必要ノ奉養ヲ欠キタルハ称シテ遺棄ト謂フ可カラス、或ハ現行刑法ノ欠典トイフ可キカ曰ク然リ、夫レ我刑法カ第三百六十四条ニ於テ子孫祖父母父母ニ対シテ必要ノ奉養ヲ欠キタル所為ヲ罰スル理由ヲ繹ヌルニ此規定タル本邦古来ノ慣習上子孫ハ祖父母父母ヲ奉養セサル可カラサル徳義上ノ義務アリシニ由ルトハイヘ其主タル理由ハ社会公益上ヨリ奉養ノ義務ヲ子孫ニ命シタルニ在リ果シテ然ラハ子孫以外ニ於テ同シク社会ノ公益上人ヲ保護スルノ義務アルモノ被保護者ノ生活スルコト能ハサルニ当リ必要ノ養育ヲ欠キタル場合ニモ亦之ヲ罰スルノ必要ナクハアラサルナリ而シテ我立法者ハ終ニ之ヲ規定スルコトヲ遺忘シタリ是ヲ以テ父母後見人其他人ヲ教育スヘキ義務アル者ニシテ不幸ナル幼者老疾者ノ困厄飢餓ヲ観望シツヽ之レカ救助ヲ為サス終ニ以テ死ニ至ラシムルモ之ヲ無罪ト為サヽルヘカラス我刑法ハ何ソ其レ子孫ニ責ムル刻ニシテ祖父母父母ニ対スル寛ナルヤ何ソ其レ子孫カ祖父母父母ニ対スル奉養ノ義務ヲ認メナカラ祖父母父母カ子孫ニ対スル養育ノ義務ヲ遺レタルヤ、今之ヲ実際ニ徴スルニ人ヲ保護スル義務アル者カ受保護者ヲ困厄セシムルノ事実ハ寧ロ子孫ヨリモ祖父母父母後見人等ニ多キヲ見ル此欠漏タル豈ニ復修補セスシテ止ムヘケンヤ

子孫ノ祖父母父母ニ対スル、祖父母父母ノ子孫ニ対スル均ク是レ人ヲ保護養育スルノ義務アルモノナリ故ニ一般ニ人ヲ保護スル義務アル者必要ノ保養ヲ欠キタル罪ヲ規定スルコト実ニ法理ノ貫徹編纂ノ完全ヲ得タル者ト謂フ可シ然リ而シテ現行刑法ハ単ニ子孫ノ祖父母父母ニ対スル罪ノミヲ規定シテ其他人ノ場合ヲ規定セス是ヲ以テ第三百六十四条ト第三百六十二条三条（子孫祖父母父母ヲ謀故殺シタル罪又ハ殴打創傷シタル罪等）トハ法理上同一性質ノ犯罪ナルニモ拘ラス氷炭相反スル結果ヲ生スルニ至ル、即チ第三百六十二条三条ハ犯人ノ身分ヨリ刑ヲ加重スル罪ナリト雖モ第三百六十四条ハ法文ノ欠漏ヨリシテ彼ノ官吏収賄罪ノ如ク犯人ノ身分ニヨリ罪トナルヲ以テ其犯者ノ処分ニ於テ両条ノ結果ヲ異ニス例ヘハ人ノ子孫ヲ教唆シテ其父母ヲ故殺セシメタル時ハ教唆者タル常人ハ無期徒刑ニ処セラレ被教唆者タル子孫ハ死刑ニ該セラル何トナレハ第百六条ニヨレハ正犯ノ身分ニ因リ刑ヲ加重スル場合ニハ他ノ共犯人ニ及ホスコトヲ得サレハナリ、然レトモ人ノ子孫ヲ教唆シテ其父母ニ対スル必要ノ奉養ヲ欠カシメタル時ハ常人ハ結局子孫ト同一ノ刑ニ処セラルヘシ何トナレハ第百六条ノ反面ヲ見レハ正犯ノ身分ニヨリ罪トナル場合ニハ他ノ共犯人ニ及ホスヲ以テナリ或ハ此場合ニハ常人ハ全ク無罪ナリト論スル者アリ然ラハ被教唆者ハ有罪ニシテ教唆者ハ無罪ナルヲ以テ一層奇怪ノ結果ヲ生スルニ至ル吁々第三百六十二条乃至第三百六十四条ハ固ト同一性質ノ犯罪ナルニモ拘ラス現行刑法ハ一般ニ人ヲ保護スル義務アル者カ其義務ヲ怠リタル所為ヲ罰スルコトヲ規定セスシテ単タ子孫ニ関シテノミ規定シタルニヨリ奇怪ナル結果ヲ生シ不権衡ナル刑罰ヲ加ヘサル可カラサルニ至ル現行刑法ノ不備欠点此ニ至リテ益々甚シト謂フ可シ

「勧業義済会告発事件を論す」

『法政誌叢』第一二六号、明治二四年四月二八日発兌

本論ハ勧業義済会告発事件カ一時世上ニ囂々タリシ時氏カ東京ノ某新聞ニ投セラレタル者ナリ、今ヤ此事件再燃セントスル勢アリト聞ク、是レ之ヲ転載シテ攻法家ノ参考ニ供スル所以ナリ

記者白ス

勧業義済会の事業を以て富籤興行の所為なりと論議する者あるのみならす之を告発したる者も亦之れ有りと聞く此会員中にハ余か知巳の栄を辱ふする敬友少しとなさす是れ此に一言して以て刑法上より該会員の行為を研究する所以なり

勧業義済会の事業を以て富籤興行と同一に看做され得べきものなるや否やを定めんとするには先つ勧業義済の目的及び其組織に溯り之れが調査をなさゞる可らす今試に該会開設の主意及び方法書なるものに就き之を考ふるに該会は以下述ぶる所の如き希望を以て組織せられたるものなり

明治廿三年中開設せられたる内国勧業博覧会に於ては官民挙げて誘掖したるより出品物の数、凡そ十六万余点に達し出品者の如きも七万七千余人の多きに至りたるに係はらす不幸にも近年風災水難の予殃を受け恰も当年に至り米価暴騰し金融逼迫し世態困難の状少なからさりし所より覧観の人員甚僅少にして従て出品物の売高の如き僅に総額十の二に出てす若し之を放擲して顧みさらんか第一出品者の困苦ハ実に名状すべからさるものあり且つ之を我か邦家の公益上より考ふるときは更に黙々に附す可からさるものあり凡そ美術工芸等の業に従ふ者は多くは薄資僅に之を支ゆるに過ぎす然るに幾多の意匠を凝らし漸くにして出品の資を支えたる此等工芸者に対し空しく其出品物を還附せさる可からさるに至ては彼れ其職に従ふの人々等は竟に之れが為めに其産を破り其職を抛たさる可からさるに至る可し実に出品者に対し憐むへきの至りにして此困厄より及ほす可き我邦美術工芸上の運命に至て実に痛心憂悶す可き事となさゝる可からす

又之を我邦家の経済上より考ふるも此の如く幾多の有価の物件僅かに製作の時期を誤りたるが為め其真価を生するを得す空しく沈淪して価格を失ふに至り之と共に他の一方に於てハ若干の貧民を生せさるを得さるに至ては実に公義心ある者の黙々看過するを得さる処なり更に将来のことを推想すれば今日以後に於て再び博覧会の企てありとするも危懼恐慌の念、常に実業者を支配し容易に満足なる出品を得る能はさるに至る可く而して之れが為め我国工芸美術の発達をら《（ママ）》遮れ農商実業の進歩を遅緩ならしむることに至ては実に測る可からさることゝ云はさる可からす此時に当り此等憂ふ可きの徴候を未萌に防き博覧会に関係ある我商工業者を窮厄の中に救ふ可きは実に志士たる者の当務なりとし茲に勧業義済会なるものゝ組織成りたる者なり

已に此の如き目的を以て成立したるものなれば会員より醵集する金員の如きは固より純粋の義捐にして此義捐金を以て購買したる物品を抽籤の法により義捐者に分配するが如きは此会関係者より義捐者に対する一の報酬に過きさるなり故に刑法に所謂富興行と曰を同ふして語る可からず刑法第二百六十二条に曰く財物を醵集し当籤を以て利益を僥倖するの業を興行したるものは云々と

然らは即ち本条の罪を成すには財物を醵集するの目的、利益を僥倖するの意に出て抽籤の法によりて此目的を達せんとしたることを要す然るに勧業義済会の事業の如きは利益を僥倖するの目的を以て金員を募集したる歟決して其然らさる事は此募集したる金を以て現時困難を究むるの美術工芸者の為めに其工芸品を何の必要もなきも購買せしに依て明かなり又抽籤の法に依りて美術品を分配するは利益を僥倖するの目的を達する為めなる歟決して其然らさることは既に購買したる物品を報酬として義捐者に分配するに過きさるの理に依りて明かなり然らは則ち此の勧業義済会の事業を目して当籤興行なりとし又は之に類するものなりと誣ゆる如きは未た我刑法の当籤に関する罪の性質を知らさる者の論のみ

「故矢代操君追悼演説」

明治二四年四月一五日、矢代操・岸本辰雄著『民法財産取得編講義』巻之一、講法会、明治二四年五月刊

明治二年朝廷貢進生ヲ各藩ニ募ルヤ故矢代操君其募ニ応シ予モ亦タ其同列ニ在リ始メテ君ト相知ルヲ得タリ既ニシテ君肋膜炎ニ罹リ下谷竹町ノ病院ニ入ル予モ亦タ当時病ヲ養テ同院ニ在リ日々相語テ交情益々親密ヲ加フ病ノ癒ユルニ及ンテヤ君ハ郷里ニ帰リ予ハ京地ニ漂泊シ相見サル数年其後司法省ハ明法寮ヲ設置シ二十名ノ法学生ヲ募集セラレ君ハ予等ト之ニ応シテ同校ニ入ルヤ再タヒ相見ルヲ得タリ当時予ハ君ノ為メ一ノ吊ス可キモノアルヲ発見セリ他ナシ君ト前ニ相見ルヤ其稟性頗ル機敏ナリシニ後ニ相接スルヤ談論稍々其敏質ヲ欠キ能力幾分カ鈍キニ傾キタル乎ノ感アリシコト是ナリ蓋シ前日疾病ニ罹リ切開等実ニ手荒キ治療ヲ施シタルニ由リシナラン歟

君、明法寮ニ苦学スル八年ニシテ予等ト共ニ業ヲ卒フ予等数人ハ去テ洋行ノ途ニ就キシカ君ハ尚ホ止テ民間ニ在リ敢テ仕官ヲ望マス而シテ我国人曾テ法学ノ思想ニ乏シキヲ慨嘆シ一身以テ法学ノ普及ニ任セリ予等ノ帰朝スルヤ君直チニ予ヲ訪ヒ先ツ告クルニ法学普及ノ意ヲ以テシ且之ヨリ前キ君既ニ講法学舎ヲ麹町ニ設置シ生徒ノ薫陶ニ従事セシモ未タ其志ヲ伸スヲ得ス故ニ予等ノ共ニ従事ニ戮力センコトヲ以テス予等モ亦タ久シク此志ヲ懐クヤ喜ンテ之ヲ諾シ爾後数回該舎ニ臨ンテ講義ヲ為シタリシカ若干ノ光陰ヲ経過スルト雖トモ当時我国人未タ法学ノ必要ヲ知得セス従テ斯学ヲ修ムル者甚タ鮮少ニシテ到底隆盛ヲ期スルノ目途ナキヲ看破シテ断然該舎ヲ廃シ更ニ其組織ヲ改メテ一校ヲ有楽町ニ創設ス即チ今ノ明治法律学校是ナリ

当時非常ニ困難ナリシハ本校ノ財政ナリ岸本氏並ニ予ノ如キハ洋行帰リノ一寒生ニシテ資産ノ為メニ苦マサルコト日トシテ之ナキハナシ君ハ敢テ資産ノ豊富ナルニ非スト雖トモ尚ホ蕩尽ノ余ヲ以テ此難局ニ当リテ屈セス其後、月ヲ重

ネ年ヲ経ルニ及ンテ国人漸ク法律学ノ必要ヲ知得シ入学者漸ク其数ヲ増加シ勢ヒ復タ前日ノ比ニ非ス是ニ於テ乎学校ノ基礎稍々鞏固ト為リタルニ因リ地ヲ駿河台ニトシテ現在ノ校舎ヲ新築スルニ至レリ而シテ今日ノ隆盛ヲ見ルヲ得ルモノ実ニ君ノ力与テ多キニ居ルト云フ可シ

予ヲ以テ君ヲ見レハ未タ法学者トシテハ尊崇スルニ余リアリト云フ能ハスト雖トモ其生徒ニ対スルノ親切ナル講義ニ従事スルノ熱心ナル尋常人ノ能ク得テ而シテ企及ス可カラサル所ノモノアリ君曾テ予ニ語テ曰ク生徒ヲ教育スルノ要ハ親切ト誠実トニ在リ其学術ヲ伝フルニ至テハ唯タ学科ノ表題ヲ示セハ則チ足ル生徒ハ之ニ因リ自カラ研究スル所アル可シト予深ク此言ニ感セリ君ノ生徒ニ対スル情態ヲ観察スルニ常ニ此方針ヲ取リシモノノ、如シ而シテ今日ハ全国至ル所、本校出身者ノ存セサルナキカ如キ亦タ是レ君ノ力与リテ多キニ居ルト云ハサル可カラス

又君ノ官ニ在ルヤ自守ニ固ク栄進ヲ計ルニ拙ナク格勤怠ルナシト雖トモ上官ニ夤縁シテ地位ヲ求ムルノ卑劣ヲ学ハス故ニ其官位甚タ低クシテ昇進極メテ遅々タリ然レトモ上官明アリ近来少シク地位ヲ仮スヤ君其精勤ト労力トヲ利用スルノ期茲ニ到達シ将ニ大ニ其驥足ヲ伸ヘントスルニ当リ劇務鞅掌ノ裏ニ在リテ溘焉世ヲ辞セリ誠ニ悼惜ノ至リニ堪ヘス

噫君ハ諸君ト予等ヲ捨テ遠ク窮冥ニ赴ク予等追慕ノ念止ミ難シト雖トモ之ヲ挽回スルニ由ナシ唯タ君ノ霊ヲ地下ニ慰スルアルノミ予ハ常ニ君ノ生徒ニ対スル方針ヲ賛称セリ予ハ将来諸君ニ対シ永ク此方針ヲ変スルコトナク力ヲ本校ニ致シ君ノ遺志ヲシテ充分伸暢スルアラシメント欲ス諸君モ亦タ此意ヲ諒セラレナハ庶幾クハ本校日ニ隆盛ヲ加フルト同時ニ君ノ霊ヲ慰ムルヲ得ン歟

右ハ宮城先生ノ演説ニ係ルト雖トモ演説ノ当時随聴筆記シタルニ非ス殆ント二旬余ヲ経過シタル後生等纔ニ記憶セル所ヲ綴リタルモノナレバ用語ノ主旨及ヒ文字ノ配置等誤謬ナキヲ保セス只タ其大意ハ多ク過差ナキヲ信ス読者請フ之ヲ諒セヨ

中村福太郎　小林朋三　中村豊三郎　敬白

【擬律擬判：刑事問題答案】

（『法政誌叢』第一二七号、明治二四年五月一五日発兌）

刑事問題

治罪法第三百十一条ハ公判ニ廻リタル被告人保釈ヲ求ムルニハ如何ナル手続ニ由ルヘキカヲ規定セリ故ニ拘留ヲ受ケタル被告人公判判決ノ言渡アル迄ノ間何時ナリ共保釈ヲ求ムルヲ得ルコト論ヲ俟タサリシ而ルニ現行ノ刑事訴訟法ハ公判ノ部ニ至テ保釈ニ関スル規定ヲ欠ケリ之レ法律ノ欠点ニハアラサルカ或ハ規定ヲ要セサルノ理由他ニアリテ存スルカ

被告人無罪ノ免訴言渡ヲ受ケタルトキハ即日ニ拘留ヲ釈クヘキカ或ハ判決確定ニ至ル迄ノ執行ヲ停止ストノ規定ニ基キ拘留ノ釈放モ又判決ノ確定ニ至ル迄停止スヘキモノナルカ若シ停止スヘキモノトセハ検察官ハ公訴権ヲ抛棄シタル場合又ハ検察官ハ上訴スル必要ナシトスル場合モ尚ホ被告人ヲ拘留セサルヘカラサルニ至ラン

以上ノ二疑ハ実地ニ当リテ感得シタルモノナレハ大方ノ諸士高教ヲ垂レテ疑ヲ解セシメヨ

（発題者：在高田　宏包子）

解答

本問ハ誌叢第百二十一号ニ於テ在高田、宏包子ノ提出セラレシ所ナリ本問ニハ固ト二個ノ疑問ヲ包含セシカ其第一問ヲ要略スルニ治罪法ニハ公判ノ部ニ於テ保釈ニ関スル規定アリシカ刑事訴訟法ニハ全ク其規定ヲ欠ク其理由

如何トイフニ在リ爰ニ宮城法律学士カ刑事訴訟法講義ニ於テ左ノ如ク述ヘラレタリ茲ニ掲ケテ宏包子ニ示ス
編者記ス

治罪法第三百六十四条第二項ニ「被告人禁錮ノ刑ノ言渡ヲ受ケタル時ハ当然保釈責付ヲ取消シタル者トス但上訴中更ニ保釈ヲ求ムルコトヲ得」トアリタルニ刑事訴訟法典ニ於テ此文ヲ刪除シタリ抑々刑事訴訟法典ニ於テ此文ヲ刪除シタルヨリシテ人或ハ曰ハシ《（ママ）》該法施行ノ後ハ公判判事ニアリテ禁錮ノ刑ト言渡ヲ受ケタル者ニ対シ保釈責付ヲ許スコトヲ得サルヘシ果シテ然リトスレハ予審判事ノ為シ得ラル、所ノモノニシテ公判判事ノ為シ得ラレサルハ如何ナル理由アリテ然ル乎ト予ハ則チ以為ク公判々事ハ被告人ニ対シテ勾引状若クハ勾留状ヲ発スルコトヲ得是レ刑事訴訟法典ノ有カニ規定スル所ナリ（第百七十八条）即チ是レ公判々事ハ被告人ノ自由ヲ停ムルコトヲ得ルナリ夫レ既ニ被告人ノ自由ヲ停ムルコトヲ得即チ亦其停メタル自由ヲ復スルコトヲ得ベシ豈被告人ノ自由ヲ停ムルノ権有ル者ニシテ其自由ヲ復スルノ権ナシト謂フノ理アランヤ然リ而シテ刑事訴訟法ハ刑法ト異ニシテ訴訟上ノ手続ヲ規定シタルニ過キサル者ナレハ明文以外ノ事ハ総テ之ヲ為スコトヲ得サルモノナリト解スルハ甚タ誤レリ或他ノ条ヲ引用スルモ可ナリ或ハ精神ヲ活用スルモ可ナリ或ハ正文ヲ拡用スルモ可ナリ要スルニ明文ニ拘泥スヘキモノニアラサルナリ是レ余ノ以上ノ論決ヲナス所以ナリ但シ爰ニ一ノ注意ヲ要スルモノアリ若シ単ニ被告人ノ自由ヲ停ムルコトヲ得ルモノハ亦其自由ヲ復スルコトヲ得ルトノ論理ノミニ拠ルトキハ遂ニ公判々事ハ重罪被告人ニ対シテモ其保釈ヲ免シ責付ヲナスコトヲ得ルニ至ルベシ果シテ然ルニ於テハ予審判事ニアリテハ予審終結ニ際シ重罪公判ニ付スル言渡ヲナストキハ既ニ免シタル保釈ヲ取消サルベカラス（第百六十八条）然ルニ公判々事ニアリテハ自ラ重罪ヲ犯セルモノト思料スルニ拘ハラス猶ホ保釈ヲ許スコトヲ得ルノ結果ヲ来スベシ是レ豈ニ不都合ナラスヤ何ヲ以テ公判々事ノ権ハ予審判事ノ権ヨリ大ナルヲ致スヤト詰問スルモノアラン予ハ之ニ答ヘテ曰ン否ナ然ラス保釈許否ノコト総テ宜シク刑事訴訟法典第三編第三章第九節中ニ規定セラル、所即チ予審ニ関シテ規定セラレタル所ニ準拠シテ之カ処分ヲナスベシ蓋シ保釈ノコト公判ニ関シテハ一モ規定セラレタル所ナケレハナリ既ニ然リトスレハ公判事ハ保釈ニ於ケル権ト予審判事ノ保釈ニ於ケル権トニ就キテ毫モ差違ナキニ至ルベシト是レ刑事訴訟法ハ刑法ト異ナルヲ以テ此ノ如ク解スルコトヲ得ルナリ

「真物ニ類似セサル印章ノ偽造ハ印章偽造罪ヲ成スヤ否ヤ（刑法第二百八条）」（一）

—『法政誌叢』第一二八号、明治二四年六月一五日発兌

本論ハ宮城先生カ曾テ明治法律学校ニ於テ諸生ニ講述セラレタルモノニ係ル生不学不文敢テ先生ノ高論ヲ筆記ス大方ノ哄ヲ招ク必セリ然レトモ其論ノ高遠ニシテ緻密ナル吾人攻法者ハ稗益スルコト甚タ大ナリ是レ此ノ筆記ヲ掲載スルノ止ムヲ得サルニ至リシ所以ナリ読者諒焉

門人　佐々木忠蔵筆記

真物ニ類似セサル印章ヲ偽造シタル時ハ第二百八条ノ罪ヲ成スカ之ヲ換言スレハ私印偽造罪ノ成立ニハ偽印カ真物ニ類似スルコトヲ必要トスルカ例ヘハ予円形ノ実印ヲ所有セリ猾児アリ予カ印章ヲ利用シテ不義ノ利ヲ得ント計リ之ヲ偽造シタレトモ特ニ其形ヲ方ニス此所為タル之ヲ第二百八条ニ問擬スヘキヤ曰ク予ノ見ル所信スル所ニヨレハ此所為ハ之ヲ第二百八条ニ問ヒ私印偽造罪ト為スコトヲ得ヘシ請フ左ニ反覆之ニ弁明セシ

予曾テ云ヘリ私印偽造罪ハ文書偽造罪ト性質ヲ同フシ其犯罪ヲ構成スルニハ彼ノ三箇ノ条件ヲ要スト是レ何人モ疑ヲ容レサル所ナリ而シテ此条件中本問ヲ決スルニ必要ナルハ所謂真実ノ変更アルコトヲ要ストイフ条件即チ是ナリ彼ノ円形ノ印章ヲ偽造シテ方形ト為スハ果シテ真実ノ変更ニアラサルカ其偽造ノ印章ハ真物ニ比シテ形状コソ異ナレ真実ノ変更ト謂ハスシテ何ソヤ今円形ノ印章ヲ偽造シテ同シク円形ノモノト為スモ其真物ニ対シテハ既ニ全ク変更アリタ

ルナリ唯円形ヲ方形ト為スニ至リテハ其変更ノ点著シキニ過クルノ嫌ナキニアラサレトモ亦是レ真物ノ変更ニ外ナラサルナリ況ンヤ之ヲ使用シテ以テ権利義務ヲ証明シタルニ於テハ其真物ニ類似スルト否トヲ区別スルノ必要アラサルニ於テヲヤ、人或ハ曰ハン真物ニ類似セサル印章タトヘハ真実円形ノモノヲ偽造シテ方形ト為シタル印章ヲ使用シテ事ヲ証明スルヲ得タルハ偏ニ敵手ノ過失ニ出テタルモノナリ蓋シ私印ナルモノハ通常其印鑑ヲ公廨ニ届出ツルモノナルヲ以テ人民ハ何時ニテモ之ヲ点検スルコトヲ得契約締結ノ際宜ク之ヲ点検シテ以テ其真贋ヲ判別セサルヘカラス私印ノ性質ソレ此ノ如クナルニモ拘ラス其点検ヲ怠リ真贋ノ区別ヲ為サ、ルニヨリ全然真物ニ類似セサル偽印ヲ使用シテ事ヲ証明スルコトヲ得セシメタルナリ之ヲ私印偽造罪ニ問フハ妥当ナラスト此レ実ニ迷誤ノ甚シキ者ニシテ問題ノ範囲外ニ馳セテ論弁スルモノニアラスシテ何ソヤ夫レ本問ノ決セント欲スル所ハ印章偽造罪ヲ成スヤ否ヤニ在リテ被害者ニ過失アリヤ否ヤニアラス蓋シ何レノ犯罪ト雖モ被害者ニハ多少ノ過失アルヲ常トス換言スレハ被害者ノ過失ハ犯罪構成ニ随伴スルモノナリ而シテ被害者ノ過失ハ加害者ノ犯罪ノ成立ヲ妨クルノ効力アルモノニアラス彼ノ遺失物拾得ノ罪ノ如キ遺失者ハ実ニ我物件ノ遺失シタル過失アルコトハ何人モ疑ヲ容レサル所ナリ然レトモ其過失アリタルカ為メニ拾得者カ罪ナシト論スルコトヲ得サルヘシ之ト同シク印章偽造罪ニ於テモ被害者カ印鑑点検ノ過失アリタリトテ加害者ハ印章偽造罪ヲ成立セシメサルノ理アランヤ且ツ被害者ニ過失アルカ故ニ印章偽造ニハ真物ノ類似ヲ必要トスト論スルコトヲ得ス若シ此ク論スルコトヲ得ルトセハ予ハ其奇怪ニ驚カサルヲ得サルナリ且夫レ論者ニ一歩ヲ譲リ被害者ニ過失アルカ故ニ真物ニ類似スルヲ要ストイフモ被害者ハ如何程ノ過失アリヤ届出ヲ為シタル印鑑ヲ点検セサルノ過失アリト曰ハシカ印鑑ナルモノハ届出ツルコトヲ要セス之ヲ届出テサレハトテ制裁アルニアラス故ニ若シ印鑑ノ届出ナキトキハ被害者固ヨリ之ヲ点検スルコトヲ得ス此場合ニハ被害者ハ毫モ印鑑点検ヲ怠ルノ過失ナキニアラスヤ故ニ被害者ニ多少印象ヲ点検セサルノ過失アリトスルモ之カ為メニ加害者ノ所為即チ印章ノ偽造ニ真物ノ類似ヲ要スト云フヘカラサルヲ知ルベシ是ヲ要スルニ印章偽造罪成立ノ条件タル真実変更ニハ偽造ノ印章ノ真物ニ類似スルコトヲ必要トセス苟モ人ノ使用スヘキ印章トナシ得ベキモノナラハ其形状ノ大小異同ヲ論セス文字ノ多寡種類ノ如何ニ拘ハラス之ヲ真実ノ変更ト云フコトヲ得ベシ故ニ其形状甚タ奇異ニシテ何人カ之ヲ観ルモ印章ト為スコトヲ得サルカ如キモノハ縦令権利義務ノ証明ニ使用スルモ印章偽造罪ヲ成サヽルナリ此論結タル実ニ法理ニ照シ実際ニ徴シテ誤謬ナキ所ノ者ナリ我立法者ノ法理ニ反キ実際ニ戻リテ本問ヲ決定シタル徴憑分明ナラサル限ハ予ノ説ノ如クナルヘキハ信シテ疑ハサルナリ

然レトモ印章偽造罪成立ノ条件タル真実ノ変更ニハ偽造ノ印章ノ真物ニ類似スルコトヲ必要トスト云フ議論ハ予ノ最モ尊敬スル法学者中ニモ執持シテ疑ハサル者アリト聞ク今其理由トスル所ヲ尋ヌレハ則チ曰ク第二百八条ニハ他人ノ私印ヲ偽造シタルモノ………トアリ抑々他人ノ私印トハ他人カ現ニ使用スル所ノモノナラサルベカラス故ニ其偽造トイフニハ他人即チ被偽造者カ認メテ我印章ト為シ得ヘキモノ換言スレハ真物ニ類似スル者ナラサルヘカラスト此説タル一見スレハ大ニ法文ト適合シタル所アリテ至当解シ得テ巧ナルカ如シト雖モ畢竟論拠ヲ文辞ノ間ヨリ発見シタルニアラスシテ先ツ論拠ヲ定メ然ル後強ヒテ文辞ニ解説ヲ附シタル者ニシテ牽強附会ヲ免カレサルナリ論拠ヲ文辞ノ間ヨリ発見シタルモノハ固ヨリ言フニ足ラス先ツ論拠ヲ定メテ後文辞ヲ解スルハ善良ナラサルニアラサレトモ根本タル論拠ニ誤謬アレハ則チ其枝葉タル文辞ノ解釈モ亦誤謬ナキコトヲ得ス惟フニ此説タル先ツ其心理ニ於テ印章偽造罪ニハ真物ノ類似ヲ必要トストノ決定ヲ下シ然ル後法文ニ就キテ之レカ説明ヲ為シタル有ナレハ此ノ如ク解シ去リテ大ニ其正鵠ヲ得タリトナシテ怪マサルモ亦宜ナリ今仮リニ予ノ云ヘル論拠ヲ其理ニ置キテ法文ノ解スルモ亦タ我第二百八条ノ文辞ニテ毫モ不可ナル所アルヲ見サルナリ是故ニ論者ノ説ク所ハ我第二百八条ニ於ケル文辞上ノ解釈トシテモ亦価値アル者ニ非ス然レトモ論者モ亦徹底真物ノ類似ヲ必要トスト為サス乃チ曰ク真実ニ類似スルヤ否ヤハ裁判官ノ認定ニ任スヘク彼ノ字書ノ不ナルカ如キ真物ニ類似セスト雖モ苟モ人ヲ欺罔スルニ足ル可モノハ之ヲ印章偽造罪ト為スコトヲ得ベシト真ニ然リ予ハ猶ホ之ニ数歩ヲ進メテ論スルモノニテ論者ノ想像シタル場合ハ勿論其形状カ非常ニ真

物ニ相違スルモ信実ノ変更アリト為シ之ヲ第二百八条ニ問擬スルコトヲ難カラサルナリ今爰ニ数十歩ヲ譲リテ論者ノ説ニ従ヒ印章偽造罪ヲ為スニハ其偽印ノ真物ニ類似スルコトヲ要ストスルモ実ニ奇怪ナル結果ヲ生スルヲ奈何セン夫レ私印ハ何人モ必ス之ヲ所持スル者ニアラス或ハ終生私印ヲ所持セズシテ已ムモノナキニアラス是故ニ被害者ニシテ私印ヲ所持スル者ナラハ偽造ノ印章カ真物ニ類似スルトイフ想像ヲ起スコトヲ得ヘシト雖モ若シ其私印ヲ所持セサルモノナル時タトヘハ予曾テ私印ヲ所持セス而シテ予カ名ヲ利用セントスル者一箇ノ印章ヲ製作シ之ヲ予ノ印ト称シテ証書ヲ偽造シタル場合ニハ如何ニシテ真物ニ類似スルコトヲ得ヘキヤ此ノ如キ者ハ之ヲ印章偽造罪ニ問ハスト曰ハントスルカ実際社会ニ立チテ事ニ従フ者ハ私印ヲ所持セサルモノ殆ト稀ナリ然レトモ其所持セル私印ハ偶々天災若ク盗難ニ逢ヒテ紛失シ或ハ途上ニ遺失スルカ如キコト往々ニシテ之レ有リ若シ此際ニ乗シテ其印章ヲ偽造シタル時ハ実際真実ノ印章ナキニヨリ之ヲ印章偽造罪ニ問ハサルカ若シ然ト曰ハヽ、実ニ其奇驚カサルヲ得ス且ツ通常私印ヲ所持スルハ一家ノ戸主又ハ社会的事業ニ関係ヲ有スル者ニ限リ未成年者ノ如キハ之ヲ所持セサルヲ常トス婦人モ亦多クハ之ヲ所持セス今其未成年者又ハ婦人ノ印章ト称シテ偽造スル場合ノ如キモ真物ノ類似ナキカ故ニ私印偽造罪ニ問ハスト論スルカ若シ然リトセハ甚タ不可ナリト謂ハサルヘカラス顧フニ未成年者婦人ハ無能力ナレハ無能力者ノ印章ト称シテ偽造スルモノ無カ如シト雖モ人事ノ錯雑ナル必スシモ之レ無シト断言スルコトヲ得サルノミナラス此ノ如キ場合ハ必ス発生スルヲ免レサルナリ而シテ此所為ヲ印章偽造罪ニ問ハスト謂フハ実ニ不当ト為ス惟フニ論者モ亦之ヲ印章偽造罪ニ問フノ至当ナルヲ知ルト雖モ真物類似ノ点ナキヲ以テ終ニ印章偽造罪ニ問フコトヲ得スト論定セサルヲ得サルノ結果ヲ生スルナリ若シ論者ノ説ニ従ヒ之ヲ印章偽造罪ニ問フコトヲ得スト為サンカ甚シキ不都合ヲ生スルヲ見ル即チ印章ヲ所持セサル者ノ印章ト称シ新ニ偽造シテ之ヲ証書ニ押捺シテ行使シタルモノヲ以テ罪トナラスト論スレハ証書偽造ノ点モ亦［之］ヲ問ハサルノ結果ヲ生ス其故如何トイフニ凡ソ印章ノ押捺ナキ私証書ハ之ヲ法衙ニ提出スルモ債務者ノ自白ニヨリ其証書ヲ認メタルカ如キ場合ニアラサレハ其効ヲ生セサルヲ常トス是故ニ未成年者又ハ婦人ノ印章ト称シテ偽造シ若クハ円形ノ印章ヲ方形ニ偽造シ之ヲ偽造証書ニ押捺スルモ其印章カ真物ノ類似ナキカ故ニ印章ノ偽造トナラストスレハ其証書ハ無印章ノモノト同シクシテ証書自体ハ効力ナキモノナルヘク随ヒテ文書偽造ノ点ヲ問フコトヲ得サルコト有ルニ至ル可キヲ以テナリ

「欠席判決アリタルノ後チ被告人ノ為メニ経過スル所ノ時効ハ刑ノ時効ナルヤ将タ公訴ノ時効ナルヤ」

―『法政誌叢』第一二九号、明治二四年七月二八日発兌

刑事訴訟法第二百二十九条ニ曰ク「故障申立ノ期間ハ三日トシ此期間ハ罰金以下ノ刑ヲ言渡シタル判決及ヒ私訴ノ判決ニ付テハ闕席判決ノ送達ヲ以テ始マリ禁錮ノ刑ヲ言渡シタル判決ニ付テハ被告人自ラ其送達ヲ受ケ又ハ判決執行ニ因リ刑ノ言渡アリタルコトヲ知リタル日ヲ以テ始マル」トアリ本問ハ即チ此条ヨリ生スル所ノモノトス此問題タル頗ル研究ス可キ価値ヲ有スル所ナリト信ス請フ仔細ニ之ヲ論究セン

旧治罪法典ニ拠レハ欠席判決ヨリシテ刑ノ時効ヲ生スルコトハ明瞭ニシテ疑ノ容ルヘキナシ何トナレハ其第三百五十六条及第四百七条ニ「刑ノ期満免除ニ至ルマテ故障ヲ為スコトヲ得」ト云ヘル明文アレハナリ蓋シ此ハ仏蘭西治罪法ヨリ出テタルナリ（第百八十七条参観）我カ刑事訴訟法典ノ旨意モ亦此ノ如クナルヤ否ヤ

単ニ刑事訴訟法典第二百二十九条ノ正文ニ拠リテ之ヲ観ルトキハ左ノ如ク論決セサル可カラス曰ク罰金以下ノ刑ヲ言渡シタル判決ニ付キテハ欠席判決ノ送達アラサルトキ禁錮ノ刑ヲ言渡シタル判決ニ付キテハ被告本人其送達ヲ受ケス又ハ判決執行ノ準備ノ為メニ逮捕セラレサルトキハ此欠席判決ヨリシテ被告人ノ為メニ経過スル所ノ時効ハ刑ノ時効ニアラスシテ公訴ノ時効ナリトス之ニ反シテ罰金以下ノ刑ヲ言渡シタル判決ニ付キテハ欠席判決ノ送達アリタル後チ

禁錮ノ刑ヲ言渡シタル判決ニ付キテハ被告本人其送達ヲ受ケ又ハ判決執行ノ準備ノ為メニ逮捕セラレタル後チ三日間ニ故障ノ申立ヲ為サヽリシトキハ三日ノ終リヨリシテ被告人ノ為メニ進行ヲ始ムルモノハ公訴ノ時効ニアラスシテ刑ノ時効ナリトス蓋シ確定判決即チ執行スヘキモノトナリタル判決ニアラサレハ其執行ヲ為サヽルヨリシテ被告人ノ為メニ刑ノ時効ノ進行ヲ始ムルモノニアラス而シテ欠席判決ハ故障申立ノ期間ノ経過セサル間ハ確定スルコトナケレハナリ之ヲ再言スレハ判決ハ確定セサル間ハ之ヲ執行スルコトヲ得ス然レハ其確定セサル間ハ之ヲ執行セサルハ固ヨリ当然ナレハ其執行セサルヨリシテ刑ノ時効ノ生スヘキ理ナケレハナリ我カ法律ノ旨意果シテ此ノ如クナルヤ否ヤ

茲ニ我カ刑法典ヲ参照スルニ其第六十一条ニ「期満免除ハ……欠席裁判ニ係ル時ハ其宣告ノ日ヨリ起算ス」トアリ是ニ因リテ之ヲ観レハ欠席判決ノ効力ハ唯公訴ノ時効ヲ中断スルニアラスシテ此レヨリ刑ノ時効ノ進行ヲ始ムルナリ乃チ刑事訴訟法典第二百二十九条ト併セテ之ヲ括言スレハ欠席判決ノ効力ハ故障申立ノ期間ノ経過セサルニ拘ハラス即チ未タ確定セサル間ヨリシテ刑ノ時効ノ進行ヲ始ムルモノトス蓋シ其意ニ謂ヘラク欠席判決ト曰フト雖トモ已ニ宣告シタル刑アル以上ハ之レカ執行ヲ為サヽルニ於テハ到底其効ヲ失ハサル可カラスシテ永遠ニ其刑ノ存スヘキ理ナシ已ニ然リトスレハ其効ヲ失フニ付キテノ起算点即チ時効ノ起算点ナカル可カラス否ラサレハ則チ欠席判決ヲ以テ宣告シタル刑ハ永遠ニ存スルモノト為サヽル可カラス夫ノ対席判決ニ因リテ宣告シタル刑ハ之レカ執行ヲ為サヽルニ於テハ若干年ヲ経過スルノ後チ遂ニ時効ニ因リテ其効ヲ失フニアラスヤ然ハラ［ラハ］則チ欠席判決ニ因リテ宣告シタル刑ト雖モ亦之レカ執行ヲ為サヽルニ於テハ永遠ニ存スルノ理ナカルヘシ是レ欠席判決ニ係ル刑ノ期間免除ハ其宣告ノ日ヨリ起算スト規定シタル所以ナリト亦是レ一説トシテ見ル可キカ如シ然リト雖トモ已ニ上ニ云フカ如ク凡ソ判決ハ確定セサル間ハ之ヲ執行スルコトヲ得ス執行スルコトヲ得サルモノナレハ其執行セサルハ当然ニシテ此レヨリ刑ノ時効ノ進行ヲ始ムルノ理ナカルヘシ而シテ欠席判決ハ罰金以下ノ刑ヲ言渡シタル判決ニ付キテハ欠席判決ノ送達アラサル間禁錮ノ刑ヲ言渡シタル判決ニ付キテハ被告本人其送達ヲ受ケス又ハ逮捕セラレサル間ハ故障申立ノ期間始マラサル

カ故ニ其判決タル確定スルコトナシ此未確定ノ判決ヨリシテ刑ノ時効ヲ生スルハ豈復タ奇ナラスヤ之ヲ要スルニ執行スルコトヲ得サル判決ヨリシテ刑ノ時効ヲ生スルハ刑ノ時効ノ性質ニ背戻スルヲ免レス且ツ夫レ欠席判決ニ因リテ宣告シタル刑ハ其宣告ノ日ヨリ刑ノ時効ヲ起算スト為サヽルニ於テハ果シテ永遠ニ存セサルヲ得サルノ結果ヲ生スル歟未タ必スシモ然ラサルナリ其故障申立ノ期間ノ経過シタル時即チ確定シタル時ヨリシテ刑ノ時効ヲ生スト為セハ則チ可ナリ但此ノ如クスルトキハ実際ニ於テハ禁錮ノ刑ヲ言渡シタル判決ニ付キテハ被告人捕ニ就カサル間ハ到底確定スルコトナクシテ唯公訴ノ時効ヲ中断スルニ過キサルニ至ル可シ

更ニ歩武ヲ進メテ之ヲ研究スルトキハ刑法典第六十一条ノ「期満免除ハ……欠席裁判ニ係ル時ハ其宣告ノ日ヨリ起算ス」トノ法文ヨリシテ奇怪ノ結果ヲ生スルヲ看ルヘシ此法文ニ拠ルトキハ欠席判決ニ依リテ禁錮ノ刑ノ言渡ヲ受ケタル被告人ニ於テ自ラ其送達ヲ受ケス又ハ逮捕セラレサルカ為メニ刑ノ言渡アリタルコトヲ知ラスト雖モ猶ホ刑ノ時効ニ至ルノ日子ハ滔々トシテ進行シ而シテ法律ノ定ムル若干年ヲ経過シタルトキハ遂ニ刑ノ時効ヲ得テ其刑ヲ免ルヘシ乃チ主刑ハ刑ノ時効ニ因リテ免除セラルヽト雖トモ之レト同時ニ性質上時効ヲ得サル所ノ刑即チ有形的執行ヲ所要セサル所ノ刑（即チ我カ刑法典第六十条ニ「剝奪公権停止公権及ヒ監視ハ期満免除ヲ得ス」トアル是レナリ）ヲ受ケサル可カラス何トナレハ欠席判決宣告ノ日ヨリ起算シテ法律ノ定ムル若干年ヲ経過シ了ルトキハ茲ニ刑ノ時効ヲ得可ク已ニ刑ノ時効ヲ得ルトキハ故障若クハ控訴ヲ為スコトヲ得サルハ弁ヲ待タサレハナリ請フ更ニ之ヲ詳言セン曰ク刑法典第六十一条ト刑事訴訟法典第二百二十九条トヲ併セテ之ヲ括言スレハ罰金以下ノ刑ノ言渡ヲ受ケタル者ニ於テハ其送達ヲ受ケス禁錮ノ刑ノ言渡ヲ受ケタル者ニ於テハ自ラ其送達ヲ受ケス又ハ逮捕セラレサル間ニ法律ノ定ムル刑ノ時効ノ期限ヲ経過シ了ルトキハ最早故障ヲ申立ツルコトヲ得ス故ニ欠席判決ニ付キテハ刑ノ時効ニ至ルマテ故障ヲ申立ツルコトヲ得但罰金以下ノ刑ヲ言渡シタル判決ニ付キテハ其送達アリタル時禁錮ノ刑ヲ言渡シタル判決ニ付キテハ被告本人其送達ヲ受ケ又ハ判決執行ニ因リ刑ノ言渡アリタルコトヲ知リタル時ハ其日ヨリ三日内ニアラサレハ故障ヲ申

立ツルコトヲ得スト云フニ同シ乃チ欠席判決ハ或ル場合ヲ除クノ外ハ刑ノ時効ニ因リテ確定ス換言スレハ刑ノ時効ヲ得ルノ時ハ即チ欠席判決ノ確定スル時ナリトス何トナレハ刑ノ時効ヲ得ルノ後チハ故障ヲ為スコトヲ得サルニ至レハ也夫レ此ノ如クナルカ故ニ上ニ述フルカ如キ結果ヲ生スルニ至ルナリ豈奇怪ノ至リナラスヤ何トナレハ刑ノ時効ハ刑ヲ免除セシムルモノナルニ今此場合ハ刑ノ時効ニ因リテ反リテ更ニ一刑ヲ生シ来レハナリ若シ故障期間ノ経過シタル時ヲ以テ刑ノ時効ノ起算点ト為ストキハ決シテ此ノ如キ奇怪ナル結果ヲ看ルコトナカルヘシ何トナレハ若シ此ノ如クスルトキハ主刑ノ時効ヲ得タルニ拘ハラス猶ホ剝奪公権停止公権監視ノ刑ヲ受タルハ主刑カ時効ヲ得タルノ結果ニ因リテ然ルニアラスシテ有形的執行ヲ要セサル刑ハ時効ヲ得ストノ原則ニ因リテ然ルヲ致スモノナレハナリ惟フニ此等ハ立法者ノ最思ヒヲ致サヽル可カラサル所ナルベシ

「序」

諏方武骨編『山形名誉鑑上巻』諏方武骨、明治二四年七月刊

山形日報社員諏訪《ママ》武骨君山形名誉鑑なる一書を編み余に托するに序文を以てす然るに余や近日多端原稿を求めて披読するの暇を得ず故に之が細評を下すに由なしと雖ども書中記載の人物は政治家法律家を初めとし官吏代言人新聞記者其他宗教家実業家等二百有余名にして人毎に精密の経歴を記し短評を附せしものなりと聞けば之に対する所懐を述べて序文の責を塞がんと欲す

人の世に処し身を立つるの途一にして足らずと雖も苟くも抜群の偉功を奏し越類の大業を起せし者には必ず見るべきの事跡あり殷鑑たるべきの美挙あるものなり故に之を世上に示して其功蹟を詳かにするは嘉みすべきの事業たるのみならず後進輩の奨励上にも大に力あるべきものとす然るに本書の目的とする所は山形県人の一部に止まり広く天下に

及ばずと雖も県下決して人なきにあらず縦し又名士に乏しきと為すも其人と成りの如何を知らしめ且つ之等の人々等が将来に於けるの成功を期するは大に必要あるべきを知る

特に本書の嘉みすべき所は実業家の称揚を勧めたることなり蓋し已往の社会に於ては実業家軽侮の余弊なきにや伝記を編む者成蹟を評する者概ね材料を実業家に求めず政治法律の社会に取れり然るに本書は嚢底を広めて総ての専門家は云ふも更なり実業社会の人々を網羅し其経歴を叙したればなり顧ふに此事たる時運の然るべき所とは云へ其着眼も亦宜しきを得たりと云ふべし

「真物ニ類似セサル印章ノ偽造ハ印章偽造罪ヲ成スヤ否ヤ（刑法第二百八条）」（二・完）――『法政誌叢』第一三〇号、明治二四年八月一八日発兌

其他猶ホ本問ニ対シ有力ナル反対論ヲ維持スルモノ有リト聞ク而シテ此反対論タル我邦法律家ノ淵叢ト聞エタル某局ノ意見ナリト聞ク固ヨリ其真否ヲ知ラサレト兎ニ角有力ナル駁論ナレハ以下之ヲ掲ケテ以テ諸君ノ参考ニ資セント欲ス

論者曰ク私印偽造ヲ罰スルハ猶ホ貨幣又ハ印紙ノ偽造ヲ罰スルカコトシ而シテ貨幣偽造罪又ハ印紙偽造罪ニハ真物ノ類似ヲ以テ必要条件ノ一トナス是ヲ以テ私印偽造罪ニモ亦真物ノ類似ヲ必要ト為サヽル可カラスト、得テ説キ得テ妙ナリ然レトモ其誤謬ナルコトハ前論者ト軒輊アルコトナシ蓋シ彼是犯罪ノ事実ノ間ニ大ナル区別アルコトヲ知ラサルニ坐スルノミ夫レ貨幣又ハ印紙ニハ皆一定ノ法アリ其形状摸様若クハ分量等悉ク同一ナリ故ニ一定ノ法ニ反スル者ヲ偽造スルモ貨幣又ハ印紙ノ偽造罪ニ非ス貨幣ニ就キテ之ヲ曰ハン貨幣トハ一定ノ形ヲ具スル金銀塊ノ定名ナリ一定ノ

形ヲ具セサル金銀塊ハ之ヲ貨幣ト謂フコトヲ得ス随ヒテ其定形ニ類似セサル者ヲ偽造スルモ之ヲ貨幣偽造罪ト為スコトヲ得ス印章ニ至リテハ則チ其物ノ官タリ私タルヲ問ハス定形ヲ具有スルモノニ非ス形状ニ一定ノ法アルモノニ非ス各人ノ随意ニ種々ノ形状ヲ具スルモノヲ作ルコトヲ得ヘシ是ヲ以テ一般ニ印章ト名ケ得可キ形状ヲ具有スル者ヲ偽造スレハ則チ印章偽造罪ト為ル、泰西諸国ノ印章ニ関スル事例ヲ案スルニ彼国ニテモ官署公署又ハ会社商舗等ニテハ印章ヲ用フルト雖モ一般ノ人ハ印章ヲ所持セスシテ「シガチール」（訳シテ署名ト云フ）ヲ用フ「シガチール」ハ固ヨリ印章ノ如ク一定ノ形状ヲ具フルモノニアラスシテ人々ノ記載ニヨリテ大ナル者アリ小ナル者アリ或ハ書体ヲ変シテ署スルコトアリ故ニ「シガチール」ノ偽造ナリヤ否ヤヲ験真セント欲セハ形状ノ大小字体ノ異同等ヲ標準トスルニアラスシテ其被偽造者ノ手署ニ係ルヤ否ヤヲ観察シテ以テ真贋ヲ判別スト云フ我国ノ印章ハ固ヨリ「シガチール」其物トハ異ナリト雖モ其形状ノ異同ヲ以テ換言スレハ真物ニ類似スルヤ否ヤヲ以テ其偽造ナリヤ否ヤヲ判別スルニ非サルコトハ彼是同一ナリト謂ハサル可カラス例ヘハ予従来方形ノ印章ヲ所持シタリシニ其磨滅シタルニヨリ之ヲ改造シテ円形ノ印章ヲ作レリ予カ方形ノ印章ヲ改メテ円形ノ印章ト為シタルハ固ヨリ予ノ随意ニシテ何人モ之ヲ咎ムルコトヲ得ス更ニ一歩ヲ進メテ予毎月一顆ツ、異別ノ印章ヲ改造スルモ亦是予ノ随意ナリトス之ヲ要スルニ印章ノ形状ニハ一定ノ法則ナク所持人ノ随意ニ変換スルコトヲ得可キモノナリ換言スレハ印章ハ貨幣又ハ印紙ノ如ク一定ノ形状ヲ具有スル者ニ与ヘタル定名ニアラサルナリ故ニ其偽造ヲ罰スルニハ真物ニ類似スルコトヲ必要トスルコト貨幣偽造罪又ハ印紙偽造罪ノ如クナラサルナリ

論者曰ク印章ニハ定形ナシト雖モ届出ノ法アリ其届出ハ猶ホ貨幣又ハ印紙ノ公布ノ如ク因リテ以テ第三者ニ対シテ其形状ヲ告知スル者ナリ第三者ハ因リテ以テ其形状ヲ知ルコトヲ得可キ者ナリ故ニ其届出ナル所為ハ印章ニ定形ヲ有セシムルトイフモ過言ニアラス是ニ由リテ之ヲ観レハ真物ノ類似ヲ必要トスト曰フモ亦理アルニアラスヤト嗚呼是レ予ノ反覆痛論シタル所ナリ論者ハ何如ナル点ヨリシテ公布ト届出トヲ同一視シタルカ貨幣又ハ印紙ハ公布セサレハ即チ

其効ナシ之ニ反シテ印章ハ届出ツルコトヲ要セス或ハ公務ノ為メ或ハ社交ノ為メ又或ハ警察ノ取締ノ為メ私印ノ届出ヲ必要トスルコト有リ仮令此届出ナシト雖モ印章トシテ効力アリ随ヒテ届出ナキ印章ヲ偽造スレハ印章偽造罪ヲ成ス例ヘハ予一ノ印章ヲ造リ未タ届出ノ手続ヲ履行セサル前之ヲ押捺シテ一箇ノ証書ヲ作リタリトセン此証書ハ印章ノ届出ヲ為サ、ルニヨリ之ヲ無効トス可キカ証書ハ之ニ押捺セル印章ノ届出テタルモノナルト否トニヨリ其効力ノ有無ヲ判別スル者ニアラス一歩ヲ譲リ印章ハ届出ヲ必要トスト為スモ実印ナレハ通常之ヲ届出ツルト雖モ店舗用ノ仕切版ノ如キハ何レノ商店モ之ヲ届出ツルヲ聞カス而シテ仕切版ノ偽造ハ則チ印章偽造罪ニアラスト曰フコトヲ得ス若シ之ヲ印章偽造罪ニアラスト論セントスルカ其レ将タ如何ナル理由ヲ附ス可キ乎予ノ不敏ナル之ヲ発見スルコトヲ得サルナリ

以上説キ去リ説キ来レハ反対論者ノ根拠トスル所ハ一モ成立セサルヲ見ル是ニ於テ下ノ如ク論結スルノ妥当ナルヲ知ル曰ク真実ニ類似セサル印章ヲ偽造シテ之ヲ使用シタル者ハ第二百八条ニ依リテ処断セラルヘシト

「法典維持論ハ英法学者ヨリ起ル」

『法治協会雑誌』第五号、明治二四年一一月一八日発兌

世人法治協会ヲ指シテ法典維持ノ団体ナリト為ス特ニ或ル一派ノ論者ノ如キハ本会ヲ以テ法典ノ是非善悪ヲモ論セス只管之レヲ維持スルヲ以テ主義ト為スモノナリト為シ以テ抗撃ノ一材料ト為スニ至ル我輩其何ノ故タルヲ解セス本会ノ主義トスル所ハ其規則第一条ニ於テ明示スル如ク主トシテ学理上ヨリ本邦法律ノ利害得失ヲ考究シ之レヲシテ国家ノ啓運ニ伴随セシメントスルニアリ本会ハ常ニ会員数千名ノ共仝研究ニ因リ其輿論ト為ス所ヲ以テ本会ノ意見ト定メ之レヲ発表スルニ過キス今会員中某法律ニツキ其中ノ如何ナル部分ハ如斯修正セサルヘカラストノ意見ヲ提出スルモ

ノアレハ本会ハ直チニ調査委員ノ調査ニ付シ其意見ニシテ理由アリト為ストキハ之ヲ本会々長ニ報告ス本会々長ハ之ヲ毎月開ク所ノ評議員会ニ提出シテ其可否ヲ問ヒ若シ可決スルトキハ之ヲ以テ本会ノ意見ト定メ天下ニ発表スルモノトス本会ノ事業ハ如斯ナレハ或ル法典ニ関シ一モ二モナク本会カ之ヲ現在ノ儘ニ維持セントスト云ヘルカ如キハ無根ノ暴説ト言ハサルヘカラス

又凡ソ一議論一事業ノ起ル多クハ必要ニ迫ラレテ然ル後起ルモノナリ法典維持論ノ起ル果シテ其必要アルヘキヤ熟々現今ノ大勢ヲ察スルニ今ヤ憲法ヲ始メトシ民法商法民事訴訟法悉ク備ハレリ其中民法商法ノ如キハ未タ実施ニ至ラスト雖トモ既ニ憲法ト同シク我国無窮ノ大典トナレリ帝国臣民モ亦タ大ニ其必要ヲ感ス此際如何ナル必用アッテ以テ法典維持論ヲ主張スヘキヤ本会ガ如斯必用ナキ法典維持論ヲ自カラ好ンデ之ヲ主張セサルヤ知ルヘキナリ

然レトモ本会ハ本邦ノ法律ハ是非法典ナラサルヘカラサルコトヲ信ス其然ラサルヲ得サル理由ハ今更我輩ノ喋々ヲ要セサレトモ一二之ヲ挙クレハ左ノ如シ

（一）我国家ノ組織ハ全ク法典国ニ為サントノ目的ニテ先ツ憲法ヲ発布シ次キニ裁判所構成法民法商法民事訴訟法ヲ発布シタリ是等ハ合仝一体シテ以テ始メテ立法者ノ企図セシ効用ヲ顕スモノナリ是等諸法律ノ相関聯シテ離ルヘカラサルコト猶ホ人類ノ四肢五体ヲ完備シテ始メテ活潑ナル運動ヲ為シ得ルト毫モ異ナルコトナシ仮令ハ商法ノ第一条ニ「此法律ニ規定ナキトキハ商慣習及ヒ民法ノ規定ヲ適用ス」ト云ヘルカ如キ又現今行ハル、民事訴訟法中ニ「民法ノ規定ニ依ル」ノ明文ヲ諸所ニ散見スルカ如キ互ニ相関聯スルノ確証ナリ故ニ是等諸法律ハ不可分的ノモノトス

（二）我国ノ如キ各国法律ノ多ク輸入セラレタル国ニ於テハ是非共法典ヲ以テ裁判官ノ標準ト為スヘキ法律ヲ定メスンハ甲ハ仏法ニ因リ乙ハ英法ニ因リ丙ハ独法ニ因ルカ如ク各自異別ノ裁判ヲ為スカ如キノ不都合ヲ現ハスナルヘシ如此ナルトキハ第二審裁判所ハ第一審裁判ヲ上告裁判所ハ第二審裁判ヲ破毀スルコト自然夥多ナルニ至ルヘシ是レ公益上決シテ看過スヘカラサル重要ノ問題ナレハ必ス之ヲ防クノ方法ナカルヘカラス其方法トハ他ニ非ス民法商法ノ実施

即チ是ナリ

此他法典ノ必要ナル理由枚挙ニ遑アラス是レ即チ今日ノ如ク一大法典ヲ見ルニ至リタル所以ナリ我輩カ法典ノ必要ヲ説ク今日ニ始マリシニ非ス然シテ此議論ハ世人ノ所謂法典維持論ニ非サルナリ今日ハ毫モ之ヲ維持スルノ必要ナシ然トモ若シ必要アランカ我輩ハ腕ヲ扼シテ其維持ヲ唱道セサルヘカラス

近頃英法学者ノ面々ハ法学新報ヲ機関トシ又猶興会トカ称スル団体ヲ作リ其他二三ノ新聞紙ヲ楯トシ何トカシテ法典中未タ実施セラレサル民法商法ヲ此儘ニ廃棄セント企図スルモノ、如シ今其議論ヲ聞クニ分レテ二派ト為ル共ニ法典破壊説ナリトス

（一）現今ノ法典ハ習慣ニ反シ且ツ熟字困難行文渋滞甚タ了解シ難シ要スルニ不完全極リナキ法典ナレハ宜シク無期延期ト為シテ徐々ニ其修正ヲ為スヘシト

（二）現今ノ法典ハ煩雑ニ過ク又如此数多ノ法律一時ニ必用ナシ故ニ此法典ハ此儘ニ据ヘ置キ其中ヨリ必用ナル部分ヲ抜イテ実施スレハ足レリト

是レ果シテ何等ノ暴説ソ如此破壊論ノ世間ニ現ハル、以上ハ本会ハ全力ヲ注イテ法典ノ維持ヲ為スヘク我輩モ亦タ力ヲ極メテ之ヲ主張スヘキナリ近頃本会ノ所為往々法典維持ニ傾クナキニ非サレトモ是レ自カラ好ンテ之ヲ為スニ非ス必要ニ際シ止ムヲ得サルニ起ル必要ナクンハ決シテ之ヲ為サス本会ハ唯タ順々然ト其主義ニ従ツテ進ムナルヘシ

本会ヲシテ法典維持論ヲ為サシムルノ必要ヲ起スモノ誰ト為スカ法典破壊論是レナリ然ラハ法典破壊論ヲ為スモノ誰レト為スカ英法学者是レナリ英法学者ナクンハ法典破壊論起ラス法典破壊論起ラスンハ法典維持論ノ起ルヘキ必用ナシ其必用ナクンハ法典維持論起ラサルナリ英法学者ノ法典破壊説ハ本会カ法典維持論ヲ起ス直接原因ナリトス破壊説起ラスンハ乃チ維持説起ラス故ニ我輩ハ曰ク法典維持論ハ英法学者ヨリ起ルト

英法学者諸氏ハ自カラ其原因ヲ作リ本会ヲシテ法典維持論ヲ起サ、ルヲ得サラシメ本会カ止ムヲ得ス之ヲ起スニ及ヒ

諸氏ハ本会ヲ指シテ一モ二モナク新法典維持論者ナリトテ之ヲ抗撃ス仮令ハ温厚篤実ノ人ヲ謂レナク殴打シ其人怒ニ乗シ覚ヘス反殴スルヲ見テ之レヲ乱暴人ナリト評スルト一般我輩ハ諸氏ノ議論ノ甚タ穏カナラサルヲ信スルナリ

「商法部分施行論」

『法治協会雑誌』第六号、明治二四年一二月一五日発兌

昨明治廿三年度ノ帝国議会ニ於テハ商法ノ施行猶ホ未タ早シト為シ其実施期限ヲ延ハシテ明治廿六年一月一日ト定メタリ議会ハ神聖ナリ議会ハ国家輿論ノ代表者ナリ我輩其議決ニ対シテ亦何ヲカ言ハン凡ソ国家ノ輿論ノ起ルヤ必ス其必要ニ基因セスンハアラス昨年商法実施延期論ノ起リシモ亦其当時我国家ノ情勢ハ実ニ商法ノ実施ヲ以テ不可トナセシモノナリト言ハサルヲ得ス其当時ノ社会ノ情勢ハ商法延期論ヲ惹起シタル直接原因ナラサルハナシ然シテ社会ノ情勢ハ時々刻々ニ変転スルモノニシテ猶ホ日ニ陰晴風雨ノ定マリナキカ如ク然リ昨ハ極メテ非トセシ者今日必スシモ非ナラズ又昨ハ極メテ是トセシ者今日必スシモ是ナラス是レ其常態ナリトス凡ソ事物ノ必要不必要ヲ感スル所以ノモノハ一ニ亦社会情勢ノ変転如何ニ因ラサルハナシ既ニ然ル以上ハ昨年ニ於ケル我帝国議会ハ其輿論ヲ以テ商法ノ実施期限ヲ明治廿六年一月一日迄ニ延ハシタリト雖トモ我輩ノ如キ聊カ国家ヲ憂フル者ハ常ニ其期限以前ニ商法ノ全部若クハ一部分ヲ実施スヘキノ必要生セシヤ如何ヲ観察スルノ義務アルコトヲ信スルモノナリ

熟々昨年商法実施期限延期後ニ於ケル我国商業社会ノ景況ヲ観察スルニ諸会社諸銀行ノ破綻紛乱一ニシテ足ラス曰ク札幌製糖会社ノ偽造株券発行曰ク米商会所ノ不始末曰ク第六十一国立銀行ノ取引停止曰ク久次米銀行ノ紛議等商業社会ノ恐慌陸続トシテ起リタリ加之其影響ハ忽チ商業社会全般ニ波及シ遂ニ規律整頓シ財政富裕ナル処ノ会社銀行迄モ端ナク其嫌疑ヲ受クルノ止ムヲ得サルニ至リタリ之レカ為メ大ニ財貨ノ融通ヲ遅鈍ナラシメ痛ク商業ノ活気ヲ減殺セ

シメタルコトハ今猶ホ心アル人々ノ嘖々之ヲ嘆シテ頻リニ其救済ヲ講セント欲スルハ顕著ナル事実ナリ昨年帝国議会開期中ニ於ケル社会ノ情勢ト其後ニ於ケル社会ノ情勢トノ全ク相同シカラサルコトハ蓋シ争フヘカラス昨年ノ帝国議会ハ唯其当時ニ於ケル社会ノ情勢ニ因テ之ヲ延期シタルモノナレハ其後ニ於テ社会ノ情勢彼レカ如ク変転スル以上ハ其決議モ亦従ツテ一変セサルヘカラス若シ一旦神聖ナル帝国議会ニ於テ其延期ヲ決議シタル以上ハ其施行期限ナル明治廿六年一月一日迄ハ是非此儘ニ据置カサルヘカラスト言ハンカ社会ノ情勢ハ如何ニ其実施ヲ促スモ之レヲ実施スル能ハスシテ遂ニ国家ノ法律ハ国家ノ必要ノタメニ設ケタルニ拘ラス其必要ニ応セシムル能ハサルノ結果ニ至ルヘシ昨年ノ議会ニ於テ商法ノ実施ヲ延期セシ以後ノ状況ハ大ニ商法ノ実施ヲ促シツ、アルコトハ毫モ疑フヘカラス果シテ然ランカ目下開期中ナル帝国議会ハ宜シク社会情勢ノ変転ヲ察シ現時ニ於ケル商業社会ノ事情ヲ審査シ商法ヲシテ其必要ニ応セシムルノ思想ナカルヘカラス此ニ一言スヘキハ目下社会ノ情勢ハ商法全部ノ実施ヲ促シツ、アルヤ将タ其中最モ緊要ナル部分ノミノ実施ヲ促シツ、アルヤノ問題是レナリ本問題ハ商業社会ニ及ホス利害ノ関係甚タ大ナレハ深ク研究スヘキナリ

会社ナルモノハ商業社会ノ中枢ナレハ最モ肝要ナリ其中枢ニシテ運転円滑渋滞スルナクンハ商業ノ気運大ニ進ミ財貨ノ融通従ツテ裕カナルニ至ルヘシ商法実施延期後ノ社会ノ情勢ハ実ニ其中枢ヲシテ弛廃壊乱セシメタリ故ニ先ツ速カニ会社法ヲ実施シ以テ之レヲ回復シ且ツ後来復タヒ其憂ナカラシメサルヘカラス又商法中ニハ多少修正ヲ要スル点モ勿論之レナキニ非ス故ニ速ニ実施セサルヘカラサルノ必要存スル部分ニ非ラサル以上ハ明治廿六年一月一日迄ノ間ニ於テ之レヲ修正シ然ル後実施スルモ可ナリ会社法ノ如キハ仮令修正ヲ要スルノ点ニシテ多少存ストナスモ其実施ハ一日モ猶予スヘカラス況ンヤ我輩ノ考ヲ以テスルモ又我東京商工会諸氏ノ調査ニ係ル商法案ニ於ルモ会社法ニ於テハ修正スヘキ箇条極メテ稀少ニシテ殆ント無シト言フモ可ナリ

又破産法実施ノ必要ハ会社法実施ノ必要ニ一歩モ譲ラサルナリ従来会社諸銀行ノ破産スルニ際シ其不始末ノ結果ニ対

シ関係者ヲ罰スルノ制裁ナカリシヲ以テ其紛雑専横言フニ忍ヒサルモノ比々皆然ラサルハナシ即チ懈怠又ハ詐欺ノ破産ヲ以テ叨リニ債主ヲ害セシコト枚挙ニ遑アラス又破産ノ際ニ於テモ債主中甲ハ早ク其事情ヲ知リシタメ多少ノ弁済ヲ得タルモ乙ハ不幸ニシテ其事情ヲ知リシコト遅カリシタメ全部ノ損害ヲ受ケシコト等少シト為サス是等ノ事実ハ商業上一日モ等閑視スヘカラス故ニ破産法ハ会社法ト共ニ商法中ヨリ之レヲ把摘シ速カニ之レヲ実施スヘキハ今日ノ一大急務ト信スルナリ

本会ニ於テハ夙トニ会社法破産法実施ノ必要ヲ感シ本会評議員会ニ於テ明年一月一日ヨリ会社法破産法ヲ実施スヘシトノ意見ニ付調査委員ヲ撰定シ其調査ヲ為サシメシカ評議員会ハ遂ニ調査委員ノ調査ヲ採用シテ明治廿五年一月一日ヨリ商法中会社法破産法ヲ把摘シテ実施スルノ必要存スルモノト決議シタリ

此ニ一ケノ疑義アリ商法中会社法破産法ノ実施ハ如何ニ焦眉ノ急ニ逼レリト雖トモ其商法ノ一部分タル会社法破産法ノミヲ把摘シテ実施スルコト能ハサルヘシ何トナレハ商法全部ハ恰モ人間ノ四肢五体ノ如ク相互ニ牽連関接シテ始メテ其効用ヲ顕ハスモノナレハ其中ノ腹部若クハ腰部ニ当ル一部分ヲ抜キ之レヲ運転セシメントスルハ蓋シ能ハサルノ業ナレハ寧ロ全部ヲ実施センカ将タ其全部ヲ此儘ニ明治廿六年迄据置クカノ二途必ス其一ニ出テサルヘカラス観ヨ商法ノ総則ナルモノハ其全篇各部分ニ密接ノ関係アルノミナラス総則ト併セテ実施スルニ非ラサレハ決シテ之ヲ為スヘカラサルモノナリ即チ総則第一章ナル商事及ヒ商人ノ区別ハ会社法実施ト共ニ直チニ其必要ヲ感スヘシ何トナレハ会社ト第三者ト取引上商事ト民事トハ裁判管轄立証時効其他数多ノ差異ヲ生ス商人ト非商人トノ間ニ於テモ亦然リ又会社法ヲ設立スル以上ハ直チニ之レヲ登記スルノ必要存スルヲ以テ是非共第二章ヲ併セテ行フノ必要存スヘシ且ツ又破産法ヲ実施スル以上ハ第三章ナル商業帳簿ノ規則ヲ併セ行フニ非ラサレハ其効果ヲ奏セシムルコト能ハサルニ非ラスヤト

此疑問ハ宜シク弁解スヘキ重要問題ニシテ一言ニ之ヲ尽セハ商法ノ部分施行ハ為シ得ヘキモノナルヤ否ヤニ帰着ス本

問題ハ実ニ学問上決定ヲ与フヘキ問題ニシテ本会カ其目的ナリ本分ナリトシテ研究セシ所ナルガ我輩ハ本会ノ意見ト同シク其部分施行ハ毫モ障碍ナキモノナリト思惟ス因テ本会ノ調査ヲ参照シ部分施行ノ為シ得ヘキ理由ヲ陳ヘン

商法ノ総則ニ拘ハラス一般ニ総則ナルモノハ普通ノ事ヲ規定セシモノナレハ其規定ナシト雖トモ常ニ行ハル、モノトス彼ノ各部分ナル会社法手形法海上法破産法ト云フカ如ク其規定ナケレハ従ツテ亦行ハル、コトナシト云フノ類ト全ク同シカラス観ヨ総則ノ第一章ナル商事及ヒ商人ト民事及ヒ非商人トノ差異ノ如キハ普通習慣上既ニ其区別アリテ何人ニテモ殆ント之レヲ疑ハス素ヨリ其規定ノ如ク詳細確実ナラスト雖トモ取引上亦敢テ差支ヲ感セサルヘシ果シテ然ラハ裁判管轄立証時効等ノコトモ従ツテ其区別ヲ為シ得ヘキヲ以テ必スシモ其第一章ヲ会社法破産法ニ併セテ行ハサルヘカラサルノ必要ナシ又第二章ナル商業登記簿ノ規定ヲ実施セスト雖トモ一旦会社法ヲ実施スヘキモノト決シタル以上ハ其会社設立ノ登記ノ如キハ政府ニ於テ適宜ノ方法ヲ設ケテ其登記ヲ為サシムルコトヲ得レハ必スシモ第二章ヲ必要ト為サス又第三章ナル商業帳簿ハ是非破産法ト相伴ハサルヘカラサルノ必要存スルカ如クナレトモ熟考スルトキハ亦其然ラサルコトヲ知ルヘシ今日諸会社諸銀行ノ日々営業セシ実際ヲ観ルニ皆規律アル商業帳簿ヲ備ヘテ取引上ノ事大小トナク皆之ヲ記入スルモノナレハ今日新タニ商業帳簿ノ制ヲ実施スト雖トモ更ニ一層進ミタル記載方法ナキナリ唯其帳簿ノ検視方法証拠力及ヒ一定ノ時期ニ総目録及ヒ貸借対照表ヲ作ルノ義務等ヲ附シタルニ過キサレハ其規定ハ之レヲ実施セスト雖トモ破産ノ場合ニ懈怠詐偽ノ悪手段ヲ検スルノ方法ナシト言フヘカラス故ニ第三章モ亦必ス併セテ之レヲ行ハサルヘカラサルニ非ス

之レヲ実際ニ徴スルニ我国ニ於テハ従来商法ノ一部分ナル手形法ヲ実施シ来リシニ別ニ総則ナキカタメ之レヲ実施スヘカラサルカ如キ困難ニ遭遇シタルコトヲ聞カス然シテ手形法実施ノタメ我商業社会ニ与ヘシ利益ノ如キハ其幾許タルヲ知ルヘカラス若シ手形法モ他ノ部分ト併セテ行フニ至テハ其利益一層大ナルニ至ルヤ必スヘシ会社法破産法ノ実施モ亦之レト相同シカルヘシ是ニテ会社法破産法ヲ把摘シテ実施スルコトヲ得ヘキノ理由ハ略ホ明瞭ナルヘシ

然レトモ吾人ハ商法第一章以下ノ総則及ヒ其各部ノ実施ハ会社法破産法ノ如ク之レヲ実施スルノ必要ナシト言フニハ非スシテ唯其等ノ部分ノ実施ハ明治廿六年一月一日迄其実施ヲ見合スコトヲ得ヘシト云フニ過キス

頃日衆議院議員渡邊又三郎君外数名（予モ賛成者ノ一人）ハ本会ト同意見ヲ抱カレシト見ヘ既ニ其法律案ヲ衆議院ニ提出セラレタリ即チ左ノ如シ

　商法及商法施行条例ノ一部施行ニ係ル法律案

明治廿四年四月法律第三十二号中第一編第六章及第三編并ニ仝年八月法律第五十九号商法施行条例中商事会社及破産ニ関スル規定ハ明治廿五年三月一日ヨリ施行ス但商法第三編ノ施行ハ商事会社破産ノ場合ニ限ル

理由

我邦商業社会ノ秩序整正セサルヤ既ニ久シ殊ニ商事会社ノ如キ昨年ヨリ今年ニ及ヒ破産百出弊害勝ケテ言フヘカラス某々数会社ノ事蹟ノ如キ歴々之レヲ今日ニ数フヘク其局ニ当ル者之レヲ坐視スルニ忍ヒサルモノアリ而シテ之ヲ匡正防遏スルノ路固ヨリ容易ナラスト雖トモ細緻厳正ノ法律ヲ以テ之ヲ規律スルハ最モ効力アル方法ノ第一ニ居ルモノト謂ハサル可カラス今ヤ幸ニシテ既定法典ノ在ルアリ其一部ヲ把摘シテ速カニ之ヲ施行セハ其効績必ス観ルヘキモノアラン然リ而シテ第三編破産ノ部ハ商事会社ノ規定ヲシテ其実効アラシムル所以ニシテ若シ之ヲ伴フコトナクンハ龍ヲ画テ睛ヲ点セサルノ嗤ヲ免レス該法中此二箇ノ部分ヲ併セ施行セントスルハ此カ為ナリ蓋シ全部施行ノ期遠シトセスト雖トモ如此焦眉ノ急務ニシテ一日ヲ遅クスレハ一日ノ弊アリ其期既ニ遠カラスト謂フテ之ヲ等閑ニ附スルハ人民ニ深切ナリト云フヘカラス是レ本案ノ必要ナル所以ナリ

因之観之渡邊君ノ提出案ハ其施行期限ヲ明治廿五年三月一日ト為シタリ察スルニ該法案ニシテ上下両院ヲ経テ裁可ヲ仰クニ至ル迄ニハ二十日ヤ三十日ハ費ヤスヘキヲ以テ兎ヤ角スル間ニ明治廿五年一月一日ハ到着スヘシ然ラハ実際上明年一月一日ヨリ実施セントスルモ能ハサルコトモアルヘケレハ寧ロ明年三月一日ヲ以テ実施スヘキモノト為スヲ以

テ最モ穏当ト思考セシニ因ルナルヘシ然シテ該法案ハ去ル十日ヲ以テ衆議院ノ議ニ上リシカ大多数ヲ以テ第一読会ヲ通過セリ我輩ハ今日ヨリ該法案カ上下両院ニ於テ大多数ノ賛成ヲ得テ通過スヘキヲ確信ス曩キニ本会ニ於テハ評議員会ノ決議ヲ満天下ノ会員ニ通牒シ其意見ヲ集蒐セシニ会員総数三千五百二十一名中賛成者無慮三千四百九十九名異論者僅々二十二名ニシテ賛成者百五十人ニ対シ異論者一名弱ノ割合ナリ本会ノ輿論ハ実ニ如此ナリシ而シテ本会々員タルモノハ司法官代言人行政官及ヒ国会府県会議員其多数ヲ占ム是等会員ハ各地方ニ於テ法律上ノ問題ニツキテハ充分之レヲ代表スルノ智識ト資格ヲ有セシ者ナレハ本会ノ輿論ハ即チ日本国ノ輿論ナリト云フモ誣言ニ非サルナリ

天下ノ輿論ニ従ヒ従来抛擲セシ会社ニ対シ厳正ナル規律ヲ適用シ大ニ商業社会ノ信用ヲ増シ其取引ヲシテ安全迅速ナラシメテ以テ国家ノ経済ニ裨益スルト否ヤハ一ニ当局者ノ胸中ニ存スヘシ録シテ其一省ヲ促スコト如此

「訴訟法総論」

宮城浩蔵著『民事訴訟法正義』上、新法註釈会、明治二四年一二月刊

人生社会ヲシテ訴訟ノ跡ヲ絶タシムルヲ得可キ乎曰ク必スヤ訴ヘナカラシメントハ是レ法律ノ希望スル所ナリ法律ハ社会ノ安寧ヲ希望シ訴訟ノ絶無ヲ欲スト雖トモ人間社会ノ不完全ナル到底訴訟ノ絶無ヲ期ス可ラス之ヲ期スルハ恰モ海水ノ乾涸ヲ待ツト一般ナリ実ニ政府カ法律ヲ制定発布スルノ必要ナキニ到ラハ所謂純正社会ナルヲ以テ法律ヲ研究スルノ必要ナシト雖モ苟クモ然ラサル以上ハ人タル者必スヤ無形学ヲ研究セサル可ラス殊ニ法律学ヲ研究スルノ必要アリ其レ法律ハ人々日常ノ行為ニ関スル規矩準縄ヲ定メタルモノナリ故ニ之ヲ知ラスンハ恰モ森々タル大洋ニ入リテ磁石ヲ持セサルト同シク其行為ノ標準ヲ定ムルコト能ハサル可シ殊ニ言ハスヤ法律ヲ知ラサルノ故ヲ以テ其責任ヲ免ル、ヲ得スト既ニ然リ人々豈ニ法律ヲ知ラスシテ可ナランヤ

訴訟法ハ法律ノ一種ナリ国家ニ憲法、行政法、刑法、治罪法、民法、商法等ノ諸法アリト雖モ之ヲ知ラスンハ層一層ノ保護ヲ受クルコトヲ得ス例ヘハ権利ヲ害セラレ財産上ニ損害ヲ被ルコトアリトセヨ進ンテ之レカ救正ヲ求ムルニアラスンハ決シテ其利益ヲ受クルコト能ハサルナリ然リ而シテ人々自ラ裁判スルノ権ヲ有セス彼ノ正当防衛ノ場合ニ於テハ自ラ相手方ヲ殺傷スルコトヲ得ルト雖トモ其他ノ場合ニ於テ損害ヲ恢復セントセハ則チ裁判所ニ到リテ裁判ヲ受クルノ手続ヲ為サヽル可ラス之ヲ換言セハ人アリ他人ノ権利ヲ傷害セハ其之ヲ傷害シタルノ方法如何ナルヲ問ハス損害ヲ要償セントセハ被害者ハ裁判所ニ出テヽ其回復ヲ求メサル可ラス茲ニ債務者アリ債権者ニ対シテ債務ヲ果サヽルトキハ亦債権者ヨリ裁判所ニ出訴スルニアラスンハ其義務ノ履行ヲ強制スルコトヲ得サルナリ故ニ苟クモ権利ノ回復損害ノ要償ヲ得ント欲セハ裁判所ニ訴ヘ出テサル可ラス然ラスンハ債務者ニ対シテ其債務ノ履行ヲ強制スルコトヲ得サルナリ是レ即チ何人ト雖トモ身自ラ裁判ヲ為スコト能ハス仮令裁判ヲ為スモ其履行ヲ強制スルコト能ハスト云ヘル原則ノ適用ナリ然レハ則チ苟クモ権利ノ保護ヲ得ント欲スル者ハ訴訟手続ヲ研究スルノ必要アル可シ何トナレハ訴訟手続ヲ熟知スルニアラスンハ充分ニ権利ノ保護ヲ受クルコト能ハサルナリ或ハ言フ権利ハ其源法律ノ創造セシ所ニ出ツト此ノ言誤レリ法律ハ権利ヲ保護スルノミニシテ決シテ之レカ創造者ニアラス殊ニ訴訟法ニ於テ之ヲ知ル民法アリト雖モ民法ハ惟権利義務ノ関係ヲ定メタルモノニシテ之レカ保護ノ手続ヲ定メサルナリ権利ノ伸張権利ノ保護ヲ得ルノ手続ハ一ニ訴訟法ニ依ラスンハアル可ラス去レハ訴訟法ハ権利ノ保護者ナリト言フモ敢テ誣言ニアラサルナリ嗚呼訴訟法ノ貴重ナルコト其レ此ノ如ク訴訟法ノ研究セサル可ラサルコト其レ此ノ如シ請フ是レヨリ余ノ論述スル所ヲ見ヨ

第一　訴訟法ノ必要

人動モスレハ訴訟法ヲ以テ無用ノ条文ナリト言ヘリ嗚呼何ソ其思ハサルノ甚タシキヤ抑々民法ハ各人相互ノ関係ヲ規定シタルモノナリ故ニ数千百条ノ多キアリト雖モ訴訟法ナクンハ債務者ヲシテ其義務ヲ尽サシムルノ手段ヲ有セス此

ノ手段方法ヲ有セサルニ於テハ其義務ハ唯人タル者ノ純然タル本分ニ委スルニ過キサル可シムーロンノ言ニ曰ク人ノ本分ヨリ生スル所ノ自然ノ関係ナルモノハ人々ヲシテ尽ク之ヲ守ラシメ以テ相共ニ和シテ幸福ヲ享クルノ道ヲ開クニ足ラス故ニ法律上ノ関係ヲ定メサルニ於テハ社会交際ノ道ヲ絶ツニ至ラン之ヲ以テ苟クモ公衆ノ安寧ヲ計ランニハ民法ニ定メタル条則ノ外適切ナル羈束牽制ノ手段ヲ設ケサル可ラスト実ニ此ノ言ノ如ク訴訟法ハ民法ニ定メタル条則ヲ守ラシムルニ必要ナル裁制法ナルヲ以テ民法ト共ニ須臾モ缺ク可ラサルモノナリ彼ノ有名ナルモンテスキーノ如キモ初メハ訴訟法ヲ以テ無用物トナシ裁判上ノ事務ニ付キテ一定ノ規則ヲ立ツルコトヲ悪シトセシカ後年其著「エスプリー、デ、ロアー」ニ於テ訴訟法ノ必要ナルコトヲ認メタリ其大要ニ曰ク若シ裁判規則アルカ為メニ其貸シタル財物ノ還償ヲ得ントスルニモ其受ケタル恥辱ノ報復ヲ得ントスルニモ幾多ノ苦労ヲ経サルヲ得ストノ点ヨリシテ言ヘハ現今ノ裁判規則ハ或ハ煩密ニ過クルト云フヲ得可シ然レトモ此等ノ規則アルカ為メニ国人ノ自由ト安寧トヲ保全スルヲ得ルト云フノ点ヨリ言ヘハ尚ホ是レニテモ不足ナリト言フヲ得可シ是レニ依テ考フルニ総テ裁判上ヨリ生スル苦労ヤ費用ヤ時日ヲ費ヤスコト或ハ患害ヲ惹起ス［ル］コトモ皆畢竟国人タル者ノ自由ヲ保全スルカ為ニ払フ所ノ代価ナリト言フモ敢テ妄言ニアラス云々ト或ハ又訴訟法ノ繁密ニ過クルヲ非難シテ言フ者アリ曰ク訴訟法ハ果シテ人民ノ権利自由ヲ保護スルモノナラハ一見何人ニモ了解シ得ルノ条項ヲ規定ス可シ然ルニ現今ノ訴訟法ハ其条文煩密ニシテ通常人ノ了解シ得ル所ニアラス専門ニ法律学ヲ学ヒタルモノニアラスンハ恐クハ会得スル能ハサル可シト其レ或ハ然ラン是レ亦多クノ条文ヲ規定スルノ必要アリテ然ルモノナリ試ミニ思ヘ人々ノ交際上彼ノ人ハ温厚篤実ナリ此ノ人ハ軽躁浮薄ナリ彼ノ人ハ周到緻密事ニ欠クル所ナシ此ノ人ハ軽挙ニシテ缺失多シト評セラル、モノハ抑々何故ナルヤ其交際上ノ手続鄭重ナルト否ヤトニ依ルナリ然リ而シテ事ヲ取ルニ鄭重ナル者ハ缺失ナクシテ鄭重ナラサル者ハ缺失多キハ事物自然ノ理ナリ法律上ノ手続モ亦是レト同シク弥々鄭重ナルトキハ人々ノ権利自由ヲ保護スルコト益々完全ニ至ルモノナリ若シ然ラス諸々ノ手続ヲ廃シ裁判上ノ事務ヲ挙ケテ判事ト原被両造ニ委スルアランカ決シテ権利自由ノ保護ヲ受クルコト能ハサル可シ茲ニ一例ヲ挙ケテ之ヲ示サンニ土耳其ニ於テハ人々ノ財産生命営業ニ注意スルコト極メテ薄ク凡ソ争論ハ之ヲ熄ムルコトニ勉メ其方法如何ノ如キハ之ヲ措キテ問ハス土耳其ノ裁判官ノ訴ヘヲ聞クヤ一タヒ之ヲ聴カハ忽チ両造ノ足趾ヲ鞭チテ其家ニ帰ヘラシムト聞ク其レ此ノ如キノ有様ニシテ何ソ能ク事実ヲ看破シテ是非曲直ヲ判決スルコトヲ得ンヤ之ヲ訴フル者訴ヘラル、者共ニ飲泣シテ止ムニ至ラン嗚呼如何ニ訴訟手続ノ煩密ヲ厭フ者ト雖モ茲ニ至テハ尚ホ執拗スルニ其辞ナカル可シ

凡ソ野蛮ナル社会ニ在テハ社交上ノ事頻繁ナラサルヲ以テ従テ諸々ノ手続簡短ニシテ事足ルト雖モ人文進ムニ従ヒ社交上ノ事頻繁ニ至ルヲ以テ又昔日ノ如キ簡短ナル手続ニ因リ千態万状ノ事件ヲ整理シ得可キモノニアラス是レ方今ノ国家ニ於テ何レモ緻密ナル法則ヲ設クル所以ナリ

第二　訴訟法ノ目的

訴訟法ハ民法ニ定メタル条規ヲ守ラシムルニ必要ナル裁制法ナリトハ既ニ之ヲ言ヘリ然レハ則チ訴訟法ハ如何ナル目的ヲ有スルカ或ハ曰ク訴訟手続ハ急速ナルヲ要ス費用ハ倹省ヲ必要トスト此ノ言恐クハ訴訟法ノ目的ヲ言フニアラスシテ訴訟手続ノ煩密ナルノ弊ヲ除カント欲シタルモノナル可シ若シ其レ手続ノ急速ト費用ノ倹省トヲ以テ訴訟ノ最上目的ト為サハ何ソ野蛮国ノ法ニ則ラサルカ野蛮国ニ於テハ総テ一刀両断ノ法ヲ用フルヲ以テ其手続ハ頗ル急速ナリ其費用ハ頗ル倹省ナリ何ソ野蛮国ニ行キテ生活セサルヤ近ク我カ幕府時代ノ裁判法ヲ見ヨ之ヲ訴フル者之ヲ受理スル者又之ヲ裁判スル者皆同一ノ人ニシテ只原被両造ニ対シ恐レ入リタルカトノ一言ニテ其局ヲ結ヒタリ此等ノ裁判法タルヤ簡易ハ則チ簡易ナリト雖モ決シテ真正ナル事実ヲ穿ツコト能ハサル可シ裁判官固ヨリ鬼神ニアラス故ニ種々ナル証拠ヲ拾集シ及ヒ鑑定尋問等ヲ為スニアラスンハ何ソ能ク其事実ヲ知ルコトヲ得ン事実ヲ知ラスシテ裁判ヲ為ス是レ無法ノ裁判タラサルヲ得サルナリ故ニ余言フ訴訟法ノ最上目的ハ真事ヲ発見シ実事ヲ証定シ次ニ其証定シタル実事ニ法律ヲ適用シテ之レカ裁判ヲ行フニ在リト去レハ真事ヲ発見スルカ為メニ多少時日ノ経過スルヲ問ハス証人等ヲ呼出シ

テ之ヲ尋問シ実事発見ニ必要ナル場所ニ臨検シ特別ノ職業智識ヲ有スル者ニ命シテ鑑定ヲ為サシムル等皆是レ事実発見上止ムヲ得サルノ事ナリ

然レトモ妄リニ時日ヲ費シ費用ヲ嵩ムルヲ貴シト云フニアラス如何ニ事実発見ニ必要ナリト雖モ又自ラ其制限ナクンハアラス之ヲ要スルニ訴訟法ノ目的ハ左ノ数個ニ外ナラサルナリ

第一　争訟ノ局ヲ結ハシムルニ在リ〇争訟ハ素ト社交上忌ム可キコトナルヲ以テ之ヲシテ其局ヲ結ハシメサルトキハ国家ノ安寧ニ関係ヲ及スモノトス故ニ其レ々々期限ヲ設ケテ其局ヲ結ハシム彼ノ一事不再理ノ原則ノ如キ上訴期限ノ如キ是レナリ

第二　真事ヲ発見シテ法律ヲ適用スルニ在リ〇原被両造ノ対審証人鑑定人ノ訊問書類ノ拾集合議裁判ノ制等一ニ此ノ目的ニ出テタルモノナリ

第三　時日ト費用トヲ空費セサルニ在リ〇訴訟ノ審理遷延シテ数年決セサルトキハ費用ヲ空費スルコト固ヨリ論ヲ俟タス故ニ呼出状ヲ発スルニモ法律上期限ヲ設ケ上訴等ニモ期限ヲ設ケテ此ノ弊害ヲ防キタリ

第四　訴訟関係人ヲシテ権利ヲ伸張セシムルニ在リ〇昔時ノ如ク一裁判言渡ヲ以テ局ヲ結フトキハ簡易ハ則チ簡易ナリト雖モ訴訟人ヲシテ権利ノ伸張ヲ得セシムルコト能ハス故ニ裁判所ニ等級ヲ設ケ第一審ノ裁判ニ不服ナル者ハ控訴シテ第二審ノ裁判ヲ仰クコトヲ得可ク第二審裁判ノ法律点ニ対シテ不服ナルトキハ上告スルコトヲ得ル等専ラ此ノ目的ニ出テサルハナシ

第三　訴訟法ト道徳経済ノ関係

訴訟ハ素ト権利ナリ故ニ自己ニ属スル権利ヲ行用スルコト決シテ非難ス可キニアラス然ルニ世上動モスレハ自己ノ権利ヲ伸張セント欲シ裁判所ニ向ヒ訴訟ヲ提出スル者ヲ指シテ不道徳者ト言ヘリ是レ其未タ権利ノ何物タルコトヲ知ラサル者ノ言ナリト言ハサル可ラス凡ソ人々ハ財産上ノ権利、名誉上ノ権利、身体自由ノ権利等ヲ有スルモノナリ此ノ諸権ハ実ニ貴重ナルモノニシテ吾人ノ社会ニ立ツヲ得ルハ此ノ権利アルカ故ナリ若シ一朝此ノ権利消滅ニ帰スルカ若クハ保護スル者ナキニ至ルトキハ是レ即チ人間社会滅失ノ時期ト言ハサル可カラサルナリ去レハ此ノ権利ヲ伸張シ行用スルハ即チ吾人ノ身体、生命、財産等ヲ保護スルモノニシテ人タル者ノ当サニ為ス可キ所為ナリトス故ニ自己ノ権利ヲ害セラレタルトキニ当リ之ヲ回復セント欲シ以テ裁判所ヘ訴ヘ出ツルコト固ヨリ非難ス可キノコトニアラス又道徳上ヨリ之ヲ言フモ更ニ非難ヲ入ル可キ所ナシ

抑々道徳ハ人ニ命スルニ己レノ身ヲ篤実ニ保存シ尚ホ余リアラハ進ンテ善事ヲ為セト言フヲ以テスト雖モ未タ道徳ハ己レノ権利ヲ屈ス可シ他ヨリ損害ヲ受クルモ其回復ヲ求ム可ラストハ言ハサルナリ夫レ己レノ権利ヲ行用スルコトハ即チ己レノ身ヲ篤実ニ保存スル所以ニシテ徒ラニ権利ヲ枉屈シ損害ヲ受クルモ之レカ救正策ヲ為サヽルハ即チ己レノ身ヲ篤実ニ保存セサルモノナリ然リ而シテ債権者ニ対シテ債務ヲ履行セス為メニ裁判所ニ訴ヘラルヽ者コソ道徳ニ反スル者ナリ此ノ不道徳者ヲ責メテ真正ノ保護ヲ得ント欲スル者何ソ道徳ニ反セン其道徳ノ学理ニ適合スルコト更ニ疑ヒヲ容レサルナリ然レトモ真正ニ権利ノ保護ヲ得ント欲スル者ト妄リニ訴訟ヲ起ス者トヲ混同ス可ラス世ニ一種ノ弊風アリ名ケテ健訟ノ弊ト言フ此ノ弊タルヤ或ハ金銭ノ利ヲ得ントスルヨリ起ルモノアリ或ハ名誉ヲ博セントスルヨリ起ルモノアリ其状種々ナリト雖モ要スルニ正当ノ理由ナク正当ノ権利ナクシテ訴訟ヲ起スモノ即チ健訟ノ弊ナリト言フ可シ健訟ノ弊ハ法律ノ未タ全ク開ケサル時ニ在テハ起ラス又全ク法律ノ開ケタルトキニ在テハ起ラス其法律ノ将サニ進マントスル中間ノ社会ニ於テ起ルモノナリト雖モ此ノ弊ハ無智ノ人民ヲ蠱惑シ醇良ノ風俗ヲ害シ社会ノ経済ヲ害スル等実ニ厭忌ス可キモノナリトス故ニ其道徳ニ反スルコト固ヨリ言ヲ俟タサルナリ余ノ言フ所ノ訴訟トハ此等悪ム可キノ性質ヲ有スルモノニアラスシテ真正確実ナル基礎ニ依テ権利ノ枉屈ヲ除カントスル訴訟ナリ

然リト雖モ真正確実ナル基礎ニ依テ権利ノ伸張ヲ希望スル訴訟ト雖モ時トシテ経済ヲ害スルコトナシト言フ可ラス即チ権利ノ伸張ノミニ着目シテ実利ノ得失ヲ顧ミサルトキハ往々訴訟ニ勝ツモ既ニ実利ヲ失フノ場合ナキニアラサルナ

リ欧洲ノ学士曾テ訴訟ヲ以テ戦争ニ比シタルコトアリ曰ク訴訟ニハ二個ノ敵手アリテ攻撃アリ防禦アリ又攻撃ニ先立ツ所ノ予備アリ又策略アリテ以テ其攻守ノ備ヘヲ為シ時トシテハ遊軍ヲシテ突然敵ニ当ラシメ又争闘ハ媾和ヲ以テ其局ヲ結フコトアリ又一方ノ者敗ヲ取ルコトアリ其中間ニハ休戦アリテ暫ク干戈ヲ交ヘサルコトアリ戦敗レタル者ハ賠償ヲ為サヽル可ラス訴訟モ亦之レニ異ナラスト又曾テ訴訟ヲ以テ疾病ニ譬ヘタルコトアリ曰ク抑々疾病ハ其性質ニ順ナル者アリ多少複雑セルモノアリ今訴訟ニ於テモ亦然リ速ニ結局ニ向フモノアリ又ハ連帯ノ訴訟アリテ大ニ時日ヲ費スコトアリ又疾病ニ於テ快愈死亡ノ結果ヲ生スルカ如ク訴訟ニモ勝敗アリト戦争ト云ヒ疾病ト云ヒ皆是レ経済ヲ害スルモノナリ訴訟モ亦権利ヲ得ント欲シテ実利ヲ失フコトアリ故ニ訴訟ヲ提起セントスル者深ク此ノ点ニ注意シ権利ノ伸張ト共ニ実利ノ得失ヲ考察セサル可ラス

第四　刑事訴訟法ト民事訴訟法トノ区別

刑事訴訟手続ハ刑法ノ運用ヲ掌ルモノナリ民事訴訟法ハ民法ノ運用ヲ掌ルモノナリ其刑法民法ヲ運用シテ裁制力ノ効果ヲ生セシムルノ趣意ニ至テハ二者同一ナリト雖モ其総テ起ル所ノ性質ハ二者決シテ同一ニアラサルナリ茲ニ強窃盗放火等ノ処為ヲ為セシ兇漢アリ之ヲ逮捕シテ其訴ヲ起ス者ハ一個人タル被害者ナルカ決シテ然ラス其之ヲ逮捕シテ公訴ヲ起ス者ハ社会ナリ然カモ社会ノ代人タル検察官ナリ検察官ハ原告人タルノ資格ヲ以テ法廷ニ立ツ者ナリトス故ニ刑事ニ在テハ二人ノ原告人アルカ如シ何トナレハ被害者モ告訴ヲ為スコトヲ得可ク検察官モ訴ヘヲ起スノ職権アルモノナレハナリ然レトモ刑事ノ訴訟モ決シテ二者ノ原告人アルニアラス被害者ハ只其犯罪ヲ告発シ損害ヲ要償スルノミニシテ刑事ノ訴ヘニ向ヒ原告人ノ資格ヲ有セサルナリ其原告人ノ地位ニ立チテ公訴ヲ維持スル者ハ実ニ社会ノ代人タル検察官ナリトス然ルニ茲ニ民事ノ訴訟アリトセヨ其原告人ト為リ被告人ト為ル者ハ何人ナルカ例ヘハ故意ヲ以テ人ニ損害ヲ加フルカ若クハ過失ニ依テ人ニ損害ヲ加フルカ又ハ債務ヲ負フテ其債務ヲ果サヽル者アルトキ其原告人ト為リテ裁判所ニ出訴スル者ハ損害ヲ受ケタル者又ハ債権者ナリ此等ノ者皆一己人ノ資格ニ依テ訴ヘヲ起ス者ナリ刑事ノ

訴訟ト民事ノ訴訟ト其敵手ノ異ナルコト此ノ如シ又刑事訴訟ニ於ケル利益ト民事訴訟ニ於ケル利益トノ間ニ一大間隔アルコトヲ知ル其レ刑事ノ訴訟ハ人ノ身体財産生命ニ関スルト共ニ社会ノ公益ヲ害シタルトキニ於テ起ルモノナリ故ニ或ハ刑事ヲ指シテ公罪ノ訴ヘト称セリ然ルニ民事訴訟ニ於テハ身体生命ニ関スルコトナク仮令財産栄誉上ニ関スルコトアルモ其利害ハ被害者一己ニ止マリテ社会ノ公益ヲ害スルコトナシ故ニ民事訴訟ヲ指テ私罪ノ訴ヘト称セリ此ノ如ク公益ニ関スルト私益ニ関スルトノ区別アルニヨリ権利ノ保護上其厚薄ノ区別ナキ能ハサルナリ即チ刑事ノ訴訟ニ於テ重罪ニ係ルトキハ必スヤ弁護士ヲ用ヒサル可ラストセリ若シ弁護士ヲ用ヒスシテ裁判ヲ言渡シタルトキハ其裁判無効ニ帰ス又禁錮以上ノ刑ニ該ル可キ事件ニ在テハ被告人カ代人ヲ用フルコトヲ許サス必ス自ラ出廷シテ審問ヲ受ケサル可ラス然ルニ民事訴訟ニ在テハ当事者外ニ弁護士ト云ヘル者ナク訴訟人ハ自ラ出廷シテ弁論ヲ為スモ代人ヲ以テ詞訟ノ弁護士若クハ代人ト為スモ其自由ナリ又刑事ニ在テハ証人訊問ニ制限ナキモ民事ニ在テハ五十円以上ノ金額ニ対シ証人証拠ヲ許サヽル等其規則ノ寛厳厚薄一々之ヲ数フルニ遑アラサルナリ尚ホ二者ノ間ニ最モ異ナルノ点ハ民事訴訟ニ在テハ原告人ニ於テ何時ニテモ自由任意ニ従ヒ其訴ヘヲ放棄スルコトヲ得可シ然ルニ刑事ニ在テハ原告人タル検察官ハ自由ニ其公訴ヲ放棄スルコトヲ得サルナリ此ノ理由タル他ナシ民事ハ各人ノ私益ニ関スルモノナルヲ以テ其利益ヲ捨ツルコト各人ノ自由ナリ刑事ハ社会ノ公益ニ関スルヲ以テ真ニ犯罪アル者ヲ放棄シテ顧ミスト言フコトヲ得ス殊ニ公訴ハ検察官其人ニ属スルモノニアラスシテ社会ニ属スルモノナレハ則チ社会ニ於テ之ヲ放棄セサル以上ハ其代人タル検察官ニ於テモ之ヲ放棄スルコト能ハサルナリ

「フヒリップに対する裁判に付ての所見」

『日本之法律』第四巻第二号、明治二五年二月一〇日発兌

昨明治二十四年十二月二十三日、横浜地方裁判所は、無条約国の臣民なる、希臘人アンドリーフヒリップの烟草税則違犯被告事件に対し無罪なりとの判決を為したり、是に於てか法学社会の一問題となり延ひて政治上の問題となり、終に該判決は、我帝国の主権の行使を減縮するものなりと迄論難するに至れり、予も亦フヒリップの弁護人として無罪説を主張したり、但し余の主張したる無罪説は、該判決の理由とは大に相異なれりと雖も、衆論囂々の時に当りて、愚見を陳して世に公にするは、唯本件の弁護人たりしか為めのみならす亦平生法律学に従事するの責務を尽さんと欲してなり、

凡そ事を論せんと欲せば、其事の成立関係等を審にせさるへからす其事の成立関係等を審にせすして之を論するときは徒労に属す、顧ふに世未た本件の事実を詳にせす、従ひて其成立関係を審にせすして喋々するもの、如し、故に予は先つ本件の事実を叙し、次きに刑の適用に関して愚見を述へ、終に該判決の当否を見んと欲す、

無条約国民の我国に来るや、或る条約国の保護権の下に属するを例とす、フヒリップも亦、従来仏国領事庁の保護を受けて横浜居留地に住せり、是を以てフヒリップは、仏国臣民と同しく、治外法権の下に於て商業の自由を有すと思惟したるより、其筋に願出て、免許鑑札を受くることを為さすして、居留地に店舗を設け、招牌を掲けて、公然、烟草製造小売幷に仲買の業を営み、殆んと二ヶ年に亘れり、仏国領事庁は固より之を咎めす、其筋に於ても亦之を怪まさりし、因てフヒリップの告発せらる、や、其筋に於て、仏国領事庁に質すに、貴国かフヒリップを保護するは、其裁判権に及ふや否やを以てしたるに、領事庁は治外法権を以て保護するの限にあらすと回答せり、之を本件の公訴に至るまでの事実なりとす、

本件の事実斯くの如しとすれは、フヒリツプは我国の烟草税則に違反せさること明瞭なり、何を以て之を謂ふ、曰く治外法権を有する国の臣民を除くの外、我国内に在るものは、総て我国の法律に服従せさるへからす、換言すれは、日本国内に於て其国法に違背するものは、犯者の内国人たると外国人たるとに関せす、之を責罰することを得、是れ世界万国に通して易ふ可らさる原則なり、フヒリツプは無条約国の臣民なり、故に我国に在りて我国法を犯すときは、之を罰するとを得るは毫も疑を容れす、フヒリツプの所為たる、我国法を以て之を罰すべき者なるに拘らす、裁判を以て之を寛仮するときは、此裁判は、我国の主権の行使を減縮するものなること亦毫も疑を容れす、然りと雖、其所為たる之を我か刑法に照すに、其第七十七条第一項は、明かに之れか無罪を表白せり、即ち烟草税則の制裁を加ふへからさることを証明せり、人或は言はん、刑法は決して本件の如き所為を無罪視せす、第七十七条第一項は却て之を有罪視す、該項に曰く『罪を犯す意なきの所為は其罪を論せす、但法律規則に於て別に罪を定めたる者は此限に在らす』と、之を換言すれは、凡そ犯意なきの所為は、之を罰せさるを原則とすと雖も、法律規則に於て認めたるものは、犯意なきも尚之を罰すといふに在り、煙草税則違反の所為は、元来無意犯なりとす、即ち第七十七条第一項により、フヒリツプを無罪なりといふは、豈に牽強付会の説にあらすやと、予之れに答へて言はん、論者は僅に一を知りて未た二を知らす已に堂に昇りて未た室に入らさるものなりと謂ふへし、蓋し無意犯は、犯意の有無に関せす之を罰するものなりと雖も、然れとも如何なる事情あるに拘はらす之を罰すといふにあらす、之を法理に訴へ之を刑法の精神に徴するに、無意犯には懈怠有ることを必要とす、若し懈怠なきときは、該条第一項の但書を適用して之を罰することを得さるものとす、フヒリツプの所為を按するに、フヒリツプは佛国臣民と同しく、我国に対して治外法権を有すと確信して営業したる者にして、煙草税則の制裁を受けて営業すへき者なるとは毫も之を知らす、是れ二年の久しき、公然、店舗を開き、招牌を掲けて広く営業したる所以なり、若し治外法権を有せさることを知りつゝ、営業したるものならは、何ら此の如くに公然営業することを為さんや、フヒリツプの毫も懈怠なきこと以て知るへきなり、又或は曰はん、フヒリップの治外法権を有せさることを知らさりしは所謂懈怠にあらずやと、然れともフヒリップか煙草税則を遵守せずして営業したるの事実は、其筋に於て固より之を咎めす、仏国領事庁も亦之を怪ます、故にフヒリップが治外法権を有したりと信じて営業したるは、当然の事といはざる可らず、而るをフヒリップか之を知らざりしを責め以て刑法上の懈怠ありと論するは、難きを人に責むるものにして、不通の議論といはさる可らす、之を例へば、代人に嘱して徴兵適齢届を為さしめたるに、代人怠りて届出す、是れ委任者は刑罰を受くへきか、出産届を為さんと欲して家を出てしに、途上洪水に遭ふて届出期日に後れたり、是れ罪となるか、木石を途上に堆積したるにより、標識の点灯をなさんとするに方り、突然拘引せられて点灯すると能はさりし、是れ罪となるか、此等は悉く無意犯の性質を有する所為なりと雖も、一見して之を罰するの不当なることを知り得べし、蓋し皆な無意犯構成の一条件なる懈怠を虧欠すればなり、若し第七十七条第一項を解釈すること論者の如くなれば、終に之を有罪と決せさるを得す、其不完全なる多言を要せす、之を要するにフヒリップの所為は、刑法第七十七条第一項の但書に該当するが如しと雖も、無意犯構成の要件たる懈怠を虧欠するにより、之を適用することを得すして、其原則たる第一項は、犯意なきの所為として無罪と決せざるへからす、或は曰く、フヒリップは我国に対して治外法権を有せざるとを知らさりしか故に、懈怠なしといふも『法律規則を知らさるを以て、犯すの意なしと為すことを得す』とは、該条第四項の明言する所にあらすやと、所謂法律規則なる文辞は、被告事件に該当する法律規則の謂にして、本件に就きて之を言へは、煙草税則、其他之に関する法律規則を指すものなり、故に治外法権のことを以て第四項の所謂法律規則なる文辞を解釈するは至当ならず、況んや本件の如きは、フヒリップか煙草税則を知るとして論するも、亦之を知らすとして論するも、全く無罪と決すへきものなるをや、又況んや第七十七条第一項は、第七十八条及第七十九条の如き、関係的無罪の場合にあらすして、絶対的無罪の場合を想像したるものなるか故に、フヒリップの所為の罰すべからさるは当然にして、立法者の明言を待て始めて知る所のものに非らさるをや、而るを該判決は、日本帝国の主権の行使を減縮したりと言

ふは何そや、

刑の適用に関する愚見前段の如し、然則はち横浜地方裁判所の判決の理由は、果して世人の想像するか知く不当なりや、又我日本国の主権の行使を減縮するの結果を生するものなりや、夫れ法律には殆んと一定不動の解釈なし、故に該裁判所の判決たる、法律解釈の点に於て、世人と意見を異にするか如き、固より怪しむに足らすと雖も、其判決か、我国の主権の行使を減縮するの結果を生するに至りては、主権の一部たる司法権の行使を司る裁判所は、何の辞ありて世人に対せんや、予熟々裁判文を見るに、文簡にして意達せざるの嫌無きにあらざれとも、我主権の行使を減縮すると論難するに至りては之を賛する能はす、請ふ該判文の真意の存する所を闡発せん、夫れ我国は他の諸外国と異にして、古来、外人排斥の主義を固守したるか故に、外国人は、条約又は法律の明文、若くは之れと効力を均ふする習慣に依り許与しあるものを除くの外、我国に対し、権利として商業の自由を有せさるを通則とし、無条約国の臣民に対しては、法律若くは習慣に依り、嘗て権利として商業を為すの自由を許与したることなし、而して烟草税則は、単に商業を為すの自由ある者に対してのみ適用せらる、所の規則なり、此規則は、日本に於て営業権を有する者か、営業を為すに付き尽すへき義務、並に制裁を規定したるものなり、而して無条約国の臣民、即ち営業権を有せさるフヒリツプは、此税則に対しては、オール、ド、ロワー、即ち法の外に置かれたるものにして、烟草税則上、絶対的無能力者なり、烟草税則は、此法律の想像せさる人に対して之を適用すへきものに非す、而して他に此所為を罰すへき法律の正条無きか故に、其処分は之を行政官に一任すへく、司法権を行使することを得さるものなり、或はフヒリツプの所為は、已に我国家に対して実害を与えたるものなれは、之に対して司法権を行使せさるは、主権の行使を減縮するものなりといふものあらん、然れともフヒリツプの今日あるは一に行政官の不注意より生する所にして、行政官処置の不当なるより生したる結果に対して、司法権を行使するは不理の事と謂はさる可らず、或は権利なき営業を為し、其規則を犯したる事実あるにも拘はらず、権利なきが故に無罪なりと云は、、無条約国の臣民は、自由に財産を奪掠し、自由に我同胞を殺害するも、我裁判所は之を不問に置かさる可からさるの結果を生すといふものあらん、是れ速了の見解たるを免れす、蓋し此判決は、煙草税則は無条約国の臣民に適用せすとは謂ひしも、刑法の如き一般法律も、亦た無条約国の臣民に適用せすとは謂はす、彼の殺人罪又は窃盗罪の如きは、国の内外を問はす、何人も之を犯すの権利あるとなけれは、則ち此等の所為を罰する法律は、固より烟草税則と日を同ふして語るへからさるなり、故に此を推して彼に及ほし、以て該判決を論難するは過酷と謂はさるを得す、且つ此判決に拠れは、無条約国臣民は、司法権を以て之を罰することを得すと雖も、行政権を以てしては、如何なる処置をも為すことを得へく、其臣民か営業を願出つる時は、之を拒否するを得へく、其税金の如きも、烟草税則に拠らすして別に之を賦課するを得へく、結局、我国の無条約国臣民に対する権力、即ち我国の主権は大に拡張せられたるの実ありて、減縮せられたるの理由なしと謂ふ可し、此の如く該判決を解し来るときは、該判決は一理ありと謂ふ可し、而して世論こゝに出てす、漫然、該判決を論難して主権の行使を減縮するものなりといふ、誣ゆるも亦た甚しと謂ふべし、且つ横浜ヘラルト新聞か、該判決に対して、日本裁判の信用すへからさるの証なりと批評したるに対して、我判決を弁護することを為さす、却て其批評を抜き、以て自家の論拠を確むるが如きは、乃ち外人をして我国人の無識を笑はしむるの好材料となることなからんや、

然らは則ち該判決は、論理に合し、実際に適合したる議論なりや、曰く否な、其結果に於ては予の意見と同一なりと雖も、其理由に至つては同意すること能はす、蓋し王政維新以後、我が国家の方針は開国主義に傾き、既に条約を結ひたる国に対して、其条約を改正し以て彼我の利益を均一にし、益々和親を全ふせんと欲し、其無条約国に対しては使節を派して新たに条約を訂《（ママ）》結し、益々交通国を饒かならしめんと務むるは事実上争ふ可らさる所なり、而して鎖港主義に拠り、外人排斥の主義を以て我が国法の精神なりといふは至当の判決と云ふへきか、有無相通するは人間の性情なり、換言すれは自由に商業を営むことを得るは、人間固有の権利なることは、尚ほ生存権の人間に固有なるか如

し、而して我国法は、無条約国臣民に対して、此固有の権利を与えさるを通則とすと断言したるは、至当の判決といふへきか、我が国内にある者は、内外人を問はす、悉く我国法に服従するの義務あり、否我が国法の保護を受くるの権利あり之を普通の原則とするに拘らす、無条約国の臣民は、烟草税則の保護を受くるの権利を得すして、行政官の随意処分に従はさるへからさるの義務のみありと云ふ結果を生するは、果して至当の判決なりや、に此等数個の点に於ては、世人の想像するが如く、該判決は理由合はす、実際に適せさる所ありと云へし、是に由りて之を観れは、該裁判所は、法理を攻究せす、実際を調査せすといふ点に至りては、多少、社会に対して責なきにあらすと雖も、主権の行使を減縮すといふの点に於ては、則ち其責を免るへし、

「府県制郡制の性質」

『日本之法律』第四巻第一二号、明治二五年一二月一〇日発兌

府県郡をして自治区と為らしむるの可否を論せんと欲せは、先つ自治とは如何なるものなるやを研究せさる可らす、依て諸学士の説を挙けんに、一千八百七年、普魯西国の宰相フライベル、フヲン、スタイン氏か、自治制に関して時の国王に建議せしとあり、其建議案に曰く、若し人民の行政権に参与するとを禁するときは恰も人間の精神を滅却せしむるものなり、人民の行政権に参与することを禁するときは、恰も政府に反対する所の思想を養成し、益々反対の思想を喚起せしむるの結果を生す、又之を禁するときは、官吏の地位益々繁殖し、行政上の費用は、之れか為め大に増嵩を生するに至る可し、人民の共同心は、益々之を勧誘せさるを得さるに至る、其行政上の参与を禁するに於ては、此の心を奨励喚起せしむると能はさるなり、人民中には睡眠中に蓄へる好材料、即ち全く隠匿したる種子ありと雖とも、参与を禁して上下隔離するときは、其隠匿したる者を採用して国益に供することを得す、民間には学識芸術の隠

蔽したるものあり、今之れか参与を禁するときは、遂に之をして発揚せしむること能はす、又人民の精神と官庁思想とを、相調和して共合せしむること能はさるなり、又人民の愛国心を養成すること能はす、之れに反し、其行政社会に人民を交ふるときは、以上の弊を防くのみならす、併せて幾分か官吏の気勢を和らくるの利あり、即ち凡そ官吏の気象は、已れ権勢の地歩を占むるを以て、動もすれは威権を弄し、粗暴に渉るか如き所為あるを免れさるに、人民之を調和するを得るは、例へは音響の粗大なるものをして、一転清涼ならしむるか如しと、是れ地方自治を許す可しとの趣意に係るものなり、ローレンツ、スタイン氏は、自治と自主権とを説きて曰く、自治体とは、土地の大小に従ひ、其統一、及ひ特種の法律上認可せられたるものを云ふ、自治体は、行法権の機関にして法律を施行するものなりと雖とも、其軽重は、土地人民の能力如何に因りて施行するものなるを以て、自治体の実力、及其の職務、并に其行為至当の疆界は、全く之に依て定るものなり、蓋し此の効力は、第一、自治自己に属し、第二、国家の全体に属する者なり、然れとも、自治に属する効力と、国家に属する効力の疆界を定むるは、決して一地方に於て判定し得可きものにあらす、政府に於て判定す可きものなり、故に自治体は必す政府の部属たらさる可らす、而して又一方には法律に従属し、一方には法律を施行する為め、政府に対し責任を有するを以て、独立の状を為せり、然り而して、畢竟自治体は、行法事務に就き終結の判決を為すを得さるを以て、純粋の政令権を有するものにあらす、又法の施行を議決し、其規則を制定するを以て庁達権にもあらす、又国家の職務に与らさるを以て官権にもあらす、実に一種固有の権を有する者なり、之を名けて自治権と云ふと、又ブルンチユリー氏は、自治の体様を説て曰く、第一、地方自治は、独り自由国に限りて施用するを得可く、既に地方自治に依て政務に練習せは人民は進んて国家の自由を行ふの能力あることを忘却す可らす、第二、地方自治は、其他各個人の随意に任する純粋の私事経理より区別せさる可らす、蓋し地方自治は国家の制馭を受け、行政法に準して統轄せられさる可らす、法制定規の丁寧複雑なるは、即ち英国地方自治の徴候なり、独逸の自治に於ては、之を以て必需のものと為さす、多くは、政令及ひ自家独制の規約に由て事を処理するのみ、然れとも、政府の法令及政府の監視は、地方自治の緊要なる徴候にして、之を以て私事経理より分離するなり、第三、地方自治の本性は国民国法の範囲内に在りて政務に干預し、兼て独行自理するに在り、故に此の自治を、社会と政府との結合、人民の自由と公共義務との結合と云へるは、極めて充当なる説と為すへし、第四、地方自治は、特に一地方団結に於て実効を奏する物とす、即ち先つ、国民其住居地に於て公共の事務に干与するを最要とし、次に担任の稍々広き聯合に於てし、次に数多の職務を包含する地方部、若くは一州に敷衍するとあり、第五、政府の事務を割きて、人民の名誉官に委任することなりと、ブルンチユリー氏の説能く其梗概を穿ちたるものと言ふ可し、之を要するに、第一、自治は其区域を法人と為して、一個人と同しく権利義務を負ふこと、第二、自治は人民の選挙に係る名誉職を以て公共事務を処理すること、第三、自治は国家の法律を遵奉し、政府の監督を受けて、其自治区内の立法行政事務を経理すること、此の三個の原素は、自治を組成するに於て欠く可らさるものなり、故に若し此の中一個を欠くあらは、真正の自治区なりと言ふこと能はさるなり、然らは即ち、郡制府県制の性質は如何、曰く凡そ政法の成立を分ちて社会法国家法の二と為す、社会法とは、社会自然の有様に対し、之を変改せすして、立法者か之を認めたるものを云ふ、彼の町村制度の如きは社会法の性質其多分を占むる物なり、其故如何と云ふに、町村を自治区と為したるは、全く自然の有様を認めたるものなり。町村は、地形と云ひ、又生活の程度と云ひ、皆同一にして天然の一家族の如き有様を呈せり、故に町村を以て自治区と為すは、法律を俟て初めて生するにあらす只法律は、其天然の有様を認めたるに過きさるなり、之れに依て、町村制度の未た発布あらさる前と雖も、町村は既に其財産を有し、然して自ら公共事務を処理せしなり、是れ町村成立の有様にして、何れの国と雖とも、此の点に付きては敢て異なることなし、之れに反して、府県郡の成立は如何と云ふに、直ちに自然の地形に因りて其区域を画したるものと言ふ可らす、彼の国と云へるものは、其自然の地形に依りて区域を画したるものなり、紀元七百九十一年、成務天皇の御代に於て、山河を界として国県を分けられたり、成務天皇の以前に於ては、国県の区域之れなかりしと雖とも茲に至て、初めて自然の地形に依り、以て国の界と為されたり、例へは、武蔵国と云へるか如く、又相模国と云へるか如く、其地形を標準として国を分ちたり、故に国は稍々天然の有様に依る者なりと言ふを得可きも、府県と云へるものに至ては全く然らす、府県も亦幾分か地形風情を参酌して設けたる者なる可きも、寧ろ便宜の度その多きに居るものなり、之を換言せは、政略上より府県を置きたるもの少きにあらさるなり、例へは東京府を見よ、地形の自然と、人情風俗の同一より言は、、東京市十五区を以て一の府庁を立つ可き筈なるに、六郡を加へて府庁を立てたるにあらすや、東京市の人民と郡の人民とは、教育の点より言ふも、風俗の点より言ふも、又地勢の点より言ふも、皆異ならさるを得さるなり、又静岡県の如き、神奈川県の如き、岡山県の如きを見よ、数国を合して一県を成すにあらすや、然らは則ち、府県の区画は自然の地形を標準として建てたるものにあらさるを知る、即ち府県の区画は単に行政上の区画たるを知るなり、聞く、明治政府か、地形及ひ人情風俗に関せす府県を置きたる所以は、諸侯の為したる弊害を矯正し、併せて封建時代の余弊たる、人民の折合の悪しきを矯めんか為に出てたる政策なりと、其れ或は然らん、封建時代に於ては大小の諸侯各所に割拠して、隠然自己の領分を以て一独立国と為したるか如き観あり、人民は相互に之を嫉視して、他藩の人民を視ると、恰も敵を見るか如きの形状ありたりき、此等の折合を付けんか為には、之をして、政治上の利害を共にせしむるに如かすとの意に出てたるものなる可し、果して然れは、府県の区画は自然の地形を標準と為して分ちたるの分子よりも、寧ろ政略上の分子其多きに居るものと言ふ可し、

府県の事既に此の如し、郡は如何と云ふに、郡も亦自然の形状に因て分ちたるものなりと言ふことを得す、古史詳ならすと雖とも、郡は政治上の区画たるに過きす故に古へより郡の働きを為したることなく、又自治区たるの形状を具へたることなし、又明治維新の後に至りても、郡は府県と町村との中間に位して、行政上の施行を取次きたるのみ、敢て団体として働きたることなし、然れは、府県郡の区画は、市町村とは大に其成立の性質を異にし、従て郡制府県制も、其性質を異にするものと言ふ可し、即ち市町村制は、重もに自然の形状を認めて制定したるものなれは、社会

法の性質を有す可く、府県郡制は自然の形状を認めたるものにあらす、重もに政治上の便宜に出てたるものなれは、国家法の性質を有するものと謂ふ可し、

「欠席判決ありたる後被告人の為に経過する所の時効は刑の時効なるや将た公訴の時効なるや」――『日本之法律』第五巻第一号、明治二六年一月一〇日発兌

欠席判決ありたる後、被告人の為に経過する所の時効は、刑の時効なるや、将た公訴の時効なるや、此問題は、刑事訴訟法第二百二十九条の規定よりして生ず、我が旧治罪法典に拠れは、欠席判決よりして、刑の時効を生するとは明瞭にして、疑の容るへきなし、何となれは、其第三百五十六条、及第四百七条には、刑の期満免除に至るまて、故障を為すことを得』と云へる明文ありたれはなり、蓋し此条は、仏蘭西治罪法より出てたるなり、（第百八十七条参観）、我刑事訴訟法典の旨意、亦此の如くなるや否や、

単に刑事訴訟法第二百二十九条の正文に拠りて之を観るときは、左の如く論決せさる可からす、曰く罰金以下の刑を言渡したる判決に付ては、欠席判決の送達あらさるとき、又禁錮の刑を言渡したる判決に付ては、被告本人其送達を受けす、又は判決執行の準備の為に逮捕せられさるときは、此欠席判決よりして、被告人の為めに経過する所の時効は、刑の時効にあらすして公訴の時効なりとす、之に反して、罰金以下の刑を言渡したる判決に付ては、欠席判決の送達ありたる後、禁錮の刑を言渡したる判決に付ては、被告本人其送達を受け、又は判決執行の準備の為に逮捕せられたる後三日間に故障の申立を為さゝりしときは、三日の終りよりして、被告人の為に進行を始むるものは、公訴の時効にあらすして刑の時効なりとす、蓋し確定判決、即ち執行すへきものとなりたる判決にあらされは、其執行を為

さゝるよりして、被告人の為に刑の時効の進行を始むるものにあらす、而して欠席判決は、故障申立の期間の経過せさる間は、確定することあらざれはなり、之を再言すれは、判決は確定せさる間は執行するを得す、然れは、其確定せさる間は、之を執行せさるは固より当然なれは、其執行せさるよりして、刑の時効の生すへき理由なけれはなり、我か法律の旨意、果して此の如くなるや否や、

茲に我か刑法典を参照するに、其第六十一条に『期満免除は、、、欠席裁判に係る時は、其宣告の日より起算す』とあり、是に因りて之を観れは、欠席判決の効力は、唯公訴の時効を中断するにあらすして、此れより刑の時効の進行を始むるなり、乃ち刑事訴訟法典第二百二十九条と併せて之を括言すれは、欠席判決の効力は、故障申立の期間の経過せさるに拘はらす、即ち未た確定せさる間よりして、刑の時効の進行を始むるものとす、蓋し其意に謂へらく、欠席判決と曰ふと雖とも、已に宣告したる刑ある以上は、之れか執行を為さゝるに於ては、到底其効を失はさる可からすして永遠に其刑の存すへき理なし、已に然りとすれは、其効を失ふに付きての起算点、即ち時効の起算点なかる可からす、否らされは即ち、欠席判決を以て宣告したる刑は、永遠に存するものと為さゝる可からす、夫の対席判決に因りて宣告したる刑は、之れか執行を為さゝるに於ては、若干年を経過するの後、遂に時効に因りて其効を失ふにあらすや、然らは則ち、欠席判決に因りて宣告したる刑と雖も、亦之か執行を為さゝるに於ては、永遠に存するの理なかるへし、是れ欠席判決に係る刑の期満免除は、其宣告の日より起算すと規定したる所以なりと、亦是れ一説として見る可きか如し然りと雖とも、已に上に云ふか如く、凡そ判決は、確定せさる間は之を執行するを得す、執行するを得さるものなれは、其執行せさるは当然にして、此れより刑の時効の進行を始むるの理なかるへし、而して欠席判決は、罰金以下の刑を言渡したる判決に付ては、欠席判決の送達あらさる間、又禁錮の刑を言渡せる判決に付ては、被告本人其の送達を受けす、又は逮捕せられさる間は、故障申立の期間始らさるか故に、其判決たる確定することなし、此未確定の判決よりして刑の時効を生するは、豈復奇ならすや、之を要するに、執行することを得さる判決より

して、刑の時効を生するは、刑の時効の性質に背戻するを免れす、且つ夫れ、欠席判決に因りて宣告したる刑は、其宣告の日より刑の時効を起算すと為さゝるに於ては、果して永遠に存せさるを得さるの結果を生する歟、未た必すしも然らさるなり、其故障申立の期間の経過したる時、即ち確定したる時よりして、刑の時効を生すと為せは則ち可なり、但此の如くする時は、実際に於ては、禁錮の刑を言渡したる判決に付ては、被告人捕に就かさる間は、到底確定することなくして、唯公訴の時効を中断するに過きさるに至る可し、

更に歩武を進めて之を研究するときは、刑法典第六十一条の、『期満免除は、、、、欠席裁判に係る時は、其宣告の日より起算す』との法文よりして、奇怪の結果を生するを看るへし、此法文に拠るときは、欠席判決に依りて禁錮の刑の言渡を受けたる被告人に於て、自ら其送達を受けす、又逮捕せられさるか為に、刑の言渡ありたるとを知らすと雖も、猶ほ刑の時効に至るの日子は、滔々として進行し、而して法律の定むる若干年を経過したるときは、遂に刑の時効を得て其刑を免るへし、乃ち主刑は刑の時効に因りて免除せらるゝと雖とも、之れと同時に、性質上時効を得さる所の刑、即ち有形的執行を要せさる所の刑（即ち我か刑法典第六十条に、『剝奪公権、停止公権、及ひ監視は期満免除を得す』とある是れなり）を受けさる可からす、何となれは、欠席宣告の日より起算して、法律の定むる若干年を経過し了るときは、茲に刑の時効を得可く、已に刑の時効を得るときは、故障若くは控訴を為すことを得さるは弁を待たされはなり、請ふ更に之を詳言せん、曰く刑法典第六十一条と、刑事訴訟法典第二百二十九条とを併せて之を括言すれは、罰金以下の刑の言渡を受けたる者に於ては、其送達を受けす、禁錮の刑の言渡を受けたる者に於ては、自ら其送達を受けす、又は逮捕せられさる間に、法律の定むる刑の時効の期限を経過し了るときは、最早故障を申立つることを得す、故に欠席判決に付きては、刑の時効に至るまで故障を申立つることを得、但罰金以下の刑を言渡したる判決に付ては、其送達ありたる時、禁錮の刑を言渡したる判決に付ては、被告本人其送達を受け、又は判決執行に因り、刑の言渡ありたることを知りたる時は、其日より三日内にあらされは、故障を申立つることを得すと云ふに

同し、乃ち欠席判決は、或る場合を除くの外は、刑の時効に因りて確定す、換言すれは、刑の時効を得るの時は、即ち欠席判決の確定する時なりとす、何となれは、刑の時効を得るの後は、故障を為すことを得さるに至れは也、夫れ此の如くなるか故に、上に述ふる結果を生するに至るなり、豈奇怪の至りならすや、何となれは、刑の時効は刑を免除せしむるものなるに、今此場合は、刑の時効に因りて、反りて更に一刑を生し来れはなり、若し故障期間の経過したる時を以て、刑の時効の起算点と為すときは、決して此の如き奇怪なる結果を看ることなかるへし、何となれは、若し此の如くするときは、主刑の時効を得たるに拘はらす、猶ほ剝奪公権、停止公権、監視の刑を受たるは、主刑か時効を得たるの結果に因りて然るにあらすして、有形的執行を要せさる刑は、時効を得すとの原則に因りて然るを致すものなれはなり、惟ふに、此等は立法者の最思ひを致さゝる可らさる所なるへし、

「誹譏罪ニ於ケル事実ノ証明ヲ論シテ新聞紙条例ニ及フ」

『明法誌叢』第一三号、明治二六年三月二一日発兌

日本仏国法律学士　故宮城浩蔵　口演
及　門　佐々木忠蔵　筆記

筆記者曰ク先生嘗テ誹譏罪論テウ一書ヲ著サント欲シ腹案成ル毎ニ口述シテ以テ予ニ筆記セシム而シテ業未タ半ニ至ラスシテ先生忽焉道山ニ還ル今左ニ掲クル者ハ其一部ニ属ス蓋シ行文拙劣先生ノ奥旨ヲ満タスニ足ラサルヲ恐ルト雖モ然レトモ敢テ乖謬ナカルヘキヲ信スルナリ若シ夫レ題号ハ筆記者ノ命シタル所ニ係ル読者諒諸

夫レ人ヲ誹譏シタル者ハ各国ノ法律皆之ヲ罰セサルハナシ然レトモ其誹譏シタル事項ハ真ニ事実ヲ発露スルコト有ラン或ハ架空虚構ノコト有ラン是ニ於テカ誹譏者ニ対シテ其誹譏シタル事項ノ事実ニ適スルコトノ証明ヲ許ス可キヤ否

ヤヲ研究スルノ要生ス各国ノ刑法ヲ按スルニ大抵事実ノ証明ヲ許ス仏国ノ如キ種々ノ変遷アリト雖モ今日ハ事実ノ証明ヲ許スヲ以テ原則ト為ス英米ノ如キ亦然リ今茲ニ悉ク之ヲ挙クルヲ須井ス直チニ我刑法ニ関スル沿革ヲ略言センボアソナード氏ノ起稿ニ係ル最初ノ刑法草案ニハ特ニ官吏ニ対スル誹譏ニ付キテ事実ノ証明ヲ許スコトヲ記載シ其後氏自ラ之ニ加フルニ公人ニ対スル誹譏ニ付キテモ亦其証明ヲ許スノ項ヲ以テセリ現刑法ハ総テ之ヲ削除シ何人ニ対シテモ事実ノ証明ヲ許サス第三百五十八条ニ曰ク悪事醜行ヲ摘発シテ人ヲ誹譏シタル者ハ事実ノ有無ヲ問ハス云々ト所謂事実ノ有無ヲ問ハストハ即チ事実ノ証明ヲ許サヽルヲ謂フナリ現行刑法ノ後ニ出テタル新聞紙条例ニ於テハ新聞紙記載ノ事項カ悪意ニ出テスシテ公益ノ為メニ出テタル者ト認メラルヽ時ハ事実ノ証明ヲ許スノ規定有リ同条例第二十五条ニ曰ク

新聞紙ニ記載シタル事項ニ付キ誹譏ノ訴アル場合ニ於テ其私行ニ渉ル者ヲ除クノ外裁判所ニ於テ其人ヲ害スルノ悪意ニ出テス公益ノ為ニスルモノト認ムルトキハ被告人ニ於テ事実ヲ証明スルコトヲ許スコトヲ得其証明ノ確立ヲ得タルトキハ誹譏ノ罪ヲ免ス云々

凡ソ被告人ハ弁護ノ権アリ故ニ苟モ自己ニ利益アルコトハ之ヲ主唱シ之ヲ証明スルコトヲ得然レトモ此権利ハ社会ノ安寧ノ為メニ制限セラレサル可カラス即チ誹譏ニ関シテ事実ノ証明ヲ許サヽルカ如キ是レナリ蓋シ若シ誹譏ニ関シテ事実ノ証明ヲ許ストキハ被誹譏者ハ益々害ヲ受クルニ至レハナリ然レトモ或ル場合ニ於テハ誹譏ニ関シテ事実ノ証明ヲ許サヽル可カラス即チ公衆ノ利害ニ関スル場合ニシテ官吏若クハ法人ノ首長ニ対スル誹譏ノ如キ是レナリ蓋事実ノ証明ヲ許サヽルハ社会ノ安寧ノ為メナルニ今此場合ハ事実ノ証明ヲ許スヲ以テ反リテ安寧ヲ維持シ得ラルヽヲ以テナリ請フ此場合ニ於テ事実ノ証明ヲ許ス所以ヲ細説セン

（一）ニ曰ク事実ノ証明ヲ許ストキハ風俗ヲ矯正スルノ一裨助トナルヘシ何トナレハ人々公廷ニ於テ公然証明セラルヽヲ恐レテ敢テ悪事醜行ヲ為サヽルニ至ルヘケレハナリ

（二）ニ曰ク其犯罪ニ関スル者ハ告訴告発ノ路ニ由リ之ニ制裁ヲ加フルコトヲ得ヘシト雖モ犯罪ニ関セサル悪事醜行ニ付キテハ此路ニ由ルコトヲ得ス則チ悪事醜行ハ湮滅シテ聞ユルコト無キニ至ル是レ吾人間接ニ害ヲ受クルナリ於是乎事実証明ヲ許シ以テ輿論ノ制裁ヲ与ルノ要アリ且ツ一歩ヲ進メテ之ヲ云ヘハ告訴告発ハ当該官吏ニ於テ之ヲ受理セス若クハ之ヲ受理スルモ抛棄スルコトヲ得ヘシ則チ之ヲ防クノ路事実ノ証明ヲ許スヨリ外ナキナリ

（三）ニ曰ク悪事醜行ヲ為シタル者官吏ノ如キ場合ニハ事実ノ証明ヲ許ストキハ其行為ヲ監督長官ニ知ラシムルノ益アリ

（四）ニ曰ク単純ニ思考スレハ吾人ハ人ヲ誹議スルノ権利ナシト雖トモ深ク思ヒ遠ク考フレハ更ニ一理論ノ生スルヲ看ン実ニ吾人ハ徒ニ之ヲ誹議スルノ権利ナシ然レトモ人ノ相集リテ社会ヲ成スヤ善ハ則チ之ヲ勧メ悪ハ則チ之ヲ懲サヽル可カラス否ラサレハ則チ社会何ニ由リテカ立タン若シ悪事醜行ヲ為ス者アラハ是レ吾人ハ害ヲ受クルヤ必セリ而ルニ吾人ハ害ヲ受ケツヽ其悪事醜行ヲ袖手傍観セサルヲ得スト云フノ理ハ決シテ之レ無カル可シ寧ロ吾人ハ之ヲ懲シ之ヲ戒ムルノ職分アリト謂フモ決シテ誣言ニ非サルヲ知ル乃チ此点ヨリ視レハ事実ノ証明ヲ許スノ理念明カナルヘシ更ニ悪事醜行ヲ為シタル者ヨリ視レハ人ハ悪事醜行ヲ為スノ権利アリト謂フ可カラス寧ロ悪事醜行ヲ為サヽルノ義務有リト謂フヲ得ヘシ已ニ権利ナキノ事ヲ為シ義務ニ背クノ事ヲ為ス輿論ノ罰ヲ受クルハ豈当然ニアラスヤ法律ハ此種ノ者ヲ保護スルヲ須井サルナリ故ニ此点ヨリ観ルモ亦事実ノ証明ヲ許スヲ以テ必要ナリトス

（五）ニ曰ク若シ事実ノ証明ヲ許サストセハ其結果タル徒ニ不正ノ輩ヲ保護スルニ止マリテ善良ノ者ハ反リテ害ヲ受クルニ至ル可シ例ヘハ裁判官賄賂収受ノ非行アリト云ハレタリトセン若シ是レ事実ナラハ其事実ノ証明ヲ許サヽルハ裁判官ニ益アリト雖トモ若シ無根ナラハ其事実ノ証明ヲ許サヽルカ為メニ果シテ無根ナリヤ否ヤ明白ナラスシテ已ムカ故ニ裁判官ハ大ニ不幸ヲ蒙ルヘシ此ノ如キ奇怪ナル結果ヲ生スルノ点ヨリ視ルモ亦事実ノ証明ヲ

許スノ至当ナルヲ知ルヘシ

事実ノ証明ヲ許スノ理由既ニ上陳ノ如シ然ラハ即チ新聞紙条例ニ云フカ如キ人ヲ害スルノ悪意ニ出テタルト否ラサルトヲ区別セサルヲ以テ至当ト為サヽルヘカラス何トナラハ悪事醜行ノ公衆ノ利害ニ関スルニ付キテハ誹議者ノ意思ノ善悪ヲ問フノ要ナケレハナリ而シテ新聞紙条例コヽニ出テス誹議者ノ意思ノ善悪ヲ区別シタルハ不都合ト謂ハサル可カラサルナリ

予ハ事実ノ証明ヲ論シテ此ニ至リ左ノ論決ヲ得タリ曰ク悪事醜行ノ公事ニ渉ル者即チ一私行ニ関セサル者ハ官吏ニ対スル誹議ト官吏外ノ者ニ対スル誹議トヲ分タス総テ事実ノ証明ヲ許スヘシト此論決タル唯理論ニ於テ然ルノミナラス我法律ノ規定モ亦然リト為ス何ソ図ラン我法律ノ規定ニ関シテ茲ニ異説ヲ為ス者アラントハ説者曰ク刑法第百四十一条ニ官吏ノ職務ニ対シ其目前ニ於テ刑容若クハ言語ヲ以テ侮辱シタル者云々ト有リテ官吏ニ対シテハ誹議ト云ハスシテ特ニ侮辱ノ文辞ヲ用井タリ是レ誹議ト云ヒ侮辱ト云ヒ共ニ法律上ノ一成語ニシテ法律ハ全然両者ヲ区別セルモノナリ而ルニ新聞紙条例第二十五条ニハ誹議ノ文辞アリテ侮辱ノ文辞ナシ故ニ該条例中ニハ侮辱ヲ含蓄セス已ニ侮辱ヲ含蓄セサレハ則チ官吏ニ対スル侮辱ニ付キテハ事実ノ証明ヲ許ス可カラスト此説タル現時我司法部内ニ行ハレ既ニ裁判例モ之レ有リト聞ク何ソ思ハサルノ甚シキヤ請フ左ニ其不当ナル所以ヲ弁セン

抑モ侮辱トハ官吏ニ対スル不敬ノ謂ナリ故ニ誹議ノ若キ罵詈ノ如キ皆此中ニ含有スルト謂ハサルヘカラス因テ誹議ハ侮辱中ノ一部ニ外ナラサレハ官吏ニ対シテ誹議シタル時ハ即チ官吏ニ対シテ侮辱シタルモノト謂ハサルヘカラス故ニ新聞紙条例第二十五条ニ誹議ト規定セルヲ見テ侮辱罪ニハ之ヲ適用スルノ限ニ在ラストイフハ甚タ不当ニシテ反リテ侮辱中ノ誹議ニ渉ルモノニ付キテハ事実ノ証明ヲ許サヽル可カラス蓋シ新聞紙条例ニ誹議トアレハ迚為メニ性質ヲ変スルモノニアラスシテ依然トシテ誹議ハ侮辱中ノ一部ニ外ナラサルナリ法理已ニ此ノ如シ更ニ実際ニ徴シテ思考スルニ凡ソ事実ノ証明ヲ許スハ一般人ヨリハ却テ官吏ニ就キテ最モ其要用ノ大ナルヲ観ル而ルニ官吏ニ対スル誹議即チ侮

辱ニ付キテノミ特ニ事実ノ証明ヲ許サストセハ最モ要用ノ大ナル者ニ就キテ法律ノ適用ヲ止息スル者ト謂ハサル可カラサルナリ是豈立法ノ精神ナランヤ立法者ハ此ノ如キノ愚ヲ学ハサルナリ且ツ夫レ誹議侮辱ハ法律上ノ一成証ナリトイフニ過キスシテ其何故ニ官吏ニ対スル誹議即チ侮辱ニ付キテハ事実証明ヲ許サヽルヤ絶テ其理由ヲ発見スルコト能ハス或ハ云ハン官ノ威厳ヲ保ツカ為メナリト果シテ然ラハ其理由ノ浅薄ナルコトハ驚カサルヲ得サルナリ誹議セラレタル事実果シテ之レ無キ歟是レ事実ノ証明シ得ラレサリシモノナリ則チ以テ官吏ノ公明ナリシコトヲ世ニ顕ハスニ足ル何為レソ官ノ威厳ヲ損セン若シ誹議セラレタル事実果シテ之レアル歟是レ事実ノ証明シ得ラレタルモノナリ政府ハ必スヤ其官吏ヲ罰スルニ躊躇セサルヘシ則チ官ノ公平ヲ示スニ足ル何為レソ官ノ威厳ヲ損セン

是ニ由テ之ヲ観レハ新聞紙条例ノ規定ハ予ノ与ヘタル決定ト敢テ矛盾スル所ナク却テ説者ノ論ノ法理ニ合セス実際ニ適セサルヲ知ルヲ得ヘシ

終ニ臨ミ一言ス可キ有リ曰ク以上解説スル所ノ理由ヲ推演スレハ事実ノ証明ハ法律上当然許サヽル可カラス換言スレハ被告人ハ事実ノ証明ヲ為スノ権利アリト謂ハサルヘカラサルナリ而ルニ新聞紙条例第二十五条ニ拠レハ……裁判所ニ於テ事実ヲ証明スルコトヲ許スコトヲ得……ト規定シ許否ノ権ヲ裁判所ニ委ネタリ悖レリト謂フ可シ夫レ治罪法一般ニ不要ナリトスル証拠ヲ挙クルコトヲ許サヽルノ権ヲ裁判所ニ与ヘタルハ是レ事実ニ属スルヲ以テナリ蓋シ事実審査ノ権ハ之ヲ裁判所ニ委セサルヘカラス之ニ反シテ所謂事実ノ証明ハ法律上ノ事ニ係ル若シ其証明ヲ為シ得サリシ時ハ誹議犯罪者タルヲ免レス否ラサレハ則チ無罪者ト為ル之ヲ略言スルニ事実ノ証明ヲ為スト否ラサルトハ有罪無罪ノ判カル、所タリ豈之ヲ裁判官ニ委シテ可ナランヤ要スルニ已ニ事実ノ証明ヲ許ス以上ハ宜ク之ヲ被告人ノ権利ト為スヘシ否ラサレハ則チ実事［事実］ノ証明ヲ許シタル理由ヲ一貫スルコトヲ得サルナリ

I. – L'interdiction légale ne peut avoir lieu au cas de condamnation par contumace.

II. – L'aliéné n'est pas passible de poursuites pour les contraventions, même pour celles qui existent en dehors de l'intention de l'agent.

DROIT ADMINISTRATIF

I. – Le préfet ne peut prendre un arrêté municipal applicable à une seule commune.

II. – Quand la loi dit que le préfet statue sauf recours au Conseil d'Etat, on n'a pas besoin de suivre la filière hiérarchique.

Vu:
Lyon, le 14 avril 1880.
Le doyen, Président de la thèse,
E. CAILLEMER.

pe, les actes faits par le mandataire postérieurement à la cessation du mandat, ne lient le mandant ni envers le mandataire, ni envers les tiers avec lesquels ce dernier a traité. Toutefois, il en est autrement si le mandataire a agi dans l'ignorance de la cause qui a fait cesser le mandat; alors le mandant est lié, tant envers le mandataire (art. 2008), qu'envers les tiers de bonne foi (art. 3009).

POSITIONS

DROIT ROMAIN

Ⅰ. – Le mari devient, par la constitution de dot, véritable propriétaire des choses dotales.

Ⅱ. – L'interdiction d'aliéner le fonds dotal ne s'applique pas au cas de partage, dans le cas où l'action en partage est intentée contre le mari.

Ⅲ. – Le pupille, quoique incapable de s'obliger, est tenu d'une obligation naturelle pour tout ce à quoi il s'est engagé, et au-delà même du profit qu'il a pu tirer du contrat.

DROIT FRANÇAIS

Ⅰ. – Le mandat peut être donné tacitement.

Ⅱ. – La promesse d'accomplir des actes dépendant d'une profession dite libérale, ne constitue pas un mandat.

Ⅲ. – Le mandat conféré au mineur non émancipé, est valable.

Ⅳ. – Le tribunaux n'ont pas le droit de réduire le salaire du mandataire fixé par la convention.

Ⅴ. – Le créancier agissant en vertu de l'art. 1166, n'est pas un mandataire.

DROIT COMMERCIAL

Ⅰ. – La lettre de change peut être cédée par endossement, même après l'échéance.

Ⅱ. – La preuve testimoniale est admise, en matière commerciale, sauf pour les actes de société, outre et contre le contenu des actes.

PROCÉDURE CIVILE

Ⅰ. – Un jugement définitif peut être rendu par des juges qui n'ont pas assisté au jugement interlocutoire ou préparatoire.

Ⅱ. – La signification à personne ou à domicile dont parle l'art. 147, doit s'entendre du domicile réel.

DROIT CRIMINEL

1).

La renonciation peut avoir lieu sans dommages-intérêts dans deux cas: 1° si cette renonciation ne cause aucun préjudice au mandant; 2° si le mandataire se trouve dans l'impossibilité de continuer le mandat sans en éprouver lui-même un préjudice considérable (art. 2007, alin. 2).

En quoi consiste le préjudice considérable dont parle le Code ? C'est là une question de fait, que les tribunaux devront résoudre suivant les circonstances. Le droit romain nous en fournit plusieurs exemples: un procès d'où dépend la majeure partie de la fortune du mandataire, des complications survenues dans ses affaires, une maladie grave.

Conformément à la solution pratiquée en droit commercial pour la commission, la renonciation devra être plus difficilement admise en faveur du mandataire qui se fait une profession de traiter les affaires d'autrui; dans ce cas, c'est le mandataire qui se met lui-même à la disposition du public, et le public doit pouvoir compter sur lui, à moins d'empêchement absolu.

Le mandat constituant un rapport tout personnel, il est normal qu'il s'éteigne par la mort de l'une ou de l'autre des parties (art. 2003, alin, 4).

Mais il ne s'éteint pas d'une manière complète. En effet, s'il s'agit de la mort du mandataire, ses héritiers doivent non-seulement en donner avis au mandant, mais de plus, prendre des mesures conservatoires, pourvoir en attendant à ce que les circonstances exigent pour l'intérêt de celui-ci (art. 2010). Bien entendu, nous supposons les héritiers capables et instruits de l'existence du mandat; autrement, ils ne seraient tenus de rien: au fond, le mandant est en faute de n'avoir pas prévu le décès possible de son mandataire, et de n'avoir pas, par l'acte même de procuration, désigné un substitué, comme cela se fait très souvent dans la pratique.

S'il s'agit de la mort du mandant, le mandataire est tenu d'achever la chose commencée, s'il y a péril en la demeure (art. 1191, alin. 2).

Le changement d'état du mandant ou du mandataire est une cause d'extinction du mandat. En effet, la capacité civile du mandant est essentielle au mandat, puisque c'est le mandant qui contracte par l'organe du mandataire; dès qu'elle disparaît, le mandat cesse d'exister. Quant à la capacité du mandataire, elle n'est pas essentielle au mandat, mais son absence enlève au mandant son recours contre le mandataire; il est donc juste d'y voir une cause d'extinction, une espèce de révocation tacite et de plein droit.

De ces principes, il résulte que l'art. 2003, alin. 3 ne doit pas être considéré comme limitatif; tout changement d'état de l'une des parties est une cause d'extinction du mandat. Ainsi, aux cas d'interdiction et de déconfiture, il faut ajouter la mise dans une maison d'aliénés, la nomination d'un conseil judiciaire, l'interdiction pénale, la faillite, et même le mariage de la femme, si son contrat de mariage ne lui permet pas d'accomplir les actes qui font l'objet du mandat.

La cessation des pouvoirs du mandant met naturellement fin aux pouvoirs du mandataire. Ainsi, si le mandant est lui-même le mandataire d'une autre personne, les pouvoirs de celui qu'il s'est substitué expirent avec les siens.

On peut rapprocher de cette cause d'extinction la cessation des pouvoirs du mandataire par l'expiration du temps pour lequel le mandat a été donné, ou par la consommation de l'affaire qui en formait l'objet.

Les effets de l'extinction du mandat varient selon qu'elle a lieu antérieurement ou postérieurement à tout commencement d'exécution. Dans la première hypothèse, le mandat est anéanti, il ne produit aucun effet. Dans la seconde, il disparaît pour l'avenir, mais il subsiste pon [u] r le passé; notamment les obligations du mandant envers le mandataire sont maintenues pour ce qui concerne les frais et salaires des actes qui ont précédé la révocation.

Les effets varient encore selon que le mandataire connaît ou ignore la cause d'extinction. En princi-

la représentation, qui est la base du mandat: le mandataire agit, non-seulement pour le compte du mandant, mais en son nom; il est son organe: il résulte de là que le mandant est tenu comme s'il avait contracté lui-même.

Si le mandataire a excédé ses pouvoirs, le mandant ne sera pas tenu, à moins qu'il n'est donné ratification expresse ou tacite (art. 1998, alin. 2). La ratification a un effet rétroactif, de telle sorte que tous les actes accomplis avant elle, sont réputés faits par un mandataire en règle: la gestion d'affaires disparaît, et on se trouve en présence d'un mandataire valablement autorisé. Néanmoins, cette ratification ne doit pas nuire aux tiers qui ont des droits acquis par suite de la nullité du mandat.

CHAPITRE Ⅶ

Extinction du mandat.

Le droit de révocabilité permanente du mandataire par le mandant est une conséquence du caractère du contrat de mandat, tel que nous l'avons défini. L'objet du mandat est un acte juridique qui crée obligation envers des tiers; tout acte juridique suppose le consentement des parties, et la nécessité de ce consentement exige, dans la personne de celui au nom de qui il est fait, une volonté persistante qui dure jusqu'au moment où l'acte est accompli; d'où il suit que cet acte ne saurait s'accomplir d'une façon régulière, du jour où il y a eu changement de volonté: d'où le droit permanent pour le mandant de manifester le changement de sa volonté par la révocation du mandataire. Le mandant peut révoquer sa procuration quand bon lui semble. (Art. 2004).

La révocation peut être expresse ou tacite: expresse, par une notification verbale ou écrite; tacite, par un acte quelconque dont l'esprit ne saurait se concilier avec la permanence du mandat. L'art. 2006 nous indique un exemple de révocation tacite, c'est le cas où un nouveau mandataire a été constitué dans la même affaire. Il faut ajouter qu'il en est ainsi, seulement s'il résulte des circonstances que le mandant a voulu remplacer le mandataire primitif et non lui adjoindre un collaborateur. La révocation opère, dans ce cas, à compter du jour où l'ancien mandataire a eu connaissance d'une manière quelconque, de la constitution du nouveau mandataire, et notamment à compter du jour où la révocation lui a été notifiée.

Lorsque le mandat est constaté par écrit, le mandataire, en conséquence de sa révocation, est tenu de rendre au mandant, soit l'original de la procuration, si elle a été délivrée en brevet, soit l'expédition, s'il en a été gardé minute (art. 2004). Ce retrait de l'acte de procuration est un moyen d'avertir les tiers que le mandat a pris fin, et en général, ce retrait suffit à l'égard des tiers, car il est matériellement impossible au mandant de deviner à l'avance et d'avertir tous ceux qui pourraient avoir l'intention de contracter avec son ancien mandataire; et d'ailleurs ces derniers sont en faute de ne pas se faire exhiber la procuration. Mais s'il s'agissait de personnes qui sont dans l'habitude de contracter avec le mandataire pour les affaires courantes le simple retrait ne suffirait pas; dans ce cas, l'art. 2005 ne rend la révocation opposable à ces personnes qu'autant qu'elle leur a été notifiée.

Si le mandat a été constitué par plusieurs, la révocation d'un seul suffit, car le mandat émanait de la volonté de tous, et la même condition est indispensable pour qu'il se maintienne. Cependant le silence réciproque du mandataire et des autres mandants feraient naturellement supposer qu'ils consentent à la continuation du mandat.

Le mandataire peut renoncer au mandat en notifiant au mandant sa renonciation (art. 2007, alin.

ple sommation suffit ici pour mettre le débiteur en demeure, conformément à l'art. 1139 et contrairement à l'art. 1153, alin. 3.

En somme, l'art. 2001 constitue une sorte de contre-partie, au profit du mandataire, de l'art. 1996.

3° Les *pertes* que le mandataire a essuyées à l'occasion de sa gestion, sans imprudence qui lui soit imputable (art. 2000).

Pothier, à la suite du droit romain, distinguait entre les pertes dont le mandat était la cause et celles dont il était seulement l'occasion; il n'accordait l'indemnité que pour les pertes dont le mandat était la cause (n° 75 et 76). Le Code a rejeté cette distinction subtile. Ce n'est que dans le cas où le mandataire a commis une faute, qu'il reste responsable sans indemnité des pertes subies par sa faute.

La seconde obligation du mandant, c'est de payer les salaires, lorsqu'il en a été promis (art. 1999, alin. 1).

Il a été jugé plusieurs fois que le salaire promis pouvait être réduit par les tribunaux, dans le cas où ceux-ci le jugeraient excessif; et c'est particulièrement dans un but de protection pour les clients contre les agents d'affaires que cette théorie a été admise. Mais le texte de l'art. 1999 est trop positif pour nous permettre de partager cette opinion. Les art. 1986 et 1999 considèrent la convention relative au salaire du mandataire comme une convention licite; dès lors, cette convention est obligatoire, car les conventions légalement formées tiennent lieu de loi à ceux qui les ont faites (art. 1134). Les tribunaux doivent la respecter intégralement: le salaire doit être maintenu tel qu'il a été fixé par la convention, sauf, bien entendu, l'annulation du contrat dans le cas où le consentement est entaché de dol, d'erreur ou de violence, conformément au droit commun (art. 1109).

Comme garantie pour le mandataire, la loi a établi, dans le cas où il y a plusieurs mandants, la solidarité entre eux (art. 2002).

En principe, la solidarité ne se présume pas, elle doit être établie par une convention expresse (art. 1202). C'est par application de la règle que l'art. 1995 décide, comme nous l'avons vu, que, entre *co-mandataires*, la solidarité n'existe qu'autant qu'elle est stipulée.

L'art. 2002 qui établit de plein droit la solidarité entre *co-mandants*, est une exception à la règle, exception introduite en faveur du mandataire. Cette dérogation s'explique d'une manière naturelle, quand le mandat est gratuit, car alors le contrat est tout à l'avantage des mandants; il est juste que l'insolvabilité de l'un d'eux ne pèse pas sur le mandataire, qui leur rend à tous un service désintéressé. Lorsque le mandat est salarié, on explique la solidarité par la nécessité d'encourager l'usage du mandat, qui facilite et multiplie les relations entre les hommes: les obliger à diviser leur action, serait leur créer une foule de difficultés et d'entraves, surtout quand on songe qu'ils opèrent pour des personnes absentes, souvent très éloignées. Il est bien entendu, d'ailleurs, que les parties qui sont tenues de mentionner d'une manière expresse la clause du salaire, pourront, si elles le désirent, effacer en même temps la solidarité.

Le Code ne mentionne pas au profit du mandataire le droit de rétention qu'il a formellement reconnu pour le vendeur (art. 1612), pour le locateur (art. 1749), pour le dépositaire (art. 1948), pour le créancier gagiste (art. 2082, alin. 1). Les auteurs étendent ce même droit au mandataire, à raison de l'analogie de sa position. Mais, en général, on considère que le mandataire n'a de droits de rétention que pour le recouvrement de ses avances et frais, non pour le paiement de ses salaires.

En règle générale, l'action du mandataire contre le mandant est soumise, quant à la prescription, au droit commun, c'est-à-dire au délai de trente ans (art. 2262). Il y a exception, quand le mandataire est un huissier ou un avoué, agissant en cette qualité; la prescription est alors de un an, de deux ans ou de cinq ans (art. 2272, alin. 2, et art. 2273).

Vis-à-vis des tiers, le mandant est tenu de toutes les obligations contractées par le mandataire dans la limite de ses pouvoirs (art. 1998, alin. 1). Cette règle est une conséquence directe du principe de

faits qui lui sont personnels. Quant aux dommages-intérêts qui peuvent être dûs par suite de l'inexécution du mandat, chacun des mandataires en est tenu pour une part virile, et n'en est tenu que pour cette part.

Par exception à la règle des art. 1202 et 1995, les mandataires chargés d'une exécution testamentaire doivent être présumés solidairement responsables du compte du mobilier qui leur a été confié (art. 1033).

Le mandataire peut-il se trouver engagé vis-à-vis des tiers ? Non, en principe, puisque le mandataire représente la personne du mandant, et qu'en réalité c'est le mandant qui agit, qui contracte par son organe. Cependant, le mandataire est tenu de donner aux tiers une suffisante connaissance de ses pouvoirs (art. 1997). S'il manque à cette obligation, il est engagé envers les tiers dans la limite de ce qu'il leur a laissé ignorer. Bien entendu, d'ailleurs, il est toujours libre d'ajouter, s'il le veut, sa propre garantie à la garantie personnelle du mandant.

CHAPITRE Ⅵ

Obligation du mandant.

La première obligation du mandant, c'est de rendre le mandataire indemne.

Il doit donc lui rembourser:

1° *Les avances et frais* (art. 1999, §1).—Ces mots comprennent toutes les dépenses faites de bonne foi et sans faute, alors même qu'il eût été possible de gérer l'affaire d'une manière plus économique; il suffit que le mandataire n'ait pas été coupable de négligence (art. 1999, §2). Il en est autrement quand il s'agit du quasi-contrat de gestion d'affaires; dans ce cas, le gérant n'a droit qu'au remboursement des dépenses nécessaires ou au moins utiles, c'est-à-dire des dépenses qui ont été une cause de profits (art. 1375).

Rien n'empêche d'ailleurs les parties de fixer, par convention, la limite des dépenses que ne devra pas dépasser le mandataire;

2° L'*intérêt de ses avances* à partir de leur date (art. 2001).

En règle générale, dans les obligations ayant pour objet une somme d'argent, les intérêts ne sont dus que du jour de la demande (art. 1153, alin. 3); autrement dit, la mise en demeure ne résulte que d'une demande en justice ou, tout au moins, d'une citation en conciliation suivie dans le mois d'une demande en justice (art. 57, C. Pr.).

Parmi les exceptions à cette règle, se trouve le cas où le mandataire a fait des avances pour le mandant; les intérêts courent de plein droit à son profit. L'exception se justifie ici par cette considération que les relations du mandant et du mandataire seraient entravées d'une manière déplorable, si le mandataire devait, à chacune de ses avances, intenter une demande en justice.

Notons ici, à titre de rapprochement, que l'article 1996 avait déjà, comme nous venons de le voir, apporté deux exceptions à la règle de l'art. 1153, alin. 3:

La première, relative aux intérêts des sommes appartenant au mandant, que le mandataire a employées à son usage: dans ce cas, les intérêts sont dus de plein droit par le mandataire, à dater du jour de l'emploi;

La seconde, relative aux intérêts du reliquat dont le mandataire se retrouve débiteur par suite de sa gestion: dans ce cas, les intérêts ne sont dus qu'à partir du jour de la mise en demeure, mais une sim-

le substitué n'est, relativement au mandant que le préposé du mandataire, préposé dont ce dernier doit nécessairement répondre, conformément au principe général de l'art. 1384.

Nous avons raisonné jusqu'ici dans l'hypothèse du silence du mandat; si le mandat a défendu la substitution d'une manière expresse et formelle, alors le mandataire qui prend un substitué est en faute. Concluons-en qu'il répondra même des cas fortuits.

Si le mandat lui donne pouvoir de substitution, le substitué devient alors l'agent du mandant, agent des faits, duquel le mandataire n'est plus responsable, à moins qu'il n'ait commis une faute en faisant un mauvais choix; il doit choisir une personne qui ne soit pas notoirement incapable ou insolvable (art. 1994).–Si la personne substituée est désignée dans le mandat, le mandataire n'est plus responsable, même du choix. Le mandant, alors, n'a de recours que contre le substitué; dans tous les cas, il a une action directe contre lui, même lorsque le mandataire est responsable (art. 1994, 2e alinéa).

La responsabilité du mandataire s'arrête devant les cas fortuits, à moins qu'il ne soit déjà en faute, ou qu'il ne soit chargé des cas fortuits par une clause expresse de la convention. On doit appliquer ici purement et simplement les principes généraux du droit. Les devoirs du mandataire varient selon les circonstances; selon que la force majeure rend l'exécution du mandat impossible ou la retarde ou bien la suspend, il doit attendre ou prendre les mesures conservatoires, dans tous les cas, avertir le mandant, aussitôt que faire se peut.

La troisième obligation du mandataire, obligation qui découle des deux autres, c'est de rendre compte de sa gestion (art. 1993).

Le mandataire peut être dispensé de produire les pièces justificatives du compte, et même de rendre compte. Mais dans les deux cas, la dispense devra être considérée comme une libéralité, et sera soumise à toutes les règles établies pour les actes à titre gratuit.

Le compte comprend tout ce que le mandataire a reçu ou dû recevoir pour le mandant, même les bénéfices en dehors des limites fixées par le mandat, et qui auraient été omis par négligence, même les choses qui n'appartiennent pas au mandant, si elles ont été remises pour lui au mandataire, ce dernier ne devant pas se faire juge d'une question de propriété qui se videra entre le mandant et les tiers (art. 1993). Le compte comprend encore les intérêts des sommes que le mandataire a employées à son usage, à dater de cet emploi (art. 1996).

Quelquefois le mandant pourrait obtenir, outre les intérêts des sommes employées des dommages-intérêts supplémentrires. Cela arrivera toutes les fois que l'emploi de la somme aura nui à l'exécution du mandat. Quant aux intérêts des sommes dont il est reliquataire, il les doit à compter du jour de la mise en demeure (art. 1996); il y a ici exception à l'art. 1153 qui exige la demande en justice; une simple sommation suffira.

Le mandataire ne peut pas compenser les bénéfices qu'il a procurés au mandant avec les pertes qu'il lui a fait subir; en effet, la compensation suppose une dette et une créance; or, le mandataire est bien débiteur des pertes, mais il n'est pas créancier des bénéfices, puisqu'il est de son devoir de les procurer toutes les fois que cela est possible.

Lorsqu'un mandat a été donné à plusieurs personnes conjointement, il n'y a pas, à moins de convention contraire, de solidarité entre elles (art. 1995).

Cette règle, qui n'est qu'une application du droit commun (art. 1202), a pour but d'abroger une disposition contraire du droit romain.

Quand la solidarité a été stipulée, chacun des mandataires répond pour le tout des suites de l'inexécution du mandat et même des conséquences des fautes commises par des co-mandataires. Mais, dans ce cas-là même, l'un des mandataires n'est pas responsable de ce que l'autre peut avoir fait en dehors des limites du mandat.

Au cas où la solidarité n'a pas été stipulée, chacun des mandataires ne répond que des fautes ou des

le temps, la vente des récoltes, des produites manufacturés, des marchandises, etc., seraient considérées comme actes d'administration; en dehors des cas ci-dessus indiqués, l'aliénation est interdite au mandataire non muni d'un pouvoir exprès. (Art. 1988, deuxième alinéa.)

On voit qu'un mandat spécial de sa nature, relatif seulement à une ou plusieurs affaires déterminées, peut être conçu en termes généraux. D'un autre côté, le mandat, quoique relatif à toutes les affaires du mandant, n'est que spécial, s'il a été conçu en termes généraux, parce qu'il est restreint aux actes d'administration.

Lorsque la loi exige pour la passation d'un acte un mandat spécial, ce mandat doit nominativement indiquer l'affaire en vue de laquelle il est donné. Ainsi: pour la participation aux actes de l'état civil pour la signature des actes d'opposition au mariage (art. 36), pour la participation au conseil de famille (art. 412), pour l'aveu judiciaire (art. 1356), pour la vérification d'écritures (art. 198, C. proc.), pour la déclaration relative à l'usage d'une pièce arguée de faux (art. 216, C. proc.), pour le désaveu (art. 353, C. proc.), pour la saisie immobilière et l'emprisonnement du débiteur (art. 556, C. proc.)

La conséquence de ce que le mandataire est tenu d'accomplir le mandat, c'est qu'il est responsable de l'accomplissement. Jusqu'où s'étend cette responsabilité ?

«Le mandataire, dit l'art. 1992, répond nonseulement du dol, mais encore des fautes qu'il commet dans sa gestion. Néanmoins, la responsabilité relative aux fautes est appliquée moins rigoureusement à celui dont le mandat est gratuit qu'à celui qui reçoit un salaire.»

Ainsi le mandataire répond: 1° de son dol; 2° de ses fautes. Les fautes doivent être appréciées d'après le type abstrait d'un bon père de famille. Telle est la règle générale; mais elle se modifie en présence d'un mandat gratuit. Alors le mandataire doit être traité avec moins de rigueur: on sera disposé à n'exiger de lui que les soins qu'il donne à ses propres affaires. La responsibilité se traduit, d'ailleurs, dans les deux cas par des dommages-intérêts, appréciés selon la règle de l'art. 1149.

Le mandataire est responsable non-seulement de ses fautes, mais encore des fautes commises par celui qu'il se substitue dans sa gestion (art. 1994). Ici se pose la question de savoir si la faculté de substitution doit être présumée au profit du mandataire.

Pothier répondait à cette question par une distinction, selon que le mandant avait eu en vue la personne et l'habileté propre du mandataire, ou qu'au contraire il n'avait pas pris en considération les qualités personnelles du mandataire. Dans le second cas, il accordait au mandataire la faculté de se substituer quelqu'un pour l'exécution du mandat, puisqu'il devait être indifférent au mandant que le mandat fût exécuté par telle personne plutôt que par telle autre. Au contraire, dans le premier cas, il déclarait que le mandataire excédait ses pouvoirs en déléguant à un tiers un office qui ne lui avait été confié qu'à lui-même et en vue de sa personne. Pothier ajoutait que dans ce cas la responsabilité du mandant n'était pas engagée par les actes du substitué (Pothier, n°s 90 et 99).

Les rédacteurs du Code voulurent d'abord interdire toute espèce de substitution, ce qui était plus rigoureusement conforme à l'idée de la représentation. Le consul Combacérès proposa d'établir cette prohibition d'une manière positive. Mais on réfléchit que dans bien des cas, cette substitution était utile, nécessaire même, et on pensa que la responsabilité du mandataire suffirait pour éviter les abus. Ainsi, on ne peut pas dire que le mandataire, en se substituant quelqu'un, commette une faute; il est possible, au contraire, qu'il fasse son devoir; mais dans tous les cas, cette substitution a lieu à ses risques et périls. Le mandant doit être dans la même position qu'il eût été, si le mandataire eût agi en personne. Donc, en principe, le mandataire est autorisé à substituer; mais la substitution ne le décharge pas du mandat. Voilà ce qui ressort de l'ensemble de l'art. 1994.

Le mandataire reste soumis, même après la substitution, à toutes les obligations résultant du mandat qu'il a accepté, et c'est dans ces obligations que se trouve la cause de sa responsabilité, parce que

l'exécution.

Du reste, la capacité requise doit évidemment être déterminée d'après la nature de l'affaire qui en est l'objet. Ainsi, un mineur émancipé est parfaitement apte à conférer un mandat se rapportant à l'administration de sa fortune; mais s'il s'agit d'un acte de disposition, il n'y a que la personne capable de disposer de ses biens elle-même qui soit alors apte à conférer à une autre le pouvoir d'en disposer pour elle.

Quant au mandataire, il n'y a nulle nécessité que ce soit une personne capable de s'obliger. Si le mandataire est incapable, le mandant restera tenu envers lui et envers les tiers; l'incapable qui ne peut contracter obligation en son nom, peut le faire au nom d'autrui.

L'incapacité du mandataire produira seulement cet effet que le mandant ne pourra exercer aucune action contre lui, excepté pour les choses qu'il détient ou celles dont il a retiré profit.

Nous ne parlons, bien entendu, ici que de l'incapacité introduite en faveur du mandataire, pour sa protection, comme celle du mineur; il n'y a pas à distinguer, à cet égard, malgré les termes en apparence exclusifs de l'art. 1990 et malgré l'opinion de quelques auteurs, entre le mineur émancipé et le mineur non émancipé, tous deux sont susceptibles d'accepter un mandat. Il en serait autrement de l'incapacité établie comme punition, pour cause d'indignité; ainsi le condamné, en état d'interdiction légale, ne pourrait pas plus ester en justice au nom d'un tiers qu'en son propre nom.

On doit signaler ici la dérogation apportée par le Code aux règles ordinaires du mandat, en ce qui concerne le mandat d'une nature particulière qu'on appelle l'exécution testamentaire. Les personnes incapables de s'obliger ne peuvent être chargées de l'exécution testamentaire. (Art. 1028-1030).

CHAPITRE V

Obligation du mandataire.

La première obligation du mandataire, c'est d'accomplir le mandat accepté. (Art. 1991).

Il doit accomplir ce mandat, tel qu'il est, sans exécuter autre chose que ce dont il est chargé, ni dépasser les bornes de son mandat. Ici se présente la distinction entre le mandat spécial, le mandat général et le mandat conçu en termes généraux. (Art. 1987-1989).

Le mandat est spécial, lorsqu'il est donné pour une ou plusieurs affaires déterminées ou lorsqu'il ne confère au mandataire que des pouvoirs limités à certains actes juridiques d'une nature déterminée (art. 1987). Dans cette hypothèse, le mandataire ne doit faire aucun acte autre que l'acte désigné, et ceux qui sont la conséquence naturelle, inévitable du premier. Le Code en donne un exemple: le mandat de transiger n'emporte point un mandat de compromettre (art. 1989). Au contraire, le mandat de vendre entrainerait, en général, mandat de toucher le prix. Ce sont là des questions de fait et d'intention qui doivent être jugées d'après les circonstances.

Le mandat général est celui qui est donné pour toutes les affaires du mandant, avec pouvoirs de faire tous les actes susceptibles d'être accomplis par un mandataire (art. 1987).

Le mandat conçu en termes généraux doit être distingué du mandat général. L'art. 1988, premier alinéa, qui dispose d'un mandat conçu en termes généraux, c'est-à-dire non précisés, ne doit être réputé comprendre que les actes d'administration.

On doit entendre par actes d'administration tous les actes qui tendent à conserver ou à faire valoir la fortune d'une personne, non à l'augmenter ou à la diminuer. La vente d'objets qui dépérissent par

être, en général, regardée comme ayant mandat tacite du mari pour les dépenses du ménage.

En sens inverse, remarquons que, dans certains cas, le Code exige explicitement que la procuration soit en forme authentique: ainsi, quand il s'agit de la procuration pour figurer dans les actes de l'état civil (art. 36), pour signer les actes d'opposition au mariage (art. 66), pour accepter une donation (art. 933), pour reconnai [î] tre un enfant naturel (loi du 21 juin 1843, art. 2), pour signer la déclaration relative à l'usage d'une pièce arguée de faux (C. proc., art. 216), pour signer le désaveu en procédure (C. proc., art. 353). On décide de même pour la procuration à l'effet de constituer hypothèque ou de passer un contrat de mariage.

En dehors de la convention, le mandat peut être établi aussi par la loi, par exemple au cas de tutelle (art. 450), ou par justice, par exemple, au cas d'absence (art. 113).

CHAPITRE Ⅲ

Objet du mandat.

L'objet du mandat est un fait à accomplir par le mandataire.

Ce fait doit être d'abord possible et licite. Ainsi, il n'est pas permis de faire indirectement, par intermédiaire, ce qu'on ne peut faire d'une manière directe et par soi-même: le tuteur, par exemple, ne peut donner mandat d'acheter pour lui les biens du mineur (art. 450).

Rien n'empêche cependant qu'une personne à qui la loi défend de faire certains actes pour son propre compte, ne reçoive mandat de les faire au nom et pour le compte d'un autre personne: par exemple, le mandataire chargé de vendre certains objets, peut, quoiqu'il lui soit interdit de les acheter pour lui-même (art. 1596), recevoir mandat de les acheter pour le compte d'un tiers.

L'objet du mandat doit être un acte juridique.

En effet, la représentation ne peut avoir lieu que s'il s'agit d'un acte juridique, d'un acte où la personne civile se trouve engagée. Exemple: je charge un commissionnaire de porter ma malle à la diligence; c'est un fait licite et possible; ce n'est pas un acte juridique; il n'y a pas mandat, il y a louage d'industrie. Si je charge le même commissionnaire de retenir ma place à la diligence en mon nom, il y a là représentation, il y a acte juridique, dès lors mandat.

Tout acte juridique est susceptible d'être l'objet d'un mandat, à moins que, en vertu d'une disposition légale, il ne puisse être fait que par la personne qu'il intéresse: c'est ce qui a lieu, par exemple, en ce qui concerne la prestation d'un serment (Cod. proc., art. 121).

CHAPITRE Ⅳ

Capacité des parties.

Le mandant doit être capable de faire ce dont il charge le mandataire.

En l'abser ce de cette capacité, le mandat est nul; et si le mandant incapable peut être poursuivi, soit par le mandataire, soit par les tiers, ce sera seulement pour le profit qu'il aura retiré de

services ne peut pas cesser par la volonté de l'ouvrier;

3° Les co-mandants sont de plein droit solidaires (art. 2002).–Les co-locateurs ne sont pas de plein droit solidaires (art. 1202). C'est surtout au point de vue de la solidarité que l'intérêt pratique se manifeste: il s'agit de savoir, par exemple, si un notaire qui ne représente pas les parties a action solidaire contre tous les clients pour lesquels il instrumente. Ceux qui décident que le notaire, exerçant une profession libéral, est un mandataire, lui accordent la solidarité; ceux qui ne voient dans le travail fait par le notaire qu'un louage de services, lui refusent ce bénéfice.

CHAPITRE II

Forme du mandat.

Le contrat de mandat se compose de deux actes: la procuration donnée au mandataire et l'acceptation de cette procuration par celui-ci.

La procuration peut être donnée par écrit ou verbalement; la preuve reste soumise à l'art. 1341 (art. 1985, 1er aline[é]a).

L'acceptation peut n'être que tacite et résulter de l'exécution qui lui a été donnée par le mandataire (art. 1985, 2e alinéa).

La procuration, l'offre du mandat, peut-elle être tacite comme l'acceptation ? Les auteurs qui soutiennent la négative, invoquent d'abord le texte de l'art. 1985 et l'oppositien manifeste qui existe entre le premier aline[é]a et le second. A ce texte vient se joindre l'art. 1372, qui déclare d'une manière formelle qu'il y a gestion d'affaires, «soit que le propriétaire connaisse la gestion, soit qu'il l'ignore.» Donc, il n'y a pas de mandat tacite; car, s'il était reconnu par la loi, il aurait précisément lieu dans le cas où le propriétaire connaît la gestion et ne s'y oppose pas.

Pour l'affirmative, on répond que l'art. 1985 n'a eu d'autre but que de faire rentrer le mandat sous l'empire du droit commun, quant à ce qui concerne la forme, et par conséquent, exclure la nécessité d'un écrit. Le consentement peut s'exprimer de diverses manières, il suffit qu'il soit libre et réfléchi. Quant à l'art. 1372, il se réfère seulement au cas où le propriétaire connaît la gestion, mais ne peut, par un obstacle quelconque, s'y opposer. Le Code de Procédure indique lui-même un exemple de mandat tacite résultant de la remise de l'acte ou jugement à l'huissier (art. 55, 67).

A vrai dire, il est assez difficile d'apercevoir dans l'art. 1372, la distinction que veulent y voir les partisans de l'affirmative: rien, dans le texte, ne peut la faire soupçonner. Il paraît donc certain que les rédacteurs du Code ont voulu, par l'art. 1372, abolir la règle romaine citée par Pothier (*Du contrat de mandat*, n° 28): «*Semper qui non prohibet aliquem pro se intervenire mandare creditur.*» D'autre part, le Code n'a voulu exiger, pour l'existence du mandat, aucune forme substantielle, pas plus la parole que l'écriture; il lui suffit qu'il y ait eu, comme le dit l'art. 1985, un pouvoir donné, un ordre, un rôle actif de la part du mandant. Que l'ordre soit donné au moyen d'un geste, d'un signe, d'un fait quelconque émané du mandant, peu importe; mais il faut que le mandant ordonne, d'une façon quelconque, l'intervention du mandataire; si l'ordre n'a pas eu lieu, il n'y a pas de mandat, il y a simple gestion d'affaires. L'art. 556 du Code de Procédure prévoit précisément un cas de ce genre: la remise de l'acte à l'huissier est un fait qui émane de l'initiative du client; ce fait vaut procuration, parce que, s'il n'était considéré comme un ordre d'instrumenter, il n'aurait aucun sens.

Un cas usuel de mandat tacite, admis par le jurisprudence, est celui de la femme mariée qui doit

salarié ou un louage de services ?

Deux systèmes sont enseignés sur cette question:

Le premier consiste à dire que la différence entre le louage d'ouvrage et le mandat se trouve dans la différence des faits qui en sont l'objet. Les uns émanent de l'intelligence et du cœur: leur ensemble constitue ce qu'on appelle les professions libérales; ils ne sont susceptibles d'aucun prix, considéré comme équivalent du service rendu, mais ils peuvent être accompagnés d'une certaine récompense ou indemnité qui prend le nom d'honoraires. Les autres émanent de la force physique seulement; leur ensemble constitue ce qu'on appelle les professions illibérales; ils sont susceptibles d'un prix véritable, d'un *salaire*, et donnent lieu à un certain bénéfice. Dans la première catégorie, on range généralement les avocats, les médecins, les professeurs, les notaires, les huissiers, les artistes. Dans la seconde on place les ouvriers, les domestiques, etc.... S'il s'agit d'une profession libérale, il y a mandat. S'il s'agit d'une profession illibérale, il y a louage de services.

Le second système ne reconnaît aucune distinction entre les diverses professions qui exercent l'activité de l'homme; il les considère toutes comme égales, parce que toutes sont également utiles, et que de leur concours, résultent l'ordre et le bien-être dans la société. Il puise dans le texte même du Code la distinction entre le louage de services et le mandat; il déclare que des contrats dans lesquels ne se rencontre nullement l'idée de représentation d'une personne par une autre ne sont pas des mandats, et qu'en conséquence tous les contrats où une personne s'engage, moyennant un prix et en dehors de toute idée de représentation, à mettre ses services à la disposition d'une autre, sont des contrats de louage de services, aussi bien quand il s'agit de médecins, d'avocats, de notaires, etc. que d'ouvriers ou de domestiques.

Il est certain que le droit romain et l'ancien droit français admettaient la distinction entre les professions libérales, donnant lieu à un mandat avec honoraires, et les professions serviles ou ignobles, constituant un simple louage de services, avec salaires. Cette distinction avait sa source dans le mépris des Romains pour le travail industriel abandonné aux esclaves et dans les préjugés aristocratiques du moyen-âge qui faisaient du travail le lot des serfs et des vilains. Elle n'a plus de raison d'être dans notre société, basée sur l'égalité civile des citoyens, où, tous les hommes étant libres, toutes les professions doivent être libérales.

Les textes du Code ne contiennent rien qui se rattache à l'ancienne théorie; bien loin de là, l'idée de représentation est inséparable de l'idée du mandat; c'est l'art. 1984 qui le dit: «le mandataire agit pour le mandant et *en son nom*». Ce n'est le cas ni du médecine, ni du professeur, ni de l'artiste, ni même de l'avocat, car c'est l'avoué qui représente le client devant la justice, l'avocat ne faisant que défendre les conclusions posées par l'avoué. D'un autre côté, le mandat n'est plus essentiellement gratuit; l'art. 1986 établit deux sortes de mandat, l'un qui est gratuit, l'autre qui n'est pas gratuit; ce dernier est payé, il est *salarié*, c'est l'expression même des art. 1992 et 1999.

Nous concluons que le signe distinctif du mandat, salarié ou gratuit, et du louange de services, est l'idée de représentation: là où il y a acte juridique accompli par une personne en représentation d'une autre, il y a mandat; là où il y a travail exécuté par une personne pour une autre, mais non en son nom et en dehors de toute idée de représentation, il y a louage de services.

Quant à l'intérêt qu'il y a distinguer le mandat salarié du louage de services, cet intérêt porte principalement sur les points suivants:

1° Le mandat est un contrat unilatéral; le mandant a toujours, en révoquant le mandat, le moyen de ne pas payer le salaire promis (art. 2004).–Le louage de services est un contrat synallagmatique; celui qui a promis un salaire à un autre pour faire une certaine chose, ne peut se départir du contrat qu'en payant tout au moins à l'ouvrier ce qu'il eût gagné en exécutant le travail promis (art. 1794);

2° Le mandat salarié est susceptible d'être répudié par le mandataire (art. 2007).–Le louage de

tres, sans jugements (loi I, p.2, Dig. *de reb. eorum qui sub tutel vel curat.*; loi 22, Cod. *de adm. tut. et cur.*)

Gaïus cite aussi l'exemple du curateur qui, d'après la loi des Douze Tables, peut aliéner les choses du furieux (Gaïus, Inst. 2, 64).

DROIT CIVIL FRANÇAIS

DU MANDAT

CHAPITRE Ier.

Caractères généraux du mandat.

Pothier définissait le mandat sous les termes suivants: «Le contrat de mandat est un contrat par lequel l'un des contractants confie la gestion d'une ou de plusieurs affaires, pour les faire en sa place et à ses risques, à l'autre contractant qui s'en charge gratuitement et s'oblige à lui en rendre compte.» (*Du contrat de mandat, n° 1.*)

C'était pour partie la reproduction, et pour partie la contradiction de la doctrine romaine, qui établissait comme élément essentiel du mandat la gratuité, et repoussait l'idée de la représentation de la personne. Pothier admet encore que la gratuité est de l'essence du mandat. Quant à l'idée de la représentation de la personne, loin de la repousser, il l'introduit dans sa définition (*«en sa place»* en la place du mandant), et l'affirme explicitement dans un autre passage:

«Lorsque le mandataire, en exécution du mandat, et en se renfermant dans les bornes du mandat, a fait quelques contrats avec des tiers, s'il n'est intervenu dans ces contrats qu'en qualité de mandataire ou de procureur, ou de fondé de procuration d'un tel, son mandant, c'est, en ce cas, le mandant qui est censé contracter par son ministère et qui s'oblige envers les personnes avec lesquelles son mandataire a contracté en cette qualité. Le mandataire, en ce cas, ne contracte aucune obligation envers les personnes avec lesquelles il contracte en cette qualité, parce que ce n'est pas lui qui est censé contracter; il ne fait qu'interposer son ministère, par lequel le mandant est censé contracter.» (*Du contrat de mandat, n° 87*).

L'art. 1984 du Code civil donne la définition suivante du mandat: «Le mandat ou procuration est un acte par lequel une personne donne à une autre le pouvoir de faire quelque chose pour le mandant et en son nom. Le contrat ne se forme que par l'acceptation du mandataire.»

L'art. 1986 ajoute: «Le mandat est gratuit, s'il n'y a convention contraire.»

D'après les textes, la représentation de la personne devient un élément essentiel du mandat (*«en son nom»* au nom du mandant); d'autre part, la gratuité cesse d'être un élément essentiel de ce contrat. Le Code civil a donc innové à la fois, en cette matière, sur le droit romain et sur la doctrine de Pothier.

Les idées qui viennent d'être exposées sur le caractère du mandat indiquent d'avance la solution que nous donnons à cette question: l'exercice d'une profession dite *libérale*, constitue-t-il un mandat

DEUXIÈME SECTION

Cas où le non-propriétaire peut aliéner.

Les cas de cette espèce sont au nombre de deux:

1° Le créancier gagiste peut aliéner la chose dont le débiteur est propriétaire;

2° Le tuteur peut aliéner les choses dont le pupille est propriétaire.

1er CAS.– *Aliénation par le créancier gagiste.*

La vente faite par le créancier gagiste ou hypothécaire est censée faite en vertu d'un mandat donné antérieurement; le créancier est considéré comme le représentant du débiteur. C'est ce que disent les Institutes: «Cette aliénation peut être considérée comme ayant lieu par la volonté du débiteur, qui, en formant le contrat, est convenu que le créancier pourrait vendre le gage, s'il n'était payé.» (Inst. *Quibus alienare licet*, p. 1.) C'est ce que répète Théophile: «Le débiteur qui est propriétaire est censé vendre lui-même, par cela seul qu'en vertu de la convention, il a permis au créancier de vendre, en cas de non-paiement.»

Le droit de faire vendre la chose engagée ou hypothéquée, au cas où le débiteur ne paye pas la dette assurée, est de l'essence du gage et de l'hypothèque (loi 8, p. 5, Dig., *de pigneratit. action.*, 13, 7;–loi 8, Dig. *de dictrat. pignorum*, 20, 5;–loi 6, p. 14. Cod. *de distract. pignorum*, 8, 28.) Le créancier ne peut en être privé, et si les parties ont fait une convention qui lui en interdit l'exercice, elle ne produira point ses effets. (Paul, II, 13, 5;–loi 4, Dig. *de pignerat. act.*, 13, 7).

Il ne faut pas confondre ce pacte sur la vente du gage, avec le pacte commissoire, par lequel on convient que le gage appartiendra de plein droit au créancier, en cas de non-payement: le premier est licite, comme nous venons de le voir; le dernier est illicite (loi ult. Cod. *de pact. pignor.*)

Dans la vente, avons-nous dit, le créancier agit au nom du débiteur, et comme mandataire. En cette qualité, il est responsable de toute infidélité et mauvaise gestion (loi 4, p. 7 et 9, Cod. *de distract. pignor.* 8, 28). En cette qualité aussi, il transfère à l'acheteur la propriété de la chose vendue, ou au moins la possession propre à l'usucapion, si le débiteur n'en était pas propriétaire (Inst. *quibus alienare licet*, p. 1;–Gaïus, Inst. II, 64).

Justinien ajoute que, afin que les créanciers ne puissent éprouver d'empêchement dans la poursuite de leurs droits et que, d'un autre côté, les débiteurs ne puissent paraitre dépouillés légèrement de leur propriété, il a prescrit, pour la vente des gages, un mode déterminé de procédure, qui pourvoit amplement aux intérêts tant des créanciers que des débiteurs. La constitution dont parle le texte, et qui a, d'après son auteur, le rare mérite de protéger également les débiteurs et les créanciers, est insérée au Code (liv. 8, titr. 34, loi 3). Elle laisse aux parties le droit de régler, dans le contrat, le temps, le lieu et les autres conditions de la vente; ce n'est qu'à défaut de pareilles conventions que les formalités prescrites par cette constitution doivent être observées.

2me CAS.– *Aliénation par le tuteur.*

Le tuteur n'est pas propriétaire des biens du pupille, et cependant il lui est permis d'aliéner ce qui appartient au pupille dans une nécessité urgente, ou sur avis de parents, ou pour une juste cause, et il le peut, quant aux objets précieux et surtout aux immeubles, en vertu d'un jugement; quant aux au-

sans l'intervention du tuteur, le prêt est-il valable ? Nous disons: nullement. L'emprunteur, en effet, devenant propriétaire de la chose prêtée, il n'y a pas prêt, parce que le pupille ne peut aliéner sans l'autorisation du tuteur: c'est pourquoi il n'y a pas eu réellement prêt et l'emprunteur ne s'est pas obligé. Qu'arrivera-t-il donc ? Le pupille aura une action *in rem* pour la revendication des pièces de monnaie par lui prêtées, pourvu toutefois que ces pièces existent encore. Que si l'emprunteur les a consommées de mauvaise foi, c'est-à-dire sachant bien que le prêteur était un pupille, il sera poursuivi par l'action *ad exhibendum*. Que si elles ont été consommées de bonne foi, c'est-à-dire si l'emprunteur croyait que le prêteur était pubère, alors il ne peut être actionné ni *in rem*, car les pièces d'argent n'existent plus, ni *ad exhibendum*, parce qu'elles n'ont été ni récelées, ni consommées de mauvaise foi. Que fera-t-on donc pour qu'un droit établi en faveur du pupille ne tourne pas à son préjudice, puisqu'en vertu des principes généraux du droit, aucune action ne lui est accordée ? i [I] l ne reste plus qu'à lui donner la condiction.

«Si on prête au pupille sans l'intervention du tuteur, le pupille devient propriétaire. Qu'arrivera-t-il donc, si le débiteur du pupille paye sa dette au pupille ? Il est certain que l'impubère devient propriétaire de ce qui lui est payé. Mais le débiteur est-il libéré de son obligation ? Non. La constitution adressée aux avocats de Césarée ordonne au débiteur de l'impubère de payer son tuteur ou son curateur. Il ne doit payer qu'après que le juge lui aura permis de payer. Que si la dette est payée contrairement à ladite constitution, et que la somme payée existe encore dans les mains du pupille, ou que celui-ci l'ait consommée utilement, soit en en profitant lui-même, soit en en faisant profiter son patrimoine, soit en réparant sa maison, soit en améliorant ses fonds de terre, il n'en aura pas moins une action contre son débiteur; mais s'il veut l'intenter et réclamer le paiement, il sera repoussé par l'exception de dol. Mais si le pupille emprunteur dissipe l'argent en folles dépenses, ou si on le lui vole, il en réclamera de nouveau le paiement du débiteur, sans pouvoir être repoussé par aucune exception, et le débiteur sera incontestablement condamné à payer une seconde fois.

«A leur tour, les impubères ne peuvent payer sans l'autorité du tuteur, et ils ne transfèrent pas la propriété de ce qu'ils payent. S'ils ont payé, seront-ils libérés de leur dette ? Nous disons qu'ils ont une action *in rem*, si ces pièces d'argent existent dans les mains du créancier; et si elles ont été consommées de mauvaise foi, une action *ad exhibendum.* Que si elles ont été consommées de bonne foi, comme il ne peut y avoir lieu à l'action *in rem*, ni à l'action *ad exhibendum,* le pupille sera réellement libéré de sa dette.»

2me CAS.– *Incapacité du pupille.*

Le pupille est frappé d'incapacité par rapport à un grand nombre d'actes de la vie civile. La *persona* (capacité juridique) est incomplète à cet égard, et c'est pour compléter cette *persona*, pour donner force et valeur à ces actes, que le tuteur est donné au pupille. A cet effet, il intervient dans les actes, il assiste l'impubère, ou comme les Romains disent, il interpose son autorité, *auctoritatem interponit*. C'est donc à l'ensemble des rapports juridiques du pupille, car c'est là ce qui en constitue la *persona*, que le tuteur est donné, et c'est par là, disons-le en passant, par son *auctoritas*, qu'il diffère du curateur qui n'est nommé que pour administrer et pour des affaires déterminées.

En général, le pupille, pourvu qu'il soit capable d'avoir une volonté, ce qui suppose un âge au-dessus de celui de l'enfance, peut, par des actes juridiques, améliorer sa position; mais il ne peut l'empirer, en aliénant des droits qui lui appartiennent ou en s'obligeant. Il peut acquérir la possession et la propriété d'une chose, des droits réels, des droits d'obligation; il peut accepter et stipuler; mais il ne peut ni aliéner, ni promettre. Justinien formule ainsi cette règle: «Les pupilles ne peuvent rien aliéner sans l'autorisation du tuteur; au contraire, ils peuvent acquérir valablement toutes choses sans l'autorisation du tuteur» (Inst. *quibus alienare licet*, p. 2).

Il s'ensuit, entre autres, que le pupille ne peut faire un prêt de consommation ni un paiement, par la raison que ces deux opérations impliquent l'aliénation des sommes prêtées ou soldées; il ne peut pas davantage recevoir valablement un paiement, parce que pareille acceptation emporte aliénation de la créance. Il est de principe, en effet, que le paiement doit être fait au créancier ou à ses représentants, conventionnels ou légaux, tels que tuteur, curateur. La personne qui reçoit le paiement doit être capable de recevoir; sous ce rapport, il importe de rappeler que l'acceptation d'un paiement entraîne aliénation de la créance, et que, par conséquent, les personnes incapables d'aliéner sont également incapables de recevoir un paiement. La remise de la chose dûe n'opère paiement, *solutio*, que pour autant qu'elle constitue une dation dans le sens propre du mot. Ce qui exige nécessairement que le payant soit propriétaire de la chose donnée et capable d'aliéner. Donc, le pupille, faisant un paiement non valable, ne sera pas libéré; mais, par contre aussi, le pupille peut revendiquer la chose remise en paiement, si elle existe encore, ou en demander la restitution par une action personnelle, si la revendication est devenue impossible.

Le pupille, toujours obligé civilement jusqu'à concurrence du profit qu'il a tiré d'un acte juridique, est obligé *naturaliter*, d'après la teneur entière de son engagement et même au-delà de son émolument. C'est l'opinion admise dans la plupart des textes (loi 42, pr. Dig. *de jure*. 12, 2, loi 21, pr. Dig. *ad legem falcidam*, 35, 2). La négative est cependant soutenue dans plusieurs fragments (loi 41, Dig. *de cond, indeb*., 12, 6, loi 59, Dig. *de oblig. et act*., 44, 7).

Le pupille oblige la partie adverse, mais ne s'oblige pas lui-même, c'est-à-dire qu'il a le choix de maintenir la convention ou de la considérer comme non avenue (pr. *in fine* Inst. *de auct. tut*. 1, 21, loi 13, p. 29, Dig. *Empti*., 19, 1), sans que cependant il puisse s'enrichir frauduleusement aux dépens d'autrui. Une hérédité entraînant éventuellement des obligations, le pupille ne peut acquérir les successions qui lui sont déférées; il ne peut pas davantage les refuser ou y renoncer.

Autrefois, le tuteur pouvait valablement recevoir le paiement des créances du pupille et en donner décharge. D'après une constitution de Justinien (loi 25, Cod. *de adm. tut*. 5, 37), il doit y être autorisé par le magistrat compétent, excepté pour les revenus ordinaires de trois ans au plus, dont le montant n'excède pas cent solides.

Il nous reste à examiner maintenant les différents cas indiqués au texte des Institutes, en complétant ce texte par la paraphrase de Théophile.

«Le pupille ne peut, sans l'autorité du tuteur, aliéner ses biens. Si donc il prête (à consommation),

quis la chose d'autrui. Si la femme acquérait les accessions, les successions, le mari n'aurait pas besoin de les lui céder: c'est précisément parce que ces choses sont siennes qu'il doit les transmettre à la femme après la dissolution du mariage.

Nous concluons donc que le mari est propriétaire de la dot; il a, à l'origine, le droit d'en disposer valablement, soit entre vifs, soit à cause de mort; il peut aliéner les biens dotaux de quelque manière que ce soit, même à titre gratuit (loi 13, p. 4, Dig. *de fundo dotali*, 23, 5).

Cette faculté de disposer cependant, a été restreinte par une disposition légale dont l'origine remonte au temps d'Auguste. Une loi Julia, *de adulteria*, défendit au mari d'aliéner, sans le consentement de la femme, les immeubles italiques donnés en dot; elle défendit de les hypothéquer quand même la femme y consentirait. Le motif qui a engagé le législateur à se montrer plus sévère pour la constitution d'hypothèque que pour l'aliénation, est le même qui dicta plus tard le senatus-consulte Velléien, par lequel il est défendu à la femme d'intercéder, mais non pas de faire une donation en faveur d'autrui, «parce que, dit le texte, la femme s'oblige plus facilement qu'elle ne fait une donation.» (Loi 4, p. 1, *in fine*, Dig. *ad senat.-cons. Velleien*, 16, 1). Ce motif est ainsi expliqué par Théophile dans sa paraphrase: «La loi Julia a interdit au mari l'aliénation, sans le consentement de la femme, des immeubles situés en Italie, et le mari ne pouvait les hypothéquer, même avec le consentement de sa femme. Or, il paraissait absurde qu'alors qu'il s'agissait de transférer la propriété, le mari pût valablement aliéner avec le consentement de sa femme, et que, même avec le consentement de celle-ci, alors que la propriété de la chose restait entre ses mains, il ne pût l'hypothéquer. Mais voici, suivant nous, le motif de cette loi: le législateur n'ignorait pas qu'il suffirait au mari de parler à sa femme de l'aliénation du fonds dotal, pour que celle-ci, effrayée, n'osât pas y consentir, tandis que, s'il ne lui parlait que de l'hypothèque de ce même fonds, la femme se laisserait facilement entraîner.» Ajoutons que, comme le mari aurait pu éluder cette défense en livrant le fonds sans observer les formalités de la mancipation ou de la cession *in jure*, l'usucapion de ces immeubles fut également prohibée.

Justinien étendit les dispositions de cette loi Julia sous deux rapports: «d'abord en l'appliquant à tous les immeubles, même provinciaux, donnés en dot; ensuite en annulant même l'aliénation faite avec le consentement de la femme, «de peur, dit notre texte, qu'on n'abuse de la fragilité de ce sexe au détriment de sa fortune.» (Inst. *quibus alienare licet*, loi 1, p. 15, Cod. *de rei uxoria actionibus*, 5, 13).

Dans le droit nouveau, le fonds dotal est donc absolument inaliénable: le mari n'en peut transférer la propriété ni même le grever d'hypothèque.

L'aliénation faite au mépris de ces dispositions est radicalement nulle en faveur de la femme, et ne peut pas même servir de titre d'usucapion à l'acquéreur de bonne foi. Aussi la femme peut-elle reprendre, s'il y a lieu, c'est-à-dire si elle ou ses héritiers se trouvent dans le cas de demander la restitution de la dot, le fonds dotal, en quelque mains qu'il se trouve. Toutefois le mari et ses héritiers ne peuvent attaquer, dans leur intérêt, l'aliénation qu'ils auraient faite et qu'ils doivent naturellement garantir.

La défense de la loi Julia ne s'applique, au reste, point à l'aliénation qui se fait par suite d'une nécessité légale, par exemple, lorsque le fonds est commun, et que l'un des copropriétaires en poursuit le partage, ou lorsqu'un voisin obtient l'envoi en possession pour cause de dommage subit (loi 2, Cod. *de fundo dotali*, 5, 23; loi 1, pr. Dig. *de fundo dotali*, 23, 5). Remarquons, pour le cas de partage, que le mari ne peut pas provoquer le partage comme demandeur, mais il doit répondre comme défendeur à l'action en partage que le copropriétaire intente contre lui.

ayant été mancipé à titre de dot, ou cédé *in jure*, ou usucapé par lui, lui appartienne (au mari).»

Puis, un grand nombre de textes disent expressément que la propriété des biens dotaux appartient au mari et passe sur sa tête aussitôt que ces biens acquièrent le caractère dotal. Le principe de notre titre dit notamment: «quoique le fonds dotal soit fonds du mari, *quamvis ipsius sit.*» Consulter en outre les textes suivants: loi 7, p. 3, Dig. *de jure dotium*, 23, 3;–loi 9, p. 1, Dig. eodem;–loi 67, Dig. eodem;–loi 13, p. 2, Dig. de fundo dotalis, 23, 5;–etc.

Enfin, tous les effets mentionnés dans les textes supposent nécessairement la qualité de propriétaire dans la personne du mari. Ainsi, la loi lui attribue la possession juridique, c'est-à-dire avec *animus domini*, des choses dotales et de la capacité de les usucaper dans le cas où le constituant n'en avait pas la propriété. Les esclaves dotaux acquièrent pour le mari; spécialement, s'ils sont institués héritiers, ils ne peuvent acquérir la succession que sur ses ordres et pour son compte. Il peut affranchir les esclaves dotaux, et acquiert par suite sur eux les droits de patron, y compris le droit de succession *ab intestat* dans leurs biens. C'est lui qui acquiert la propriété des fruits et des autres accessions des choses dotales. L'usufruit qui lui est concédé à titre de dot sur une chose dont il a la nu-propriété, ainsi que les autres servitudes, s'éteignent par confusion et par consolidation. Il peut donner les choses dotales en gage à sa femme. Il exerce toutes les actions relatives aux biens dotaux, y compris la revendication, tandis que la revendication des mêmes biens est refusée à la femme, qui ne peut davantage tester de ces biens. Enfin, il peut revendiquer les choses dotales contre la femme elle-même. (Loi 24, Dig. rerum amotarum, 25, 2). De tout cela, il résulte d'une manière incontestable que le mari a la pleine propriété des biens dotaux.

A cette doctrine, on a opposé deux textes et deux arguments:

Le premier texte est un fragment de Tryphoniu. (Loi 75, Dig. *de jure dotium*, 23, 3), ainsi conçu: «Quoique la dot soit dans les biens du mari, elle appartient cependant à la femme.» Mais ce texte s'explique facilement: la femme durant le mariage, n'a sur les biens dotaux, aucun droit, ni de propriété, ni autre; mais elle peut éventuellement en demander la restitution après la dissolution du mariage. C'est en ce sens que Typhonin dit que la dot appartient à la femme.

C'est encore à ce droit éventuel qu'il faut rapporter le passage (loi 30, C. *de jure dotium*, 5, 12) où Justinien dit des choses dotales: «Au commencement elles furent, et d'après le droit naturel elles sont restées dans le domaine de la femme.» Justinien, comme moyen destiné à assurer la restitution de la dot, a donné à la femme le privilège de reprendre en nature les choses dotales qui se trouvent encore dans le patrimoine du mari, lors de la dissolution du mariage, de sorte qu'à l'égard de ces choses, elle a le choix entre l'action personnelle en restitution et la revendication (loi 13, C. *de jure dotium*, 5, 12). Dans ces conditions, il est naturel de dire que les choses dotales sont restées en quelque sorte dans le domaine de la femme.

En dehors de ces deux textes, les raisons qu'on a fait valoir contre l'opinion énoncée ci-dessus, se réduisent aux deux arguments suivants:

Le mari ne supporte point le risque, *periculum*, des choses dotales; elles périssent pour le compte de la femme (loi 49, p. 1, Dig. *de furtis*, 47, 2; –loi 16, p. 1, Dig. *de jure dotium*, 23, 3). Or, *res perit domino*, la chose périt pour le compte du propriétaire. Donc, les choses dotales appartiennent à la femme et non pas au mari.–La réponse est facile: cette disposition ne se rapporte pas à l'état de la dot pendant le mariage, mais à l'obligation de restituer, qui n'existe qu'après la dissolution du mariage.

Après la dissolution du mariage, le mari doit restituer les accessoires autres que les fruits des biens dotaux, ainsi que la valeur des arbres de haute futaie qu'il emploie à son profit (loi 10, p. 2,–loi 32, Dig. *de jure dotium*, 23, 3). Il doit également restituer la succession que l'esclave dotal a acquise sur ses ordres (loi 61, Dig. *sol. matr.*).–Mais on peut être propriétaire d'une chose, et pourtant être obligé de la donner ou restituer: par exemple, le vendeur, celui qui a reçu l'indu, le spécificateur qui a ac-

DROIT ROMAIN [1]

QUI PEUT ALIÉNER OU NON.

(Inst. Liv. II, Titre VIII).

En principe, tout propriétaire a le droit d'aliéner sa chose. Au contraire, celui qui n'est pas propriétaire ne peut pas transférer à un autre le domaine qu'il n'a pas, ni par conséquent aliéner la chose.

Cependant il arrive quelquefois: 1° que le propriétaire n'a pas le droit d'aliéner; 2° réciproquement, que celui qui n'est pas propriétaire a le droit d'aliéner. Ces propositions «paradoxales», selon l'expression de Théophile, c'est-à-dire se référant à des cas extraordinairement rares, font l'objet du titre VIII, livre II, des Instituts.

(1) M. le Ministre de l'Instruction publique a, par dérogation aux règlements universitaires, autorisé M. Myaki à rédiger en français la partie de sa Thèse consacrée au Droit romain.

Le Président,
E. CAILLEMER.

PREMIÈRE SECTION

Cas où le propriétaire ne peut aliéner.

Les textes indiquent deux cas de cette espèce:

1° Le mari n'a pas le droit d'aliéner le fonds dotal;

2° Le pupille n'a pas le droit d'aliéner sa chose.

1er CAS.– *Inaliénabilité du fonds dotal.*

Le mari acquiort la propriété des choses corporelles données en dot, si le constituant était propriétaire; dans l'hypothèse contraire, il en devient possesseur et peut les usucaper *pro dote*, en le supposant de bonne foi.

Cet effet de la constitution de dot, de la *datio dotis causâ*, comme dit Justinien. (Inst. *quibus alienare licet*, pr.), a été contesté par plusieurs auteurs qui ont soutenu que le mari n'acquérait sur la dot qu'un droit d'administration très étendu, la propriété restant à la femme. Mais les sources du droit établissent la propriété au profit du mari de la manière la plus formelle.

D'abord, les modes de dation que les anciens mentionnent dans notre matière, sont tous translatifs de la propriété romaine. Ainsi Gaïus (Inst. 2, p. 63), s'exprimait ainsi: «bien que l'immeuble, lui

UNIVERSITÉ DE FRANCE – FACULTÉ DE DROIT DE LYON

THÈSE
POUR LA LICENCE

SOUTENUE
DEVANT LA FACULTÉ DE DROIT DE LYON
Le 24 Avril 1880

PAR

Kauzô MYAKI

LYON
IMPRIMERIE MOUGIN-RUSAND
3, Rue Stella, 3

1880

FACULTÉ DE DROIT DE LYON

第Ⅱ部

帝国議会における発言

衆議院第一回通常会

島田三郎動議「司法大臣の覆牒に対し本議院の目的を定め其利益を後来に確保し議員身体の自由を安全にせんか為めに九名の委員を選挙する件」

末松三郎提出「衆議院議員ニシテ会期前ニ逮捕セラレ開会ノ後仍ホ拘留中ノ者ハ衆議院ノ許諾アルニ非ザレバ引続キ拘留スルコトヲ得ズ」が議決されたが、これに対して、司法大臣は、「司法大臣は憲法明文の命ずる所に従ひ司法権の執行をなさしむるの外既に着手したる刑事訴追を停止せしむるの権を有せす従て他の権勢の諾否により司法権の必要なる処分を張弛せしむること能はす」との理由で「議会の議決に対して何らの関係を有することなし」と覆牒した。島田は、この司法大臣の覆牒に対し、衆議院はどのような態度をとるべきかを検討するために委員を選出することを提案した。

宮城浩蔵発言（明治二三年一二月九日）

――『大日本帝国議会誌』第一巻、大日本帝国議会誌刊行会、大正一五年一二月刊

私は島田三郎君の説に賛成致しまする所の者であります、此の事件に就いては別に論を要せず、直ちに之に決するであらうと思ひましたが、図らざりき反対論が出ましたから私は一言費します、楠本君のお発議に依つてとうとう論が二に別れました、其の一は島田君に従ふこと最う一は上奏することで、此上奏を為すことに就いては諸君に大に考を乞ふのは、上奏して勅裁を請ふのは何の法律にあるか、未だ此の様な法律は無いのである、又一面から論ずれば、果

して斯う云ふ問題に就いては、天皇陛下に大に責任を帰すべきものがある、此の点を研究せぬければならぬ、又之を詰めて云へば、帝国議会の上に一の裁判権を……即立法権司法権の双方の間に争が起つたときには、必ず勅裁を仰いで即最う一つ此の上に裁判権を置くと云ふことにはなりませぬか、故に最う一つお考を乞ひます、今上奏して裁可を仰ぐは宜いかも知れぬか直ちに決するのは甚だ不都合と思ひます、故に島田君の説に就いて委員会を設けるは、甚だ適当と思ひますから、一言致して置きます。

永井松右衛門提出商法及商法施行条例期限法律案「明治二十三年四月法律第三十二号商法及ひ同年八月法律第五十九号商法施行条例は明治二十六年一月一日より施行す」第一読会

宮城浩蔵発言（明治二三年一二月一六日）

『大日本帝国議会誌』第一巻、大日本帝国議会誌刊行会、大正一五年一二月刊

本員は此の議事日程に掲げてあります所の案に反対の者でありまして、私は此の案は実に国家の大計を誤ると云ふの考でありますから、甚だ訥弁ではありますけれども、私が知つて居ります所信じて居ります所に就いて、暫時の間諸君の清聴を汚します、商法実施延期を唱へます論を承りまするに、先づ第一に商法は不完全のものであると云つて、商法の悪るい処をずつと挙げて来た、それから後に至つて、斯の如きものであるから、延期しなければならんと云ふのであるが、前に菊池君が云はれた通り、論理が甚た適つて居らぬ、然るに私の考へる所に依りまするど、第一に商法は完全なものである、成程人間の拵へたものだから、多少悪るいこともあるか知らぬけれども、概して之を論ずる

時には固より完全で有つて、従つて直ちに施行を要する所のものであると考へます、就きましては彼の商法大体を撃ちます所の論と、それから商法施行延期を主張します論と、論旨を二つに区別して、先づ其の第一より弁明を致しまする考であります、本員は羽州の生で訥弁の上に、加ふるに羽州訛がありますから、諸君定めてお聴き苦しう御座いませうがどうか小生の衷情を御洞察あつて、暫時の間お耳を拝借致します。

是迄段々商法を批難する所を聴きまする と云ふと、其の論は薄弱にして成程と感ずるが如きものと云ふものは一つもない、甚だ失敬であるが……其の内に就いて先づ第一に此の条文の用語が、即用いたる所の語が渋難にして解し難くあると云ふことが、此の商法を批難するこれは頗無理な話と云はざるを得ぬ、既に此の程多少弁明さる丶人もあるけれども、元来今日本に於て法律を編纂するには、勢渋難なる語を用いざるを得ぬ場合になつて居る、何となれば日本は甚だ言語は少い、併しながら其の事実はある、事実が有つて言語が少いから、其の事実に適当する言語を求めんと致しまする時には、勢渋難なる所の言語を用いざるを得ませぬ、其の渋難なる言語を用いるは止むを得ざる次第である、殊に法律の如き字句整然として、義理が明瞭でなければなりますまい、其の字句整然、義理明瞭なることに致しまするには勢斯の如くならざるを得ぬ次第であります、又外国の法典を見まする と、多くは普通の語を用いることはない、矢張日本の法律の如く、一種特別の言語を用いてあることは、諸君の御承知のことであるだらうと思ふ、加之此の法典を編纂する者にあつても、簡易普通の語を用い得るならば、何を苦んで斯の如き文字を用いることを致しませう、実に止むを得ないからのことである、然るにそれを簡単に甚だむつかしき言語を用いてあると云つて、之を批難するは恰も盲人が絵画を評するが如き有様で、実に一種の俗論で、大法典編纂の事業に通暁せない議論としか私は考へない。

又第二には我国の商業慣用語を採用しなかつたと云ふ、これは商法を始より終まで悉く見ないで、論じたので成程此の商法を見まする と云ふと、是迄用い来りたる所の語を変更して他の語を用いたる所もある、例へば番頭を代務人と云い、乗合商業を共算商業組合と云ふが如きことがありますけれども、是も実に止を得ない次第で、今日本に於て番頭と称するものは豈独り商家の番頭のみならんや、彼の農家に使ひまする支配人の如き、矢張番頭と云ふ、酒を造る所の支配人も矢張番頭と云ふ、甚しきに至りては湯屋の三助も之を番頭と云ふではありませぬか、其の番頭のことを単に商業上に用ゆる番頭に適用すると、誠に不都合を来すに相違ない、番頭とは何を云つたか分らなくなつて、此の番頭なる者の権義か明にならない、即是丈の権利があり義務があると云ふことを知らしむるには、代務人とか代表人とか特別の名を付けなければならぬと云ふことは、是も止を得ない次第である、此の事も深く察せず単に商業慣用語を用いないと云ふて非難するは、恰も餅屋なるものが酒屋の手際を非難するが如く、甚た事理に通暁せざるの論であります、又其の他民法に重複或は抵触する、又用語の画一を欠く又は法文法意の条文法意に矛盾する、斯ういふ様なことを頻りに申ますけれども、どの点が重複であるか、どの点が民法に抵触して居るか、又はどの点が条文と法意が矛盾して居るか、反対論者は少しも云はない、私が悪いと思ふから悪いと云ふ様なことで、一種の議論として見るに足らない所のものであるから、別に弁明は致しませぬが、只抵触重複すると云ふことに就いては一言したいと思ふと云ふ次第は、即此の商法なるものは民法の例外法である、既に例外法である故に、民法に於て白しと云ふたことを、或は商法に於て黒しと云ふことがあるかも知れぬ、併しながら此の重複する所以と云ふものは、これは法律の編纂に関係あることで、民法に重複すると云ふて悉く必要の条文を削除致しました時には、商法が完全なるものとならずして、却つて不明瞭になすと云ふ結果が生じて来る、故に抵触もあれば矛盾もある次第である、従つて此等の論難は勿論採用するに足らぬことと考へます、又我が商法は我国の旧慣を採用しないからと云ふ、……是より以下は即此の商法に関する学理的の非難でありますが、此の我国の旧慣を採用せざると云ふことに至つては、事実を知らざる所の論者が云つたに相違ない、始此の案に就いてロエスレル氏に託しました以来、日本全国の旧慣を集めます為に、当局者は大変苦心された、即県庁に対し、或は群衙に対し、或は商業会社に対し、或は商業組合人に対して、始終諮問を起し習慣を取集めまして、商業習慣条例類集と云ふ一種の本が出来て居る、此の本は皆其の紙数を言へば六千ページもあつて、活版になつて出来て居る、私も出来ることならば諸君にお目に懸けたいが、持つて来ることが出来ぬから仕方がないが、随分此の事に就いては、力を尽したと云つて可なるものでありませう、最此の或部分に於ては、現時行はれて居りまする風俗、又旧時より成来つたところの慣習に異るものもありませう、けれどもそれは日本全国の習慣に反したと云ふことはならぬ、何となれば御承知の通り、日本は僅に二十年前までは封建時代であつた、封建時代で御座りますから、各藩とも風俗慣習を異にして居つたであります故に、今の此の商法はあちらの習慣を取れば、こちらの習慣に反し、こちらの旧慣を取ればあちらの旧慣に反し、一方のものを取るときは他の一方に反すると云ふ様な都合で、止むを得ざる次第である、此の旧慣は出来得べきに於ては、一定に出づる様にせねばならぬことであるから、多少の風俗慣習に反するは、止むを得ざることであつて、旧慣に反せぬ様に勉めたものである故に、畢竟旧慣に反して居ると言つて一概に攻撃するのは、未だ其の編纂の事業は如何なることより出来て、如何程の苦心を尽したものかと云ふことは、少しも知らずして論じたものと言はなければならぬ、又其の次に「我国商業ニ未タ需用アラザル規定ヲ設タル」とあるが是は分らぬ、斯の如きは此の商法全体を見て、其の商法全体の意味を解することが出来ずして、唯々皮相よりして此の事は日本に無い様である、あの事は日本に無い様であると云ふところから、唯空想から全体此の論を吐いたものである、此の論の起るも由来の有ることで、先刻弁明した旧時の言葉を改めて新き言葉を用いたので、番頭を代理人と云ひ或は代弁人仲立人と云ふ語があるが、日本には仲立人の必要が無い、日本に今新たに拵へるに及ばぬと云ふ者もあらうが、是は仲立人を新らたに拵へたのではなく、仲買人と云ふのがあるから之を存して置けば混同することになつて大に明瞭を欠くから、中立人としたものである、今需用あらざるところの規定があると云ふは、単に商法を知らずして言つた論である、若し商業に少しでも通暁したならば、斯の如き愚論を吐くことは出来ぬと私は考へる、又其の次には屢々変更を要する所の、破産法を法典に組入れたのか悪るい、何故に破産法は屢々変更を要するものであるか、商法の全体を作り附けたのは、膠で作り附けたものではない、法律と云ふものは進化の理に伴ふものであるから、必要があるときは時々改正せねばならぬは論を俟たぬ、破産法のみならず其の他の法律でも、屢々改正を要することもあるの此の論は誰の論か知らぬが、実に訳の分からぬ論である、又其の次に至りては最う大概で止めますが（簡単と呼ふ議員あり）ロエスレルの案と異ることはない、又拙劣にして其の案は謄写したるものであるなどとは余りひどい、成程人の為したる所を攻撃し、人の悪口を言ふのは易いが、是は過激であつて且無礼な駁撃と思ふ、それも当つて居ることならば不当とは云はぬけれども、此の事に於ても矢張事実を知らずして論を立てたものである、私の聞く所知る所によりて見れば、当局者がロエスレルに向つて商法起草を託したときに、君は日本の慣習も知るまい法律も知るまい故に、君は純粋に唯々学理的に、どうか案を起して貰ひたいと、斯う云ふことを始から約束してあつた、然うして成つたものがロエスレルの草案である、それに就いて法律取調委員が審査修正を加へたものが、此の現行の草案になつたのである、其の取調委員が審査修正をなし、且数多の議を経たるものが、即遂に現行法となつたのである故に、固より始め起しましたロエスレルの案と現行法とは大変違つて居る、それには違はぬ是は謄写したものである而かも拙劣に謄写したと云ふことは、今対照して比較して見ることをさつぱり忘れたのである、若し対照して見たならば斯の如き論をなし得る次第でない、即是だけの計画を経て出来たのでありますから、固よりロエスレルの案と違つて居ります、謄写したるものでもなく、又拙劣でもないと私は思ふ、今其の論者が対照を充分にして置かなかったと云ふことの証拠を挙げて見ませう、永井松右衛門君が論に此の共算商業組合と云ふものがロエスレル氏の草案に新らたに加へてあると云ふ御論であります、是が即其の証拠である、決して是は加へたのでない、即是はロエスレル氏の草案にちやんとあつたのである、併しながら此の事件に就いては新たに節を設けた方が至当である、新らたに拵へるのが宜いと云ふので、ずつと書いてあるのである、即節を設けて置いたのである、即目録が殖へたのである、節を置いて別に書いたやうに見えたから……目録を置いた、其の目録を見て新らたに加へたと云ふやうな寔に杜撰の論と謂はなければなりませぬ先きの草案と現行の法律と充分に対照せざるの証拠であると私は考る、又商法の如きは国家の大典にして容易ならざる所の影響を経済社会に及ぼすから、最謹慎注意を加へなければならぬ、此の商法なるものは急速に成立つたからして充分に謹慎に、充分に注意を加へなかつたらうと云ふ論旨である、是も甚だ事実を誤つて居る、其の故は元来当局者が商法の起草に着手したのは何時である、一番始は明治二年である、其の後に至て彼の江藤新平君が左院にある際に、明治五年の時でありますが、其時に佐賀の乱の為に其事が敗滅に帰しました、其の後明治八年に至り漸くにして商法の草案らしきものが出来て、それからロエスレル氏に起草せしめることとなつたのである、それで氏が此の事件に関係したのは明治十三年である、明治十三年よりして二十年に至つて漸く審査を経て全く成つたので本年四月発布した所の起草がそれである、即商法が発布に至るまで少なくも二十年を経過して居るではありませぬか、此の際許多の名士が即腦漿を搾つて充分に力を尽したと云ふことも想像し得べきである、只一概に謹慎を加へない、注意を加へないと云ふのは、甚だ惨酷の論と云はなければなりませぬ、尤も是は此の商法其の事を駁撃することに就いて反駁を試みた積である（簡単々々）私はもつと永く話したいが簡単々々と諸君が云いますから寔とに遺憾でありますが、成丈簡単に致します（謹聴々々）

是より施行延期に就いての理由に移りますが、此の理由に就いて是迄私と論を同じくする弁士が屢々弁明致されたでありますから、極簡単にお話をする積であります、第一に商法と民法とは鳥の両翼の如く車の両輪の如く、両法相待つて始めて其の効用を為すとありますが、此事に就いては末松三郎君が充分に弁じましたが、私も之に就いて少しく弁じますが、商法の第一条に「商慣習及ビ民法ノ成規ヲ通用ス」とある、それで此の条があるからして民法がなければ商法が動かぬものである、斯う云ふ論でありますが、果して此の論の如くであつたならば、どう云ふ訳で彼の治罪法刑事訴訟法が施行され来たつたのでありますか、既に治罪法には民法の成規に従ふと云ふことか明に書いてある、其の当時に於ては如何なる民法を指したのであるかと云ふに、無論其の当時行つてありまする所の民法を指したのに相違ない、此の事は第一条に申しまするところに同しく、現時行つて居りまする所の民法を指したのである、若し民法の編成がないから、我々は民法なしである、民法なしで生きて居るのか決して民法がないと云ふことはない、現に裁判所があつて我々の権利義務が、明瞭になつて居るのであります、若し民法かなければ権利も無からうし、義務も無からうし、権利も義務も財産も皆真暗になる、即民法があるから今日我々が多少権利を鞏固にして、安全になし居るのでありませぬか、即此の商法第一条に申しまする所は、恰も此の民法を言つたのであります、然るに之を誤解して、是非共法典でなければ民法は無効と云ふのは、奇怪の論と言はなければならぬやうに私は考へる［の］です現に英吉利の如きは民法と云ふ編制した所の法典はありますまい、法典はありますまいけれども船舶条例だとか、手形条例だとか、又破産法の如き……船舶条例抔も船舶条例ばかりで数百条になつて、手形条例も同じ事、又破産法の如きも同じ事である、即編制した所の民法と云ふものはないけれども、船舶条例、破産法、手形条例其他の条例、即商事に関する所の法律は充分英吉利に於ては行はれて居ります、決して法典でなければ商法は行はれぬと云ふ、其の論の虚なることは之を以ても明瞭でありませう、又諸君が屡々御論になりましたから述べるの必要はありませぬけれども、斯う日が浅いから商家に於て之が実施を準備する暇がないと云ふことを、屡々云はれましたから私は申しませぬが、併し永井松右衛門君の挙けられたる所に就いて、多少弁明しなければならぬと思ひます、先づ商法なるものは皆商人が残らず第一条より後の条に至る迄、悉く分らなければ商業が出来ぬと云ふことを信じますのは、是は頗る俗論である、此の論を推して参りますと云ふと、刑法は即刑法第一条から末条まで、悉く皆見なくては危くて世の中に居られぬ、何時罰せられるかも知れぬと云ふ様な論鋒と同じことである、然るに彼の刑法なるものを一条から末条まで、ずつと知つて居るものが世の中に幾何かある、然も裁判官として法を司る裁判官と雖も、始から終まで、逐一熟知して居る所のものは、実に稀なることでありませう、即商法の如きは要するに、正当なる商人を保護し、不正なる所の商人を制裁……制裁を与ふる所の法律にして、商人と雖も之を知るの必要はない、唯或事を企て或事を為さんとする時に、其の事に関係する条丈は見なければなりませぬ、即会社を組織するならば会社法を見なければならぬ、即どれ丈の手続をせぬばならぬと云ふことはせぬばなりませぬ、唯それ丈の話でそれ丈すればよい故に、普通の場合に於ては知らなくても宜しい、然るに永井松右衛門君の曰く、商法中に定めたる期日のこと、罰金のこと、公式のこと之を若し知らなかつたことならば、まるで危険で商業をすることが出来ないと云ふ御論であるが、私は少し伺ひたし、此の期日の事や、罰金のことや、公式のこと等は多く会社のことに関係することで、普通商人は是に少い故に、会社では成程之を知るの必要があるけれども、普通商人に於ては予め知るの必要はない、それを知るの必要があるとも、会社に就いては即七箇月迄施行の延期があるではありませぬか、単に此の事のみを以て此を顕はすと云ふことは、頗る奇怪なことと云はざるを得ませぬ、又公式上と云ふものは、必竟何等のことを云つたものであるか、商法を見るに公式証書でなければ、ならぬと云ふことは少しも有りやしませぬ、偶にはある偶にはあるけれども、これは極稀である、仮令へば手形の拒証書には、これ丈の必要がある、これ丈の文字が記載してなかつたならば、無効であると云ふことは知らねばなりませぬ、併し拒証書は何人がなすものであるか、多く執達吏のなす所である、銘々が自らなす所の事柄ではない、故に此の公式証書と云ふことが、恰も沢山散布してある如く考ふるは頗間違であるし、よしや偶々あつても商家自らなすものではない、執達吏になさしむるものであるから、実際の害は決してないであります、永井君の尚云はるゝには、どうも商人となるに就いても、法律を知らなくてはならぬ、西洋の商人は常に法律家を雇つてあるが、日本の商人は法律に委しくないから何とも分らなくて困る、それだから以て延期せねばならぬ、斯う云ふことを云はるるが、日本の商業家は法律家を雇つて置いたとても、資本に乏しいから雇つて置くことが出来ないと、それは出来ますまい、どうも西洋各国と雖も、商業家が一々法律家を雇つて置くと云ふことを聞いたことはない、私も西洋へ行つて来ましたけれども、其の様なことを聞いたことはない、決して無きと信ずる、又法律家に此の商法のことを問ふて分らぬと云ふのは、法律家が分らぬのでありませうが、若し然う云つて何時迄延期せねばならぬと云つて居つたならば、日本はどれ丈の法律家が出来たならば、初めて商法を実施することが出来るか、甚だ危い日本と云はねばなりませぬ、とうどう未来永劫迄も、日本は商法を実施することが出来ぬ国柄かも知れぬ。

又第三には慣習に戻つて居るからして、実施する時に大変差支へる、それは先きにも弁明致しましたが、即慣習に戻つて居るから、奸譎なる奸商の為に、正当の商人が害されると云ふ御論であるが、併し此の点に就いては、前弁者の弁せられましたる論を顚倒したら宜しかろう、即此の商法の実施を速にせない時は、自然正当なる商人は奸商の為に害せられつゝあつて、其害を免れることが段々遅くなるであらうと論ぜねばなりませぬと思ひます、其事は既に前弁士が論じましたから重複しませぬ、尚此の会が延期説を唱へます所の、商法其のものを駁します方に就き多少弁明を与へたい次第もあれば極簡単に致しますから最う少しお耳を拝借致します、然れば商法の施行は来年一月から実施するの必要が果してあるか、又は延ばした方が宜しいかと申しますと、私は此法律の施行は速にすることが甚だ必要である、甚だ国家の為になると云ふことを信じて疑ひませぬ、何となれば維新以来大に盛衰もあり変遷もあつたで御座いましようけれども、遂に盛大の結果に達することが出来ずに、今日の有様に為つて居ると云ふものは諸君の御存じの通りて御座います、それで今にして是か救済の策を立てずんば、何時まで此の有様で往くか、実に懼るべき結果を生ずることであらうと思ひます、玆に弊害の最重なるものを挙けて論じますれば、商業の彼の信用と云ふものは恰も人の食物に於けるが如く実に緊要なるものであります、然るに其の信用と云ふものは地を払つて無くなつて、徳義上の信用も法律上の信用も、殆と地を払つて無くなつた仕舞た、能く申します如く「人を見たら盗賊と思へ」と此の甚た忌むべき嫌ふべき言葉が商業上……商業を為すものゝ、恰も手本のやうになつて居る、畢竟ずるに是は其の取締が甚た厳でなくつて帳簿と云ふものもなく、若しも其の争でも起つたときには裁判官ばかりに任かして居るけれども、裁判官は守るべき所の法律がありませぬから、己の思想に照らして勝手次第に裁判をすると云ふやうなことに為つて居るから、相互に信用の措き様がない、故に予ねて手形条例と云ふものを発布して……此の手形条例と云ふものは仮令えば百万円の資本を二百万円にも運転させる所のものであるから甚だ必要なものである、故にどうか之を商業社会に行はれるやうに致したいと云ふので、当局者も大変世話をした……世話をしたけれども今のやうに人を見たら盗賊と思へと云ふやうなことが、商業社会一般の手本のやうになつて居るから、奨励したけれども到底其の効能もなく、此の手形条例と云ふものも、遂に殆ど行はれずに居ると言つても可なりと云ふ位のことであります、是で商業の発達を望むと云ふのは恰も木に縁つて魚を求むると一般、到底行はれざることであると思ふ此の会社の如きはひどい有様になつて居ります、今日会社を設けると云つても、先きにもどなたか申された通り有名無実であつて、金を借詰て直くに破産をすると云ふ有様である、甚だ言ひ悪くいことではありますが、彼の丸屋銀行の一条は御承知で御座いませうが、丸屋銀行の株券を買つた者は私の国の羽州にも沢山居る、此の株券をどうして買つたかと云へば人に勧められて買つたので、此の株券を買うときは多少の利益があると思つて買つた、然るに其の買つた後の結果は権利を買つたのでなく義務を買つたのである、而も無限責任の義務を買つた、それから今愈破産をするときになつて其の破産をするときの有様を見ると、少しも規律か立つて居らぬ、こちらの人には斯う云ふ払をし、あちらの人にはあゝ云ふ払をして居ると云ふやうな有様であるから、誰を相手にして何う云ふ争を起してよいのか、誰が主任者であるか少しも分らない、私の朋友中にも之か為に害を受けた者が沢山ありますが、諸君中にも之が為に必ず害を受けられたお方もあるで御座りませう、又破産の有様を見ると云ふと、日本の商人は三度身代限をすると大尽になると云ふが、果して然うなのです幾辺も身代限をやつてとうとう巨万の資本を拵へると云やうな者も居る、之を要するに破産した者を充分に支配する所の法律がないから、斯くの如きことが起つて来るのである、或人の言ふ所に依れば幾ら法律を拵へても破産をする者は矢張破産をする、悪るい者は矢張悪るい事をする、それ故に法律を拵へるには及ばない、斯う云ふことを言ふ者もあるやうだが、此の論に従ひますると此処は議院であると云へない、議院は法律を作る所である、然るに然う云ふことを言ふと、議院は廃めて仕舞つた方がよい、刑法の如きものも矢張廃めて仕舞つたがよいと云うやうになる、是は頗るおかしな論であると思ふ、畢竟ずるに身代限を三度すれば巨万の富を為すと云ふものは、破産法が充分でないから然う云ふことになつて来るに相違ない、此の外国との関係を申すと云ふと日本は是迄規律なき商業を以て外国の……西洋の精選なる規律ある所の商業に当つて居つたのである、此の規律ある所の商業家に向つて、規律なき所の日本の商業家が対して居るからして勢ひ優勝劣敗で我々日本商業家がどうしても負けざるを得ないので御座います、それで西洋から日本に来て商業を為す者は、恰も我々日本人が彼の南洋諸島に往つて、裸体で居る所の野蛮人と商業を致すやうな有様で、即少しも規律なき信用なき商人と始終取引せねばならぬと云ふ有様である、然るに外国の規律ある商業家と商業の取引をするに、規律なくして之と対等を企望すると云ふものは、是亦木に縁つて魚を求むると同じて甚だ難いことであると思ふ、要するに本年法律を拵へ今復是が施行期限を急に止めると云ふことは、成程政府と議院との関係はかりならばそれにて宜いか知れぬが、日本と外国との関係から云つて見れば、外国人はどう思ふであらうか、日本人のする事は小供が集つてがやがやと遊んで居ると同じことで、法律を昨日拵へて今日復俄に彼是論を生じて、遂に廃めて仕舞うと云ふ、斯う云ふ点には少しく考へなければなりますまい、即外国の信用を厚ふするには、己躬らを信ずることが厚くなければならぬ、実に朝変暮改をして外国の信用を得ることが出来ませうか決して出来ないことであらうと思ひます、故に是等の理由あるに依つて、商法の施行は来年一月一日より実施することは最必要なことである、即此案の如きは何卒諸君の御賛成を得て、廃滅に帰せんことを私は企望致します……甚だ諸君の清聴を瀆しました。

天春文衛提出「特別地価修正案」

宮城浩蔵発言（明治二四年二月四日）

――『大日本帝国議会誌』第一巻、大日本帝国議会誌刊行会、大正一五年一二月刊

私は此の本案に反対致しまする一人でありますが、此の案を議しますに就いて二点に分けます、第一は本来斯の如きことは、法律案として論ずべきものであるや否や、第二点は一歩を譲つて法律案と致してもが、其の事柄が法学の理、及び経済の理に充分適つてあるや否や、斯う云ふ風に申したい積りであります、で成るべく簡短に述べまするが、多少の間どうかお聴きを願ひたうあります。

此の案は地租条例の改正案でもありませぬ、即一種の特別の法律案である、而して其処分せんとする所の事柄は、本来此の地価なるものが、甚だ均一平等に出来て居りませぬに依つて、当時から之を見ますると不公平である、不公平であるから之を改正しなければならぬと云ふことでありますが、此の事柄は立法府、即立法者が規定すべきことなるや否や、私は立法者に於て規定すべきこととは考へませぬ、其次第は如何にも立法者たる者は、無上の大権を有して居りますから、随意なことが出来るやうな筈ではあります、けれども中に自ら原則のあるあつて、漫に何事でも法律を以て、之を為すことが出来ると云ふ次第ではありますまい、必ずや限界がありまして先づ第一に来る所の限界は、行政を以て為すべき所の事柄である、又立法部と行政部とは充分、区別を致さなければなりますまい、然るに此事柄や或地方と或地方の地価が平等に出来て居らぬに依て、之を直さなければならぬと云ふ事柄に過ぎぬ、故に私は是は純粋の行政上の処分として為すべき事柄であります今仮に十七年に発行になりました所の地租条例に依つて見ると云ふと「地価は地目変換若くは開墾にあらざるものは修正せす」とある、地目変換等の為に地価を改正するであります、

是は地目変換の為に地価を修正致しますのに、一地方と一地方とを比較して、地価に不公平あるが為に之を改正致しますのと、どれ丈違があるでありませう、茲にあります所の地目変換に依つて地価を修正することは、疑もなく行政処分と云はなければなりませぬ、即行政官に於て為すべき所の事柄である、然るに今突然之を法律を以て論じますことは、甚だ誤つて居ると考へます、今唯一県と一県とを比較して論じますれば、若し茲に郡と郡との間、不公平の地価があつたことなれば、之をも改正せねばならぬで御座りませう、又既に郡と郡との間に不公平あるのを修正する必要があるなれば、市町村と市町村との間に於ても、矢張其の必要があるでありませう、既に市町村の間に於て此の必要があつたならば、所有者と所有者との間に於ても必要を生ずるであらう、果して然らば遂に我が衆議院は人と人との間に於て地価を修正する為に屢々法律を改正するやうなことが生じて来るであらう、（地租条例の末文を御覧なさいと呼ぶものあり）是等の如きは畢竟収税官吏が其の長官に申立て、其の手続を経て勅裁を経て勅令を以て発すべきものに相違ない、如何にも立法部に於ては土地から即田畑から租税を徴収する、其の租税に就いては幾分を徴収すると云ふことは即立法部の為すべきことでありませう、田畑を丈量致したり、地価を定めたり致しますことは、決して立法部の関係すべきことではない、故に不幸にして或は此の案が議場を通過しますと雖も、必ずや差支を生じて、屹度此の案は充分成立たぬことは信じて疑はぬ、然るに今之を規定することは、甚だ不都合のことゝ思ひます。

又仮に一歩を譲りまして、是は此の事柄は法律を以て規定すべきものと致しましても、基本から論ずると、此の案は甚だ誤つてある、其次第は第一に経済の原理に背いて居る、第二には法律を以て、人の既得権を害せんとする不都合なことである、第三には施政の方針を誤るものであります、即政を施すに就いて、大変な不都合を生ずる所のものである、即此の三点に就いて論じます。

如何にも地価を定めましたる其の当時に於ては、此の地価なるものは定めて不公平であつたでありましたらう、其の不公平なる所以と云ふものは、即人間の為したことで御座りまして、殊に種々な人間か集つて之を為したことである、然るにどうしても是が平等均一に出来ませぬことは、私は敢て疑ふに足らない明瞭なことである、併し其当時に於ては如何にも不公平でありましたけれども、既に数年を経過したる今日に当つては、最早不公平はなくなつたのであります、如何にも此の案にして、地価修正の数年後に致したことであつたならば、或は適当であつたかも知れませぬ、併しながら今日に至つては、最早不適当な趣意である論旨である、又此の居住の人民に就いて論じますと、県々に居住して居る所の居住人民に就いて論じますと云ふと、昔は住居の自由と云ふものは甚だ不自由である、又運輸の便も甚だ不便でありました、他県から他県に移ることは極めて稀であつた、所が近時に至りましては運輸の便もあり、且居住の自由もあります、従つて此の商業のことも頻繁になりましたから、一県から一県に移る所のものが沢山あるでありませう、又土地に就いて論じますと云ふと、土地は昔は殆と売買譲与を許さなかつた位のことである、又一般に此の土地と云ふものは特別の財産でありまして、之を売買譲与しますにも、抵当に入れますにも、種々の手続を以て平生の財産と同じく論じなかつた、所が今日になつて見ますれば売買、交換、譲与は随意に出来ますし、少しも他の不動産と異つて居る所はない、即家屋に於けるが如く矢張、普通の不動産である、従つて此の普通の不動産、動産なるものと比較して、如何なるものであるか、昔は此の不動産を特別に尊んだものでありましたが、併しながら近時に至りましては、不動産でも動産でも決して区別はない、矢張同じく財産と為して居ります、甚だしきに至つては動産をば不動産より尊ぶ傾がある、即諸君がダイヤモンドを大切にせらるゝを見てもお分りになります、此の一つのダイヤモンドを売つた金で、数町歩の田地が買へると云ふ有様になつて居る、して見れば今日に至つては動産と不動産と家屋と区別することはない、然れば即不動産と云ふものは矢張一つの財産である、即今日商業として一人の手から、一人の手に売る所の株券も同じ事である、何故に土地と株券と違ふ……故に他の動産、即其の財産と同じものでありますから、例へば山口県にあります所の土地は、必ずしも山口県の人民の土地ではない、又宮城県にあります所の土地は、必ずしも宮城県の人民の土地ではない、即東京人が山口県へ参つて居るものもありませう、又東京人が宮城県へ参つて居る者もありませう、又山口県の人と雖も、元は公債証書を持つて居つた者が、それを人に売渡して、金にして、土地を新に買つた者もあるでありませう、然うして見ますと云ふと、山口県の人民は必ず山口県の人にあらずして即山口県に生れても山口県で死ぬ人とは限つて居らない、又宮城県の人でも山口県と同じ事である、又土地に就いても同じことで、山口県の土地は必ず山口県の人が持つて居るものでもない、此の東京の人が持つて居るものもあれば、又東京の人が抵当に取つて居る場合もあるでありませう、（斯るものは稀なりと呼ぶ者あり）して見ますと云ふと、山口県から納むる所の租税は、即山口県から有形的に持つて来る所の租税は、是は山口県人の納める所の租税であると考へるのは、恰も之を名けて馬車馬論と云ふ（笑声起る）其の次第は目を両方を隠して、一方を見て一向協を見ない論と云はねばなりませぬ（此の時発言するものあり）然らば山口県から出す所の諸税は、強ちに山口県人の負担する所のものではない、私は日本帝国全土の人民か或は交換に依り、或は売買に依り、或は抵当等を以て、此の皆人民が納めるものであるとなつたことならば、何れの点が不公平があるか、何人が是が為に不幸を蒙つて居りませうか、今日に至つて此の点から論ずると云ふと、疑もなく仮令地価が不平均にもせよ、此の負担する人の結果に依つて、皆平均になつて居るに相違ない（実際然らすと呼ぶものあり）如何にも実際に於ては、成程比較を取つて見たことならば、私の申す通りではありますまい、併し地価修正に於ける此の土地に限る訳でない、日本は今日終るものではない、何時迄も段々続いて行くものでありませう、是が何時迄も続いて行けば行く程、私の論は益々理に適するやうになる……此の点は諸君がのうとおつしやつても決して争ふべからざる事柄である、僅に今日の比較を以て是が不公平なりと論ずるのは、甚だ誤りたるものと考へます、故に既に元は其当時に於ては不公平でありました、けれども今日に於ては既に公平を得て居るものでありますからして、今日之を不公平なりと唱へるものは、甚だ皮相の言なりと言はなければなりませぬと考へます（此時批評の言を発するものあり）そんなら又例を挙げませう、是は人の人為を以て法律を以て、自然に生じました所の物価の変動を作るものである、凡物価物件の価と云ふものは供給需要で自然に生じなければならぬ、然るに今此処に於ては法律を以て即人為を以て、殊更に物価の変動を来す所のものである、例へは東京に居りまする所の人が、十万円の身代ありと仮定致しませう、其の十万円の身代のある人が、先づ株券か何かを以て、十万円の財産を有して居る所のものが、之を金に直して山口県に行つて山口県の土地を、去年あたりに買つたとしませう、然うする時は其の人は東京に居つても十万円の身代であつて山口県の土地を買ひますには諸税が安いから、土地の価が高いから実際は高く買つて居る、故に価は東京に居つても、山口県に居つても、其の身代は同じことであると云はなければならぬ、身代が同じくあるべき筈なるに、今日其の人に向つては、お前の地価を変してお前の財産を減らすと、斯う云ふことを今日云ふのである、此の案は即斯の如く云ものである、故に既に人の財産を法律を以て減らし、従つて財産に物価に変動を生ぜしめる所のものでありますから、大変に是は経済の原理に背いて居るものである、若し此の案を発せられた人にして、今の位置に在つたことならば、例へば東京に居つて一万円の身代を有して居るものが、山口県に行つて山口県の土地を買つたと云ふやふな場合には、其人は決して斯る案を発されないでありませう、其の発されないのは、己の自ら其の衝に当るから発されないのではない、知らず識らず経済の原理を悟りますから、斯の如き案は発させないでありませう、唯不幸にして発案者は斯の如き地位でなかつたから、斯の如き案を発して議場を通過せしめまするこ とを、企てた次第であると考へます。又第二には、是は法律を以てからに、人の既得権を害して居る、其の次第は今地価に関します所の歴史を考へまするに、明治十七年に地租条例を発せられました、（簡単々々と呼ぶものあり）「地目変換若クハ開墾ニアラサレバ之ヲ修正セズ」此の法律を以て其の不公平の事柄より地価を修正せんと云ふことを人民に約束したのである、故に人民は此の法律に従つて地所を買つたものもあるでありませう、地所を新に……故に例へば其の人の身代は幾千あつても、一時に決して動くべきものではない、然るに法律を以て其の人の……法律は素より立法者がなすことでありませう、併しながら人の既得の権利——既に得たる所の権利を害して顧みないと云ふことは、実に粗暴の論と云はなければなるまい、故に第一点に於て経済の原理に背いて居ります、第二点に於て即法律を以て人の既得権を害する案でありますから、大に立法者の恥ずべき所の案と云はなければならぬ第三には若し斯の如き事柄を以て只今申す通り、県と県との間が不公平ならば、郡と郡の間にも不公平がある、之を修正すれば修正又修正、修正の底止する所を知らざることになりませう、是が即国家の利益でありませうか、其のたんびに時を費し又非常の費用を費やすことである、どうか諸君が深く御注意なされて、此の案を廃滅に帰せられんことを望みます。

衆議院第二回通常会

箕浦勝人外三名提出、新聞紙法案「第十七条　新聞紙ニ記載シタル事項ニ付誹毀ノ訴アル場合ニ於テ其私行ニ渉ル者ヲ除クノ外裁判所ニ於テ其人ヲ害スルノ悪意ニ出テス専ラ公益ノ為ニスルモノト認ムルトキハ被告人ニ事実ノ証明ヲ許スコトヲ得若シ其証明ノ確立ヲ得タルトキハ誹毀ノ罪ヲ免ス其損害賠償ノ訴ヲ受ケタルトキモ亦同シ」

宮城浩蔵発言（明治二四年一二月八日）

―『大日本帝国議会誌』第一巻、大日本帝国議会誌刊行会、大正一五年一二月刊

此第十七条は私は斯う云ふ工合に修正を致したい。

新聞紙ニ記載シタル事項ニ付誹毀ノ訴アル場合ニ於テ其ノ私行ニ渉ル者ヲ除クノ外被告人ハ事実ノ証明ヲ為スコトヲ得若シ之ヲ証明シタルトキハ誹毀ノ罪ヲ免ス

斯う云ふ風に修正をしたいと考へます、其説明を致しますが、此十七条は現行法にもある通でありますが、此「私行ニ渉ルモノヲ除クノ外裁判所ニ於テ其人ヲ害スルノ悪意ニ出テス専ラ公益ノ為ニスルモノト認ムルトキハ」とありますが、是は現行法も此案も少しく刑法に矛盾して居る所があります、又一面から論じますと、甚しく裁判官に権利を与へ過ぎた所がある様に考へる、其次第は「人を害スルノ悪意ニ出テス」と云ふのであります、人を害するのに、悪意に出でなかつたならば、誹毀の罪を免ずと云ふことになつて居りますが、元来人を害するの悪意がなかつたならば、土台罪にならぬ筈だ、即ち刑法の何条かに誹毀の罪を構成するには、人を害するの害意と云ふものが必要であるとしてあります、若し悪意がなかつたときに、例へば歴史を書きますためとか、或は議論を為しますためとか、或は裁判所に於て或る事実を陳述するために人の悪事を是非共論じなければならぬとか、凡て是等の場合に於ては陳述が出来るものと云はなければならぬ、然らざる場合に於ては日本に於ては歴史を書くことも、或る事物を陳述することも、人の悪事醜行を引くことも出来ぬと云ふことになつて仕舞う、決して刑法は斯る意味でなく、矢張誹毀と云ふものを構成するには必ず人を害する所の悪意に出でたるものなることは疑を容れず、して見れば此処にあります所の人を害するの悪意に出でずと云ふことは、悪意に出でなかつたならば、無論無罪であるから、其罪を免すと云ふの議論は相貫いて居らぬ様に考へます、故に是は甚だ無用のものが存してありますのみならず、却て刑法と牴触致しまして、刑法の誹毀罪を規定しましたる所の条項の精神を失はしむる恐がある、故に此「人ヲ害スルノ悪意ニ出テス」と云ふことは甚宜しくないに依つて、削除を要するものと考へる、夫から最う一つは「公益ノ為ニスルモノト認ムルトキハ被告人ニ事実ノ証明ヲ許スコトヲ得」とある是はどうも裁判官の権力を大きくし過ぎてある、如何にも新聞記者が人を害するの悪意もなかつたり、或は即ち公益のために或る事柄を記載致しましたる場合には、事実証明の権利がなくてはならぬ、然るに此場合に於ては権利と認むることが出来ぬです、何となれば裁判官が或は許し或は許さゞることを得る、故に或る事情よりして是は如何にも公益のためにしたものだ、事実の証明を許しても可なるものであると云ふ考があつても、或る事情のために許さゞることも出来ると云ふことになつて来る然らば其人の権利とは云はれぬ、故に此事は裁判官に事実の証明を許すことを得ると云ふことに至りましては、権力を与へ過ぎたもので、どうも此条の精神を貫くことは出来ぬ様に考へますから、本員に於ては被告人は事実の証明を為すことを得、と云ふことに改めたいと考へます、夫から最う一つは「其ノ証明ノ確立ヲ得タルトキハ」と斯う云ふことが書いてあります、此確立と云ふことは何う云ふ事柄を示したものであるか、甚だ曖昧である、此文字から申しますると、誠に明瞭なものでありますけれども、其確立と云ふのは即ち明に一点の疑のない様にしなければ、確立とはならぬと云ふのであるか、或は単に事実を証明し得た時は、此確立を致すと事ふことに論ずることが出来るものか、此点が曖昧であるのみならず、若し此事実の確立と云ふことが、一点も疑なく明に証明し得た時の場合を指すものであると云ふことになれば、新聞記者を保護する此条項は何にもならぬ、何となれば先づ人を誹毀すると云ふときには、人の悪事醜行を掲げ、人の陰事を摘発するものである、人の悪事を摘発するのであるから、其陰事に就いて証明の確立と事ふことは、決して是は為し得べからざる所のことである、或は推測に依り或は証拠法に依つて之を証明するならば格別でありますが、若し此証拠法に依て証明すると云ふことならば、何も確立と云ふ文字が必要でも何でもない、実際此確立と云ふ文字がありますために甚だ困る、此確立と申す文字が甚だ曖昧なるのみならず、或は却て実際に害を為しまして、新聞記者を保護するの条項は更に其精神を貫くことが出来ぬと云ふ結果を生ずる恐がありますから、此確立と云う文字は之を除きまして、之を「証明シタルトキハ」と斯う云う風に修正致したいと云ふ考であります、どうか御賛成を願ひます。

同第二十三条「政体ヲ変壊シ国憲ヲ紊乱セントスル論説ヲ記載シタルトキハ編集人ヲ一月以上一年以下ノ軽禁錮又ハ三十円以上三百円以下ノ罰金ニ処ス」

宮城浩蔵発言（明治二四年一二月八日）

――『大日本帝国議会誌』第一巻、大日本帝国議会誌刊行会、大正一五年一二月刊

此二十三条は斯う云ふ工合にしたいと思ふ「新聞紙ヲ以テ政体ヲ変壊シ国憲ヲ紊乱セントスル論説ヲ為シタル者ハ」云々夫で修正文は文章がどう直つても、私は遺憾としませぬが、此二十三条が此儘では甚だ不都合の関係を生ずるであらうし、又生じつゝあると云ふことを申し上げたいと云ふのは「政体ヲ変壊シ国憲ヲ紊乱セントスル論説ヲ記載シタルトキ」とありますから、此新聞上に国憲を紊乱するが如き、政体を変壊せんとするが如き事を唯載せさへすれば、第二十三条の刑辟に罰せらるゝ如きことに成つて仕舞うと云ふことを恐れます、さう云ふ場合に於て此二十三条の刑に付せらるゝのは甚だ不都合である、何となれば新聞に己の論説を記載する場合もある、又他に既にさう云ふ事のあつたのを記事として記載する場合もある、夫で記事として記載する時に罰するのは、不当の事と云はなければならぬ、例へば政体を変壊し国憲を紊乱せんとする論説を為した者があつて、其論説を駁するがために随分論説を掲げて、斯く々々の論説は害があると云ふことを新聞記者自らが論を為す場合がある、其場合にも此二十三条を以て罰すると云ふ恐になる、諸君が二十三条を御読になつたならば、さう云う事を生じまする場合には之を罰す、と云ふことはない筈であるから、是は斯う書いてあつても宜いと云ふ御考があるからかも知らぬが、実際に於てさうでない、諸君も御承知でありませう、関西二十二州会に於て上書建白と云ふことを書いた人があつたが、上書をしたことはありませぬ、全く実際にしたのではない、所が全国の各新聞社が悉く其上書を新聞に書いた、各新聞と申しても悉くではありませ

ぬが、多数の新聞は之を書いた、さうすると、各裁判所は皆之を罰した、其新聞に之を書きましたのは、己れの論説として書いたものであるかないかと云ふに、新聞紙に依りましては斯う云ふことがあつたさうだ是は実に詰らぬことであると云ひ、且つ評までも加へて、其新聞に書いたる所も随分あつた、所が此日本の裁判所に於ては大審院までも仮令叙事にして之を掲載するも、将たどう云ふことにして掲載するも已に夫を新聞紙上に顕はしたる以上は之を罰すると云ふことになつた、是は甚だ不当のことである、如何にも朝憲を紊乱し、国権を紊乱し、政体を変壊すると云ふ意があつて為したものならば、之に罰を加へるも宜いが、唯斯う云ふことがあつたと云ふことを記載した場合に於て、之を罰するならば、大変に罰するものが余計になる、如之例へば裁判所に於て彼是之を論議するとき、今の朝憲紊乱云々と言ふ言葉がありましたらう、あの場合に於ても裁判所に於て、此事を議論すれば已に朝憲を紊乱すると云ふことを言つて居るではないか、さう云ふ場合には之を罰さなければならぬと云ふと、実に不都合なことも生ずるから、己が特に論説をなしたる場合なくば適用することは出来ぬと云ふ論もあつたが、どう云ふ訳であるか何れにても新聞紙に書いてありさへすれば、之を罰すると云ふと、云ふことになつてしまいました、そこで本員の考へる所に依りますと云ふと、此裁判所に於きまして現行法の丁度、現行法にては即ち二十三条に当ります所の条を適用した、其適用の仕方が土台間違つて居ると思ふ、間違つて居ると存じまするが、要するに此現行法にも斯う云ふ風に書いてありまするが、此文章の誤が起因を為したものと思ふ、故に此案に於きましても、若し此儘に置きますと、今申した如く甚だ不都合なることを生ずると云ふは明なる次第である、故に唯掲載したるものと致しませぬで「新聞紙ニ於テ斯ク々々ノ論説ヲ為シタルモノ」と云ふことに修正をしたいと考へます、若しさう云ふ風に此条を改めたことならば「唯事ヲ記スル」と云ふ所に辞柄を設けて、さうして朝憲を紊乱するが如き文章を記載する者が沢山出て来ると云ふ恐があるか知らぬが、編集人が朝憲を紊乱し政体を変壊せんとするの論説を実際に為した者であるか、或は唯事を記した者であるかと云ふことの判定を為すは裁判官である、裁判官は夫丈の職権を備へて居る、して見ると云ふと、今申しました修正の如く改めましたからと云つて、決して差支ないこと、考へる、どうか既に此事に就ては実例もありました次第でありますから、諸君の御賛成を願ひます。

渡邊又三郎提出「商法及商法施行条例ノ一部施行ニ関スル法律案」「明治二十四年四月法律第三十二号商法中第一編第六章及第三編並ニ同年八月法律第五十九号商法施行条例中商事会社及破産ニ関スル規定ハ明治二十五年三月一日ヨリ施行ス但商法第三編ノ施行ハ商事会社ノ場合ニ限ル」

宮城浩蔵発言（明治二四年一二月一〇日）

――『大日本帝国議会誌』第一巻、大日本帝国議会誌刊行会、大正一五年一二月刊

私は渡邊又三郎君の案に賛成を致す所の一人であります、賛成するの理由に附きましては、最早発案者から充分述べられてありますが、段々是まで反駁がありますから、其反駁に附いて一二言弁じたい考である、そこで第一高木正年君の今の委員を設くる、委員を設くるに附いては、是は修正を必要とするから、委員を設くると云ふの御説である之に付いては私も深く反対致しませぬ積りであります、併し私の見まする所に依りますると、大に修正を要しまする所は少いと申すものは会社法と破産法とは商法の全部より余程前に出来て居りまして已に先刻もどなたか言はれましたが十八年このかたいじりにいじりぬいた此法律でありますから此二つの部分に付いては殆ど完全と云つて可なるものと思はれます、尚ほ鄭重に鄭重を加へて、更に審査の必要があれは敢て反対を致さぬ考でありますが、田中司法大臣が若し之を今日から施行致す場合に於ては、即ち会社法破産法を施行する場合に於ては、全体の法律を散乱する恐が

あると云ふ様な御説の様に承りましたが、是には服し難い、其次第はどうか田中司法大臣には発案者の発しましたる案を御一読を願ひたい、此案に依りますると即ち商法は其儘に存して置いて、其一部分を行ふのでありますから、決して差支ない話である、況や此破産法及会社法と云ふものは、どう云ふ風の工合に成立つて居るかと云ふに唯今申上げました通、会社法及破産法は未だ商法と云ふものを編纂する考がありませぬ当時即明治八年頃より殊更に会社法破産法を制定致す考で、即ち当局者は常に之に従事して居つた者である、而して斯く商法の上に附いて今の会社法破産法のみを制定する考があつたと申すものは、此の二つの部分は商法中に於て殊に単行に行へる法律である、故に已に諸君が御承知の通、先刻渡邊君が言はれました各西洋諸国に於て、単行法律として施行して居る国が幾らもあります、成程他の部分に多少の関係はありますが、敢て施行するに差支ない、果して然らばです、仮令明年三月より此部分を施行致しても、商法全体を粉散するが如きことは決してないことなりと思考致します、又永井松右衛門君の御論は遠い所に居りましたから、ちつとも聞えませなんだ、聞えませんでありましたが、唯聞えました所は、此会社法及破産法を施行する様な事があつたならば、大に其商事会社……商事社会の恐慌を来す恐があると云ふ、是丈は聞えました、所が私は是は恐慌を来すものではないと思ふ、反つて恐慌を防ぐがために此法律を施行せんとするものである、今や最も厳密に最も著実に会社を保護し、会社を監督すると云ふ所の法律を施行して、之を行ひまして、依つて以て此会社――商事社会の恐慌を来すと云ふ事は頗る奇怪なる事であると考へる、畢竟するに此恐慌を即ち此会社法破産法がないから来たのである、今年の如き彼米商会社の例も出て居るに、之に加ふるに議員が縛られたと云ふ様な事がある、是等の事を防がんと欲するが故に、此会社法破産法を行はんとするものである、然るに之に反対して恐慌を来すと云ふ説は到底是は感服する事は出来ませぬものと考へます、又岡山君は去年一遍是は延期すると云ふ事を極めたものである、然るに之を今年に至つて突然其一部分を施行すると云ふ事は、頗る何うも体裁に干係するもので、悪いと云ふ御説でありますが、是は深く採るに足らぬ説と考へる、と云ふものは畢竟するに第一期の帝国議会に於て之が延期になりましたのは、或は修正を必要とする説もあり、又此法典と云ふものは甚た不都合なものである、法典を寧ろ置かぬ方が宜いと云ふ説があつて……果して岡山君の説の如きは、所謂法典と云ふものは置くものでないと云ふ様に承ります、或は此社会の人が知らぬから、明治二十四年から行へましては不都合であると云ふ御説があつて、種々様々の御説か集つて遂に延期と云ふ事丈は大多数で決したものである、けれども其理由は種々様々になつて居る、故に若し彼商法全部を施行するにあらずして、即ち明治二十四年一月一日より会社法或は破産法のみ之に施行すると云ふ事であつたならば、私は信ずる、必ず此衆議院の大多数を得たと考へます、又立法部に於て一遍議決したから其の議決の結局が着く迄、何時迄も、何時迄も行ふことが出来ぬと云ふのは、奇怪の論と云はなければならぬ何となれば既に会社法及破産法を、之を施行する必要がある事は、諸君が今年の恐慌即ち商事社会の今年の恐慌に就いて充分御考に成つた事であらうと考へる、若し夫が感じないことでありますならば、一向商事社会に眼を留めぬ御方で、どう成つても構はぬと云ふ御考である、夫なれば別段でありますが、最早今年になつて見るに忍びぬ有様であつて此儘にして置いたならば又明年にも明後年にも、斯の如き弊害が生ずるでありませう、又もう一つ奇怪に思ふのは、岡田君は商社法破産法抔の法律を規定したから、あゝ云ふ事が出来る、あれが法律がなかつたならばあんな事がないと言はれたが、法律がなかつたならばどんな事に成るか知れぬと今日でも実に思ふ位であります、若し法律があるから、あゝ云ふ事が生ずる、夫だから日本の会社は将来法律を以て監督し法律を以て保護するものでないとすれば、日本人は頗る奇怪の人間と云はなければならぬ、どこの国でも会社法のない国はない、どこの国でも完全の会社法を以て支配して居る、所が日本人ばかり会社を保護監督すると皆会社が倒れる、日本人は此法律は要らない、兎に角私の考へる所に依ると、是等の点には、敢て日本人は欧洲文明国の人と違はぬと思ひます、夫から又差押の例を出して、差押の法律があつて、執達吏をして絹著物をどうするとか、畳をどうするとか云ふ御説があつたが、若し斯の如き事があつたならば、我々はどうして之を黙つて居ることが出来るか、即ち斯く言ふ岡山君が黙過して居るのが不思議である、果して岡山君が言ふが如くであれば、日本の執達吏は皆盗賊である、此盗賊を使用して居るのを見て、此立法部の者が黙つて居るのは、実に奇怪の説の様に思ふ（誤解と呼ぶ者あり）誤解と云ふならば身代限をする際は、即ちこう云ふ事をするは知れた事であらう、果して然らば則ち破産法と云ふのを適用して、厳重に取締らなければならぬ、成程是迄多少差押かありますけれども、兎角弊害が生し易いから、出来得へき丈規則を厳重にし充分に権利者の権利を保護しなければならぬ必要がある、又会社法も同じである、会社は成程法律を制定すると雖とも、或は不都合な会社があるか知らぬ、あるか知らぬが法律を制定しても、到底駄目だからと云つて、打遣つて置かずに出来得へき丈救済する策を考へ、其他は其人の徳義に訴へなければならぬと云ふ様にしなければならぬ、して見ると到底岡山君の御説も深く取るに足らぬ説の様に思ひます、又先刻元田君からして此会社法及破産法の部分に就いて他の法律を引用したる場合は、どうするか其時にはどうも何んとも仕方がないじやないかと云ふ御説があります、是は少しも差支ない事である、成程破産法は会社法の中の他の条項と相関係する所が如何にもあるでありませう、あるでありませうけれども実際他の部分が行はれて居りませぬ場合に於ては、是は其関係は即ちそこで絶えて仕舞ふものである、要するに詰り此会社法は破産法の部分中に就いて行ふもので、他の法律に関係は少しもないのである、既に単行して差支ない程のもの故に、特別の法律を以て施行し得べき性質のものである、尚更是等の事は深く憂ふるに足らぬ所のものであると思考致します、そこで其他此法案を通過せしめ、此法律を施行する必要がある事は充分論じ尽してありますから、茲に弁しませぬが、其会社法破産法のありませぬがために、我々日本人が其弊害を被つた事は、実に夥しいもので、日一日も緩やかにする時は、随つて夫丈けつゝ禍を被むると謂はなければならぬ場合に今日は陥つて居る、どうか諸君が本員と共に御賛成あらんことを希望致します。

第三回帝国議会衆議院

明治二五年五月一六日村田保発議（二条基弘外一四人賛成）貴族院提出「民法商法施行延期法律案」「明治二十三年三月法律第二十八号民法財産篇財産取得篇債権担保篇証拠篇同年三月法律第三十二号商法同年八月法律第五十九号商法施行条例同年十月法律第九十七号法例及第九十八号民法財産取得編人事編は其修正を行ふが為め明治二十九年十二月三十一日まで其施行を延期す」第一読会

宮城浩蔵発言（明治二五年六月一〇日）

――『大日本帝国議会誌』第一巻、大日本帝国議会誌刊行会、大正一五年一二月刊

本員は貴族院の議案に反対をします所の一人であります、今幸に安部井磐根君の後に登りましたから、先づ安部井磐根君に反対を表して、それから本論に入る様に致しませう、安部井磐根君に反対して烈しく駁撃しますのは、其白い髯に対しまして甚だ忍びませぬが、此議論の上からは已むを得ませぬから、十分に攻撃を加ふる考であります、安部井磐根君は元来繁文文縟有名無実と云ふことを論拠として、而して其要旨は詰り民法商法は仏蘭西に模擬したものだから、日本に適用するものでないと云ふ様なことに帰著した様であります、要旨は斯の如くでありますか、他の部分に就いては大変な御講釈でありまして、本員には殆ど分らぬかつたと云ふて宜しい、そこで此の繁文文縟と云ふことに就いて論じませう、元来繁文なり文縟なり有名無実なりと云ふことは、是は保守的精神の論であつて、保守的精神の人は斯う云ふことを言ふのも宜いことで、決して此事は間違つたこととはしませぬ、凡そ此事柄を適用するには場合がある、何にも彼にも持つて行つて繁文文縟なりと言つて之を拡めたならば、我帝国裁判所の如きは如何なる裁判

も為すことは出来ぬと云ふ有様に帰著すると思ひます、如何となれば第一に茲に区別しなければならないことは、公法と民法の区別があります、凡そ公法なるものは一旦発布します以上は、我々人民は悉く之がために束縛せられ、之を遵奉しなければならないと云ふことはある、けれども民法に至つては決してさう云ふものではない、即ち民法は一般の準則を規定致しました故に、人民が自由に契約して以て之に従はざることは、固より随意である、故に設令繁文あり文縟ありと雖も之がために迷惑を蒙ると云ふことは決してないことゝ思ひます、動もすれば此法律を布くと、之がために人民の権利を束縛さるゝとか、自由を制限さるゝとか云ふ様になります様でありますが、是は大変な誤で、決して民法は今の公法の如く、人の権利を束縛するものではなく、契約の自由にあることで、例へば斯く〳〵にせよと民法にありましても、契約を行ひますのは己の意思を表明して其法律に反してなすことは、固より妨ないのであります、故に繁文の弊が多いとか、或は文縟と申します様な事柄は、是は行政機関の運動等に当て篏めます場合は、随分其理窟がありますが、其理窟を以て今の民法商事の事に当嵌めてたまるものではない、我々が裁判所に至つて裁判を受けるに、成程今日は法律はない、法律はないけれども、法理を悉く吟味して能く〳〵極度に至つて我々が裁判を受けて居るではありませぬか、若し安部井君の言はるゝ如く、繁文文縟なりと云ふと、乱暴に裁判する裁判官があつたならば、今発布になつて居る所の民法商法に含蓄して居る所の法理を明かにせずして、即ち繁文文縟に立入つて裁判せぬ裁判官があつたならば、我々の権利は如何に保護せらるゝか、今民法を繁文文縟なりと言つて、此現時日本の世界には民法商法に包含せられ、箇条に載つて居る所の大部分は現時法律の名を以て施行せられつゝあると云ふことを、安部井磐根君は少しも御承知がないのであるだらう、又民力がどうしたとか、国力がどうしたとか、進歩主義がどうあるとか云ふ大変御論があつた、併し一般の法律から論じましたことならば、即ち公法私法の区別をせずして論じましたことならば、或はさう云ふことがあるかも知れない、けれども今現時実際に行はれて居る――殆ど行はれて居ります所の事柄を之を成文法として施行して、何の民力に関係がある又帰する所は仏蘭西法と殆ど同じである、仏蘭西法を翻訳したものであると云ふが、どうか其証拠を見せて貰ひたいと思ふ、如何なることから割出して来たものであるか、如何にも此起草者は仏蘭西人に相違ない——初めの起草者は、併ながら各国の法律を参照し又日本の法学者連、及実際家が集りまして、実に精神を籠めて成立つた所の法律である、然るを之を仏蘭西法律の翻訳なりと云ふ、恐くは此法律を見ない——此法律を読むことを知らぬ所の議論であらうと思ふ、それから市町村制を施いたがどうだとか云ふ御議論もあつたやうであるけれども、民法商法と市町村制と一緒に御覧なさる御方では迚も此議論は出来ない、大変な違ひである、丸で公法と私法の区別があることを知らないのである、又輿論が斯うである、民情風土に適せぬと云ふことを言はれましたが、是も何の証拠があつて言ふか、即ち現に商法施行を請願する所の商業会所が沢山ある、現に今此貴族院衆議院に出て居ります所の商法実施の請願書が数通に渉つて居ると云ふことを、安部井磐根君は御知りがないのであるか、又民情風土に適せぬ即ち先刻からも申します通り、明治初年以来我日本帝国は此法理学の上に於て、段々進歩し来つて、最早今日に於ては殆と今施行は致しませぬけれとも、即ち我民法商法の大部分は之を適用して居るではありませぬか、成程それは成文法を以て規定しなければ適用することが出来ぬ所の法理が沢山ある、あるけれとも併しながら成文法を必要と致しませぬものに就いては、我は或民法の法理を適用するか、若くは英吉利学風の法理を適用するか、若くは独逸学風の法理を適用すると云ふことになつて居る、然らば則ち今の裁判の有様は民情風土に適せぬと言はなければならぬ、此裁判からして悪いと言はなければならない、実に奇怪の御論と思はれます、先づ御論を駁することは是丈にして置きます。

本案に就きましては貴族院に於きまして凡そ三日の間御討論がありました、併ながら其御討論の有様を見まするると云ふと、即ち政事家の目を以て討論したことは、失礼ながら大変少ないやうで、宛も法律学校の討論会の如き有様を為しつゝある、是は誠に遺憾極りなき次第であります、蓋し我々議員として見る所は——即ち帝国議会として見る所は、今我民法商法を施行するの必要不必要如何、其利害如何、之を延期しまする場合に於いても、其利害は如何、即ち此数点に就いて能く吟味を遂けたならば、それで沢山である、即ち我々議員の本分だらうと考へます、勿論夫の学者と云ひ、儒者と称しまする所の者は、種々様々の説を出しまして、甲論乙駁遂に底止する所を知らない、若し是等の議論を聞いて我々が左右せらるゝことであつたならば、仮令修正を加へるにも、常に此迂儒曲儒腐儒の輩が種々様々の論を為して底止する所がなくなるであるだらう、多くは取るに足らない、そこで是等の説の取るに足らぬこと、説の取るに足らぬことに就いて一二例を挙げまするると、斯う云ふ可笑いことがある、我民法は占有権と云ふものを認めた、此占有権と云ふものを認めたことは、即ち憲法の何条かに反する、憲法には「日本臣民は其所有権を侵さるゝことなし」と書いてある、然るに民法に於て占有権と云ふことを認めたから、是は即ち憲法に違反するものであると云ふの論があつた、併ながら是等の論は最早既に今日に於ては敵味方を論ぜず、法学社会の一つの笑草になつて居る、若し之を説き明すよりは、更に例を引いて申しませう、どこの憲法にも各国の憲法に於て所有権を確保せずと云ふ憲法と云ふものはない、どこの民法に於ても即ち欧洲各国の民法に於て、占有権を認めない民法はありはしない、さうすると云ふと此論者の通りにすると云ふと、欧洲各国の文明国に於て行ひつゝあることは、即ち憲法と民法と皆違反して居る、憲法に皆背いて居る、我日本も其真似をしたのであると云ふのであるが、実に驚き入つた議論である、それから又最う一つ例を挙げますと云ふと、民法には公用徴収と云ふことがある、此公用徴収と申しますことは、是は不動産で申しますと、土地の要用があります時分に、之を買上げまする規則である、併し動産にはない、ないけれども我民法に於ては、矢張動産の公用徴収と云ふものを定めました、其定りましたる所以は、或る場合に於て動産と雖も、公用上之を徴収するの必要の場合があるから、此法律があるので、ある処が反対のある論者の申しまするに公用徴収の最も重なるものは租税である、矢張此租税と云ふのも、公用徴収の法律に依つて徴収するものだと思つて、さうして大変不平を起したのである、併ながら若し租税が公用徴収の法律に依つて、徴税するものであつたならば、先づ其公用に依つて徴収する前に――租税を取立てる前に、第一に償ひを政府から出して取立てなければならない、公用徴収と申しまするものは、即ち動産の所有権を政府で買上げるに、相当の代価を出して之を取るのである故に勿論是は租税には関係ないことである、それを租税も矢張公用徴収と思つて仕舞つた、随分どうも激しい誤解と言はうか、知つて之を言ふたことならば実に瞞著も亦甚しいと言はなければならぬでありませう、扨て斯る荒唐無稽の説のために誤られまして、実に我国家百年の大計を誤りましたことであつたならば、即ち彼れ学者輩の説を信じまして、遂に此委員の案を通過せしめたことであつたならば、実に我々は四千万の同胞に対して何の面目がありませうか、どうか深く諸君の御注意を仰ぎまする次第であります、そこで今必要と不必要と及利害に関しましては、既に前弁者も述べられてありますから、成るべく簡単に弁明する様に致しませう、民法商法を今日実施致しまする所の必要に就いては、実に数多にして之を細かに論じますときには、甚だ諸君は御迷惑であるだらうと思ふ、又私も今日一日経つても尽すことは出来ぬ位のことである、それ故に極く簡単に成る一二の点を挙げて弁論を致します。

我帝国憲法に依りますれば、帝国憲法は即ち我々日本臣民の権利及義務を規定致しまして、即ち権利と云ふものは憲法に依つて確保せられたものであります、然るに民事上商事上に於て、裁判上我々は我々の民権、即ち財産上の権利及人事上の権利は如何なる方法を以て保護せられてあるか、今裁判上の有様を見まするﾄ云ふと、諸君も御承知の通、どう云ふ風に裁判をするかと云ふと、斯う云ふ風になつて居る「成文あるものは成文法に従ひ成文法なきもの習慣に従ひ習慣なきものは条理に従て裁判すべし」とある、即ち此方法を以て此法律に依つて我々は裁判を受けて居る、既に御論もありましたから極く簡単に申しますが、元来成文法と云ふものが我国にあるかないか、只今司法大臣は我国の民法は完全でないと仰しやつた、完全でないから、完全にする様にしたいと云ふ御説であつたが、完全にも何にもありあしない、即ち成文法と云ふものは無い、或は僅かあるけれども成文の律と云ふものはない故に其僅に或は後見人に就いて規定したとか、或は財産の或る不動産の事に就いて一章や二章で規定したと云ふ様な成文律はあるけれども、是は稀にあるのみにして、其有る法律も其時の必要に応じて時々別段の講究もなく発布したものであるから、或は撞着し或は矛盾し支離滅裂実に採るに足らぬ所の法律に過ぎませぬ、故に成文法は無いと言つて宜しいと完全ならぬじやない、少しも無いのである、成文法なき場合に於ては習慣に拠る果して此習慣と云ふものがあるかないか即ち諸君も御承知の通我国は二十五年前までは封建制度であつた封建制度でありましたるが故に我国の慣習と云ふものは皆当つて居りまして今日に於ては殆ど此異つて居りまするがために破壊せられて何処にも慣習は無いと云ふても宜しい位である又好し慣習がありましても、甲地の人民と乙地の人民と契約を為す場合に於て、双方で知らずして――慣習を知らずして、契約を為した時には何に依つて裁判するか、どう云ふ慣習に依つて裁判するか甲地の慣習によるか、乙地の慣習に依るか、是等の場合は決して慣習に依ることは出来ぬ、独り依ることが出来ぬのみならず、――斯う云ふ場合は今日交通の頻繁なる我日本帝国に於て沢山あるのです、故に偶々慣習がありますと雖も、此慣習に依ることは出来ない、然らば条理は如何、慣習なき時は条理に依る、然らば条理は如何、此条理と申しまするものは、極めて怪しいものである、何となれば人々の考次第である、即ち諸君が蓋し御承知でありませうが、判事登用試は未だ飾を為さぬと云ふやうなことが間々あることは、諸君も既に御洞察のことでありませう、政府は疾くに知つて居る筈のことである、其他法律のみならず是は習慣上も少しは論じなければなりませぬが、此の西洋流で申しまするとの私徳公政と云ふことは各個であると云ふ説でありますが、是は誠に学理上に細かなることは本員と雖も感服敬服致します、然れども是は国が違ひます、あの邦の宗教上に養成せられて、第二の天性が出来てある、其の上に社会の制裁と云ふものが厳重でありまするから、それで何も不都合なし、整然と参つて居るでありませう、我国は然らず、宗旨もなし、誠に徳政一致を以て数年来やり来やり来つたことでありますから、此法律以外の西洋風が入込んだのが、今日甚しく云へば、まあ風紀壊れ、社交紊れたと云ふと云ふやうなことがあらうと思ひます、其上のまあ今日に至つて見れば、どうしても偸安姑息であります、明治の六年に西郷隆盛参議が此維新の大業は夫の建武中興の昔と同じく偸安姑息に流れて止む、それではならぬから天下に先つて之を憂へ、撥乱反正の余力を異邦に漏らすと云ふが、朝鮮論であつたと云ふことでありますが、其の見込みが当つたか外れたかは爰に要はありませぬけれども、偸安姑息の四字は当つて居るや否やと云へば、私は能く当れりと云ふに憚りませぬ、啻に憚らぬのみか、浮靡文弱軽佻浮薄の八字を加ふるも可なりと思ひます、斯る有様で夫の町村制と云ふものが布かれて、其の実が立派に挙つた所と云うふものは、天下幾許かある、先づは名有つて実が挙らざるものである、況や夫の選挙干渉以来大に壊乱しまして、其実を破壊すると云ふ有様に至つて居ることは、掩ふべからざることでありませう、抑々今日の世に当つて町村自治制と立憲政体とは車の両輪のやうなもので、先づ一を欠いてならずと云ふ内に、町村自治制に至つては本末で言へば、本と言はんも可なりだと心得るでございます、内閣大臣等は眼を開いて田舎の実地の有様を見たならば、此日本国は将来如何なるかと云ふ感情も発しさうなものであると、日頃痛嘆する所であります、それへ持つていつて此法典を布かねばならぬ、完全無缺の法典と思ふが故のことでもあるか知れないが、先般以来の断行延期の論者は、互に思念を傾け喋々論ずる、是決して其の天下人心に適合したるものでない、輿論の容れる所でないと云ふことは分りさうなものだと思ふ、然るを政府は動かぬ、一旦是は発布したことでありますから、動かぬ丈は宜いけれども、こゝには明言しかぬるけれども、手を換へ品を換へ、爾後暇なく通過を計ることは業に既に諸君と雖も御聞及びになつたらうと考へます、併し此儀は言ひませぬ、されば此法典がどう致しても改正をしないければ、日本国に適当すると云ふことは決してない、本員と雖も、どうか此人事編財産取得編あたりは十分に論じて見たいこともあります、けれども是は前申す通り、先輩論者に譲ります、併し政府の――（早く譲り給へと呼ぶ者あり）政府の赴く所に就いて尚ほ一言しなければなりませぬが、先刻田中大臣の説明せられた此案の通過するに就いては、法律ではない草案となつて仕舞ふと云ふことは、貴族院の速記録より私は承知して居りますが、如何なる見解か曩に商法延期の両院の可決は取つて御裁可になつてあるではございませぬか、例を以て言ふも左なり、法律と云ふものは斯く狭隘に解するものではありませぬ、窮屈で仕方がない、是は議院法に修正と云ふ文字が無いから出来ないと云ふのか知れないが、立法部に於て其修正をしやうが、延期をしやうが、それは立法部の経験がありまして、判事を試験して登用致しまする場合に於ては、どう云ふ工合に試験をするか曰く英法を学んだ者は英吉利法で試験する、仏法を学んだ者は仏蘭西法で試験する、今度は日本の民法が出来たから日本民法を学んだ者は、日本の民法に依つて試験すると云ふことになつて居る、そこで英仏独逸勝手次第の学に就いてさうして各判事になるのでありませう、其判事がどう云ふ頭を持つて居るか、箇々別々になつて居る、唯此一例を以て見ても、即ち夫の条理に依ると云ふ——条理に依つて裁判すると云ふことは随分恐ろしいと云ふことは、諸君が御感じでありませう、故に我々の貴重なる所の財産我々の貴重なる所の人事に関係することに就きましても一に其裁判は裁判官の脳髄に依つてどう云ふ風にも左右せらるゝと云ふことに、今日はなつて居る、之を甚しく申しますると云ふと、我々の財産我々の人事に関する所の権利は、宛も浮べる雲の上に座せるが如き有様をなして居る、そこで其結果として実に奇怪な有様を呈して居りますと云ふのは、例へば代言人が——私も此頃代言人になりましたが——代言人が裁判所に於て訴訟を為しまする場合に、即ち気骨なき代言人、意気地なき代言人は、唯裁判官の鼻息ばかりを守つて居るです、鼻息ばかりを仰いで居るです、斯う云ふ激しいことを言つたら、悪く裁判されはせぬか、怖き裁判されはせぬかと云ふことを恐れて、裁判官の顔色ばかりを見て、申立をして居る、さうなる筈でありませう、既に成文法がなくてつて勝手次第に己れの条理、己れの脳髄を以て裁判することが出来るから、己れの可愛い代言人は勝たしてやらう、憎いことを言ふ代言人は負かしてやらう、それは代言人を負かす丈なら宜しいか知れませぬが訴訟人がたまりませぬ、扨て斯る有様になつて居りましても、我々は即ち我々の権利は裁判所で十分確保せられたものなりや否や、保護せられたものなりや否やと云ふに、決して十分に保護せられたりと言ふことに出来まいと思ふ、又此民事上商事上社会万般の権利関係の上に付いて論じますると云ふと、人権物権と言ふものが能く明かでない、今抵当権質入権も明かでない、契約の効力も明かでない、契約以外に生じました権利義務の点も明かでない、故に我々が重き所の大切なる契約若くは重き所の大切なる出来事に遭遇致しますると云ふと、実にどう云ふ風の工合にすれば、我々の権利が保護せらるゝと云ふことは、決して知ることは出来ない、甚だ失礼でありますが諸君に申上げます、諸君が重大なことがあつて、斯う云ふ風にすれば、我々の権利を十分保護すると云ふことは何に依つて御確めになるか、成程軽々に看過して識らず知らず通過をして居りますけれども深く考て見ますると云ふと実に何事をも為すことが出来ぬと云ふ有様になつて居ります、それは則ち唯人事の上――人事の権利義務に止まることならば、それで宜しいけれども、其結果は信用がなくなる、信用がなくなるに従つて、我日本の全般の経済社会に影響を及ぼすこと、実に重大なることにして、之がために我国の不幸を招くことがないと云ふことは決して保し難い、又人事です、人事に就いては我々の権利と云ふものはどう云ふ風に保護せられて居るか、僅に例を挙げて申します、即ち婚姻を為します、此の婚姻を為すものと離婚を為します者との統計を見ますと、百人結婚を致しますと、三十人までは離縁になつちまう、即ち女と云ふものは犬猫の様な具合に自分がいやになれば、蹴飛ばして離縁すると云ふ様な、実に憐むべき習慣があるからこそ斯う云ふ結果が生じませう、勿論此の如き事は道徳の教を以て之を保護しなければなりませんのは、勿論の事でありませうが、若し法律を以て之を防ぐと云ふことの出来るならば、何を苦んで之を為さぬか即ち離婚の原因を厳重に致しまする時には、其離婚の原因の厳重なるを恐れるから、結婚も亦慎むと云ふ様な風習が生ずるに相違ありませぬ、後見に於きましては今日の後見と云ふものはどうなつて居る、即ち縦令幾何の大家と雖も、資産家と雖も、若し幼者があつて、之に後見が付きまする時には、其後見は実に勝手次第なことをして居る、私は今日まで僅に代言を致しまするまでゝあるが、後見の訴訟が沢山ある、之を見ましても後見の訴訟はどう云ふ訴訟であるかと云へば、是は皆幼者の財産を蕩尽して、其結果が訴訟と成るものである、又養子はどうある、此養子の離縁と申しますことも大抵は規定がありませぬに依つて、即ち幼少の時より養はれ、自分一本立になつて稼ぐことが出来、食ふことが出来ると、皆逃げて行つて仕舞ふ種々様々の辞柄を構へて之を逃げて仕舞ふ、即是が相当の順序でありませうか、民法は成る丈是等の事柄のないやうに規定したものであります、然るに反対論者は斯く綿密に規定したにも拘らず、彼の民法なるものは即ち倫常を壊乱すると云ふ、実に奇怪な説であります、余り長くなりますから、簡単に申します、扨商法に就いては——商事に就いては、一体此商業が如何なる方法を以て保護せられて居るか此日本の商事と申しますものは少しも保護と云ふものはない、私の保護と云ふのは保護金の保護とは違ふ、元来商業には信用と云ふものと、敏捷と云ふものと、安全と云ふ、此三つの元素が甚だ必要である、若し此三元素の一を缺くときは、決して商法と云ふものは勃興しないと云ふことは、昔より経済学者或は法学者に於て認むる所である、然るに此信用はどう云ふ風に保護せられた、日本で身代限を三度もすると金持になると云ふ、是でどうして信用を得られやうか、どうして信用を与へ得るか、如何なものであらう、又敏捷でありますが、凡そ商業と云ふものは日日数万の取引をするものである、然るに今日日本の商業の有様を見ると、規則上より論じて、矢張り民事上の契約と同じく、証文を書いて印紙を貼らなければ矢張裁判所に訴へることは出来ない様な有様で、商業の敏捷を保護すると云ふ規律は少しもありませぬ、安全はどうである、安全と云ふものも甚だ不確かである、少しも保護がない、今日は巨大の店を有して居るから、安心して取引をすると、翌日往つて見れば、一文なしである家は人の抵当になつて居る、中の動産は誰れか持つて往て仕舞ふと云ふ有様で、少しも安全と云ふことがない、取引の安全が少しもない、即ち信用安全敏捷は彼の決して商法を以て尽く之を完全ならしめることは無論出来ませぬ、けれども此商法には出来得べきだけは、之を保護したのである、是でも民法や商法を施行する必要はありますまいか、斯く論じ来つても民法商法は之を延期する必要があるか、又外国の関係から申しますると云ふと、勿論此条約改正に大関係あるものである、併ながら条約改正のために之を施行しなければならぬと云ふのでない、即ち前段論じ来たつた所に依つて見ますると、我日本人民の権利——私権と云ふものは十分保護せられてない此保護せられてない時に当つて、彼の外国人は我治外法権を撤去して、我法律の下に服せしめんとするは、随分無理な注文でありませう、故に決して条約改正のために施行しなければならぬと云ふのではないけれども、条約改正を希望するならば是非共執行をして、我私権即ち民権と云ふものが、十分に保護せられてあると云ふことは、十分に証明しなければならぬ、然るに彼の対等条約を希望して、或は上奏案を為し、種々様々の講究を為す人が、今日民法商法の実施――施行を延期を主張すると云ふことは、自家撞着の甚しきものである、実に本員の解さぬ所であります、扨又外国の貿易上から考へて見ますれば、外国の貿易上から論じますると、彼の外国人と申します者は、諸君も御承知の通、十分規律ある商業を以て、我に当る、我は即ち少しも規律なき商業を以て彼に当る、どうして是が外国と堂々貿易が出来るか、宛も外国人が――欧羅巴諸国の人が我邦に来つて貿易を為すのは、我々が朝鮮に往つて貿易を為す様な有様である、実に規律ある商業を以て、規律なき商業に当るのでありますから、此商権を回復し、商権を勃興すると云ふことは、今の有様では殆ど望むべからざるものだらうと思考する、斯く論じ来つて見まする云ふと、最早商法民法は共に之を実施する期が迫つて居りまして、無論延期致しますると其害の大なることは無論のことだらうと思考します、即ち是が私の本論でありますが、尚ほ反対論者の論を駁しまする必要があります、けれども未だ反対論者の之を主張した者がありませぬに依つて或は第二読会に於て更に登壇致して、反対論者の説を駁することもありませう、併ながら一言諸君に申上げて置きたい事がある、其申上げて置きたい事は此反駁は或は学理上からの反駁ではない……いや、反駁でない、論難である、此論難は学理上の論難でなく、政治上からの論難である、それは何であるかと申しますれば、此民法は……商法のことは言はなかつた、商法のことも言つたやうだが、即ち民法商法は僅な間に出来上つたものだから、甚だ粗漏である、其証拠に法律取調委員があつて、此取調委員は日に十五条づゝ終らなければならぬ、それから又日々十五条宛終らなければならぬのみならず加ふるに取調委員は法理を論ずることも出来ず、文字の修正を為すことが出来ぬと云ふ、斯う云ふに権限を狭ばめられて、且つ急に拵えたものである、此論は甚だ粗漏である、或は此中に軽忽に出来上つたものが幾らもあるだらう、斯う云ふことを申されましたけれども即ちそれを大いに御懸念になる所だらうと思ふ、斯う云ふことを言つた、人は知つて之を言ったならば、瞞着である、知らずして之を言つたならば、則ち一を知つて未だ二を知らざる者である、故えに是非とも弁明しなければならぬと考へて居ります、成程法律取調委員会に於きましては日に十五条宛是非とも終らなければならぬと云ふ規約を為したることは、是は事実である、けれども実は行はれなかつた、此事柄は日に十五条宛所ではない、十条宛も運ぶことは出来なかつた、十条宛にしても盛にやつたので、其進み方は激しいと言はなければならぬ、それから弁明の必要を生じて来たは、法律取調委員の組織を能く明かにしなければならぬ、法律取調委員会と申すものは、凡そ七十人から成立つて居る、そこで上に居りまする所のずつと上に居りまする、法律取調委員と云ふ者が十人程あつて、それから之に次ぎまする所の法律取調報告委員と云ふ者がある、此報告委員が大凡四十人程あつて、それから又之に次ぎまする所の種々の下調を為す所の者が附属として二十人、丁度七十人程度から出来て居ります、そこで総て此法律取調委員報告委員は、即ちどう云ふ訳だか取調委員と云ふは勅任なんです、それから報告委員のやつは奏任なんで、それからそれに付いて附属のやつは判任もある、奏任もある、之を勅令で区別を為したのは、私では分りませぬ、さう云ふやうな工合に出来て居つた、そこで法理学理と申すものは一番上に居る所の取調委員十人の方々が、法理に暗い勅任であるけれども、（拍手起る）甚だ御気の毒であるけれども暗い、真中の四十人の者が一番明かるくつて、之に附属する者が之に次ぐ、斯う云ふ訳になつてあつた［の］で、此四十人の人々が附属する者共を相手にして、十分取調べてさうして今の法律取調委員の十人の方々に差出す、四十人の者は例へば四つに分れませう、十人宛に其十人宛に分れますと云ふと、其分科を立てヽ十人宛で皆調たものを、一時に今の取調委員へ持つて往く、極く頂上の勅任官の所へ持つて往く、さうすると勅任官は日に十五条宛やらなければならぬやうになつて来る、それはさう云ふ理窟になる、それからして成程勅任の人は十五条宛に当つたかも知れぬが、報告者の連中は四十人でやることだから、日に五条にも当つて居らぬ、三条にも合やしない、故に十五条宛と云ふことは嘘なんで、丁度此位でございます、数条より成立つたる所の法律は、それ〴〵衆議院に於て三時間か或は一時間に議して仕舞ふ、それと同じことで、二時間に数十条の法律を議することが粗漏だと言はれるが、之が粗漏と云ふことが出来るか出来ないか、大凡分科と云ふ者があつて、何も彼も出来るものでないからさう云ふ風になつて居る、故に日々十五条宛やつたから粗漏だと云ふのは、唯外見上ばかりであつて、其実際を知らざる者である、それのみならず四十人の者が編制したのも、それならば五条宛やつたかと云ふと、さうではない、此法律の抑々起りと申すものは、明治六年頃から起つたのである、而して明治九年頃から実際著手して、それから十八年までの間続いて居つた、此間に千条余出て居る法律案は、民法編纂局と云ふものであつて、商法も矢張り同じことである、其十年も掛つて調べたる所のものを、夫の四十人が仕上げて、之を仕上げた上に、今の委員に出す、それから日々十五条宛もやつたから、大変軽忽だと云ふは間違つた話でございませう、それのみならず、此十人今の勅任の連中は法理を論ずることが出来ぬ、字句の修正も出来ぬとしたのは何の訳である、是には大変の意味ある凡そ分科があつて報告に為つたものを、文字や法理を論じたならば、百年も掛つても出来やしない、大凡夫の勅任の連中は法律が日本の民度に適するや否やを調べるものであつて、外の事はせぬ、斯う云ふ約束があつた、さう云ふ約束がありまするからして、今の法理を論ずることは出来ぬ、字句を修正することも出来ぬとしたのは、若し是等の人々に是等の委員に法理を論ずることを許すならば、第一番に法律学校を建てゝ掛らなければならぬ（拍手起る）甚だ失礼なことであるけれども、夫の民法の占有権を規定したのは是は憲法に違反すると言つて世の物笑ひになつた斯る奇説を吐いた人も其委員の中にあつた（拍手起る）それから此一体政治的より致しまする所の駁撃と云ふものは殆どありませぬで、其他皆学理より論じまする所の論難である、其の論難の如きはまだ此場所には現はれませぬ、現はれませぬに依つて駁撃するの必要はないと考へます、幸に第二読会に於て登壇することを得ましたならば、其の際十分駁撃致しまする積でございます大に諸君の清聴を汚しました（拍手起る）、

「勅令第四十六号審査特別委員会」

明治二五年五月二六日本会議において、明治二四年勅令第四六号「内務大臣ハ特ニ命令ヲ発シテ新聞紙雑誌又ハ文書図画ニ外交上ニ係ル事項ヲ記載スル者ヲシテ、予其草案ヲ提出セシメ之ヲ検閲シテ其記載ヲ禁スルコトヲ得之ヲ犯ストキハ発行人編輯人又ハ発行者著作者ヲ一月以上二年以下ノ軽禁錮又ハ二十円以上三百円以下ノ罰金ニ処ス内務大臣ノ検閲ヲ経タル事項ヲ転載スルハ前項ノ限ニアラス　本令ハ発布ノ日ヨリ施行ス」が委員会に付託される

宮城浩蔵発言（明治二五年六月一日）

『帝国議会衆議院委員会議録』2、東京大学出版会、一九八五年一一月刊

政府委員ニ一ツ御尋致シタイガ、此理由書ノ

露国皇太子殿下滋賀県下大津ニ於テ不意ノ難ニ遭ハセラレタリ当時物情洶々或ハ浮説ヲ伝播シ詭言百出為メニ人心ノ疑惑ヲ醸シ外交上ノ平和ヲ妨タルノ虞アルヲ以テ

トアル、此理由ハ随分漠トシテ居リマスガ、ドウ云フ風ナ浮説デアツタカ、ドウ云フ風ナ疑惑ヲ醸シタカ、又ドウ云フ訳デ外交上ノ平和ヲ妨グルコトニナツタノカ、ソレヲ御尋致シタイト思ヒマス

……

本問題ハ憲法ノ第二十九条ニ大関係ノアルコトデアリマシテ、大ニ言論ノ自由ニ関係ノアル所ノモノデアル、然ルニ此緊急勅令ノ如キハ甚シク言論ノ自由ヲ妨ゲタル所ノ一ツノ案デアリマシテ、余程大小軽重ヲ量ツテ成程如何ニモ是丈ノ緊急勅令ヲ発シテモ、言論ノ自由ヲ妨ゲナイカト云フコトヲ推測シナケレバナラヌト思ヒマス、デ此大津事件ノ

トキニ於テ此勅令ガ必要デアツタカナカツタカト申シマスルニ、本員ハ必要ト認メナイ、何故トナレバ成程多少浮説ヲ伝播シ、或ハ危言ヲ吐イタ新聞モアルカモ知レマセヌ、ケレドモ其当時ノ一般ノ国状ヲ言フテ見マスレバ皆ナ露国皇太子殿下ニ対シテ甚ダ相済マヌコトデアルト云ツテカラニ、愛敬ノ情ヲ表シタモノデアルカラ仮令多少浮説ガアツタニモセヨ、危言ガアツタニモセヨ、ソレガ為メニ外交ノ平和ヲ妨ゲルマデニ達シタトモ思ハレマセヌシ、又既ニ過去ツタコトハ……、故に其当時ニ於テハ是ハ必要ノモノデナイト私ハ考ヘル、是等ノコトガアル為メニ却テ或ハ言フベキコトモ言ハズシテ外交ノ平和ヲ妨ゲルコトガアツタカモ知レナイ、又之ヲ実際ニ照シテ見ルト云フト此法律ガアル為メニ現ニ露国ト日本ノ関係ニアラズシテ、日本ト他国デス、他国トノ関係ヲ記載シタモノマデモ、今ノ内務省ノ省令ガアルニ依ツテ裁判所デハ此大津事件ニ少シモ関係ノナイモノマデモ、之ヲ罰スルニ至ツタノハ、実ニ奇怪極マル、故ニ其当時ニ於テ此必要ナカリシモノデアルガ故ニ、今日ニ於テ之ヲ承認スルト云フコトハ私ハ甚不同意デアル、ソレノミナラズ仮ニ一歩ヲ譲ツテ此当時必要デアツタト致シマスルモ、是ハ将来ニ於テ承諾スルコトハドウシテモ出来ナイダラウト思フ、何故トナレバ茲ニ記載シテアリマス所ノ政府案ノ理由ニ致シマシテモ、唯其当時ノコトヲ予想シテ将来ニモ此事ガ必要デアルト云フコトハ説明シナイ、恐クハ説明ガ出来ナイダラウト思フデス、斯ル言論ノ自由ヲ害スル所ノ法律ヲ将来ニ保存シテ置クト云フコトハ、最モ不同意ナコトデアル、或ハ将来斯ウ云フ露国皇太子殿下ニ対シテ生ジタヤウナコトガ生スルカモ知レナイ、ケレドモ若シ此法律ガアルトキニハモツト軽イコトニ就イテモ、或ハ内務省ノ当局者ガ此法律ヲ濫用シテカラニ極ク軽イ事柄ニ就イテモ此法律ヲ適用スルト云フノ憂ガアル、然ラバ大ニ言論ノ自由ヲ害スルニ至ル、ソレノミナラズ若シ又斯ウ云フコトガアツタナラバ、ドウスルト云フヤウナ論ガ出テ、其時ニハ矢張此勅令ヲ発スレバ宜イ、斯ウ云フ御説モアツタヤウデスケレドモ、私カラ聞キマスト甚奇怪ナ御説ト思フ、若シサウ云フコトガアツタナラバ、已ムヲ得ヌコトデアルダラウ、ケレドモ之ニ答ヘテ曰ク、議会閉鎖中ナラバ此勅令ヲ発スルコトガ出来ル、ケレドモ開会中デアレバ法律案ニシナケレバナラナイカラ到底是ハヤルコトガ出来ナイ、或ハ政府ト議会ノ軋轢トカ或ハソレニ枝ガ咲イテ必要ナ法律ヲ布クコトガ出来ヌカモ知レナイ、ソレデ議会閉会中ナレバ宜イケレドモ、開会中デアルト斯ウ云フコトヲスルコトガ出来ナイカラ甚困マルト云フ、此御説ハ議会ヲ軽蔑シタ説明ト思フ、成程開会中デアツタナラバ出来ナイカモ知レナイ、出来ナイノハ出来ナイ理由ガアルカラデ、此論理ヲ推スト議会ガアツテ法律ヲ拵ヘルニ不都合ダカラ、議会ヲ廃メテ仕舞ツタラ宜カラウ、或ハ議会ノナイ間ニ仕事ヲシタラ宜カラウト云フヤウナ論理ニ帰着シナケレバナラナイ、若シ議会開会中ナルガ為メニ斯ノ如キ緊急ナル法律ヲ直チニ布クコトガ出来ヌノハ、布クベカラザル理由ガアツタカラ布カナイノデアル、故ニ閉会中ト開会中トヲ区別シテノ御論ハ甚本員カラ見マスルト云フト奇怪ナ御説ト思フ、――従ツテ其説ハ相当ト思ヒマセヌカラ、之ヲ承諾スルコトハ出来ヌ、既ニ其説ニシテ承諾ガ出来マセヌ以上ハ、即チ此案ニハ不承諾ヲ与ヘテ相当ノコト、考ヘマス

……

私ハ先刻矛盾シタト云フタノデハナイ、然シ憲法ニ言論ノ自由ノ関係ガアルト云フタデス、憲法ト矛盾シナイト云フテ種々ノ法律ヲ拵ヘテ、……云フコトガ出来ナクモ、ソレデモ矛盾シテ居ラナイ、何モ言フコトガ出来ナクナツテモ、憲法トハ矛盾シテ居ラナイ、然シ言論ノ自由ハ妨ケテ居ルト云フコトハ明カダ、憲法ニ矛盾シテ居ナイカラト云フテ種々ノ法律ヲ拵ヘテ斯ウ云フコトヲ以テ来タラ、尚ホ自由ガ狭クナルト云フコトヲ申シタノデス、ソレカラ御注意迄ニ申シテ置キマスガ、諸君ハ御承知ガアルカナイカ、此法律ガアツタ為メニ私ハ其事柄ハ十分ニハ記憶シテ居リマセヌガ、此露国ト日本ノ関係デナクシテ、日本ト亜米利加デアツタカ英吉利デアツタカノ関係ヲ新聞紙ニ記載シテアツタ、此法ノ結果トシテ之ヲ罰シタ、罰スル方デモ法律ガアルカラ仕方ガナイカラ罰スル、併ナガラ此精神トハ丸ルデ矛盾シテ居ル、此精神デハ露国ニ関スル事バカリヲ罰スル積デアツタガ、実際ハサウナツテ来タ其事ガ亜米利加ト日本ノ貿易ハドウデアルト云フコトヲ罰スルト云フコトニナツテ来タ、実ニ奇怪至極ノ話デアル、ソレカラ何時デモ皇太子殿下ノ傷害ニ遭ハレタ時バカリ、此法律ハ適用スベキモノナリト迷信スルハ大変ナ間違デアル、理由ハサウデア

ルカ知ラヌガ、此法律ガアル以上ハ此理由ハ無クナツテ仕舞ツテドンナモノニデモ、今日内務省令ヲ発シサヘスレバ、外国トノ関係ガ始終此法律ヲ適用シテ往クコトガ出来ルヤウニナル、故ニ此大津事件ノ事バカリ標準ニ取ツテ論スレバ、或ハ図ラザル所ノ意外ナル結果ガ生ズルダラウト思フ、既ニ意外ナル結果ガ生ズルモノトスレバ、将来ニ向ツテモ政府ガ之ヲ濫用スレバ随分妙ナモノニナラウト思フ、今日承諾スルト予想外ノ結果ガ生スルデアラウト思ヒマスカラ、是ハ御注意マデニ申上ゲマス

第四回帝国議会

野出鋿三郎ほか提出「明治二十三年法律第八十四号改正案」「凡ソ行政命令ニハ五拾円以内ノ罰金若クハ拘留ノ罰則ヲ付スルコトヲ得」

明治二三年九月一八日法律第八四号「命令ノ条項ニ違犯スル者ハ各其ノ命令ニ規定スル所ニ従ヒ二百円以内ノ罰金若ハ一年以下ノ禁錮ニ処ス」

宮城浩蔵発言（明治二五年一二月六日）

――『大日本帝国議会誌』第二巻、大日本帝国議会誌刊行会、昭和二年三月刊

本員は此法律案に反対の意見を有する所の者であります併し反対する所以を予め一言申上げて置きます、其反対の趣旨は元来此八十四号……二十三年法律第八十四号と申しまする法律は、憲法に抵触して居る所の法律である、即ち違憲の法律である故に今此八十四号を認めて改正を致しまする場合に於ては、八十四号を相当の法律なることを認めな

ければならぬと云ふ結果に陥るのであります、是故に八十四号即ち本日の議案に反対致しまする訳であります、故に尚ほ追つて八十四号廃止案は本員より幸に諸君の賛成を得て提出を致しまする考であります、故に今日は成るべく簡単に此案に反対する趣旨を説明致します。

そこで自分の趣意を述べまする前に、先刻野出君及末松君並に橋本君の御演説がありましたから、此演説に対して一寸簡単に駁して置きます、野出君の御説に依りますると云うふと、元来此二十三年法律第八十四号と云ふが如き不法なる法律があるがために、狩猟規則抔と申しまする所の即ち違憲の法律が生ずるのである、現に選挙干渉に使用されたる所の予戒令の如きも、全く八十四号の法律に胚胎したる所のものである、甚だ不当のことである、斯く論じられるならば、何が故に八十四号と云ふものを、廃止することを主張せざるや、即ち自家撞着の説と言はなければならぬ、成程此法律即ち八十四号は一年以下の禁錮である、故に五十円以下の罰金としたならば其程度に於てはです、其程度に於ては軽くなりますけれども、他日行政命令に重大の権力を付することを望む議員が若しも不幸にして此議場の多数を制するならば、更にもう一歩進んで一年以内で尚足らぬからして、更に二年以内三年以内の禁錮とせねばならぬと云ふ説を、主張する者があつて、其説が通つたならば、何にもなりやしない、橋本久太郎は…久太郎君は後来の為に是非とも改めて置かねばならぬ、今日の立憲制度の即ち今日に当つて斯る無残なる所の法律がある訳がないからして、もう少し刑の度を低めなければならぬと云ふ御論で頻に後来のことを御憂ひになりましたが、恐らく橋本君は当時之を決して置くも現時の立法者がと将来の立法者を制する事が出来ぬと云ふことを承知がない、仮令法律を五十円に改正したからと云つても、明年であれ再来年にあれ、是から将来幾らも程度を上げることは容易く出来ることである、即ち行政命令に重大の権力を付することを望む所の議員が多数であつたならば、何時にても上げることが出来る、さうしたことならば、今此処で五十円以内に之を低めて欣んでも後来を制することは何にもならぬ、（此時山田泰造君法律と同じものである議員の多数を占むればと呼ぶ）待ち給へ、それ等には譲らぬ、それから末松君は先づ此八十四号を改正して五十円以内としてからに、体刑を廃したことならば、実に日本の国家の秩序を紊乱して、其危険謂ふべからざるが如く説明になつて、恰も此の法律があるために我日本帝国の安寧を維持して居る、若し此の法律が、なかつたならば、直ちに帝国は紊乱するか如く、大騒動をやつて御演説になつたけれども、是れはあんまり仰山過ぎる、此の法律を五十円にしたからと言つて、日本の安寧に関はらぬことは諸君も信じて居られる、それから売薬規則、若しくば火薬取締条例だの、又富札売買規則等のことを御引きになつて、此れ等のことは皆勅令即ち行政命令を以つて為す所のものであるが、若し之れを五十円に減じて体刑を除いたならば、大変のことである、是れ恐らく法律と行政命令と丸で混同した所の趣意と言はなければならぬと云ふものは大体売薬条例の如き火薬条例の如き若しくは富札売買に係る条例の如きは、臣民の権利に重大の関係を及ぼすものであるからして、必然取締には関はると雖ども、法律を以つて適用しなければならぬと信ずる、況や富札売買条例の如きは刑法に現に半分出て居る、即ち刑法に於て法律を以て規定してある、其刑法の不足を補ふがために、富札売買の取締条例が出たものでございます、是は刑法と権衡を同じくするものであるからして必ずや法律を以て正当にしなければならぬことは、明であらうと信じます、それから末松君は、此案其ものを攻撃になつて拘留と云ふものは、拘留と言つたとてなんだか解らない、何日の拘留だか解らないと、言はれましたが刑法には左の諸件を為したる者は、何日の拘留に処すとあるからして、それ〳〵の場合が極めてあるから百日の拘留もあるであらう、一年の拘留もあるであらうと云ふ説もあるけれども、刑法を見れば直に解る、刑法には拘留は違警罪の主刑には十日以下と、ちゃんと極つて居る、故に此案に於て即ち拘留に処すると申したる以上は、十日以下たるは勿論の話である、論ずるを要せぬことである、斯く簡単に一言陳述致しまして本論に立入ります、即ち自己の論に立入ります、そこで憲法第二十三条には申すまでもなく「日本臣民ハ法律に依ルニ非スシテ逮捕、監禁、審問、処罰ヲ受クルコトナシ」と書いてある、其処で此憲法の講釈をする次第ではありませぬけれども、何故に斯る法条があるかと申しますれば、論ずる迄もなく逮捕、監禁、審問、処罰と云ふが如きは人身の自由に重大の関係ある所のもので、容易に施すべきものでない、是故に此事は法律を以て規定するにあらざれば、決して此事を行はぬ、即ち行政命令等を以て斯る人身の自由に関係することは決して為さぬと云ふことを憲法自ら誓つたのである、諸君願はくは此問題は野出君の御説に因りまするど云ふと、唯一寸八十四号を斯う云ふ風に直すのである、委員に付託せしめず直に可決になつて宜しいと云ふ説があつたけれども、大に憲法の解釈に重大の関係を及ぼすものであるからして、どうか慎重に御討論あらんことを希望致します。

そこで、此法律の成文に依つて見まするど云ふと、苟も逮捕、監禁、審問、処罰を為しまする事柄は、必ず法律を以て其条項を規定せねばならぬと云ふことは、明瞭である、処が説を為す者は曰く、法律に依るにあらすして、審問、処罰を受くることなしと云ふは、法律に基くにあらずして、審問、処罰を受けることなしと云ふ意味である、故に八十四号は別に拵へて置いて、其法律と区分して即ち行政命令を刑罰を加へまする時には、少しも憲法には牴触しないと頻に主張する、其の主張する者は誰であるかと申しまするに、此八十四号の問題は第一帝国議会に顕はれたる所の問題である、其の第一帝国議会に於きましては、此の八十四号は廃止せねばならぬと云ふ有様を以つて顕れて来た所が、其の当時政府に於きまして、酷く反対されまして、どうしても斯うしても此の八十四号と云ふものを廃止してはならぬと云ふ精神からしてからに、即ち行政機関の学者達に命じて種々様々なる説を担ぎ出した、或ひは一書を著述するに至つた、さうして願くは八十四号の廃止案と云ふものを通過せぬことを大変力を尽しました、又一方即ち衆議院でどう云ふ都合であつたか、其の当時の衆議院を敢て攻撃する次第ではありませぬけれども、八十四号廃止の案と云ふものが順序が来つたにも拘らすどうしても斯うしても議題に上らぬ、どう云ふ策略をしたものか知りませぬが議題に上らず到頭々々議会が閉会になつた、それから第二の議会は解散の運命になつたと云ふ都合であるから、終ひに八十四号の廃止は現れずに仕舞つた次第であります、そこで其当時政府の努めた八十四号廃止案を経過せしめざらんと努めたる理由は何かと云ふと、今申した通り法律に基くにあらずしてと憲法を解釈したるが故に八十四号のやうな法律が出た其方法に依つた行政命令でやる時分には少しも差支へ無い、此説が最も重大なる関係があつたから此説を駁さなければなりませぬ、即ち此説を駁しまするに就いて敢て憲法の解釈に戻つて行政命令の区別を論ずるときには際限が無いから、唯推理法の原則に依つて其結果に依りまして只今申した所の説の甚だ不当なることを陳述致します。此説に依れば今の憲法の法律に基くにあらずしてと云ふ意味であるから八十四号がある以上は行政命令で罰しても差支ない、即ち野出君の説即ち此説に依りますれば終に斯う云ふことが出来る、八十四号は一年以下となつて居る是をもつと高めることが出来ます、即ち行政命令には二年以内の禁錮を付することが出来る、或は進んで懲役の刑を付することが出来る、或は有期徒刑の刑を付することが出来る、又もう一歩進んで無期徒刑以下の刑を付することが出来る、或は死刑以下刑法に規定してある所の刑罰の全般を行政命令を以て即ち行政命令に附着すると云ふことまでも出来ることになる、それでも矢張憲法に違つて居らぬと云ふことにならんければならぬ、既に一年以下の禁錮を行政命令に付することが出来るならば、論理法に於て死刑と雖も行政命令に付することが出来る、唯八十四号の如き法律を変へさへすれば……、果して八十四号の法律を改正して、斯の如く刑法に記してある刑罰を悉く行政命令に付することになつて見ますれば、夫の憲法の謂ふ所の日本臣民は法律に依るにあらずして審問逮捕監禁処罰を受くることなしと云ふは何の保証の効力がある、即ち八十四号の刑名を一年以内の禁錮とあるあの刑さへずつと上せば、憲法の二十三条は有つても無くつても同じ効力である、無いも同じである、何となれば効力が無いからと言はなければならぬやうなことに帰着すると思ひます、（此時三崎亀之助君争点を誤れりと呼ぶ）論理法で申しますると云ふと……、最う一遍繰返します誤れりと云ふ人があるから……八十四号の法律が憲法に背いて居らぬ、一年以内の禁錮とあれば之に背いて居らぬ、既に一年以内の刑を付することが出来ると云ふ八十四号の法律が憲法に背いて居らぬならば、二年以内の禁錮を付する法律を例へば制定しても是も憲法に背いて居らぬ、然らば段々進んで往つて無期徒刑以下の刑に処することを得と云ふ即ち八十四号の如き法律があつても、其法律が憲法に背いて居らぬと言はなければならぬだらうと思ひます、（此時三崎亀之助君尚ほ争点を誤れりと呼ぶ）果して然らば憲法に記載されてある所の彼の法律に依るにあらずして審問処罰を受くることなしと云ふ保証は、恰も画餅に属して仕舞う何の効能もなくなる、業にすでに八十四号の如き法律があつても其法律を基として行政命令で死刑以下に処することが出来る、無期徒刑以下種々の刑に処することが出来る結果が出来る論理法だから、諸君がノウと云ふても仕方がない、（此時三崎亀之助君尚ほ争点を誤れりと呼ぶ）然るに諸君は曰く或は斯う云ふことを言ふ此八十四号の如き法律は現在今の衆議院に於ては之を五十円以内の刑に減ぜんとする位である、其位であるから決して此刑を上ぼせてそれを懲役だの徒刑だのと云ふ刑名を上ぼすと云ふことのある筈がないと言ふ、併しながら上ぼさぬと考ふことは誰か之を保証するか、先刻も申す通り若し将来の立法部将来の衆議院に於て行政命令の権力の重大なることを望みまする所の議員が多数を制したことならば、八十四号類似の法律を立てゝ其法律に徒刑以下の刑名を盛ると云ふことがないとは決して言はれませぬ、或はあるかも知れませぬ、故に若しさう云ふ法律があつたゝめに更に之を廃止せんと欲するも大変に難いことである、何故なればば又之を廃止するには法律を更に御裁可を得なければなりませぬ、なか〳〵廃すると云ふことは難くなる、既に此の如くなるが故に到底二十三年の八十四号は論理法に於て夫の憲法の二十三条に抵触すると云ふことは明であるに依つて、此法律は寧ろ之を憲法と共に立つべからざるの法律であるからして、既に廃止せられてあるものである、実際有るべからざる所のものである、けれども、政府は未だ現存するものと認めて而して狩猟規則の如き或は予戒令の如き命令を発するに於ては止むを得ず一歩を進めて、既に廃止になつて居る法律ではあるけれども八十四号と云ふものを更に廃止案を提出して即ち廃止する必要があると考へる、それからもう少し此八十四号の法律がなくとも実際に害がないと云ふことを御話したい、即ち最も諸君に御心配になるのは、若し八十四号の如き法律を廃して仕舞つて行政命令に刑罰を付することが出来ぬとなつたら、大変実際の困難があるだらう、実際の不便があるだらう、行政命令には総て制裁かなくなつて仕舞う、それで困ると云ふ議論が最も力があるやうである、けれども是は甚だ誤つたる論であつて元来憲法に斯の如く明記してあるにも拘らず実際困るから此法律を立て丶置かなければならぬと云ふのは、大変に憲法を蔑如したる議論と言はなければならぬ、先づ此点で此議論の価値のないことは明である、加之実際八十四号の法律を廃止しても行政命令を廃するに於て少しも差支はない、其差支ありませぬ理由が二つあります、其二つの理由を是から簡単に申します。

第一に原来、此行政命令と云ふものは諸君御承知の如く執行力を自ら附着したもので、制裁は行政命令自らが持つて居ると言つて宜い、成程行政の制裁は八十四号を廃するやうな刑罰――執行力と云ふ制裁がありますが、少しも差支ない、其失効力は何であるかと申しますれば例へは市街地に於きまして、家を丈夫に建築しなければならぬ、若し家が倒れると往来の人を害する恐がありますから、極く完全に建築をしなければならぬと云ふ規則を立てるに、若し倒れんとする家かあつた場合に於ては、其家を直さねばならぬ、若し此言えの倒れるのを直さぬ者は、幾許の罰金に処すると云ふ法律がある、処が其罰金を付することが出来ない場合に差支かありますかと云ふに、差支は無い、何故無いならば、倒れんとする家は、須らく之を直すか取除くか、どつちにかすへしと云ふ法律がある場合に於て、若し所有者が取除きませぬ場合に於ては、行政官は自ら其家を倒して差支ない、取除いて危険のないやうにして差支ないのである、故に行政命令には、命令自ら執行力を有して居りますれば、刑罰の制裁を必すしも要しませぬ次第であります。

それから第二段には、如何にも行政命令と雖も刑罰の制裁の必要のある場合があります。其場合に於きましては、立法権よりして之を行政権に部理委任をするのです、例へば或る事に関して法律を定め、其法律の執行に就いて、――其施行に関する行政命令には、幾許の罰金を附することが出来る、どれ〳〵の刑に処すると云ふことが出来る、即ち部理委任と云ふものを為しますから、少しも差支はない、又特別の事件に関して規定致します場合に於ては、十分部理委任をすることが出来る、仮令ば衛生土木、教育此事件に限つて――此事件に就いて、行政官は此事件に就いて規則を立てる場合に於て、行政官はどれ丈の刑を附すると云ふことを規定致します場合に於ては、少しも是は事際に差支はない、故に之を部理委任と云ふ（同じことだと呼ぶ者あり）諸君は、同じことだと云ふが八十四号の委任は、委任に相違ないが同じことに帰着するのではない、それは違つて居ります、何故違つて居るかと云ふに、部理委任と総理委任と云ふことを諸君は御混同になりますから、其説が分らぬのである成程部理委任と総理委任と云ふものがあつて部理総理共に人民相対上に於ては両方共——部理なり総理なり委任することが出来る併し政治機関に於ては総理委任は決して出来ない、何故出来ないなれば、元来此政治上の機関には立法府、或は行政府と種々機関を備へるのは、其事を掌らしむるために備へるものである、故に己が職務を総理委任を致します場合に於ては、到頭自分は即ち其職務を充たさぬことゝなりますから、無いと同じものになりますから、何の故に其機関を設けて置くか分らぬ結果になります、是故に公けの機関即ち政治上の機関に於ては、決して総理委任は出来ませぬ、但し部理委任は出来ます、其部理委任は今日も実際行つて居ます、即ち県知事が郡長に委任をし、各省大臣が県知事に委任するは、即ち部理委任であります故に差支ない、私が今申します所の即ち或事件を委任する場合と、八十四号の如く一般に委任しますれば、其場合に於て大変な違ひでありませう、即ち八十四号は総理委任になつて居ますから、憲法違犯になると申すのであります、故に若し八十四号を廃しますれば、実際差支のあるやうに御考のある御方は、どうか此点を能く御考究になつて、少しも差支ないと云ふ所に、御注目あらんことを希望いたします。

法律八十四号廃止案は、幸に諸君の賛成を得て本員は提出致します考でありますが、若しも不幸にして本日此案が通過致します場合に於ては、到底廃止案は提出することが出来ぬ場合に遭遇する故に、勢ひ此法案の如きは八十四号を以て行政官に与へた所の重大の権力を幾分か殺ぐのですから、賛成をせぬのではないが、若し賛成を致します場合に於ては、即ち八十四号は違憲にあらざるものと認めなければならぬから、即ち本員は反対の意見を陳述したる次第で、諸君どうか、此意を諒せられむことを、希望致します。

元田肇提出「裁判所構成法改正の法律案」第一読会

宮城浩蔵発言（明治二五年一二月九日）

――『大日本帝国議会誌』第二巻、大日本帝国議会誌刊行会、昭和二年三月刊

本員は此の改正案に反対する者であります、此構成法制定の当時に方りましては、本員は司法省の官吏として多少関係も致しましたから、従つてそれ等の点よりして強いて之を維持せんとするが如きの御感想を懐かれましては甚だ迷惑致す、願くは本員の議論が公平であるや否やはどうか宜しく御判断を願ふ積りであります、元来裁判所構成法と云ふが如き此種の法律は、今差当り人民の自由に直接の関係を及ぼすと云ふものでもなし、財産に直接の関係を急に及ぼすと云ふものでもなきに依つて、之を改正するが如きは十分なる経験を積みたる後に於て之を為すべきものなりと思はれます、未だ施行してから二三年も経過せずに又之を改正すると云ふならば、然らばもう少し過ぎましたら又改正の論を吐くものがあるかも知れない、或は学派に依つて仏法派英法派と斯う云ふものが、或は英吉利では単独裁判であるから日本でも単独裁判でなければならぬ、仏では斯く〳〵だから日本でも斯く〳〵しなければならぬと、くだらぬ所から論を持出して、而して其論のある度々其度毎に改正すると云ふことになつたら、我此構成法は一種の人のおもちやになつて仕舞ふと言はなければならぬ、又それ故十分に経験を積みたる後に改正をなすべきものなりと思考致します。

又此改正の趣意は只今元田君よりしてからに、何も合議制を改めて単独性にする一事ばかりでない、外にも緊要の場

所が幾らもあると云ふことの御説がありましたが、併し改正の大趣意は蓋し此合議制を改めて単独判事にすると云ふ点にあるだらうと考へる、言はゞ其他の改正は此改正の御伴、先づ之を改正するものであるから之も一緒に改正したら宜からうと云ふ位のことで、其他の改正案があるものと思はれる、何となれば実は改めて改正する程の価値のないものである、其儘にして置いて他日経験を積んで改正するも、少しも晩からぬことでありますから、私も其之を反駁致す要点は単独判事に為すと云ふ点を重に攻撃致します。

此裁判所構成法は申す迄もなく訴訟法――民事刑事の訴訟法の大関係から、若し裁判所構成法を改正致しますときは、従つて刑事民事の訴訟法も改正しなければならぬと云ふことに深く御注意を願ひたい、何となれば先づ此単独判事にすると云ふことの点に就て訴訟法の関係を申しますと云ふと、民事訴訟法刑事訴訟法倶に口頭審理の方法を執りたるものである、それは只今清浦司法次官が簡単に述べましたが矢張其点であります、そこで此人の訴訟を裁判致しますに口頭審理と書面審理との二つがありまして――是は簡単に申します講釈するのではない、此二つの方法がありまして、どちらが宜いかと云へば、昔野蛮時代には書面審理のみ、独り日本のみならず何処の国でも書面審理を遣つた、其書面審理はどう云ふものであるかと云ふに、訴訟を為す者が裁判所に向けて己れの議論を書面に書いて出す、こちらからもあちらからも即ち双方から書面を五回も六回も出す、それを見て裁判する是が書面審理である、之に反して口頭審理はどうかと云ふに、是は準備書面と云ふものがあつて、其中立を書きまして議論を書面に書かない、而して其議論はどう云ふ風にするかと云ふに、裁判官の面前で原被双方立会の上、刑事ならば検察官及被告人立会の上、互に口頭で陳述したものを裁判官が聴いて、而して其聴いた所に由つて裁判するを口頭審理と云ふ扨我民事訴訟法刑事訴訟法は此口頭審理の制度を採つたものである、何故之を採つたかと云ふに、是は採らなければならぬからである、現今では大概文明諸国に於ては皆口頭審理になつて居る、蓋し口頭審理で裁判を致すと誠に真相を得たる所の――真相を穿ち得たる裁判をすることが出来る、然るに一方から書面を出せば又一方から書面を出す、其書面のみに依つて裁判を致すと誤が多い、即ち口頭審理は生きた人を目の前に置いて其言ふ所を聴いて裁判するから、其裁判たるや最も真理に適ふことが出来ぬとしても、寧ろ真理に近き所の裁判を為し得ると云ふ様な考から、口頭審理と云ふものが現今諸国に於て行れて居ります、即ち我民事訴訟法刑事訴訟法の如きも口頭審理の制度を採つて編纂された、既に口頭制度の審理を採ります以上は単独の裁判官では裁判させることが出来ない、何ぜかと言ふに書面審理ならば双方から書面を出して、其書面を何日も掛つて見なければならぬから、それを見るに随分時間を費やす、書面審理なら其書面を見て遣るから、独りでも出来るけれども其真相を穿つことが出来ない、併なから今口頭審理でやれば、裁判官の眼の前で生きた人間が議論して、其議論を聴いて直に裁判する場合に於ては、単独の裁判官に之を任じて我々は安心することが出来るものであるか、即ち我々の生命財産を委託する所の裁判である、其裁判を口頭審理としてからに、直に裁判する所の単独の裁判官に我々が任せることが出来るか、若し出来ると云ふことがあつたならば、其出来ると云ふ人は余程大胆な粗暴の人であるだらうと私は考へる、故に此裁判所構成法を改めるなれば、同時に刑事訴訟法民事訴訟法を改めなければならぬと云ふ理窟は明瞭であるだろうと考へます、若し又訴訟法に関係なしとするも、元来単独裁判官で裁判した方が宜しいか、或は多数の裁判官即ち合議して裁判した方が宜しいかと云ふに、合議制の利益のある事は唯法理上でなく普通の感覚に照して明なることである、多数の裁判官が評議して為すが故に其裁判は審理を得る——真理に近い所の裁判をするのである「凡そ判断は多数を持って為すを善良とし、執行は少数を以て為すを善良と為す」と云ふ格言がある、此格言を照しても、多数を以て裁判する故に少くも其正鵠を得ることが多いと云ふのであります、故に合議制の最も尊い所である、又甚だ申し悪いことであるけれども、賄賂の事に至つてもさうである、単独の裁判では賄賂が行ひ易い、行ひ易いのみならず請託することが最も易い、裁判官と懇意であるからどうか斯うして呉れと云ふことがあるかも知れませぬ、さう云ふことは賄賂でないから行ひ易い、行ひ易いから其弊は実に恐るへきものである、三人でも十人でも是は行れるか知れませぬ、けれども多数なれば賄賂若くは請託の行れることの最も難いと云ふことは、誠に数理上の然らしむる所火を睹るより明なことであらうと考へる、其他合議制の利益は一々弁明致しませぬが、其他は諸君宜しく御考察を願ひたいと考へます、且つ又最も此案に就いて驚くべきは、先刻清浦司法次官も一言致しましたが、重罪の裁判を単独の判事に任せると云ふの一事である、寧ろ本員から見ると、即ち一年若くは半月以上の禁錮の刑に処するものを、単独の裁判官に委せると云ふに至つては実に粗暴も甚しい、驚き入つたる議論と云はねばならぬ、凡そ刑罰を鄭重にする所以は今更申す迄もないが、公の力を以て――公力を以て、人即ち我々体を具へて完全なる日本の人に向つて、公力を以て其人の服すると服せざるとに拘らず、剥奪公権と云つて恥辱を加へ、禁錮と云つて終身間自由を剥奪し、又は罰金を科して其財産に影響を及ぼし、又其人の服すると服せざるとに拘らず、死刑なりと称して人の生命を奪ふではありませぬか、斯る重大なることを一人の裁判官に任して我々は安んずることを得るや否や、先つ裁判官から見て斯る重大の事を一人で引受けて裁判し肯んずる裁判官があつたことならば実に驚くべき裁判官にして野蛮の裁判官である、今茲に申す迄もありませぬけれども、文明諸国の例を申せば最も刑事の裁判は鄭重にする、鄭重にするのみならず重罪の刑に至りますと、清浦司法次官の云はれた通り裁判官は五人も七人もあつてまだそれでも足らぬと云つて、十二人十四人の陪審官を置いて総数二十人余の裁判官が集つて裁判するではありませぬか、我輩は今日本に於て夫の軽罪裁判所地方裁判所に三人の裁判官があつて、其裁判官が或は死刑を言渡し或は無期徒刑を言渡し、それに安んじて居るに私は驚いて居る――斯る重大の責任を少数の人数で受け得るものであるかと言ふことを驚いて居る、然るに今之を単独裁判官に任せると云ふに至つては実に粗暴も甚しいものにして、我々が斯る事柄を為したならば文明諸国に対して何の面目がある、斯る改正を為しつゝ条約改正を主張し得るものと諸君は御考であるか、実に驚くべき議案と云はなければならぬ、況や我々衆議院議員は立憲政体の今日、即ち代表せられる所の人民に向つて汝は生命を奪はるゝも、汝は自由を剥奪せらるゝも、恥辱を受くるも、一人の裁判――単独の裁判で、独断の裁判を受けろと云ふことを、我々は人民に向つて云ふことが出来るか、決して出来ないと思ふ、若し出来るならば無責任の甚しきものと思ひます、扨刑事では斯の如くである、然らば民事では如何、民事でも矢張同じことである、即ち我々の有して居る所の財産――財産を挙げて唯裁判官の裁判次第になることは、幾らもあるではありませぬか、我々の有する所の財産は数万円ある、其財産を裁判して貰ふに限らず、或は相続の争ひ其他に於て、我々の有して居る所の財産を挙げて人にやらなければならぬことがある、して見ますると此事は恥辱になりませぬ、自由を剝奪せられ生命を奪はるゝと云ふことはありませぬけれども、是も亦重大の事でありませう、其重大なる事柄を単独――独断の裁判官に我々が任すことが出来ますか、私は断言する、決して出来ない、出来ないことは諸君も御同感だらうと思ひます、唯茲にそれでも構はぬと云ふ人がある、其人は英吉利法律を学んだ人である、何となれば英吉利では単独でやつて居るから日本でもさうしたら宜からうと云ふのである、どうしても条理上斯かることは決してあるまいと信ずる、又実際は如何、実際の有様を見ますると、私は代言人であるから承知して居りますが、此裁判所構成法施行の当時に於ては、非常に裁判所構成法を攻撃した、訴訟法と同時に之を攻撃した、なぜ攻撃したかと云ふにどうもやり悪い、初めてであるから手続が多くあるし、今迄の通でないから斯う云ふ訳では行かぬあー云ふ訳では行かぬと言つて、裁判所構成法と訴訟法は衆人の攻撃の焼点になつて居つた――非常に攻撃した、然るに今日になりては如何、今日になりては其の裁判所構成法の斯くある所以、民事訴訟法刑事訴訟法の斯くある所以を皆多くの人が会得したに従つて、今日に於いて攻撃する人は少ない、攻撃する人が少ないのみならず、寧ろ代言人若くは裁判官の今日現在して居る所の人に向つて問へば、其大多数は裁判所構成法及訴訟法を維持することに賛成するだらうと私は深く信じて居る、それ斯の如くなるが故に、尚ほ此上経験を積んで甚だ不完全な点があつたならば、大に之を改良するならば兎に角未だ僅に経験も積まざるに今日に、急に之を改正せんとするに至つては最も不同意である、且つ其他の改正の点に就いては、本員に於ても同意を表する点が無いではありませぬ、併ながら夫の第一条に書いてありまする所の其他の事件などゝ云ふことは、本員には何だか分らぬ、凡そ裁判事務には――訴訟事務には民事刑事で沢山である、其他の事件とは何であるか、裁判事件ではない其他の事件を指すのであらうか、斯んな不必要な改正もある、又裁判所に於ての権限に就いて之がために各裁判所で大困却を生じた例も聞かぬ、又上告を控訴院に於て受けると云ふことは、成程此法律統一の主意から論じますると云ふと、固より不条理の所はあるけれども、又一方から見るとそれ丈の利益がある、何となれば上訴件を全国中から東京まで担き込まなければならぬと云ふ必要も無ささうなものである、是等の緊要なる点もある、若し又一般に改正しなければならぬと云ふなれば、或は一緒に改正するの必要があるかも知れぬ態々今日に至つて之を動かすの必要は他の改正案に就いては一も無いと私は信ずる、故に此案の如きは速に否決せられんことを本員は冀望する者であります。

第III部

弁護担当事件

新聞紙条例違反（朝憲紊乱）事件（明治二三〜二四年）

明治二三年九月一〇日、関西二十二州会による山県内閣辞職勧告決議（「時勢に従ひ各大臣は嘗て徳川氏が大政を返上したる如く此際政権を陛下に奉還し信用の有無を輿論に問ひ立憲大臣の名実を全ふせしめん為め其辞職を勧告する事」「憲法六十七条の政府の特権は陛下の大権を侵す嫌ひあるを以て政府より此の特権を陛下に返上せよと勧告する事」）の記事を掲載した各新聞が、新聞紙条例第三二条の「朝憲紊乱」違反に問われた事件。東京では、東京日々・毎日・日本・東京朝日・東京公論・東京新報・国民・有喜世・朝野の九新聞の発行人・印刷人らが起訴され、一〇月一日、東京軽罪裁判所において有罪判決が下された。「日本」のみが控訴、控訴審において弁護を担当したのは宮城浩蔵と高橋庄之助であった。一二月二六日、東京控訴院で無罪判決が下されたが、国側が上告、宮城と高橋が引き続き弁護を担当、明治二四年四月六日、大審院判決は東京控訴院判決を破棄し、名古屋控訴院へ移送した。名古屋控訴院では、宮城・高橋に加えて美濃部貞亮が弁護を担当したが、五月二一日、名古屋控訴院は有罪判決を下した。再上告した大審院では、高橋のみが弁護を担当、九月二四日、有罪判決が下されて結局した。

「朝憲紊乱被告事件」『日本』第五八七号、明治二三年一二月二〇日発兌

「日本」元編輯人太田芳造、発行兼印刷人中村畱吉は朝憲紊乱なりとして刑を言渡されたる始審の裁判に対し控訴を申立てたるにより昨十九日其事件の公判を開かれたり裁判長は松田判事、検察官は渥美検事、弁護人は宮城浩蔵、高橋庄之助両氏なり、大谷木備一郎氏は止むを得ざる事故の為め欠席したり、傍聴人は百余名法学生最も多し、十二時

過ぎ開廷被告人の氏名、住所、職業年齢等を問ひ

（裁）十月一日東京軽罪裁判所の裁判言渡しに対して控訴を為したるは全部に不服なる為めか将た一部分に不服ある為めか（被）二人共全部不服なり（裁）訊問の順序を芳造、畱吉とする、異論なきや（検）（弁）も異議なし（裁）明治二十二年九月十五日「日本」四百九十一号雑報欄内にある山縣総理大臣に奉るの書、幷に内閣諸公に呈して辞職を勧むる書、は之を載せたるに相違なきや（被）相違なし（裁）其手続如何（被）此原稿は名古屋新聞通信会社より来りしものにして新聞紙は時々の出来事を報道するものなるにより右の書をも採り掲げたり（裁）法律に触るゝものとは考へざりしや（被）無論考へず（検）裁判官の問に答へ別に訊問する事なし（裁）証拠物として九月十五日の「日本」を示し且被告弁護人より差出すべき証拠なきやと問ふ（被、弁）なし（裁）然らば直に弁論に取掛る

右式の如く済みて

○渥美［友成］検事の論告

別に事実の点に於て述ぶることなし、唯原裁判は相当と云ふの考へなり、猶ほ控訴の趣意を承りし上にて或は弁ずることあらん、先づ以て原裁判には瑕瑾なしと云ふの意見なり

（裁）被告人は弁論を自ら為すや又は弁護士に譲るや

（被）凡て弁護人に譲る

○宮城浩蔵氏の弁護

「日本」に対する朝憲紊乱事件の原裁判は失当と考ふ、

原裁判は理由を具備せず

裁判其物より見て失当なり、此の裁判の文は長し、然れども其理由に至ては甚た少し、即ち「云々の記事は憲法第六

十七条を以て国家の汚点恥辱となし、政府をして之を遵奉せさらしめんとするものにして、即朝憲を紊乱せんとするの論説なりと認定す」と是れだけなり、敢て理由の短しと云へる点を攻撃するにはあらざれども短くして理由具備せず充実せずと思考するなり、

理由不備の次第

凡そ裁判は理由を詳にして、所謂刑を適用すへき事実を明示することを要す、是れ々の意を以て是れ々の事柄をなせりと云ふ有形無形の原則を挙けて而して刑を科するを以て正当となす、然るに此の裁判たるや何々せんとしたるものにして云々とあるのみ、何の意を以て掲載したるものか何の事実が紊乱なるかを明記せす、此を以て理由を具備せざるものと考ふるなり

事実理由の齟齬あり

又た此の事実と裁判の理由と適合せさるものあり、宣告書に曰く「政府をして之（憲法）を遵奉せざらしめんとす」と云へり此事実の如何は該書を一読すれは明瞭なり、即ち此の書を作りし考へは政府の権が却て　天皇陛下の権よりも重くして、政府に於てハ　陛下の大権を左右するに至ると云ふ奇怪なる誤謬の解釈をなし然る時は不都合なりと云ふものなり、若し此の憲法は守るべからず須らく此の憲法に背くべしと云はゞ、裁判に所謂憲法を遵奉せざらしめんとすとあるに適合すべし、然るに該書は大臣に勧告し以て憲法の改正をなさしめんと欲したる如きものにして、憲法に背くべしと云ふにはあらず、之を以て政府をして遵奉せざらしめんとするものなりと云ふは受取難きことなり

到底不能犯なり

若し又た斯の如き所為を以て政府をして遵奉せざらしめ得べきものとなすか、是れ答へを要せざることならん、之を総理大臣に勧告して其効を奏し得べしと思ふに暗愚のみ、到底不能犯たるや明かなり然に原裁判は遵奉せざらしめんと欲する云々とて恰も憲法に背くべしと云ひしか如く論じ、為し能はざることを為し得べきことの如く論じたるは不

当なり、故に此の裁判は到底翩飜すべきものにして、斯の如き裁判は必ず翩飜さるべきを信ずるにより、敢て詳論せず、就ては是れより事実及び法律の点に関して弁論すべし、此事件は事実上の弁論と法律上の弁論と劃別すること能はざるやうになり居るを以て一緒になさんことを望む

条例適用の範囲如何

「日本」が関西二十二州会の建白書類を其紙上に記載したる事柄を以て犯罪なりとし、原裁判所は之を朝憲紊乱なりとして裁判を下せり、実に当弁護人は其の奇怪なるに驚きたり、新聞条例第三十二条に「政体を変壊し朝憲を紊乱せんとするの論説を記載したるときは」云々とあり、此条の朝憲紊乱と云へる言葉は其義甚だ広漠たりと雖も、中自ら一定の法理在て存し、各自随意の解釈を許さず、若し此の広きに乗じて随意の解釈を許すなれば、此条の解釈壊乱し、苟も事政府に関し朝廷に係り、政府朝廷の為めに不利益なるに於ては、直に之を適用して底止する所なきに至らん、然る時は此条たる実に日本臣民をして日夜居を安んずること能ハざらしむるものなり、常に圧制を施すの具たらんとするを恐るゝなり、

朝憲紊乱の定義

朝憲紊乱とは如何なるものか、当弁護人の信ずる所に依れば、我日本帝国の国体に因て法律上より朝廷の有せらるゝ大権を侵害したる時に当て成立するものなり此の定義は私に下すものなれども、刑法第百二十一条の朝憲紊乱に比し、又た法理に照して争ふべからざる定義を考ふるなり、

定義は本件に反せり

「日本」が記載したる書類は果して我が朝廷の大権を侵し奉りたる所為あるや、事実あるや、少しも大権を侵害するの点なし、なきのミならず或は大権の侵害せられんことを恐れたるものにして、寧ろ反対に解釈すべきものなり、又此の書たる憲法を説明するに当て、即ち朝廷の大権は政府の威権の為めに凌がれんことを恐れたるものなり、即ち朝

廷威権の少きを恐れ之を多くせんことを欲したるものなり、是れ果して朝憲紊乱か

誤るも紊乱にあらず

憲法を論じ憲法を解釈し、而して誤謬あり又は不利益なる時は、之を朝憲紊乱なりとせん乎、苟も憲法を論ずれば必ず朝憲紊乱とならん、伯爵伊藤博文君の憲法義解亦誤謬なきを保せず、大変註解に間違あるやも知れず、然れども誤解は決して朝憲紊乱にあらず、勿論朝憲の憲は憲法の憲の字と同じきにより憲法を論ずるは朝憲に同じきなりとは云ふべからず、

如何にして朝憲紊乱となさん

該書類の論ずる所は誤謬の甚しきものなり、即ち政府と　天皇陛下を分別し、政府の威権　陛下に凌駕せんことを恐れたるものにして、我日本帝国　天皇陛下は国の元首にして政府は　陛下の叡慮に出るものなることを忘れ、或は之を知らざるに由るか、遂に政府は　陛下の思召に反することを得べきが如く、内閣勝手に行ひ得べきが如く論じたり、是れ余の考へのみならず、普通の考察より論じて途方もなき釈解なり、憫笑すべきの至りなり、却て　陛下の威権より重き憲法なれば恐るべき話しなれども、日本の憲法は斯の如き者にあらず、此の一笑に附し去るべき誤解より生出したる論法により、且害せられんことを憂へたるものにして、之を如何に解せば朝憲紊乱となし得べきや、如何に綴合せば紊乱の事実となるべきや、力めて反対の位地に立て発見せんと欲するも得べからさるなり

畢竟定義と事実距ること遠し

朝憲斯の如きことを以て紊乱せらるゝならば実に恐れ多き次第なり、紊乱せらるゝと云ふは、却て朝廷の威権を汚し奉る次第なり、似もせざるものを援き附けて朝憲憲（ママ）と論じたるものなり、畢竟前掲の定義と此件の事実と相離るゝこと甚だ遠きものなり、牽強附会にも原裁判は之を以て朝憲紊乱となす、甚だ奇怪に思ひ且つ残念に堪へざる所なり、

条例の適用上より論ず

又た新聞条例第三十二条の適用より論ぜば即ち三十二条には「朝憲を紊乱せんとするの論説を記載したるときは発行人」云々とあり仮りに譲りて夫の書は朝憲を紊乱するものとなすも、今ま「日本」記者の所為に対して適用するは失当なり、如何となれば此三十二条を適用するには、必ず紊乱の実あることを必要とす、紊乱し得べき事及ひ紊乱の意思なかるべからず、然るに「日本」の記載したるものは紊乱し得べからざるものなるにより即ち紊乱の実なし、実あり得べからず

紊乱の実なし意思もなし

意思の上より論ずれば、関西二十二州会に於て何人の手に成りしや知らざれども、「日本」ハ之を雑報欄内に記載したるに過ぎず、尤も雑報欄内なるを以て意思なしとは云はず、責任なしとは云はず、然れども「日本」は斯の如きことありとの報道をなしたるに過ぎず、況んや冷評を加へて馬鹿な事をやつたと云ひしなり、紊乱する者自ら冷評を加ふるは如何、己れの為すことは実に語らざることなり、併し紊乱する積りなりと云ふに同じ、豈に意思あるものゝ為す所ならんや、即ち愚の至りなりと云ひて之れを紙上に記述せしに過ぎざるなり

「日本」は無罪なり

若し斯の如くにして載せたるものも、紊乱の事柄なれば朝憲紊乱を以て論ずることを得べしとなれば、後に此の裁判を記載するも紊乱となり、当弁護人の弁論を記載するも紊乱となり、遂に朝憲紊乱至らざる所なく、新聞遂に成立せざるに至るの結果を生ずるならん、然らば即ち縦令数百歩を譲て事実朝憲を紊乱し得るものとなすも「日本」の記したることを以て紊乱とは云ふべからず況んや朝憲紊乱の名を附し得べからざるものに於てをや、罪を以て論ずべからず無罪たるべきものなり、又此小事件の為め被告等は已に数十日間囹圄の苦みを受けたり、速に無罪の言渡あらんことを希望す

「朝憲紊乱被告事件」（承前）

『日本』第五八九号、明治二三年一二月二二日発兌

○高橋庄之助代言人の弁論（略）

○渥美［友成］検事の駁論（略）

○宮城弁護人の反駁

唯今検察官より御反駁あり、原裁判の失当ハ論ずるに及ばずとまで考へて論弁を尽さゞりしが、原裁判其物の非難に就て御反駁は驚きたり

　検察官不備を弥縫す

稍々講釈に類すれども本来裁判は此れ〳〵の理由あり、此の罪に該り、此の刑を科すると、此れ丈具備せざるべからず、然るに原裁判は此れ〳〵の所為あるものと云ふ、此れ〳〵の所為と云ふには有形無形具はることを明記せざるべからず、人の物を取ると云ふも、人の物を取るに故なく人を害して己れを利するにより罪となるなり、朝憲紊乱若し過失に因て犯し得べきものなれば知らず、然れども過失、又は偶然を以て犯し得べきものにあらざるや論なし、縦令其結果あるも朝憲紊乱罪と云ふことを得ざるなり、何々の記事は何々なりと云ふも、果して何の意を以て記載せしやの理由を明示せざるべからず、検察官強て此の不備の裁判を保護す、甚だ解せざる所なり

　雑報を無責任とは云はず

又た弁論に対して論説云々の反駁あり、当弁護人は初めより決して雑報欄内にあれば論説にあらずとは云はず、雑報なるも随分朝憲紊乱として可なり、此れに就ては議論せず、乍併論説にもあれ雑報にもあれ、如何なる意思を以て如何なる事を為したるやは、明かに吟味するを要することなるべし、雑報にあれば責任なしと云ふにはあらざるなり、

本来此事たるや関西二十二州会に於て愚なることを為したるを示したるに過ぎず其悪意なき事明白なり、故に三十二条を以て論ずるを得ず、と前に弁じたるなり

書面の効果如何

又た検察官の説に殊更に斯の如き解釈をなす方帝国議会に大なる権利を与ふること、なり便利なるを以て斯の如く解釈したるなりと云ふ、極めて愚人なれば知らず殊更に之をなして議会を利せんとするが如き迂濶なる考へを起すものはあらざるべし、斯の如くにして政府の有する権利を返上すれば、政府の権力無きに至り、六十七条に「政府の同意なくして」云々の文章は消滅するに至ると云ふ検察官の御論告なれども、良し総理大臣此書面を信じ、此の勧告に応じたりとするも、此の権利は其の如くなして返上し得べきものなるや、

能はざるを望むなり

已に憲法発布の詔に於て憲法の改正は朝廷より発議あるを要せり、然るを誤謬にも彼の政府の権利と称する者（ある筈はなけれども仮りに書面に依る）を返上せしめんとす、而して固より能はざることなり、其能はざることを勧むるものなり、全く愚人愚論を吐きしものなり、之を以て強て殊更に与へし解釈なりと云ふは甚だ無理なりと思ふ、刑を受けしめん為めに解釈したるもの、如く思ふ

高橋庄之助の再述（略）

右弁論終りて（裁）被告人共は弁護人弁論の通りにて満足なるや、尚ほ言はんと欲する所あれば聞くべし（被）なし（裁）然らば事実法律共に之を聴きたり別段法律上の弁論として述ぶべきことなきや（被、弁）なし（裁）之れにて閉廷す、裁判言渡の日時は追て通達すべし、時に午後二時三十分なり

此件の事実は頗ぶる簡明にして証拠と云ふは唯一葉の新聞紙のみ、事実法律の訊問弁論費す所僅に二時間余なり、然れども其性質は畏れ多くも朝憲紊乱なるや否やに関し、其区域ハ殆んど全国に渉りて或は罰し或は罰せられず、其同

轍に出でさるもの判官不羈の脳髄に任ずるに由ると雖も、抑も亦新聞条例第三十二条が有せる一定の法理未だ発見せられず、完全の意味未だ解釈せられざるものあるに原かずんばあらず、言論に文章に苟も政治社会に意見を提出せんと欲するもの、当に能く研究すべきの問題ならん

「朝憲紊乱上告事件」――『日本』第六八三号、明治二四年三月二六日発兌

関西二十二州会の書面を掲載したる事の朝憲紊覧なるや否やに就ては啻に法学家間の問題なるのみならず実際に於ても各地方其の裁判に不同あり東京に在てすら始審終審其の決を異にしたるを以て見れば此事件の甚だ容易ならず議論亦彼此の別あるや言を俟たず「日本」が受けたる控訴院無罪の判決は渥美検事の上告する所となり大審院に於ては川目検事の附帯上告あるに至る、而して其の二十三日大審院法廷に於て陳述されし上告の論旨及び「日本」弁護人宮城浩蔵、高橋庄之助氏の弁論は左に記する如くなり、嗚呼終局の判決は日ならずして之を見るを得べく、新聞［紙］条例第三十二条の適用は近く将に一途に出づるの標準を得んとす、之を得るの日果して喜ぶ可き乎、悲しむべき乎、読者左の弁論を読んで予じめ胸中に判する亦一興ならん

川目検察官の弁論（略）

弁護士宮城浩蔵氏

弁論を為して曰く本案新聞条例違犯に付ては既に当御院に於て殆んど同一の事件に対し判決を与へられたり而かも有罪の判決を与へられたりと聞く然れ共本件は嘗て御裁判を経たる事件とは多少異なる所あり且之を正面より論する時は事被告人の栄辱に係るのみならずして此事たるや実に我々即ち被告人並に当弁護人等が憲法に依り日本臣民として

得たる所の言論の自由にも大関係のあるあれは事甚だ重大なり加ふるに当弁護人に於ては深く被告人の無罪たる可きことを信ずるにより充分の弁論を尽し更に公明なる御判断を以て上告棄却の御判断を請求するの決心なり先つ検察官上告の御趣旨よりして弁駁し次に本論に入らんとす

原裁判所検察官上告の趣旨を案するに多少了解に苦む所なきに非すと雖も其趣意左の二点にありと信ず即ち第一点は東京控訴院の判決ハ第一審に記載したる事柄に付て悉く之に弁駁を与へさりしと云ふ事第二点は原裁判は彼の新聞に記載したる山縣総理大臣に上る書の起草者は憲法を誤解せりと認めたりと云ひながら誤解の理由如何を附せずと云ふ事是なり先づ此二点に対して弁論せん

第一点東京控訴院の判決は其第一審に記載せる点に付て悉く弁明判決を与へずと此点に付ては当弁護人は検察官と頗る意見を異にせり其趣旨たるや裁判所構成法に依て見るも刑事訴訟法に依て見るも第二審は裁判を裁判するの裁判所に非らず即ち事件を裁判するの裁判所なり語を換へて之れを言へば法律上又は事実上より其事件を裁判するの全権を有して裁判を下す所の裁判所なり既に然る以上は一旦訴訟を受理したる時は法律上に於ても事実上に於ても裁判の全権を有して裁判を為すへきものにして他の裁判所即ち原裁判のために拘束せらるゝことなきは論を俟たず即ち純然たる事実覆審の裁判所なり然らば則ち原裁判に挙げたる所の各点に付て悉く之を裁判せさる可からさるの理由果して何れの点より生じ来るや東京控訴院の裁判は原裁判を不当と認めたるに依り之を一般に抹殺して更に正当なる判決を与へたるものなり且其全権を以て事実上法律上裁判を与へたる所のものなり然る以上は今其第一審の裁判と第二審の裁判とを比較し之か攻撃を試みるは頗る失当の攻撃と言はさる可からず

又第二点に於ては東京控訴院の裁判は単に憲法を解誤《（ママ）》したるものなりと云ひ終に其誤解の理由を付せず即ち理由を付せざる所の裁判なりと云ふに在り然るに其誤解の理由とハ抑も如何なる事を指すものなるや到底当弁護人の解し得さる所なり畢竟するに本件に於ける所謂る誤解の如きものは或は其智識の足らさるより起り或は其無学なるより出るも

のにして裁判上説明し得可き理由のあることなし又有り得可きものに非さるなり故に原裁判に於て其誤解に至りたる原由を明記せされはとて之がため原裁判に瑕瑾ありとするは頗る失当の攻撃なりとす今原裁判々文を一見するに原裁判は誠に明瞭にして義理の貫通せさる点あることなし請ふ其要文を一読せん曰く「其趣旨とする処要するに憲法第六十七条の法文は政府の特権を以て畏れ多くも我　天皇陛下の大権幷に帝国議会の立法権に凌駕するの規定なりと誤り認めたるより云々」と此判文は即ち判決全体に通して事理明確なり何を苦んて誤解の理由を求めんとするや然るに今裁判所の付し能はさる所の理由を提出し来りて其理由の記載を欠きたるか故に不完全の判文なりとするハ甚た失当のことなりと云はさる可からず

以上弁明する所により原裁判所検察官渥美殿の上告趣意は十分に駁し得たりと信ず故に是より本論に入らん即ち本件は罪を以て論す可きものに非さる所以を論弁せん当御院検察官の附帯の御論告は以下本論中に於て弁駁するの予定なりとす

検察官は日本新聞か関西二十二州会より山縣総理大臣に上る書と号する書を其紙上に記載したることを以て先つ其之を朝憲を紊乱せんとする所の論説なりと為し日本新聞は此論説を記載したるものなれは朝憲を紊乱せんとするものなりと云ふの御論なり又既に斯の如く論したる一二の裁判もありと雖畢竟是等は新聞条例第三十二条に対し如何なる解釈を与へて以て此論断を生し来れるものなるや当弁護人の其意を得るに苦む所なり第三十二条には「政体を変壊し朝憲を紊乱せんとする論説を記載したる云々」とありて朝憲を紊乱せんとすると云へる語は其区域甚だ広く如何なる事柄を包含し得べきや甚だ広漠なる語の如しと雖も又中に自から一定の法理のあるありて決して随意の解釈を許すの次第にあらず今尚御院裁判官諸君の面前に於て朝憲紊乱の解を説明することは甚だ嗚呼ケ間敷次第に似たれとも当弁護人の信する所を以て言ふ時ハ朝憲紊乱とは悪意を以て我朝廷の紀綱若くは組織を変改せんとする所の所為即ち是なり例へば歴史上より又は法律に依り又は習慣に依り我朝廷の有せらるゝ至重至高の大権を侵害し奉るが如き所いを謂ふ

而して此解たる刑法第百廿一条に照し其至当なることは弁護人に於て確く信して疑を容れさる所なり果して然らは此朝憲紊乱の四字は甚だ重大なる事項を指したるものにして其所為必ず第一には権利を侵害し得るの事実あるを要す故に朝廷の御大権に対し奉るときと雖も又は憲法に対する時と雖も苟も権利侵害の結果を生し得さるときは其事固より罪を以て論す可きの限りにあらず又第二には侵害の悪意あるを要す純乎たる有意犯なるを以てなり故に権利を侵害し得るの事実と之に加ふるに悪意を以てして始めて朝憲紊乱の罪を構成することは疑を容れざる所なり若し然らずして一介の書生が偶々或る論文を草したる時には朝憲紊乱の解は遂に底止する所を知らずして苟くも政府のために不利益なる論を為す者は悉く朝憲紊乱を以て論ずるの結果を看るに至らん果して然らば我憲法に記載しある所の日本臣民言論の自由は新聞条例第三十二条の為めに皆無に至るの結果を生ずるも亦知る可からざるなり

今夫関西二十二州会に於て何人が起草したるや其当時に於てすら甚だ不分明なる所の山縣大臣に上るの書を見るに其記載の事項は果して朝廷の大権を侵害し奉り得るや果して我か朝の紀綱を紊るの害を生し得るや此事たる既に原判決文にも明記したるが如く我憲法第六十七条を誤解して　天皇の大権よりも議会の権よりも政府の特権重くして政府の権利は　天皇の大権を凌駕すとの謂れなき思考を起し山縣総理大臣に此特権を返上せよと勧告したるものなり然るに此誤解此勧告は如何に附会し来らは朝廷の紀綱を紊り得るとの重大にして且恐るへき事柄なりと論し得るや、内閣総理大臣か此勧告に従ひ其未た嘗て有せさる所の特権所謂る　天皇の大権に凌駕する所の権利を返上せんとするの恐れあるや実に奇怪も亦甚たしくして当弁護人は真面目に之を論する能はす只一笑に附するの外なしと信するなり嗚呼若し斯かる浅薄なる所為を以て為めに我朝憲を紊乱せらるゝの虞ありとせは恐多くも我朝憲は甚た薄弱なりと云はさるを得さるに至り却て我か堂々たる朝廷の尊厳を瀆し奉るの恐ありとす如何んぞ本件を以て新聞条例第三十二条に擬することを得んや

又検察官は憲法非難を以て朝憲紊乱なりと論ぜり如何にも憲法の貴重なる固より論を俟たす我日本臣民は臣民の徳義

として之に議論を容るゝことの甚だ穏当を欠けるは当弁護人も亦認知せる所なり然りと雖憲法も亦同じく一種の法律なり既に一種の法律なる以上は他の法律と同じく謹で法理に適従して之を議論し之を批評するは学問上固より許されたる区域内に在り若し憲法は特に欽定に係る所の法律なるを以て之を非難し之を議論する能はすとせは他の法律と雖も同じく　天皇の裁可を経て始めて法律となれるに非ずや然らば他の法律に就ても批評も議論も為すことを得ずとせんのみ抑此憲法に向て非難攻撃するは固より穏当の所為に非すと雖言苟くも　天皇に対し不敬に渉らざる以上に於て又朝廷の紀綱を紊乱するに至らさる以上に於ては縦令之に非難攻撃を加ふると雖も其所為たる一種の成法誹毀に過ぎず成法誹毀の罪は既に新聞条例より刪除せられたる今日にありては之を罪とすることを得ず仮令罪とするも其事柄即ち一種の成法誹毀とこそ云ふ可きも苟くも憲法を批評するものを悉く朝憲紊乱を以て論せんか前論の如く日本臣民言論の自由は漸次に地に堕ち去らんのみ例へば憲法中には日本臣民の権利をも規定し其権利中に請願の権利の如き居住の自由の如きことあり若し憲法を非難するを以て朝憲を紊乱せるとせば憲法に記載したる日本臣民の請願若しくは居住の自由若くは所有権の事項に関して議論を附するも亦併せて朝憲紊乱と云はさるを得さるに至らん斯の如くんば遂に其底止する所なくして憲法なるものは恰も一種の危険物にして纔かに一たび之に喙を容るれは忽ち朝憲紊乱を以て罰せられ甚だ怖るべきの法律と為らん故に当弁護人の思考を以てする時は憲法を攻撃非難するは固より褒む可き事に非らす日本臣民の徳義として慎まさる可からすと雖若しや非難を加へたりとも之を朝憲紊乱と云ふ可からす若し之を朝憲紊乱とせば甚だ不当なる論結とせん然るに今検察官は新聞条例第三十二条に「朝憲紊乱」とある其語の甚だ広漠たるに乗じて之を利用せられんとするは実に当弁護人の敬服せさる所なり又仮りに数歩を譲り前段論じ来れる朝憲紊乱に非らすと云へる解釈は誤れるものとし憲法を論難攻撃するは畢竟朝憲紊乱に帰着するものとするも本件に付ては毫も悪意の視る可き者なきを以て無罪と為さゞる可らず其故如何と云ふに此第三十二条の罪は悪意を要して構成するものなり之を換言せば有意犯なること明かなりとす然るに今此論文を見れば奇怪にも憲法第六十七条を誤解し而して

又奇々妙々なる所の勧告を総理大臣になしたりといふまでに止まれり或は其真意を問は、此誤解者に於ては実に憲法第六十七条を捧読するに現政府は　天皇の大権を凌駕する所の権利を有せり深く憂慮に堪へさる所なりと慨歎せしやも亦未た知る可からす其誤解にして果してこの如く確信せは此憂慮たるや則ち臣民の至情なり其誠衷に出つるに外あらす去迚総理大臣に勧告して此権利を返上せられんことを望むといふは頗る解す可からさる者なりと雖其事柄たる豈に一点の悪意に出てんや其悪意のなきこと其全文に付て充分証明し得可しと信ずるなり其れ斯くの如くなれば本件は朝憲紊乱を以て論ずる限りにあらさるのみならす毫も悪意の存するあらず然るに検察官は原検察官に於て第一審の裁判は此起草者の行為たる内閣総理大臣をして憲法を遵奉しせしめざらんと教唆したりと云ふ論告を付せられたるは如何にも無理なる者と考ふ現に其文に就て之を観るに内閣総理大臣に勧告して其有せさる所の憲法を返上せよと記しあるも強めて之れを検束して憲法に背戻せしものと云ふの文意ハ憲法に背戻せよと教唆せりと云ふが如きは言語上に於ても亦甚だ冷笑に堪へさる所なり又仮りに総理大臣に勧告書を呈したる事項は悪意に出れたりとし又朝憲紊乱の所為なりとして当弁護人の所見と全く反対の点より之を論破するも被告日本新聞の編輯人印刷人は新聞条例第卅二条に背きたる者にあらず何となれは新聞条例第卅二条に「政体を変壊し朝憲を紊乱せんとするの論説を記載したるときは発行人編輯人印刷人を二月以上二年以下の軽禁錮に処し五十円以上三百円以下の罰金を付加す。本条を犯す者は其犯罪の用に供したる器械を没収す」云々と此第三十二条の趣意たるを自己の持論として自己之が主となり朝憲紊乱する所の論説を起草掲載したる場合を指したるものなること固より論を俟たず然るに日本新聞の編輯人は如何なる事を為したるかと言ふに関西二十二州会に於て斯く々々の事項ありと叙述したるに過ぎずして勿論悪意若しくは朝憲紊乱の思想に渉る可き理由なし其証拠たるや内閣総理大臣に上るの書と云へる前文に於て現に日本新聞は冷評を加へて「関西二十二州会といふものはもうすこし確かりした事を為すだらうと想像して居つたがさても々々つまらないものである」と云へる文辞あるを以て之を見るに自己が朝憲紊乱の意思を以て之を掲載せしものとは思惟するを得ず況んや関西二十二州会の起草に係る書面其れ自体が朝憲紊乱のものにあらざるに於てをや其れ此の如く何れの点より之を見るも徹頭徹尾此の所為たる罪を以て論すべきものにあらずと確信するを以て速に此上書を棄却せられんことを希望す

高橋弁護士（略）

川目検事の再論（略）

宮城氏再駁

御論駁に対して簡単に一言弁明し置かんと欲す、今誤解の事柄に付て検察官の御論告ありしも当弁護人が云ひし有意といふことを万一有意を以て誤解したるものといふか如き意味に聞へては甚だ困却なり、決して然るに非らす誤解に依り事を錯り之を原因として是の如き事為に立到りたるものにして固より有意なりと云ふに過ぎず有意より出てゝ故らに誤解したりと云ふ意味には非らさるなり、尚更に其一面たる検察官の御論旨に依る時は到底原裁判は不良なり不良なる裁判なれは破毀を要求すと云ふにあり然れとも鄙見に於ては所謂「利益無ければ訴権なし」の原則に依り若し裁判其物にして不良なるも其事柄が罪とならさる限りは裁判を破毀する必要ある可きなし、畢竟するに裁判が不良なりとて上告に及へる趣意は此事柄を以て朝憲紊乱と認むるが故に外ならん、当検察官に於て裁判を不良とせらるゝ趣意は即ち朝憲紊乱の所為なりと認められたるに因るなる可し故に縦令此裁判が不良なるにもせよ此事柄が罪とならさること即ち新聞条例第三十二条に該当せざることを詳細に弁明したる所以なり、又裁判の巧拙に拘はらす斯かる馬鹿々々しき事為を以て朝憲紊乱と做し第三十二条を適用するは誠に思ひも寄らざることなり到底此上告は棄却すべしといふに帰着す、此の如くなれは縦令原裁判は第三十二条に該当せすとの裁判に非さるも破毀し得べからさるものと信せり

又誤解の点に於て方法甚だ拙なり方法拙なれはとて罪とならさるの理由なし縦令方法は拙手段なるも又誤解に出るも其事柄が朝憲紊乱ならば其罪に当るとの御論もありしなれ共果して方法甚だ拙にして為し得へからさる者は所謂罪に

不能犯のある如く徹頭徹尾為し得へからさることを為すは即ち拙なり其事為の極めて拙なるや到底不能犯に帰す然る時は其無罪に帰する論を俟たす故に此御反駁は甚だ当らずと信せり

又新聞条例第三十二条に自他の差別を措かず苟くも其新聞に記載したるものならば犯罪なりと論述せらる、も是亦当らざる可し検察官御論告の如くならば今日此公判廷に於て其原裁判に記載したる事柄を読んで現に検察官も御論告になりたる事柄は筆記者も傍聴し居れは其全文を以て明日の新聞に掲載するも測知す可からす今日公判廷に於て弁論したる事柄を明日の新聞に記載すれば其新聞の編輯人は忽ち朝憲紊乱に該当せん此の如き理由ある可きなし畢竟事を叙したる事柄と、己の意を以て記載する事柄とは差別なき能はす第三十二条は疑もなく自己の意を以て書きたるものを指すに止まれり、只今の筆記者が筆記したる弁論を明日記載したり迚其弁論のために新聞屋が罪人にならさることは論を俟たす故に検察官の論は不当なりと思考せり

　高橋氏の再駁（略）

「朝憲紊乱事件」――『日本』第六八五号、明治二四年三月二八日発兌

渥美検事の上告趣意（略）

川目検事附帯上告の趣意（略）

宮城代言人弁論の趣意

　渥美検事に対する駁論

（一）第二審は裁判を裁判するの裁判所にあらず即ち事件を裁判するの裁判所なり、法律上事実上より其事件を裁判

するの全権を有するものなり、第一審と比較して論難するの理あることなし

(二) 事理明確なる判決に対し尚ほ誤解の理由不備なりとせらる然れども誤解は智識の不足若くば無学に起因するものなり此点に就き裁判上如何に説明し得べき理由ありや、有り得べきにあらざるべし

本論と川目検事に対する駁論

「侵害し得べき事実なき事」朝憲紊乱とは悪意を以て我朝廷の紀綱若くは組織を変改せんとする所の所為を云ふなり、而して此罪の成立には第一権利を侵害し得るの事実ある事、第二侵害の悪意ある事を要す、本件の如きは果して朝廷の大権を侵害し奉り朝廷の紀綱を紊乱するの害を生じ得べきものなるや若し斯る浅薄なる所為を以て我が朝憲を紊乱せらるゝの虞ありと云はゝ、是れ却て朝廷の尊厳を瀆し奉るの恐れあるものなり

検察官は憲法非難を以て朝憲紊乱なりと論ず然れども憲法も亦一種の法律なり法理に適従して議論し批評するは学問上固より許されたる区域内に在り、天皇に対して不敬に渉らず朝廷の紀綱を紊乱するに至らざる以上は縦令之れを非難攻撃するも一種の成法誹毀に過ぎざるのみ

「侵害するの悪意なき事」憲法を論難攻撃するは畢竟朝憲紊乱に帰着するものとするも本件に就ては毫も悪意の見るべきものなきを以て無罪となさゞるべからず憲法の文にして起草者解釈の如くんば臣民の至情黙する能はずと奮慨せしや知るべからず、又縦し起草者は悪意ありて朝廷を紊乱するものとなすも、「日本」ハ無罪たらざるを得ず何となれば新聞条例第三十二条の趣意たる自己の持論として自己か主となりて朝憲を紊乱するの論説を起草掲載したる場合を指すものなり、然るに「日本」は関西二十二州会に於て斯く〳〵の事項ありと叙述したるに過ぎず加ふるに之を記載するに当り冷評を附したるを以て見れば其の悪意なきこと昭々たり徹頭徹尾罪を以て論すへきものにあらずと確信す。

高橋代言人弁論の趣意(略)

宮城代言人の再駁

利益無ければ訴権なし当検察官の裁判を不良とせらるゝは朝憲紊乱と認められたるが故ならん、若し此裁判を不良なりとするも此の事柄にして条例第三十二条に該当せざるものたる以上は裁判は破毀さるべきものにあらず上告は棄却すべきものと信ずるなり

果して新聞条例第三十二条には自他の区別なき乎、然らば今日此の公判廷に於て原裁判に記載したる事柄を読みて現に検察官も御論告ありし其全文を明日の新聞に掲載したる時は如何忽ち其の新聞社は朝憲紊乱となるべきや、果して自他の区別なき乎

「朝憲紊乱事件の公判」『日本』第七三九号、明治二四年五月二一日発兌

検察官起て論告して曰く（略）

宮城弁護人曰く

余は本論に先ち一言せさる可からさる者あり大審院の判決即ち是れなり大審院判決は新聞［紙］条例第三十二条に向ひ其の解釈を与へたり大審院既に法律上の解釈を与ふれば裁判所構成法に依り各裁判所之に従はさる可からず然れども法律には一定の解釈あり妄りに牽引附会す可からず彼の大審院か与へし解釈は其の意思の如何と之を誤解するや否やとを論ぜずと云ふと雖も意思の有無如何は犯罪の構成上にも必要にして意思の有無を要せさる者の判決して斯の如き事あるべき筈なく又其の誤解云々に至りては尤も其の甚しき者なり若し誤解するも猶ほ之を罰せんとするか彼の伊藤伯が為せし憲法の解釈とて決して誤解なきを保し難し総て是等をも法条に問はんとするに至ては余は実に大審院の

判決とも覚えず然しながら既に今日に至りては止むを得さるの事にして当法院が法条解釈に至りては或は大審院の解釈に従はさる可からさるかと考ふると雖も元来此事件たるは決して朝憲を紊乱するの事実なき者にして仮令大審院の法条解釈に従ふも本件は結局罪となる者にあらすとて

大に罪とならざるの理由を述ぶ（其の理由は此の前去る三月廿六日大審院に於ける公判庭速記録に在れば之を略す）

終はりに到り検察官の勅諭説を駁し発議権と論議との区別を為し東京控訴院の裁判を以つて至当なりと述べたり

次に高橋弁護人（略）

続で美濃部弁護人（略）

尚ほ検察官（略）

宮城弁護人は

更に朝憲とは必ずしも憲法の謂ひにあらずとて本事件の朝憲紊乱に当らざる理由を述べ又た検察官が只だ判官の方寸に一任して訴の理由を付せざるは反駁にも差支へ被告の不利益たる大なる事及び検察官の処論の理由分明ならずして罪となるべき謂はれなき所以を開陳し、高橋、美濃部両弁護人も尚ほ各々検察官の論告を駁撃し

終て裁判長は茲に当日の法庭を閉ぢ次回則ち来二十一日に於て裁判宣告を為すべき旨を告げ十時三十五分公判の終はりを告げたるが此の日は同地の代言人、新聞記者其の他傍聴人数十名ありて名古屋控訴院長中村元嘉氏同検事長加納謙氏等も終始出庭傍聴したりと云ふ

第Ⅳ部

履歴および関係記事

【宮城浩蔵戸籍謄本】

天童市役所所蔵、『明治大学百年史』第一巻史料編Ⅰ所収

山形県羽前国東村山郡天童町大字天童乙九番地		士族 前戸主　亡養父　宮城瓏治
慶応元年五月五日仝町士族武田直道次男入籍ス㊞ 明治二年三月十五日相続㊞明治廿三年四月十二日転住ス㊞ 明治廿六年二月十四日死亡	戸主	亡養父　瓏治養子 宮城浩蔵 嘉永五年四月十五日生
明治十四年十月十五日東京府日本橋区浜町二丁目 平民中田寅吉三女入籍ス㊞ 明治二十六年四月六日願済相続	妻	くら 安政三年九月十五日生

【箕作貞一郎（麟祥）塾入門請書】（箕作阮甫・麟祥関係文書180–5）

国立国会図書館憲政資料室所蔵、『明治大学百年史』第一巻史料編Ⅰ所収

一札之事

藩士

宿所　宮城浩蔵

大名小路上邸　当午拾九歳

右者仏学修業為致度入塾相願候処実正也然ル上者右同人儀ニ付病気其他如何様之故障出来候共拙者引受聊御苦労相掛申間敷候将亦無拠事情ニ至リ退塾相願候節者拙者方ヨリ以書付可申出候為後証如件

明治三午年　十月　　天童藩

吉田少参事㊞

箕作貞一郎　殿

【宮城浩蔵ほか仏国留学許可】（『太政類典』第二編・明治四～一〇年・第二四八巻・第四類・学制）

―国立公文書館所蔵、『明治大学百年史』第一巻史料編Ⅰ所収

［明治九年］八月四日㊞

司法省法学生徒宮城浩三《ママ》外二名仏国留学ヲ許ス

司法省伺

当省法学旧生徒ノ内別紙三名学力追々進歩仕候ニ付此上仏国ニ遣ハシ成業ニ至ラシメ可申段教師ボアソナードヨリモ頻々申出候ニ付右三名実力遂試験候処相違無之ニ付往三ケ年ノ期限ヲ以テ仏国へ留学被仰付度然レハ法学ノ儀ハ諸科トモ違ヒ一段博採ニ渉ラサルヲ得サルニ付同国本科有名ノ諸学資ヲ撰ミ歴々親炙致サシムルニ於テ益修行ノ効ヲ全フシ裁判実地ノ景況法理運用ノ枢機ヲモ通熟スルヲ得テ帰朝ノ上ハ内外人訴状審判ノ御用ニモ屹度相立可申候間前段ノ通リ御裁可被仰付度最入費ノ儀ハ定額中ヨリ仕払可申積リ尚右ノ通御許容相成ニ於テハ教師ボアソナード申出ノ趣モ有之前以テ仏国文部卿幷大学校教官ヘモ夫々依頼ノ手続仕筈ニ付至急御評決相成度此段相

伺候也七月十九日

（朱書）

「伺ノ趣聞届候事八月四日」

生徒

宮城浩三《ママ》

小倉　久

岸本辰雄

【仏国外務大臣ドゥカーズ公爵宛ての鮫島尚信書簡】

——鮫島文書研究会編『鮫島尚信在欧外交書簡録』思文閣出版、二〇〇二年

12 oct. 76

Duc Decazes.

Monsieur le Duc,

Votre Excellence a bien voulu, dans des occasions preécédentes, obtenir sur ma demande de Monsieur le Ministre de l'Instruction publique l'autorisation nećessaire pour que des étudiants japonais puissent être admis à suivre les cours de l'Ecode de droit de Paris sans produire le diplôme de bachelier ès lettres.

Aujourd'hue je viens, conformément aux orders de mon gouvernement, damander la méme faciliteé pour trois nouveaux étudiants, M. M. Miyaki, Ogoura et Kishimoto, qui viennent d'arriver en France, envoyés par le ministre de la Justice du Japon, pour continuer ici les études de droit.

Je serai très reconnaissant envers Votre Excellence de vouloir bien leur faire accorder le meme privilège.

【翻訳】

〔一八〕七六年一〇月一二日

ドウカーズ公爵（duc de Decazes）

拝　啓

先に閣下は、私の依頼により、日本人学生が文科バカロレア資格の証書を提出することなく、パリ大学法学部の講義を受けられるよう、文部大臣からしかるべき許可を得て下さいました。

本日は、我が国政府の訓令により、同学部に宮城氏、小倉氏、岸本氏の三人の新しい学生の入学をお願い致します。彼らは、フランスに着いたばかりで、法律の勉強を続けるために、日本の司法省が派遣してきたものです。

彼らに以前と同様の特権が与えられれば、誠に有り難く存じます。

〔鮫島尚信〕

［パリ大学法学部学籍簿］　パリ国立文書館所蔵

Myaki Kauzô　　REGIME ANCIEN

né à ~~Nouzaine~~ Tindo, *départ^t de* Japon　　*le* 15 Avril 1852

Demeure des parents

Signature de l'Etudiant K.Myaki

Inscriptions de la License					*Inscriptions du Doctorat.*
No. des Registres	*Date des Inscriptions*	*Résignation des Professeurs.*	*Droits soldés*	*Droits renus*	
2009	1e, 15 9bre 1876	Buf. Gide	32 90		
1750	2e, 12 Janvier 1877		32 90		
1455	3e, 13 Avril 1877		32 90		
30	4e, 30 Juillet 1877		32 90		
1452	5e, 5 Novembre 1877	Buf Gide Leveil Gars	32 90		
1067	6e, 26 Juin 1878		32 90		*Inscriptions aux Conférences*
38	7e, 24 Juillet 1878		32 90		
1868	8e, 15 Janvier 1879		32 90		
1723	9e, 19 Avril 1879	Buf. Cassin Rataud	32 90		
1419	10e, 5 nov 1879	Dur. Vuat Rataud	32 90		
	11e, le 18				EX LIC 340 TR D C 60 TR
	12e, le 18				

*Comple courant N.*________　　*Examens et Réceptions*

Nature des Actes.	*Consignations ou remises des Droits*				*Droits acquis ou remboursements*		
	N. des lines à souches	*Dates des Consignations ou des remises de Droits.*	*Droits soldés.*	*Droits renus.*	*Dates des Droits acquis ou des remboursements.*	*Droits acquits.*	*Droits remboursée.*
1er exam bac	2224	18 juin 1879			2 août 1877 (2B1R)	60 40	
2e la bac	638	18 fév 1879			19 fév 1879 (2B, 1BR, 1R)	60 40	
diplôme							
1er exam lic.	9894	23 juin 1879			24 juillet 1879 (3B. 1BR)	60 40	

【帰国届】（『太政類典』第四編・明治一三年・第三七巻・第四類・学制）

国立公文書館所蔵、『明治大学百年史』第一巻史料編Ⅰ所収

十三年七月五日

司法省仏国留学生宮城浩蔵帰朝

司法省上申　十三年七月五日

当省仏国留学生宮城浩蔵儀法学科リサンス及第ノ上去月廿八日帰朝仕候此段上申候也

【仏国留学中拝借金月賦返納許可】（『太政類典』同）

国立公文書館所蔵、『明治大学百年史』第一巻史料編Ⅰ所収

十三年九月十七日

司法省所管仏国留学生宮城浩蔵へ貸与金月賦返納ヲ許ス

司法省伺　十三年七月二十八日

当省所管仏国留学生宮城浩蔵儀該地ニ於テ病ニ罹リ種々療養ヲ尽シ之カ為メ費用相嵩尋常学資ニテ支弁難致公使館へ拝借之儀願出候処同館ヨリ金千四百七拾壱円拾八銭四厘貸渡相成　本文金員ハ仏国公使館ヨリ三井物産会社へ為換取組同社ヨリ請求ニ出候ニ付十二年度経費中ヨリ繰換支払置候　爾後快気ニ趣キ一旦帰朝ノ見込ニテ発途ノ処途中再発薬餌其外ニテ多分ノ負債ヲ醸シ支弁之途無之又々同館へ拝借願出仏貨弐千四百六拾壱弗五拾山　此分為換券

到達不致未タ当省ヨリ払出不申ニ付日本通貨ニ交換高相知レ不申候　貸渡候段時々同館ヨリ通牒有之候然ルニ今般右浩蔵帰朝致シ候ニ付直ニ前書金額返納方相違候処何分貧困ニシテ返納ノ目的難相立趣ヲ以テ月賦返納之儀別紙之通出願ノ次第有之尚篤ト取調候処事実相違モ無之不得止義ニ付願之通聞届ケ前顕金額当省経費中打切払ニ相立　已ニ繰換支払候金千四百七拾壱円拾八銭四厘ハ十二年度支払ノ相立未タ払出サ、ル分仏貨弐千四百六拾壱弗五拾山ハ追テ為換券到達次第払出十三年度支払ニ相立可申候　月賦返納金ハ税外収入トシテ大蔵省ヘ納付候様致度此段相伺候也

指令十三年九月十七日

（朱書）

「伺ノ趣聞届候事十三年九月十七日」

筆記者［五味武策・豊田鉦三郎・武部其文・安田繁太郎］「刑法講義緒言」

――宮城先生講述『刑法講義』明治法律学校、明治一七年六月刊

抑本書ハ仏国法律学士宮城浩蔵先生ノ口授セラル、所ナリ先生嚮ニ我明治法律学校ノ講壇ニ於テ刑法ヲ講授セラル、コト茲ニ踰年始テ其業ヲ卒フ生等随テ聴キ随テ筆シ褒然トシテ一部ノ良書ヲ成ス乃チ先生ニ請ヒ刷行シ以テ謄写ノ労ニ代フ固ヨリ広ク天下ニ発売スヘキニ非ス故ニ僅ニ同学諸士ニ頒チ永ク温習ノ用ニ備ヘンコトヲ欲シ此ニ印刷ニ附ス蓋シ先生ノ刑法学ニ深キハ固ヨリ生等ノ称揚ヲ待タス其能ク古人未決ノ疑義ヲ決スルヤ恰モ快刀ノ盤根錯節ヲ剖クカ如ク聴者ヲシテ心自ラ融シ意随テ会シ諄々トシテ其要領ヲ得セシム是レ先生法理ノ精緻ヲ究メ論法ノ極致ニ達スルニ

非スンハ焉ンソ此ニ至ルヲ得ンヤ然レトモ生等文辞ニ嫺ハス筆心ト背馳ス恐クハ先生ノ蘊奥ヲ発スル能ハサランコトヲ是故ニ章句ノ穏カナラズ且ツ魯魚ノ誤アルカ如キハ生等請フ其責ニ任セン読者幸ニ先生ヲ咎ムル勿レ今ヤ工既ニ竣ル乃チ一言ヲ巻首ニ弁シ此書ノ成ル所以ヲ告ク

明治十七年五月　　筆記者識

【刑法講義広告】『朝野新聞』第三二〇四号、明治一七年七月一三日発兌

広　告

西園寺先生序　宮城先生講述　五味豊田武部安田諸君筆記

刑　法　講　義　全二巻　凡千五百ページ

右ハ仏国法学士宮城浩蔵先生が東京明治法律学校に於て講演せられ五味諸君が筆記せられたる所に係る既に曩きに同校に於て之を刷行して同学諸士に頒ちたりしが其際ハ僅に温習の用に供するの主旨より部数を限りたる為めと未だ先生の校閲を経ざりしを以て遺憾とする所少なからざりき然るに今や先生の校閲を経大に訂正増補する所ありて始めて全きを得たるを以て乃ち同校より弊社に嘱托して出版に従事せしめられたり因て弊社ハ左の方法を以て予約出版せんとす

予約正価金二円八十銭○予約前金一円○申込七月三十日限り八月十五日出版

尚ほ予約規則書及び見本御望の方ハ二銭郵便切手御送致あらバ直ちに送呈すべし

十七年七月　　東京　京橋区弥左衛門町十五番地　知　新　社

左の書店に於ても予約の申込を受候

大坂　備後町四丁目三番地　岡島支店
仙台　大町四丁目　木村文助
名古屋　本町二丁目　石版社

西園寺公望「刑法講義序」

宮城浩蔵講述『刑法講義』第一巻、明治法律学校、明治一八年一月刊

刑法講義序

大凡刑法所載名類雖多、大別之則不過為三。及身体者、及栄誉者、及権利者、是已。夫人之所重、独此三者為甚、是以苟触法犯罪、則於此三者必有所剝奪。無非所以使其懲艾而遷善也。顧我刑法一篇四百三十条耳。法之簡如此。将挙而及夫所重之三者、栄辱係焉、死生決焉、苟失毫釐乎、不貽大悔者幾希。嗚呼講刑者可不恐而畏哉。嚮我明治法律学校之創設也、余与岸本宮城矢代諸氏、実周旋之。而以宮城氏、以仏国大学々士博通諸法、特邃於刑法学、推為之講師。爾来師生共励、黽勉従事。其於刑法、寸量銖称、探淵啓奥、挙例決疑、細大不漏講之。踰年所筆記、遂成一部良書。於是乎刑法之理昭々著明、豈徒如視諸学哉。読者翫味而習得焉、則庶乎不貽悔矣。今也刊之於本校、将問于世、請序於余。々也雖薦薦譾劣、亦辱本校教師、而宮城氏余友也。則校之有此挙、安得不一言。況有請乎。及刻成乃欣然序之。

明治十七年八月五日

正三位　西園寺公望撰并書

「巡廻」『読売新聞』第三六四八号、明治二〇年三月一二日発兌

司法省参事官宮城浩蔵氏ハ属官を随へ昨日府下の各郡区役所へ出張せられ民事上に関する身代限りの処分、財産差押に要する時間の平均、同書類の紙数、右を担当する書記の員数並に一ヶ年の給料等都て司法に関する件を取調べられし由

「宮城浩蔵氏辞職の噂」『読売新聞』第四五四四号、明治二三年二月一三日発兌

司法省参事官宮城浩蔵氏ハ近日辞表を捧呈する筈なりと風聞せり顧ふに氏ハ其郷里なる山形県第一区より衆議院に選出せられんと窃に計画する処ありしも在官の儘にてハ面白からさる上嚢に同氏の競争者なる重野謙次郎氏等の人々より苟も衆議院に切て出づるの覚悟あらバ潔く其職を辞して競争すべしとの果し状を附けられたる為め斯くハ反対者の挑みに応する為め其職を辞するものならんと云へり

「大同派の三騎」『読売新聞』第四五九三号、明治二三年四月三日発兌

嚮に辞職せんとしたる旨噂ありし大審院検事磯部四郎氏ハ従来ある有力者の補助によりて運動し居らるゝ次第なれバ種々の事情より到底辞職の事ハ止を得ざる処なるべく且つ同氏辞職の上ハ大同派に入ッて運動さるべき事も勿論なるべしといふ又同氏ハ司法省参事官宮城浩蔵氏を説て同去たらしめんとせしに宮城氏ハ既に同様の決心を起して将に其準備を胸中に巡らし居られし折柄なれバ直に一致して他日を約されしよし其他光明寺三郎氏ハ予て後藤伯の股肱なりと知られたる人にて殊に同友中の率先者にもあれバ前二氏と同一の運動を試みらるべきハ言を待ず、嗚呼この二氏ハ先に携へて巴里の花を眺め相助けて天外の客窓に読書し日本に帰りて後も共に司法の部内にありて業務を同ふせられたる人なり然るに今また揃ひも揃ッて冠を掛け大同派に入らんとすとハ実に三氏の交情を推知するに足るべき歟

「宮城浩蔵氏と大江卓氏」『読売新聞』第四六〇八号、明治二三年四月一八日発兌

山形県下第一区衆議院議員候補者なる宮城浩蔵氏と岩手県下第五区同候補者なる大江卓氏ハ何れも此程該地方に赴き同区内を巡回し政談演説会をも開く由にて同地方の撰挙人等ハ目下夫々準備中の由

高橋忠治郎（摂提子）編『帝国議会議員候補者列伝全』東京庚寅社、明治二三年四月刊

◎宮城浩蔵君伝　〇山形県第一区〇大同倶楽部〇在東京上二番町〇士族

君ノ家世々天童藩主織田氏ニ仕ヘテ重職ニ任ズ君幼ニシテ家ヲ継キ藩主信学ニ仕ヘ幼主ノ保伝ト為ル戊辰ノ乱朝廷織田氏ヲシテ奥羽征討先導使ト為スヤ君年僅ニ十五軍ニ従テ炮烟硝雨ノ間ニ苦楚辛酸ヲ嘗ムルコト数閲月藩ノ軍督吉田大八殊ニ君ノ勇胆ヲ愛シ常ニ従ヒテ軍ニ臨ミシト云フ

君幼ニシテ頴悟文ヲ好ミ武ヲ嗜ミ人称シテ奇材ト為ス藩学養生館ニ入リテ文武ノ道ヲ講ス戊辰ノ兵乱既ニ平グルノ後一藩ノ士民恟々トシテ安ンセズ少壮ハ剱ヲ磨シ槍ヲ横ヘテ疎豪無頼ヲ以テ自ラ任スルニ至リ文事殆ト地ニ委ヌ君当時以為ク兵乱已ニ平ク干戈何ゾ用井ン唯文事以テ世ヲ経営スルニ在ルノミト是ニ於テ自ラ卒先シテ藩学ノ再興ヲ計ル同志翕然之ニ応ジ藩主亦大ニ其挙ヲ賛シタルヲ以テ再ビ養生館ヲ興スニ至ル君館ニ在リテ専心漢学ヲ講究シ大ニ進ミ藩内数百ノ学生君ノ議ニ出ツルモノナシ是ニ由テ藩主君ヲ擢テ、東京ニ遊バシム既ニシテ廃藩置県ノ挙アリ世態大ニ変更ス君大ニ感スル所アリテ仏蘭西学ヲ修メ司法省法律学校ニ入リテ法律学ヲ研究ス明治九年八月業成リ司法省君ニ命シテ仏蘭西国ニ遊学セシム君ノ仏蘭西ニアルヤパリー及ヒリオンノ大学ニ入リテ法律行政々治学ノ三科ヲ修ム留マルコト四年欧洲政体ノ異同ヲ観察シ殊ニ仏国政海ノ動揺変遷ニ注意シ時ニ政治家ヲ叩キテ政理ノ深蘊ヲ探グルヲ以テ常トス君ガ政海ノ風濤ヲ渉リテ其懐抱ヲ尽サンコトヲ期セシハ実ニ此時ニ存セリ十三年六月君リオン大学ヲ卒業シ仏蘭西法律学士ノ学位ヲ得テ帰朝シ後我帝国ヨリモ亦日本法律学士ノ学位ヲ受ク

君ノ帰朝スルニ当テヤ我国内外ノ事務甚タ整理セス立憲政体ヲ布カセラル、ノ聖旨アリト雖トモ人民未タ権利ノ尊ブベク自由ノ敬スヘキヲ知ラス君大ニ之ヲ憂慮シ以為ク今ノ時ニ当リテ最モ急務トスル所ハ立憲政体ノ実ヲ挙クルニ在リ立憲政体ノ実ヲ挙ントセバ人民ヲシテ権利ノ尊ブベク自由ノ敬スベキヲ知ラシムルニ在リ人民ヲシテ権利自由ノ尊敬スベキヲ知ラシメンニハ法律学ヲ普及セシムルヲ措テ他アルナシト依リテ同志ト相謀リテ明治法律学校ナル者ヲ設立シ公務ノ余服鋭意子弟ノ教育ニ従事ス書生就キテ学ブ者千余人卒業スル者已ニ四百余人ニ達セリ

君法行政三学科ヲ修ムト雖トモ法律ハ其最モ得意トスル所ナリ而シテ法律学中刑法学ヲ以テ世ノ称道スル所トナル君曾テ現行刑法ノ正条ヲ解釈シ刑法講義ナル一書ヲ著シ大ニ名誉ヲ博シ改版五回ニ及ヒ部数二万ニ過キタリト云フ

君常ニ奥羽士人ノ強健質朴ニシテ事ニ耐フルノ能アルニモ拘ラス毎ニ世人ノ嗤笑スル所トナルヲ痛慨シ以為ク之ヲ挽回誘致スルノ策ハ子弟ノ教育ニ在リト是ヲ以テ身劇職ニアリ公事ニ鞅掌シテ殆ト余暇ナキニ尚ホ郷里ノ書生ヲ管督教養スルヲ以テ自ラ任トス書生君ノ門ニ上下スル者常ニ数十人郷里ノ父兄亦其子弟ノ一身ヲ君ニ委タル者幾十人ナルヲ知ラサルナリ

君帰朝以来官ニ在ルコト殆ト十年進ミテ司法省参事官ニ任シ従六位ニ叙セラル、ニ至ルト雖トモ常ニ之ヲ辞シテ民間ニ入リ其懐抱スル所ノ自由主義ノ拡張ニ尽力セント欲スレトモ其機ヲ得ザリシガ本年三月ヲ以テ遂ニ意ヲ決シテ冠ヲ掛ケ大同派ニ加盟シテ大ニ平生ノ志望ヲ為サンコトヲ期セリ

正義会の一員「弁妄」

『山形日報』第一号、明治二三年五月一三日発兌

宮城、佐藤両氏の一市三郡の選挙人諸氏より推挙せられて、本県第一区の衆議院議員の候補者として世に立つや、一派の人々は頻りに之れを毀傷残害せんと試み、詭弁妄説を流伝するが如し、吾人は正義会の一人なり、而して正義会一般の輿論は宮城、佐藤の両氏を推薦せんと欲するに在り、故に吾人は正義会に代り、又第一区選挙人に代りて彼の妄説を駁論するの已むべからざるに至れり。

吾人は先づ宮城氏に対するの妄説より弁白すべし、氏に対するの攻撃は一にして足らずと雖も其の重なるものを挙示すれば

第一　宮城氏は在官の儘

衆議院議員の候補を争はんとするものなりと云ふに在り、若し難者乃言の如くすれば是れ官吏兼帯の議員なり、宮城氏にして斯の如き性格のものならしむれば吾人は振ふて氏の反対に立ち、皷を鳴らして正面的より之れを痛駁するに躊躇せざるべし、然れども氏は決して該かる賤劣なる心情を有するの人に非らざるなり、氏は断じて該かる選挙人を給く如き挙動を演ずるの人に非らざるなり、氏は嘗て或る官人より共に在官の儘、衆議院議員の候補者たらんと勧誘せられたることありき、然れども氏は断然之れを拒絶し、若し撰挙人乃推挙もあれば潔く現職を辞して競争場裏に立たんと明言したり、氏は実に去る三月廿二日を以て辞表を呈したり、而して司法大臣は之を内許したるにも拘はらず未だ辞表の聞届け無き所以のものは天皇陛下たま〳〵濃尾参遠の三州に跨かる海陸の大演習に臨幸の事あり、次で京都、中国に巡幸せられ本月七日漸く還幸相成りたるを以て未だ裁可の運びに立ち至らざりしを以てなり、然れども今や既に還幸相成りたるを以て辞表願意の裁可あるは当さに数日を出でざるべき歟、然らば則ち難者の妄説は官報と称する照魔鏡の為めに其の本体を現はすべきは実に眼前に在りと云ふべきなり。

第二　主義の点

なり、難者の言ふところに依れば宮城氏の主義は未だ分明ならず、政治家に要するところハ主義より急なるは無し、故に主義分明ならざる候補者を撰出すべきにあらずとするに在り、

勿論宮城氏は其の主義を発表せざれば則ち已む、然れども氏は大同派の一団体たる東京同志会に入れり、同志会を経て大同倶楽部へ加盟申込の手続を了したるは去る三月中のことなりき、此事たる既に大同倶楽部より山形大同倶楽部へ公然の通知書ありたるのみならず、大同派の機関新聞なる政論は本月一日の大会へ宮城氏臨席の事を掲載して毫末も疑ふ所ろ無し、又以て宮城氏が我が県下同志者の抱持する自由主義と同一なるを推知すべきなり。

第三　仮令辞職するも宮城氏は情実上政府の機関となるべし

と云ふに在り、是れ人を誣ゆること甚しきのみならず、現今内閣の実状を知らざるの迂論と云ふべし、抑も今日の内閣たる右せんと欲する人、左せんと欲する人、累々相聚りて僅に聯合体を組織するものなり、試みに一考せよ保守派の山田伯は現内閣員にあらずや、大同派に重大なる関係ありきと認められたる後藤伯も亦現内閣員にあらずや、其他改進党に縁故ありと認めらるゝ榎本子、自治党の臭味ありと評せらるゝ岩村子の存するのみならず薩長藩閥の名ある山県伯、西郷伯、大山伯等各々内閣重要の椅子を占めざるは無し、故に現今の内閣たる徒らに勤勉政府の名を博したりと雖も、未だ曾て壮快の活劇を演せざるもの職として内閣員の主義及利益一致せざるに坐せずんばあらず、然らば今ま宮城氏を目して政府の機関となるべしと云ふも抑も如何なる方針に就て動くべしとなす歟、内閣全体の方針はすでに一定するところ無し、而して内閣員個々の意見も亦同一ならずとせば唯漫然政府の機関となるべしと云ふと雖ども、其の機関は何人の為めに如何に運動すべしと為す歟、是れ毫も根拠無きの妄論と言はざるべからざるなり。

「宮城浩蔵氏の辞職に付内諭」——『読売新聞』第四六四〇号ほか、明治二三年五月二〇日発兌

曩に其郷里より衆議院議員の候補者として出でんとし辞表を差出したりとの噂ありし同氏ハ目下民法商法発布ありしにより刑法を改正せざるべからざる次第なれバ其改正後までハ辞表聞届け難しさりながら在職の儘にて候補者たるも差支へなしとの内諭を受けられしと

「山形県第一区撰出議員　宮城浩蔵氏略伝」（衆議院議員列伝）

『国民新聞』第一五六号、明治二三年七月六日発兌

或る一部の人をして日本のヲルトランと呼ばしむるに至る氏の刑法学に委しき知るべし氏は天童の藩士なり戊辰の乱年十五にして軍に従ふ軍督吉田大八大に君の勇胆を賞す王政維新の後司法省法律学校に入りて法学を学び明治九年八月を以て卒業し仏蘭西留学を命ぜられリオン及びパリーの大学に入りて法律、行政、政治の三科を修め十三年六月リオン大学を卒業し仏蘭西法律学士の学位を得て帰朝したり帰朝後職を司法省に奉ず官に在ること十年参事官に進み従六位に叙せらる又氏は同志と計りて明治法律学校を起し公務の余暇を以て鋭意其教育に従事したり日本に法律思想を注入したるは氏等の力実に多きに居る今年三月職を辞して大同派に加はり遂に今回議員に選出せられたり

「宮城浩蔵氏（山形県第一区）」（衆議院議員略伝）

『読売新聞』第四六九四号、明治二三年七月一三日発兌

氏ハ羽前天童の人なり嘉永五年四月を以て生る夙に藩立の学校に在て文武の道を講し嶄然頭角を現はせり戊辰の年藩主織田氏奥羽征討先導使となるに際し氏齢甫めて十七軍に従て砲煙硝雨の間に辛酸を嘗むること数月乱平ぐの後庄内藩に遊んで英式兵法を学び帰藩して師範役となり英式戎隊を組織して益々少壮を鼓舞せり明治二年藩より抜擢されて東京に上り兵学を修むるの傍又仏蘭西語を学ぶ後大学南校に入り更に司法省明法寮に入り明治九年卒業して更に司法省の命により仏国に留学しパリー大学及び里昂大学等に在て苦学すること四年明治十三年仏国法律学士となりて帰朝し夫より検事判事司法書記官等を経て司法参事官となり且法律取調委員をも兼ね本年三月に至り冠を掛けて帰郷す爾来氏ハ大同派に属し運動し居れり

「山形県第一区　宮城浩蔵氏」（議員略伝）——『朝野新聞』第五〇三六号、明治二三年七月一三日発兌

氏嘉永五年を以て羽前天童に生まる本姓武田氏、養はれて宮城家の義子となる夙に藩学養成館に入り戊辰の乱役に従ふ乱平ぐの後酒田に遊び英式兵法を学ぶ次て明治二年藩命を受けて兵学を東京に修め更に仏蘭西語を学び大学南校に入り司法省明法寮に移る明治九年業を卒へ官費を以て仏国に遊びパリー大学を卒業し又リオン大学を卒業す帰朝の後検事に任じ判事に転じ司法書記官に歴任し終に同省参事官となる本年三月冠を掛けて郷地山形に帰り東京大同倶楽部に加盟し民間政治社会の運動をなすに至りたり氏が学者社会の働きは既に世人の知る所にして氏は仏蘭西法律学士及び日本法律学士の称号を兼ぬ

「天童の慰労会」——『山形日報』第六九号、明治二三年七月三〇日発兌

羽陽正義会の主旨を賛し最も熱心に宮城浩蔵氏及び佐藤里治氏を選挙したりしは東西村山二郡の人々なりき此回佐藤、宮城の両氏は最大多数を以て当選したる故二郡の満足思ひ遣らる両氏も亦二郡有志の好意浅からざるを感佩し殊に益々羽陽正義会の拡充を計り天晴れ有力なる団体を作り全県下輿論製造の大機関と為さんと欲する場合なれば有志の懇親会を開き選挙競争中の慰労旁々将来の物語せんと茲に先づ天童に於て東村山郡の重立ちたる人々を会合することゝは成りぬ此日炎天焼くが如きも有志の人々は各々勇立ち三里又は四里の遠きを厭はず我れ先きにと定刻午后三時

頃ハヤ会場仏向寺に参集せり北村山郡の有志者なる寒河江季三氏、仁藤重廣氏、斎藤泰氏、海老名徳三郎氏、高桑喜之助氏、奥山忠次郎氏、中村清路氏、高宮吉之助氏、草間雄治氏、横尾謙三氏、奥山健吉氏、小池彦治氏等も来会あり西村山郡南村山郡よりも来会者尠しとせず東村山郡の参会者は百十五名にして五時三十分各員皆本堂広間の席きに就く阿部庫司氏は会主宮城、佐藤の両氏に代り開会の旨を陳述す次に峯岸次壽氏祝文を朗読す次に本社の俣野一題の演説を為す次に佐藤里治氏粛然起て今度不肖叨りに諸君の推薦に因り衆議院議員に当選するも不学駑才何を以て克く諸君の希望に酬ひんや夙夜之を思へば戦々競々の至に堪へず然れとも古語に精神一到何事不成とあり不肖唯此語を服膺し扨て職任の重に当らんのみ又代議政治は国民の輿論に依り実施の効を見るものなれば若し国民にして国政の利害得失を討究せず徒に代議士に放任するときは三百の代議士独り専制を為すの弊を生じ彼れ藩閥政府と同一なる国害と云はざるを得ず実に代議士は国民の監督刺撃を受け議場に於て国事の問題を討論議決するものなり而して今や如何にして代議士を監督刺撃す可き哉地方の団体を組織するに在り是れ我羽陽正義会が時勢の必要に迫り更に大に拡張を計る所以なり蓋し国の基は地方に在るか故に国家の基本を堅固にするは全く地方の団体を堅固にするを要す即ち地方団体は輿論を作るの機関にして代議士を監督刺撃するも此機関なり殊に一種の邪類は跋扈陵陸して総て吾人の事業を妨害破壊せんと企つる場合なるを以て此際我が正義の主旨を照明にし邪類を駆除し大に将来の国利民福を増進せざる可らず況んや衆議院議員の選挙競争に打勝つも油断大敵の戒の如く愈々益々羽陽正義会の拡張を要するおや云々と演了りて壇場を退けば宮城浩蔵氏直に進来り恭しく諸氏参集の労を謝し又代議士当選の一事、実に不材浩蔵の殆と堪へ難き所なれども啻に諸君属望の渥きあるのみならず国家に忠節を致さんとする精神は浩蔵曾て何人にも譲らざる決心なれば僅かに之を頼みて重大なる公職に就くを承諾せり、扨て代議士の責任は代理人の責任と区別あり代理人は委托本人の意思を奉行する丈の責任を有して唯々此意思外の行為なきを要するも代議士は国家を代表し仮令ひ選挙人の意思あるも或は其意思なきも苟も国家の利益と信したる時は断然奮為せざるを得ざる職務を有す而して此代議士の行為若し適当なるときは其人を選挙する国民の名誉とも成り利益とも成る然れども若し代議士の行為不適当なるときは選挙者たる国民は不利益を蒙り不名誉を受け其無形有形の損害鮮少ならざるなり此に至り浩蔵代議士の公職に於ける一挙一動は諸君に対して幾何か重且つ大なる責任たるや其軽重代理人の委托本人に対する義務と同一視するを得ず之を憶ひ之を思ふ時は浩蔵忽ち身心の存在するを忘る丶なり唯々国家に忠節を尽さんとの宿昔一片の志を奮ふの外あらず特に代議士の国会に於て議論の勢力を有す可きは地方団体の後盾を有するを以てなり浩蔵幸に羽陽正義会の推薦する所と為れば爾来諸君と共に益々羽陽正義会の盛大を致し一層忠節を国家に尽くすの実効を正確にせんことを希望す云々と論結せり時に七時に垂んとす此より配膳に取掛り美酒嘉肴加ふるに佳麗の女子杯盤の間に逍遥して頻りに酒を侑むるあれば玉山早く頽れ点燈の比には参々伍々帰路に就く人々多し又此宴会は何となく陽気にして別段勝利を談ずる者もなく万歳を叫けぶ者もあらず座中至て静かなりしが人々満顔和楽の色溢れ其将来を契れる状態は頼母しく見へたりき而して全く散会せるは八時過なりとぞ

○祝詞　前項天童懇親会に於て嶺岸氏の朗読せる祝文は左の如し

祝　詞

攻撃防衛齕々岌々トシテ競争ヲ事トシタル当時ヲ追想スル時ハ今日熙々融々トシテ此宴会ニ列スル一層愉快ナルヲ知ル

我羽陽正義会ノ候補者宮城浩蔵君及ビ佐藤里治君ハ反対派重野謙次郎氏ニ打勝テ多数ノ投票ヲ占メタルナリ反対派ノ勢力ハ羽陽正義会ノ為ニ折キ挫カレテ脆クモ失敗シタルナリ実ニ宮城浩蔵君ハ一千六百二十五票ノ信任ヲ以テ佐藤里治君ハ一千三百八十四票ノ信任ヲ以テ衆議院議員ニ当選セリ我山形県第一選挙区一市三郡ノ代議士ト為レリ否三千九百余万ノ臣民ヲ代表シ神聖ナル　天皇陛下ヲ補翼シ奉リ大日本帝国ノ禍福休戚ニ任スル公職ニ就カレシナリ此責任ノ重キ公職ニ就キ名誉ノ隆キ地位ニ立タル丶宮城佐藤ノ両君ニ対シ余ハ如何ナル事ヲ為ス可キヤ大声一喝万

歳ヲ唱ヘ其光栄ヲ賀セサル可ラス特ニ其善ク職任ヲ尽クシ上ハ皇徳ヲ宣揚シ奉リ下ハ国利民福ヲ増進スルヲ祝セサル可ラス

楽哉此宴会ニ列スル諸君ハ如何ナル感触ヲ有セラルヽヤ余希クハ諸君ノ後ニ従ヒ一太白ヲ挙ケ宮城浩蔵君及ヒ佐藤里治君ノ健全ヲ禱ラント欲ス故ニ聊カ蕪辞ヲ述テ祝詞ト為スト云爾

明治二十三年七月二十八日

嶺岸次壽　謹言

木戸照陽編述『日本帝国国会議員正伝』

大阪田中太右エ門、明治二三年八月一八日刊

宮城浩蔵君（山形県第一区）大同、無職

東洋のヲルトランとは何人ぞ曰く宮城浩蔵君なり君は日本に法律思想を注入したる人にして君が刑法学に熟達したることハ天下公衆の共に許す所なり君は羽前天童藩士にして嘉永五年四月に生る夙に藩校に入りて文を攻め武を究め嶄然として頭角を露はす幼にして神童長じて俊才郷人常に相語つて曰く斯兒は我郷の偉物なり成人の後は必らず家を起し名を揚げんと君が今日の地位ある幼時に於て既に其象ありしものか

戊辰の役起り藩主織田侯奥羽征討先導使となるに際し君齢甫めて十五にして軍に従ひ硝烟弾雨の間に馳励し具さに艱難苦楚を嘗むこと数月軍督吉田大八は特に君の豪胆を称賛し爾後眷愛する所極めて深かりしと云ふ

既にして国乱平定し明治維新の天地を啓くや君尚ホ兵法を研究せんと欲するの念切なり然れども其良師に乏しきを以て遂に奮然蹶起庄内藩に遊んで名家の門に入り英式兵法を学び其蘊奥を究む後ち業成りて藩に帰るや藩主は君が兵法

に精しきを嘉みし挙げて師範役となし藩士を教養せしむ君亦た少壮活発の子弟を糾合して英式戎隊なるものを組織して大に一藩の士気を鼓舞する所ありき

明治二年藩命を以て東京に出で兵学を修む蓋し撰抜の栄に遇ひしなり当時君は兵学を修むるの傍ら仏蘭西語を研究し大に得る所あり未だ幾くならずして大学南校に入り次で司法省明法寮に転じ終始蛍雪の苦学を積ミ明治九年卒業したり然れども君尚ホ学業を大成せんと欲し海外遊学の念禁ずべからず次で更に司法省の命に因り仏国留学の途に上るを得たり爾来リオン及びパリーの大学に入りて法律政治行政の三科を修め苦学すること前後四年明治十三年仏国法律学士の称号を得錦衣を着て帰朝したり君が爾後西洋法律学の思想を社会人心に注入し文明の発達を提撕せるの功績は実に偉且大なりと謂はざるべけんや君常に人に語つて曰く西洋の文明は一には法律一には理学に基けり法律と理学とを外にしては復た西洋に採るべきものあらずと

帰朝後は職を司法省に奉ず官に在ること十年始め検事判事司法書記官等を経て司法参事官となり従六位に叙せられ且つ法律取調委員をも兼ねたりしが二十三年三月に至り冠を掛げて郷に帰り大同派に加盟して遂に今回代議士の椅子を領せらる

君曾て同志と謀りて明治法律学校を起し公務の余暇を以て鋭意其薫陶に従事したり君の後進を率ゆるや専ら実践躬行を主とし気風を焠励し徳性を涵養し以て器才を陶冶するに在り君が法理に明晰にして其学識に富むは今日法学社会の輿論にして其雄弁快舌人を驚かしむるの妙あるも亦天下の輿論たり想ふに此学識と雄弁とを以て今日国会場裡に立つ其運動将に端倪すべからざるものあらんとするは吾人の確信する所なり

関谷男也編『帝国衆議院議員実伝』——大阪同盟書房、明治二三年八月二四日刊

山形県　四区　六人

宮城浩蔵氏（第一区　南村山郡東村山郡西村山郡撰出二人）

氏が家は世々天童藩主織田氏に仕へて重職に任ず氏幼にして家を継げり戊辰の乱朝廷織田氏をして奥羽征討の先導使となすに際し氏年僅に十五にして軍に従ひ勇胆を顕はして彼我両軍に知らる乱平ぐの後早く世態の変遷を察し武を棄て専ら文を学び又藩中子弟をして学に就かしめんことを勉め藩学養生館を再興して大に斯学の振興を謀る藩主これを賞し氏を擢で、東京に遊学せしむ氏是より仏蘭西学を修め司法省法律学校に入りて法律学を研究す明治九年八月業成るに方り司法省特に氏を抜擢して仏蘭西国に留学せしむ氏直ちに渡航してパリー及びリオンの大学に入り法律行政々治学の三科を修め苦学四年欧州政体の異同を観察し殊に仏国政海の動揺変遷に注意し政理の深蘊を探れり十三年リオン大学を卒業し仏蘭西法律学士の学位を得て帰朝す政府之に日本法律学士の称号を授く氏帰朝するに方り本邦の法律制度尚幼稚にして整はず且人民自由の尊むべきを知らざるを慨し之を振興せんには法律学を盛にし政治の思想を養生するの急務なることを感じ同志を募りて明治法律学校を設立し公務の余暇鋭意子弟の教育に従事す書生の就きて学ぶもの千余人卒業するもの已に四百余人の多きに及ぶ氏帰朝以来官に在ること殆ど十年累進して司法参事官となり位従六位に至る然れども其素志民間に在て自由主義の拡張を謀らんとするにあるを以て遂に本年三月を以て冠を挂げ漸く其志望を達せんとするの道途に上れり氏は身を東北の僻地に起し現に社会の先導者となり後進を誘掖するを以て任となすに方り常に郷里を愛するの念最も深く奥羽士人の強健質朴にして事に耐るの能あるにも拘はらず毎に世人に嗤笑せらる、を慨き之を挽回せん事を欲し身劇職にありて公務に遑なきをも厭はず尚郷里の書生を管督教養するを以て自らの任となせり故に全郷書生にして氏の門に出入するもの常に数十人に下らず郷里の父兄も亦氏を景慕して子弟を托するもの甚多しといふ氏が如きは実に先達の士と謂つべきなり

「宮城浩蔵氏」『東京日々新聞』第五六七六号、明治二三年九月二一日発兌

先頃山形県より衆議院議員に選挙せられたる同氏は今度京橋区鎗屋町十三番地へ代言事務所を開きたるが氏は曾て仏国巴里の大学校に於て法律学士の称号を受け帰朝の後始審裁判所の判事又は大審院の判事と為り尋で司法省参事官と為りて近頃まで刑法治罪法の改正案及び民法商法訴訟法等の取調編纂に従事したることなれば新法典適用の訴訟及び刑事の弁護等に至りてハ定めて訴訟人に便益を与ふることなるべし（投書）

【代言広告】『毎日新聞』第五九四三号ほか、明治二三年九月二一日発兌

代言人　日本法律学士・仏国法律学士　宮城浩蔵
東京市京橋区鎗屋町十三番地ニ代言事務所ヲ置キ（本宅ハ従前ノ通リ）
民刑大小事件ノ代言弁護鑑定其他法律ニ関スル事務一切ノ依頼ニ応ズ　但紹介ヲ要セズ
執務時間　急速ヲ要スル件ノ外毎日午前八時ヨリ午後四時迄
同所出張
代言人　井本常治
塩入太輔

三島亀四郎［『東京朝日新聞』第一七五五号、一〇月五日発兌、から記載］

明治廿三年九月

［『函館新聞』第二八四七号、九月二八日発兌、にも掲載］

「宮城浩蔵氏代言人となる」――『読売新聞』第四七六六号、明治二三年九月二三日発兌

先頃山形県より衆議院の議員に選挙せられたる同氏ハ今度京橋区鎗屋町十三番地へ代言事務所を開きたるが氏ハ曾て仏国巴里の大学校に於て法律学士の称号を受け皈朝の後始審裁判所の判事又ハ大審院の判事と為り尋で司法省参事官と為りて近頃まで刑法治罪法の改正案及び民法商法訴訟法等の取調編纂に従事したることなれバ新法典適用の訴訟及び刑事の弁護等に至りてハ定めて訴訟人に便益を与ふることとなるべし

鈴操子「宮城浩蔵君ノ代言事務」――『法政誌叢』第一一六号、明治二三年九月二五日発兌

司馬温公の曰く進んて宰相と為るを得すんハ退ひて名医と為れと是れ宰相と為りて国を治むるにあらすんハ退ひて人々の病気を医せよと云ふに在り又た西洋の諺に曰く進んてハ政務の要路に当り退てハ代言の業務に従事すと是れ政府に在りてハ政柄を握り退ては官民の間に立ちて権利を伸張するの有様を形容したるの語なり人生栄誉の極是れより盛んなるはなし其れと是れとハ事異なりと雖とも頗ふる是れに類したるの挙動を為したる人あり□は誰れとなす我か

明治法律学校の恩師たる宮城浩蔵君の挙動即ち是れなり君ハ夙に司法省官費法学生に抜擢せられ業終ハりたる後官又君を抜擢して仏国巴里の大学に留学せしめたり君彼の地に止まり苦学すること実に三四年遂に業成りて法律学士の称号を受け皈朝の後司法省に職を奉し尋て我か国法律学の尚ほ幼稚なるを憂ひ岸本辰雄矢代操西園寺公望君等の諸氏と共に明治法律学校を有楽町に興したり当時は今を距ること十年以前なるを以て日本全国民中法律学を知る者少く当時君等を措きて他に其人あるを知らざりしなり然れとも君等は勉めて法律学を教授し殊に宮城君ハ刑法の講義を受持ち未た人の知ること能ハさる理論を述へられたれは其名声早くも法律社会に籍々として或は代言人諸氏の嘱托を受け或ハ警官練習所等の嘱托を受けて刑法を講義せられ又或るときハ刑法の原理を陳へたる書物を著はして世を益せり殊に明治法律学校に於て其生徒に教へられたる刑法講義は其書大に世に行ハれ其売高壹万部に至り版亦七八回を重ぬるに至りしと聞く此の如く刑法学に就てハ秀抜の名声を得られたるを以て刑法と云へバ宮城君の書物を措きて他に之れあるを知らさる者、如く凡そ代言人と為りたる者又判事登用試験に依りて判事と為りたる者其十中八九ハ君の書物を読まさる者なく従て君の恩徳に依りて合格を得たる者なり嗚呼又君の刑事学に於ける効能大なりと云ふ可し鈴操子曾て某裁判所に奉職せしとき庁中刑法の解釈に関して議論沸騰し甲論乙駁仲々何時果つ可くもあらざりしが論客の一人宮城君の刑法講義を手にして曰く諸君臆測の議論を止めよ宮城の刑法に依て論決を付けんと茲に於て宮城君の刑法講義を読み遂に其通りに決を取りたることあるを見たり堂々たる判事然かも天皇陛下の名に於て裁判を為す所の法官が宮城君の講義に由て決したるを見れば則ち君の刑法講義の勢力其大なることを知るに足るなり

君ハ曾て大審院の判事に任せられしことあり大審院に在りて上告事件を判決せられ間もなく司法省参事官と為り又司法省参事官と為りて刑法治罪法の改正案取調へに従事し又民法商法訴訟法の取調編纂委員となりて専ら全力を此に尽されたり就中来年一月より施行する民事訴訟法ハ君の独任すりう所にして始終取調編纂せられたるものなりと云ふ去れは民法商法の如きは草案註釈書あるを以て人々稍々之を解することを得るも訴訟法に至てハ註釈書なきにより勢ひ

取調委員の力を仮らざるを得ざるに至れり又是非もなき事なる哉

聖天子ハ予期の如く去る七月一日を期して国会議員を選挙せられたり是れより先き山形県の有志者宮城君に望みを属し是非共山形県より国会議員に選出せんと或ハ書を寄せ或ハ態々人を馳せて屢々君が該候補者たることを諾するや否やを促せり君茲に於て断然冠を掛け議員候補者たることを承諾し山形県に滞在すること数十日遂に大多数を以て勝利を得たり君の去就実に活潑勇壮にして秩序ありと云ふ可し該選挙終はるの後東京に帰へり今度代言事務所を京橋区鎗屋町十三番地に設置せられぬ君ハ政府に在りては法律の編纂取調及び重要の諮問に応するの任を全ふし退ては国会議員と為りて国民の利害を攻究し併せて官民の間に立ちて権利を伸張せんとす其挙動真に司法温公の言に似たり君は是れより訴訟事件を自ら取調たる所の法典に適用し以て事件を裁判所に争ハ、其訴訟人便益を与ふること決して鮮尠にあらさるなり鈴操子君の挙動に付き感する所あり予と感を同ふする者に告くと云爾

「宮城浩蔵氏」

『神戸又新日報』第一九二三号、明治二三年九月二七日発兌

先頃山形県より衆議院議員に撰挙せられたる同氏は今度東京京橋区鎗屋町十三番地へ代言事務所を開きたるが氏は曽て仏国巴里の大学校に於て法律学士の称号を受け帰朝の後始審裁判所の判事又は大審院の判事と為り尋で司法省参事官となりて近頃まで刑法治罪法の改正案及び民法商法訴訟法等の取調編纂に従事したるよしなり

「三代議士山田大臣の邸に会す」――『中外商業新報』第二六一四号附録、明治二三年一二月六日発兌

末松三郎磯部四郎宮城浩蔵の三氏は昨五日午前九時三十分ヨリ山田司法大臣の官邸に会合して正午過る頃まで何事をか話談せられたり

「宮城氏二百円を醵出す」――『読売新聞』第四八五六号、明治二三年一二月二二日発兌

商法問題に大関係あり衆議院議場に在てハ准政府委員として大に予防弁護の労を執り熱心に断行説を主張せられし宮城浩蔵氏ハ今度商法実施断行論者の運動費として金二百円を差出したる由［二四日に訂正記事あり］

「法律家の集会」――『日本』第七六五号、明治二四年三月八日発兌

箕作麟祥、南部甕男、三好退蔵、名村泰蔵、松岡康毅、栗塚省吾、末松三郎、宮城浩蔵、板倉中の諸氏は去る五日の夜富士見町の富士見軒に集会を催せしか右は新法典実施の期に際して前途に横はれる種々の困難を排せんとするには大に法律家の結合を要すとの趣旨に出てしものにて重もに民法、商法の延期及ひ修正に反対するが為め講究籌画する筈なりと聞く

「宮城中村の二代議士自由倶楽部に加入す」――『読売新聞』第四九三八号、明治二四年三月一四日発兌

大成会員中村栄助氏及び宮城浩蔵氏ハ自由倶楽部へ加入したるよし

秋野篠田正作著『明治新立志編』――大阪鐘美堂、明治二四年四月一六日刊

宮城浩蔵氏

氏が家は世々天童藩主織田氏に仕へて重職に任ず氏幼にして家を継げり戊辰の乱朝廷織田氏をして奥羽征討の先導使となすに際し氏年僅に十五にして軍に従ひ勇胆を顕はして彼我両軍に知らる乱平ぐの後早く世態の変遷を察し武を棄て専ら文を学び又藩中子弟をして学に就かしめんことを勉め藩学養生館を再興して大に斯学の振興を謀る藩主これを賞し氏を擢でゝ東京に遊学せしむ氏是より仏蘭西学を修め司法省法律学校に入りて法律学を研究す明治九年業成るに方り司法省特に氏を抜擢して仏蘭西国に留学せしむ氏直ちに渡航してパリー及びリオンの大学に入り法律行政々治学の三科を修め苦学四年欧州政体の異同を観察し殊に仏国政海の動揺変遷に注意し政理の深蘊を探れり十三年リオン大学を卒業し仏蘭西法律学士の学位を得て帰朝す政府之に日本法律学士の称号を授く氏帰朝するに方り本邦の法律制度尚幼稚にして整はず且人民自由の尊むべきを知らざるを慨し之を振興せんには法律学を盛にし政治の思想を養生するの急務なることを感じ同志を募りて明治法律学校を設立し公務の余暇鋭意子弟の教育に従事す書生の就きて学ぶもの千余人卒業するもの已に四百余人の多きに及ぶ氏帰朝以来官に在ること殆ど十年累進して司法参事官となり位従六位

に至る然れども其素志民間に在て自由主義の拡張を謀らんとするにあるを以て遂に本年三月を以て冠を挂げ漸く其志望を達せんとするの道途に上れり氏は身を東北の僻地に起し現に社会の先導者となり後進を誘掖するを以て任となすに方り常に郷里を愛するの念最も深く奥羽士人の強健質朴にして事に耐るの能あるにも拘はらず毎に世人に嗤笑せらるゝを慨き之を挽回せん事を欲し身劇職にありて公務に遑なきをも厭はず尚郷里の書生を管督教養するを以て自らの任となせり故に仝郷書生にして氏の門に出入するもの常に数十人に下らず郷里の父兄も亦氏を景慕して子弟を托するもの甚多しといふ氏が如きは実に先達の士と謂つべきなり

「東京代言新組合総会」

『東京朝日新聞』第一九一八号、明治二四年四月二三日発兌

東京代言人新組合にてハ来る廿六日春季総会を開き会長改選を執行するよしなるが右の候補者として現はれしハ宮城浩蔵並に現会長鳩山和夫の両氏にて宮城氏ハ仏法学者なれバ明治法律学校の出身者味方となり鳩山氏ハ英法学者ゆえ東京法学院、東京専門学校の人々之を扶け昨今已に競争を始めたるよし

「正副会長及議長副議長」

『東京朝日新聞』第一九二一号、明治二四年四月二六日発兌

東京新組合代言人正副会長及議長副議長選挙ハ予期の如く昨日銀行集会所に於て行ひたる処其結果ハ左の如し

会　長　（百　七点）　宮城浩蔵

副会長　（九十五点）　丸山名政
議　長　（百　七点）　中島又五郎
副議長　（九十七点）　浦田治平

諏方武骨編『山形名誉鑑』上巻

——山形諏方武骨、明治二四年七月一六日刊

宮城浩蔵君（衆議院議員）

君嘉永五年四月十七日東村山郡天童に生まる父を武田玄々といひ君は其次男にして宮城氏は養家の姓なり宮城家天童藩主織田氏に仕へ世々重職に任ず君幼にして頴悟文を好み武を嗜み人称して奇材と為す藩学養生館に入り文武の道を講す修学怠らず嶄然頭角を露す藩主信学公大に其の奇材を愛し撰て養生館の句読師と為す時に年僅に十五戊辰の歳天下大に淆乱奥羽征討諸藩同盟して王命に抗す朝廷織田氏を奥羽征討先導使と為す君時年十七藩の監軍吉田大八の麾下に属し砲烟硝雨の間に苦楚辛酸を嘗むること数閲月大八殊に君の勇胆を愛し常に左右に従へて戦に臨みしと云ふ乱平ぐるの後藩主君に命じ庄内藩酒田に遊び雲州の衛戍兵に就き英式兵法を学ばしむ帰藩後師範役となり英式戎隊を組織す是の時に当り兵乱既に平ぐと雖も人心激昂し少壮ハ剱を磨し槍を横へ疎豪無頼を以て自ら高ふり殆んと文事を顧みず藩学之が為に廃絶せんとするに至る君即ち率先して藩学の振興を計る同志翕然之に応し藩主亦大に其挙を嘉す是を以て養正館再び隆盛を致し而して少壮復文事を修むるに至る君亦自ら養正館に寝食して専心漢学を講究し学殖日に進み藩内数百の学生君の右に出る者なし明治二年藩主君を擢て兵学を東京に修めしむ君藩主に苦請し更に仏蘭西語を学ぶ翌年政府貢進生の制を設け各藩をして絶群の士一人乃至三人を貢せしむ君乃ち天童藩の貢進生となる此制廃せら

る、に及び藩又命して大学南校に入らしむ已にして司法省明法寮に法律科を設置す先生転じて之に赴かんと欲す南校之れを許さず君同志と意を決し校を脱して之に赴く明治九年業を卒ふ司法省君に命じて仏蘭西国に遊び法律学を修めしむ君の仏蘭西に在るやパリー大学校に入り之を卒業し又リオン大学校に学びて之を卒業し前後留まること四年明治十三年六月仏蘭西法律学士の学位を荷ひて帰朝し同十七年十一月日本法律学士の称号を賜はる君の帰朝するや検事に任じ継で判事に転じ又司法省書記官に歴任し終に従六位奏任官三等に叙し司法省参事官に任ぜらる明治二十二年二月十一日憲法発布式の盛典に列し憲法発布記念章を賜はる是より先き政府法典制定の企てあるに当り法律取調報告委員となり久しく草案の編纂に鞅掌す民法商法訴訟法の頒布ある君与て力ありとす其他海軍主計学校教授を命ぜられ警官練習所教授の嘱托を受け代言試験委員を命ぜらる、等君が学得したる所を以て賛助翼成の功を致したること甚だ多しとす君官に在ること十年明治二十三年三月遂に冠を挂けて郷地山形県に帰り第一区衆議院議員の候補者に推選せられ大多数を以て当選す是れより先き君学友岸本辰雄氏等と計り東京に明治法律学校を設置す創設の初め甚だ微弱にして諸生僅に二三十名に過ぎざりしが君推されて教頭となり鋭意教授の労を執るに及び諸生の就学する者日に月に増加し前後十年間業を受くる者五千余人業を卒ふる者六百余人の多きに達す蓋し該校の文部省の特別認可学校となり府下有名なる法律学校となること君の力なり君実に講義巧みに刑法学に深遠なるを以て顕はる曾て司法省の命によりフォースタンエリー氏刑法大全オルトラン氏刑法原論の二大書を反訳す刑法大全は今既に梓に上ぼり世に行はる君又現行刑法の正条を詳解し刑法講義なる一書を著はせしが大に世人の好評を博し全国争て之を購読す前後改版五回に及び出版部数二万以上に及びたりと云ふ二十三年七月代言人の免許を受け東京新組合に入る本年会頭の改撰に際し君選まれて新組合代言人会頭と為る君官に在るの日法律取調報告委員として法典編纂に従事し功績多し因て本年三月勲六等に叙せらる

評曰　良驥九原に伏するや、確姿颯爽、黒鬣を振ひ碧蹄を掲げ、風に臨んで長く一嘶す、其の馬たる時、章父も

猶ほ之を馭し難く、神骨汚すべからずと為す、其の一たび霄漢に跨つて千丈の蒼龍と化し　天地冥々、風雨蓬々の裡、蜿々雷車に駕して紫電万閃の間に隠顕する時に到つては、白楽も眼眩し耳聾して又其の真相を弁ぜざるなり、君ハ夫れ良驥乎、君は夫れ神龍乎、蓋し其の朝に雌伏するの日と雖も、浩博富贍の鴻濡たり、碩学たり、領袖たり、以て我が奎運を啓沃し、我が大法を黼黻したる効績、測るべからざるものあり、況んや野に雄飛して鶱地政界の風雲に入り、其の長足健翮を試みんと欲するの今日をや、偃蹇磅礴、乾坤に蟠るの雄気を搏て直ちに天に逼らんと欲するの今日をや、嘻嗒、端倪すべからず、君造詣する所は容易に端倪すべからず

「自由倶楽部愈々自由党と分離す」『読売新聞』第五〇七八号、明治二四年八月一日発兌

第一期議会に於て硬軟の行掛りより自由党の硬派議員と分離したる軟派の諸氏ハ自由倶楽部なるものを設け自由党の事務所と相拮抗せしも板垣伯とハ旧来深き情誼もあるより今日迄ハ全く是迄の縁故を絶つに至らざりしが今般愈々自由党と分離する事に決し其分離したる主義目的を世に表白せんとて自由倶楽部の植木枝盛、三崎亀之助、新井毫、千葉禎太郎、宮城浩蔵、竹内綱の諸氏協議の上両三日中に木挽町の厚生館に於て政談演説会を開かんとして已に其準備も整ひたるより目下郷里に帰省中なる加藤平四郎、林有造等の諸氏へ急に上京を促したり而して在京の同倶楽部員ハ月曜日を以て同倶楽部に於て例会を開くの外各自の宅に於ても各其適合する政務調査を引受け頻りに之れに従事し居れりと云ふ

「丸万座学術演説会」『山形自由新聞』第三四三四号、明治二四年八月一九日発兌

一昨十七日ハ予て広告にも見へし通り小姓町丸万座に於て法治協会拡張の為め学術演説会を開きたり聴衆凡そ四百人計りありたりと雖て時刻至れば高澤佐徳氏開会の旨趣を述へ次に古川春策氏登壇法治国の下の吾人の法曹てふ演題にて演了し次に安達峯一郎氏は外交と法律と云ふ題にて演説中頃政談に渉るの恐ありとて臨監警官の注意ありたれども先づは無事に演了したり次に宮城浩蔵氏壇上に露れ出で一揖して満場を一瞥し新法実施の必要と云ふ演題に付き演舌したり流石は法律学士お職掌丈けありて法理の弁論講義めきて法学研究の書生連には多少得る所あるものゝ如く聞受たり

最初に憲法中に制定しあるケ条の内一二条を掲げて今に商法実施の急務なる所以を解き初期国会に於て延期に議決したるは或る一部の寵商を保護せんが為めに為たるものにして決して此議決は天下の与論と云ふ可きものに非ずと痛論したるとき忽ち聴衆の八方より演説の誹評湧出で場内頗る喧雑に渉りたれ共氏は程なく降壇したり当日は丸山督氏出席すべき筈なりしも病気の為め終に欠席したれば燈光暗淡の中に閉会せしは正に九時頃なりき

「仙台に於ける法治協会演説会」『読売新聞』第五〇九七号、明治二四年八月二〇日発兌

仙台市の代言人草刈、村松、藤澤等の諸氏ハ法治協会の趣旨を賛成し東京より同会員末松三郎、福原直道、城数馬の三氏を招き猶目下山形地方遊説中なる同会員宮城浩蔵氏及び藤澤、村松、草刈の三氏も之に加り来る廿二日同地に学術大演説会を開くと云ふ右に付末松、福原、宮城の三氏ハ明廿一日上野発の第一列車にて同地へ向けて出発する由

日下（柳昌軒）南山子編著『日本弁護士高評伝全』

誠協堂、明治二四年八月三〇日刊

宮城浩蔵君

学は博ならんよりハ寧ろ精ならんことを欲す才は滑ならんよりは寧ろ活ならんことを欲す学博にして精ならずんは粗漏の弊あり才滑にして活ならずんは繊巧の患あり粗漏と繊巧と皆な事理を深くし応用を全くする所以にあらざるなり夫れ法学界は広潤なり深遠なり而して其国民の罪辟を正し刑罰を定むるもの之を刑法とす故に刑法の寛厳精麤は直ちに民命の伸縮消長に関するものにして実に国家統治の一大典と謂ふへし然らは則ち之れか組織を立つるもの之れか運用を議するものは啻たに此学に精覈なるを要するのみならず又た其才の敏健活発なるを要す蓋し我代言人中才学に富むもの固より多し耽々虎視して同列を睥睨するもの双手の指を屈して尚ほ足らざるを覚ゆるなり然れとも此済々多士の間に屹出し特に刑法の学に精通し特に気力の活発なるを求むる時は想ふに宮城浩藏君の右に出づるものなからん豈に啻た代言社会のみならんや林の如く雲の如き我邦法学者中又た恐らくは君を以て巨擘となさゞる可からす君か其官を辞して民間に入るや重要なる弁護は多く君の手を経ざるなく且つ政府の嘱託を受け刑法改正案起草に従事したるか如きは誠に其所由なきにあらさる也世の君を称して刑律家の泰斗、日本のオルトランとなすもの豈に誣言ならんや豈に誣言ならんや

君は羽前天童の人家世々織田家の重臣たり君幼にして敏頴奇才あり稍々長するに及び藩学養生館に入り文武の道を修め嶄然衆生の間に頭角を顕はす時に戊辰の兵乱漸く治ると雖も尚ほ動もすれば殺気天に横はり腥風起らんとす故に藩中少壮の気風も亦自から武事に傾き剣戟を是れ事とし疎豪無頼を喜び謹勅温順の士を斥け文事の如きは殆んと措て顧

みす君窃かに之を憂ひ奮然同輩を諭して曰く――世は既に王制復古となり是れより天下将さに泰平無事に帰し武道の如きは最早や処世の具にあらざれば宜しく文事を研ぐべし――と自から率先して既に衰頽せし学館の再興を計る是に於て乎同志翕然として之れに応ぜり藩主亦大に其学を嘉みし資金を投じて之を助く而して君学館にありて汲々漢学を講じ業大に進み卓然として傑出せしか遂に藩主の抜擢する所となり東京に遊学するの幸を得たり

君専ら仏蘭西学語を学び司法省の法学生徒となり明治九年八月業成り司法省の命を受け仏国に航しパリ及ひリオンの大学に入り法律行政政治の三科を修め而して其最も傾注専攻して深奥を極めたる学科は刑法学にありと云ふ君尚ほ学校にありと雖も常に欧洲の大勢に目を注き政体の変遷より人民向背の因て起る所を考究し又た仏国政海の変動極りなき原因を探り時に或は鴻儒碩学の門を訪ふて政理の玄幽を叩き又た政事家を尋て政略の要訣を問ふを以て楽となせり留学四年リオン大学を卒業し法律学士の称号を帯び十三年六月帰朝す

我政府ハ君の帰朝するや其才学を法律編纂の事業に用ゐんと欲し直に司法省に出仕せしむ或は大審院判事となり或は司法書記官となり或は司法参事官となり始終司法部内にありて先づ刑法治罪法草案の修正に従事し其効終りて民法商法訴訟法の取調編纂委員となりて専ら全力を此に尽くし殊に民事訴訟法の如きは其の独任する所なりと云ふ而して判事登用試験委員及び代言人試験委員の如きは毎歳其任を受け高等文官試験委員の如きも亦任ぜり君此の如き多端の職務にありながら尚ほ法律の普及を計らんと欲し岸本辰雄矢代操西園寺公望等の諸氏と共に明治法律学校を創立して大に法学生を養成す今や其業を卒へ判事検事代言人となりたる者五大法律学校中最も其多きを占む而して君は始終刑法講義を担当し人の未だ知る能はざる理論を闡明し疑義を解剖すること鑿々として掌を指すが如し故に刑法学者の名籍々として朝野の間に喧しく或は代言人諸氏の嘱託を受け或は警官練習所の依頼を受けて其講義をなすに至れり而して刑法講義の書も亦大に世の好評を博し改版七八回を重ね部数一万以上に達せりと云ふ聞く其地方裁判所に於て曾て刑法解釈に関して議論沸騰し甲論乙駁容易に決せざりしが一人宮城君の刑法講義を手にして曰く――諸君憶測の議論

を止めよ宮城氏の刑法講義に依て決定を附せん――と遂に君の説に決したることありしを以て君の刑法講義の勢力甚だ大なりしを知るに足れり

君の政治主義は吾人之を知る能はず然れども曾て大同団結に加はり運動をなしたるを見れば亦全く政党に関係なきにもあらず大同団結散じて小同団結をなせり君は尚ほ独り大同主義を守る乎将た之を去りし乎死せる大同団結の骨は尚ほ後藤伯の邸中に残りしも再び活人たらしむる能はず然らば則ち君の大同主義も最早や棺中のものとなれり是れより其選む所の主義は自由乎改進乎将た国民乎寧ろ昂然政党以外に立て国利民福を主とし而して冤を解き屈を救ふを以て足れりとする乎君は我国会代議士の錚々たるのみならず学者社会の巨人なれば其政党の去就離合に関しては何人も属目する所なるべし請ふ君政海の情人をして気を痛ましむる勿れ

郷里山形県の有志者大に君に望を属し国会議員に選出せんと欲し其慫慂止み難く遂に二十三年三月断然冠を掛け候補者となり大多数を以て当選せられ其国会に臨むや鉄中の錚水中の精三百議員の間に超然卓絶すと雖も未た其抱負を充分に顕さゞるが如し蓋し鷙鳥の将さに撃たんとするや先つ其翼を収むと君小に屈して大に散せんとする乎

活発なるものは粗暴に陥り易く温厚なるものは柔弱に流れ易し能く活発にして能く温厚に所謂る磊落にして謹勅を兼ぬるものを覚むるに世幾んと其人稀れなり君の如きは私にして交るときは醇々懇々弱者を憐れみ幼者を愛し人をして景慕已む能はざらしむ然れども言はんとする所あるに至ては豪邁の気、雄快の弁、縦横溢出して抑圧すべからず以謂る仁に当ては師に譲らず義の為めには親疎を論ぜざるもの歟

君久しく官海にありと雖も質剛気鋭寧ろ民間の活発なる業務に適せり且つや人に接する叮嚀切実又た能く人をして其情実を尽さしむるに足るを以て其一たび代言事務所を京橋区鎗屋町に開くや依嘱の詞訟事件積て山をなすに至れり同業者の信用亦厚く新組合の諸氏君を迎て会長の椅子を譲れり君又頗る弁論に巧みなり其講義室にありて法理を弁じ公会にありて議論を戦はすや時に直截簡明なる炳日の如く時に迂余条達なる源泉の如く人をして思はず拍手感動せしむ

るの妙あり故に其反対者と雖も往々君の説を聴て自説を改むるものありと云ふ衆議院に於て商法実施延期論の出るや君先つ正反対に立て滔々延期説を駁す言々骨力、声々気魂、猛然たる延期論者も為めに披瀝せんとせしことは今ま尚ほ人の耳目に存せり

夫れ士の世に処するや朝に入り野にある其欲する所に従ふて進退を決するのみ何ぞ其官野を問ふに足らんや唯た其時の宜しきを尚ふ矣宮城君の処世を見るに何ぞ夫れ去就を決するの鋭にして進退を定むるの敏なるや君の官に入るや我法典編纂の最中にして法律家の伎倆を顕ハす時也故に効顕ハれ名起る其去るや法典編纂の事業既に結了し復た為すへきことなし於是乎平民間に下て代言の業に従ふ豈高見の士にあらずんば焉ぞ能く茲に至らんや

「少し奇怪な人民」――『東京朝日新聞』第二一〇九号、明治二四年一二月一一日発兌

岡山兼吉氏商法を施行すれバ現今の諸会社ハ破産すべしといふや宮城浩蔵氏之を駁して法律を以て是等の事を取締ることが出来ぬならバ日本人ハ少し奇怪な人民なるべしと奇語を放つて人耳を惹けり

「宮城代議士の一語永井代議士を首肯せしむ」――『扶桑新聞』第一三六五号、明治二四年一二月一三日発兌

商法を施行せば商業社会一大恐慌を来すべしと永井松右衛門氏演了するや宮城氏反駁して曰く商法を実施して商業社会恐慌を来すとは近頃奇怪なる説なり商法施行なきが為め会社議員が拘引せらるゝ事こそ起れりと痛切に言放つや永

井氏首肯して語なし

伊東洋二郎著『国会議員百首』名古屋静観堂、明治二四年一二月刊

日本第一法律大家の称ある君ハ元羽前天童藩士なり明治三年大学南校に入り仏蘭西学を修め後ち司法省に出仕し同九年政府の命に依り仏国に留学し巴里或ハ里昂大学に入り苦学五年にして学士の称号を授りて帰朝するや外務書記官に任し再び仏国公使館詰となる後ち判事検事参事官等を経任し正六位ニ徐せらる下の歌ハ君始めて羅馬律を繙きし時に詠し者なり

千歳までのこる羅馬の法のふミひらきていまそたふときをしる

「宮城浩蔵氏」『読売新聞』第五二一七号、明治二五年一月五日発兌

氏ハ撰挙区山形県に出発する為め昨日上野発の一番汽車にて岡田玄壽氏と共に出発せし由

「重野謙次郎氏宮城浩蔵氏に意中を明かす」

『読売新聞』第五二二三号、明治二五年一月一一日発兌

前日の紙上に重野謙次郎氏が山形県第四区の候補者となりて切て出づる由記せしが元来同氏ハ前年の撰挙に同県第一区に於て宮城浩蔵、佐藤里治の両氏と競争し遂に失敗せしことありて今回も或ハ第一区より切て出づるにハあらずやと疑ふものもあれど重野氏が第一区より第四区に転ぜしこと愈々確実となりしと云ふハ即ち重野氏が宮城氏と其の事に就て直話せしこと是なり今その談話の顚末を略記せんに宮城浩蔵氏ハ去る四日上野発の一番汽車にて帰県の途に就れしが図らずも重野謙次郎氏と同車せり左れバ車中にて四方八方の雑話より政治上の談話を試みつヽ汽車の進行に任せしが其夜仙台停車場に降り立ち国分町針久方に宿泊したるに重野氏も亦同家に宿せしとぞ斯くて旅装を解き晩餐を済せし頃重野氏ハ宮城氏の室に入り来りて扨言ふやう今回議会の解散に就てハ拙者ハ候補者となるの念慮を断ち居たるに丸山督氏頻りに第四区を譲らんと切言し北村山郡諸有志も亦た同区内より推選せんとのことを頻々勧誘し来れり依て諸氏の切なる懇情に黙止し難く今回更に意を決し第四区より切ッて出づるの決心を以て帰県の途に着きたるなり一昨年ハ第一区に於て貴君と競争の地位に立ちたれバ自然不穏の挙動もありたるならん無礼の段ハ幾重にも寛恕あれ云々と懇談ありしと云ふ左すれバ重野氏が第一区の選挙地を辞して第四区に転戦せらるヽの決心ハ最早確実と云ふべし

「山形県第一区民党の候補者」

『読売新聞』第五二三一号、明治二五年一月一九日発兌

山形県会議長にて民党の重野謙次郎氏ハ同県第四区の前代議士丸山督氏が候補を譲りたるに付き同区より切て出でん

とせしに其の後事情ありて氏ハ丸山督氏と共に同県第一区より切て出で佐藤里治宮城浩蔵両氏と候補を争ふと云ふ

「宮城浩蔵氏第四区に向つて応援す」――『山形日報』第五二七号、明治二五年二月一二日発兌

今や正義会派の勢力ハ激浪怒濤の雪山を捲き銀岳を顛し来が如くに各区に於ける自称民党の人々は屏息蟄居し又一人の頭を擡ぐるものなく開票の暁に至らば中原の鹿は悉く正義会派の手に帰すべきは必然の数なるのみ殊に第一区の如きは大勢既に確定し彼れ破壊派の矢も鉄砲も立つべきものあらず故に一区の候補者宮城浩蔵氏ハ更に進で一区と四区との間に有路無路せる彼れ雨天秤の疫病神をして未来永劫浮む瀬なからしめんと去る九日を以て佐藤啓、柏倉頼豊の両氏を随ひ第四区に向つて応援の為め出張せられたり先づ第一着として同区の堂々たる有志家斡旋の労を取り同日午後五時より楯岡村島屋方にて開会したり、会するもの選挙資格を有する人々のみにて九十有余名其他の有志数十名にして頗る盛大なる集会にてありし座定まるや梅澤了三氏設けの演壇に上りて開会の主旨を演説せられ次に佐藤啓氏ハ彼れ自称民党の眼中毫も日本国家なしとて例を挙げ実を証し剴切痛快なる弁論を試みたり最後に宮城浩蔵氏ハ第二期帝国議会解散に付その意見を詳細に陳述し彼れ自称民党の候補者ハ決して甘じて国事を代表する者にあらずと論断せられ大に会員の感動を惹起したる者の如し右了りて酒宴を開き満酌痛飲正義会の万歳を唱へて散会したるは午後九時なりき

「宮城小僧と佐藤座頭治」

『読売新聞』第五二五三号、明治二五年二月二三日発兌

山形県第一区上の山撰挙開票所にて立会人が一々投票を読み上げし中に被選人宮城小僧（浩蔵の附会）佐藤座頭治（里治の附会）と書きたる二票ありしと而して小僧、座頭治共に当撰したり選挙者の得意想ふべし

「東村山郡に於ける慰労会」

『山形日報』第五三八号、明治二五年二月二五日発兌

一昨廿三日宮城、佐藤の両代議士には東村山郡天童町仏向寺に両郡有志者二百余名を招待して慰労の祝宴を開かれたり、時に午後第二時渡邊百三郎氏起つて開会の主旨を陳べ更に政府の不完全なる点を挙げ又第一第二の議会に於る代議士を見るときは一も立憲政体を運用する挙動を為せし者なかりし云々と論じたる末選挙人諸君は宜しく善良の候補者即ち官民の中間に立て荷ふに堪ゆべきの人物を選挙するの注意なかるべからずと演了し、次は久しく庄内地方へ出張し当日帰り来りし佐藤治三郎氏は「酒田土産」との演題を以て全地方に於ける選挙人の純良質朴なる有様を陳べて第一区内選挙人の注意を促がしたり、次は佐藤代議士先づ今回再選挙の栄を得しは単に同志諸君の賜ものなりとて数十日来の労を謝し更に既往に鑑みて大に国家に尽す所あらんとするの決心は倒るゝも猶ほ已まずと宣言し中段地方は国家の基礎なることより幸に全管内着実同感の士の当選を見るに至りたる上は第一着に地方腐敗の空気を一洗して直接人民に利害の関係を及ぼす所を顧み充分に地方の基礎を堅固ならしむることに尽瘁すべし云々と演ぜられ次に宮城代議士は（前言略す）目下の大勢ハ飽まで厳正中立にして真正に国家を愛し人民を愛する同志者と相提携して立憲政体の美を奏ぜざるべからざるの時なれば之が為めには身命を擲つて尽力するの決心なり云々今日の自由党改進党は私

党にして決して公党にあらざれば力めて之が排撃を為さゞるべからず否らざれば遂に能く国家を保つ能はず云々と演了せられ後祝宴を張り各歓を祝し万歳を唱えつゝ退散せるは同六時頃なりしと同夜東村山郡議事堂に於て、帝国農家一致結合加盟員村山四郡の実業家懇親会ありて両代議士の招待ありしも宮城代議士は事故あつて之を断はられ佐藤代議士のみ之に臨席せられたり席上仝代議士は一場の演説を為せり其要領は国家の文明は富の力を以て之れを買はざるべからず富力は之れ殖産興業に依らざれば亦之を得られざるなり故に我日本は気候、風土の点より見るも殖産興業を措いて又他あらざるべし然るに近来不生産的即政治熱に狂奔して国民の衰弊を来すは実に憤嘆の至りに堪ざるなり云々とて殖産興業は今日の急務なれば充分に之が挽回を謀らざるべからざることを演了し其席に於て直ちに同会員に加盟せられたりと云ふ

「千歳館に於ける懇親会」今回再選の栄を得られし宮城、佐藤の両代議士には昨二十四日午後二時より七日町千歳館に於て山形市及ひ南村山郡の重立ちたる有志者百数十名を招聘して盛大なる慰労会を開かる、其の実況は次号に掲載すべし

「宮城代議士の帰京」宮城代議士は本日六代議士と会合し向後の運動上に就き協議を凝されし上、明日早朝当地を出発し関山越にて帰京さるゝ筈なり

「西郷村に於ける両代議士当選の祝賀会」

今回臨時総選挙に就ては我が羽陽正義会の全勝に帰したるを以て南村山郡西郷村にては船越与五郎、富士利吉、大場金六の諸氏会主となり、同村大字細谷後藤渡蔵方に於て宮城、佐藤両代議士の為めに祝賀会を開く同家の前には痛言壮語を大書したる旗幟を飜し、会場の準備既に整ひたるを以て同村諸有志五十余名来会せり、席定るや大場金六氏「開場の主旨」を述べ、次に有志諸氏数番の演説あり、高談壮話の間に善後の策を画し、後ち　天皇陛下万々歳、宮城佐藤両君万々歳、羽陽正義会万々歳を三呼し拍手喝采の間に退散せしと云ふ、同日秋葉子は左の如き発句を詠ぜし

とぞ

　山を抜く力尊し初日の出

「西里村大懇親会」

去る二十一日西村山郡西里村にては逸見惣助、佐藤秀三の両氏会主となり、宮城、佐藤両君の再選を祝さんが為めに大懇親会を永昌男寺に開く、山門前に緑門を飾り、国旗を交叉し、「正義会大勝利」「佐藤宮城両君万々歳」と大書したる旗幟を翻せり、午後九時頃より同村有志逸見庄左衛門、本木林兵衛の諸氏外五十余名来会す、最初に逸見惣助氏正義会大勝利、佐藤、宮城両君万々歳を唱ひ、次きに逸見庄左衛門氏演壇に立ちて着実の手段に依りて国家の進運を謀らざるべからざるの理由を醇々説き去り、後ち酒杯を傾け胸襟を開き談話を尽して退散したるは午後六時なりしとぞ

「宮城浩蔵氏売卜者の先見に服す（明治紳士ものがたり）」——『読売新聞』第五三三五号、明治二五年五月一五日発兌

宮城浩蔵氏官命によりて仏国に遊学せんとす戯れに売卜者に就て身事を問ふ売卜者筮竹を執り考一考して曰く「君ハ近々旅行せらるべし、併し旅行中大に金に窮することあらん」と浩蔵聞て思へらく旅行の事ハ能くも当てたり然れども吾れ官費を以て洋行す豈金に究することあらんやと、日ならすして仏国に航し遊学数月学費概ね交際の為めに尽き又奈何ともするなし浩蔵初めて売卜者の先見に服す

「宮城浩蔵対三崎亀之助」『読売新聞』第五三六二号、明治二五年六月一一日発兌

宮城氏ハ屈指の法典断行家、而して三崎氏ハ是れ延期論者の翹楚たるもの、宮城氏ハ安部井氏に次で実行説を述べ三崎氏ハ宮城氏に次で延期説を述ぶ好対手と云ふべきなり今日の見物ハ実に二氏の取組みにあるなり

「宮城氏弁護を辞す」『東京日日新聞』第六二一四号、明治二五年七月三日発兌

元巡査山田實玄の養母殺し被告事件は昨日開廷したるが同人は予審中に警視庁二局へ渡され同局に於て一々白状に及びたれば公判に附せらるゝに方り最早弁護すべき余地なしとて弁護人宮城浩蔵氏は弁護を謝絶せり氏は曰ふ元来予審中に被告を警視庁へ廻したるは制規に反するのみならず且つ被告は警視庁に於て拷問に遇ひ已むを得ず白状したりと申出でたるに付き証人として監獄医及石川島囚徒を召喚せられんことを請求したれども裁判官は一切斥けて許さゞりし斯くては弁護の道なしとて其の場にて直ちに解任届を為し袂を払つて公廷を立ち去りしと云ふ

「養母殺し實玄と宮城浩蔵氏」『読売新聞』第五三八四号、明治二五年七月三日発兌

昨日公判を開きたる元巡査山田實玄の養母殺し被告事件に付てハ弁護人宮城浩蔵氏が半途にして解任届をなし憤然として立去りたる由なるが今其次第を聞くに元来同人ハ第一回の予審に於て免訴となりたる後更に又た起訴を受けて予

審に廻され三回程調べを受たるに如何なる理由か予審より警視庁へ廻し二局にて審問したるに三四月頃より残らず白状し予審へ戻りて同じく白状をなしたるより予審終結して公判に附せられたるものにして既に予審に於て綿密に白状せるより今ハ弁護すべき余地なく宮城氏も一旦ハ其依頼を謝絶せしかど予審半ばに警視庁へ廻したるハ成規に違へる処置且實玄より警視庁に於て拷問をなしたるが為めに痛苦に堪ずして陳述をなしたりとのことを聞き且之が為め二局より帰監せしとき手足痺れ痛て自由を欠き夜に入りて縊れ死なんとしたるも身体意の如くならずして果さゞりし事ハ目下石川島にある同監者の目撃し居る所にして警視庁の医師より薬を受けたることもありなと申出でたるを以て宮城氏も左様の次第なれバ弁護して見るべしとて之れを引受け昨日公判廷に於て前記の医師と囚人とを証人として召喚あらんことを請求したるに裁判官ハ一切斥けて許さゞりしにぞ宮城氏も然らバ最早弁護の道なしとて其場にて解任届をなし袂を払て公廷を立去る際被告實玄ハ潸然涙を流して氏の袂に縋り只管哀を乞ひしといふ去れど拷問の事ハ今の世にあるべき話にあらねバ其事実ハ素より信じ難し

松本徳太郎編『明治宝鑑』

――松本徳太郎、明治二五年九月刊

○山形県［議員定数六人］

第一区　従六　宮城浩蔵　齢三九、一〇　○山形士族、所二七北村山郡天童町

君ハ羽前天童ノ人ニシテ嘉永五年四月生ル、戊辰ノ役監軍吉田大八ノ麾下ニ属シ乱平クノ後庄内藩酒田ニ遊ヒ雲州ノ衛戍兵ニ就キ英式兵法ヲ学フ、帰藩後師範役トナリ英式戎隊ヲ組織ス○明治三年藩ノ貢進生トナリ次テ大学南校ニ入リ又司法省明法寮ニ学フ○明治九年業ヲ卒ヘ仏国ニ遊ヒ法律学ヲ修ム○十三年仏蘭西法律学士ノ学位ヲ受ケテ帰朝ス、

後チ検事判事司法省書記官等ニ歴任ス、是ヨリ先キ政府法典制定ノ企テアルヤ草案編纂ニ鞅掌ス〇二十三年辞職ス帰郷ノ後羽陽正義会ヲ組織セリ

「東北組挙て同盟倶楽部に入る」『読売新聞』第五五二二号、明治二五年一二月二日発兌

此程来同倶楽部に会同の噂ありし東北組ハ先きに柴四朗氏入会し尚一昨々日に至り宮城浩蔵・斎藤良助・藤澤郁之助・村松亀一郎・斎藤善右衛門・工藤卓爾等の東北組代議士ハ挙て同盟倶楽部に加入したり

【葬儀広告】『毎日新聞』第六六七一号、明治二六年二月一五日発兌

衆議員議員勲六等法律学士宮城浩蔵義病気ノ所養生不相叶逝去致候間此段生前之辱知諸君ニ御報道申上候

但来ル十六日午后二時築地一丁目十六番地自宅出棺谷中天王寺墓地へ仏葬式ヲ以テ埋葬致候

　二月十五日

　親戚　長谷川直則、武田義昌、武田荘三郎、高橋元次、宮城岩次郎

　友人　原田　務、岸本辰雄、磯部四郎、齋藤孝治、熊野敏三、亀山貞義、佐藤里治

本校創立員宮城浩蔵君予テ病気ノ処療養不相叶本日逝去被致候ニ就テハ来ル十六日午後二時築地自邸出棺谷中墓地へ

埋葬被致候間此段本校校友生徒諸君ニ御報知致候也

但埋葬当日ハ築地二丁目四十番地塩入太輔氏宅ヲ校友生徒休息所ニ取極メ候間此段申添候也

二月十四日

明治法律学校

「宮城浩蔵氏逝く」『郵便報知新聞』第六〇九八号、明治二六年二月一五日発兌

法学社会に錚々の聞へ高かりし山形県第一区撰出代議士仏国法律学士宮城浩蔵氏は曩に病を獲、爾来専ら療養中の処ろ薬石効なく終に一昨十三日午前十一時を以て溘焉永眠したり前には松野貞一郎氏を失ひ今又た氏の訃音に接す法学社会の為め惜みても尚ほ余りあり嗚呼悼むべき事どもなり氏の遺骸は同日午後赤十字社病院より引取りたるが葬儀は明十六日午後二時を以て谷中天王寺共同墓地へ埋葬する由なり

「宮城浩蔵氏逝く」『都新聞』第二四三〇号、明治二六年二月一五日発兌

法学社会に錚々の聞え高く山形県第一区より撰まれて代議士となりたる仏国法学士宮城浩蔵氏ハ予て病気に罹り療養中なりし処薬石効なく一昨十三日［午］前十一時を以て終に永眠したり曩にハ松野貞一郎氏を失ひ今又氏の訃音に接す法学社会の為め惜みても尚ほ余りあり

「衆議院の弔詞」『読売新聞』第五五九八号附録、明治二六年二月一六日発兌

衆議院議員宮城浩蔵氏の長逝に付衆議院ハ昨日左の弔詞を其遺族へ贈りたり

　衆議院ハ議員宮城浩蔵君の長逝を追悼し恭しく弔詞を呈す

「宮城浩蔵氏逝く」『東京日々新聞』第六三九三号、明治二六年二月一六日発兌

法学社会に錚々の聞え高かりし山形県第一区選出代議士代言人仏国法学士宮城浩蔵氏は予て腸窒扶斯に罹り療養中なりしが薬石効なく遂に一昨十四日逝去したり曩には松野貞一郎氏を失ひ今又た氏の訃音に接す法学社会の為め悼惜に堪へず今氏の履歴を聞くに左の如し尚葬儀は今十六日午後二時仏葬式を以て谷中天王寺へ埋葬するよし

　宮城浩蔵君小伝

氏は嘉永五年四月十七日山形県天童藩に生る父は武田玄々、同藩の殿医たり氏故ありて宮城家を嗣ぐ宮城家は天童藩の重職なり氏幼にして頴悟好文嗜武人以て奇材となす夙に藩学養正館に入りて文武の道を講し修学怠らず嶄然頭角を露す藩主信学公擢んで、養正館の句読師と為す時に年僅に十五、戊辰の歳天下大に乱る奥羽諸藩同盟して王命に抗す朝廷織田氏を奥羽征討先導使と為す氏時に年十七、藩の監軍吉田大八に属し従軍数閲月、大八殊に氏の勇胆を愛し常に左右に従へて戦に臨めり乱平ぐの後藩主氏に命じ庄内藩酒田に遊び雲州の衛戍兵に就き英式兵法を学ばしむ氏帰藩の後師範役となり英式戎隊を組織す是の時や兵乱既に平ぐと雖も人心激昂殆んど文事を顧

みず藩学之が為めに廃絶せんとす氏乃ち率先して藩学の振興を計る養正館依て以て再び隆んなり明治二年藩主氏を擢で、兵学を東京に修めしむ氏藩主に懇請し更に仏蘭西語学を修む翌年政府貢進生の制を設くるや氏天童藩の貢進生となり其後大学南校に入る已にして司法省明法寮に法律科を設置す氏之に転ぜんと欲す南校之を許さず氏乃ち意を決し校を脱して之に投じ明治九年業を卒ふ司法省氏に命じて仏蘭西国に遊ひ法律学を修めしむ氏同国に留ること四年明治十三年六月仏蘭西法律学士の学位を帯びて帰朝し同十七年十一月日本法律学士の称号を賜はる氏の帰朝するや検事に任じ尋で大審院判事に転じ又司法省書記官に任じ従六位奏任官三等に叙し司法省参事官に任ぜられ明治廿二年二月十一日憲法発布式の盛典に列し憲法発布紀念章を賜はる是れより先き政府法典編纂の企てありしや氏久しく之に鞅掌し大に与て力あり勲六等に叙せられ且賞与金六百円下賜せらる其他海軍主計学校教授を命ぜられ警官練習所教授の嘱托を受け代言試験委員に命ぜらる文官普通試験委員に任ぜらる明治二十三年官を抛ちて郷地山形県に帰り第一区衆議院議員に選ばる明治二十五年二月の総選挙に於ても亦然り氏官を罷めて後代言人となり東京新組合代言人会頭となれり司法大臣より特に刑法修正案取調を嘱托せられ案を具して上申し大に大臣に嘉賞せらる是より先き学友岸本辰雄氏等と計り東京に明治法律学校を創設す当初学生僅に二三十人氏教師となり勉強して屈せず是に於て就学者漸く増加し前後業を受くる者七千余人業を卒る者七百余人の多きに至る氏講義に巧みに刑法学に精し其の刑法講義の如きは改版五回出版部数二万以上に及ぶ氏死する年僅に四十有四

【会葬御礼】

『毎日新聞』第六六七三号、明治二六年二月一七日発兌

宮城浩蔵送葬之節ハ遠路御会葬被成下難有奉存候右御礼申上候也

二月十七日

親戚　長谷川直則、武田義昌、武田荘三郎、宮城岩次郎

「宮城浩蔵氏の死去を祝するとは何事ぞ」――『朝野新聞』第五八二八号、明治二六年二月一九日発兌

山形県には正義派と自由派とありて年来互に楯を築き鎬を削り先きに国会議員総選挙の事あるに当り宮城浩蔵氏は正義派の候補者となり現自由党幹事重野謙次郎氏自由派より撃つて出でしに宮城氏再選せられて脆くも重野氏の失敗となりしかば自由派は腕を撫して泣寐入りとなり居りしに此の度宮城氏不幸にして病没したるの報に接し自由派の一味は手を打つて喜び重野氏の宿望達して多年の怨恨を霽すべきの機会至れりと勇み立ち山形市四山楼に大祝宴を開きて歌吹管絃歓声暁に達したりといふ是れさへあるに東京なる重野氏も宮城氏が赤十字社の病室に在るの時より屢々人を遣りて病状を候はしめ其訃音を得るに及んで於戯快なりと絶叫し直に書を其撰挙区に裁し又自由党事務所に立寄りて何事か密談したり帰宅後満を引いて大酔したりと伝ふ吾人は重野氏が宮城氏と師友の旧縁あるを聞き又氏が公敵を以て私交を破らざるの胆識あることを知るを以て未だ容易に此事を信せず

雑報「法界二将星落つ」「宮城氏」――『法学新報』第二三号、明治二六年二月二〇日発兌

二将星を黄泉に引く法界亦た万丈の光芒を失す一を松野貞一郎君と為し一を宮城浩蔵君となす松野君英の文を表し

宮城君仏の華を揚ぐ共に命世の大器、松野君朝に在つて民情を按し宮城君野に馳せて冤枉を暢ぶ亦た共に法門の驥騏、庠序に出入し道を説き教を垂れ数千の青衿をして進達の路を得せしめたるは英仏両派の主動者として二者共に推尊せさる可からす今や此二大将星落つ衆星亦た向ふ処を知らす只た蒼空を仰て長大息するのみ

嗟兮宮城浩蔵君も亦た長逝す実に松野君を吊するの後二日にあり涙痕未た乾かさるに此悲歎に接す我輩亦た為す処を知らす君の法学社会に於ける教師として状師として就中卓牢精英の学者として世に尽したるの功績豈に尠少ならんや刑法改正の議に参し立法の変理を輔ふか如き書を著はし嶄奇精妙の理を示めし校舎を起し奇駿逸足の材を養ふか如き一に世を利し人を導くにあらさるはなし君人と為り温雅宏量人争ふて其下風に立たんことを欲す今や法界風雨日に悪し、君に待つべきもの多かりしに忽焉龍に騎す嗟君を奈何せん将た後生を奈何せん惆悵転た惆悵、特に録して以て聊か江湖に介し惋惜の情を頒たんとす

佐々木忠蔵「先師宮城浩蔵先生略伝」『明法誌叢』第一二号、明治二六年二月二三日発兌

先生は実に予の恩師なり、且生れて其郷地を同ふす、故に予は特に先生の高蹟を詳にす、曾て人あり衆議院議員候補者列伝を編し、予に先生の略伝起稿を委托す、予乃ち簡単に一編を草して之に贈る、明治二十三年先生議員に当選するや、郷地の新聞先生の略伝を掲くるの要に接す、会々予筆を山形日報に執る、乃ち復先生の略伝を草して、之れに掲く、蓋し世間幾多の新聞雑誌に掲くる所の先生の伝は、皆其源を予の起草したる二篇に汲み、之を増減したる者なり、今也先生逝く、而して予筆を明法誌叢に執る、因て復大に修補して、此に掲載す、唯是れ先生の事蹟の一斑に過きず、若夫れ詳細なるものは、他日を待ちて編述せん、嗚呼往者の略伝は、方さに先生か候補に推され、議員に選は

る、の日に在り、故に予愉々怡々、意気揚々として筆を執る、今者の略伝は、先生か長逝不帰の時に際す、即ち歔欷流涕、嗚咽しつ、筆を執る、僅に是れ数年間、悲喜処を換へ、憂楽地を異にす、人事の変亦驚く可き哉、

明治二十六年二月二十一日

忠蔵謹識

先生は山形県羽前国東村山郡天童町の人なり、嘉永三年四月十七日天童に生る、父を武田玄々といふ、先生其次男たり、出て、宮城氏に養はる、宮城氏世々天童藩主織田氏に仕へ、重職に任す、先生天資英邁、幼にして文を好み武を嗜み、嶄然頭角を露はす、人以て奇材となす、既にして藩学養正館に入り、拮据励精業大に進む、藩主信学公大に其材を愛し、擢て、養正館の句読師と為す、時に年甫めて十五、戊辰の歳天下淆乱、奥羽諸藩同盟して王師に抗す、朝廷織田氏を奥羽征討先導使と為す、先生年十九、藩の監軍吉田大八の麾下に属し、苦楚辛酸を砲烟硝雨の間に嘗むること数閲月、大八殊に先生の勇胆を愛し、毎に左右に従へて戦に臨む、乱平くの後、藩主先生に命し庄内藩酒田に遊び、雲州の衛戍兵に就き英式兵法を学ばしむ、帰藩後師範役となり、英式戎隊を組織し、大に兵制を改革す、是時に当り兵乱僅に平き、人心尚ほ激昂し、剣を磨し槍を横へ、疎豪放縦自ら高ふり、殆と文事を委棄す、藩学亦将に廃絶せんとす、先生乃ち率先藩学の振興を計る、同志翕然之に応す、是を以て養正館再ひ興り、少壮復文事を修むるに至る、明治二年藩主先生を擢て、兵学を東京に修めしむ、先生藩主に懇請し、更に仏蘭西語を学ふ、翌年政府貢進生の制を設け、各藩をして絶群の士一人乃至三人を貢せしむ、先生乃ち天童藩の貢進生となる、此制廃せらるゝに及ひ、藩又命して大学南校に入らしむ、時に司法省司法寮に法律科を設置す、先生転して之に赴かんと欲す、南校允さす、乃ち意を決し校を脱して之に赴く、明治九年業を卒ふ、司法省先生に命して仏蘭西国に遊ひ、法律学を修めしむ、留まること四年、パリー大学に入り、又リオン大学に学ひ、並に之を卒業し、仏蘭西法律学士の学位を受く、十三年六月帰朝、検事に任し、判事に転し、司法省書記官に移り、後従六位奏任官三等に叙し、司法省参事官に歴任す、十七

年十一月日本法律学士の称号を賜はる、二十二年二月十一日憲法発布式の盛典に列し、憲法発布紀念章を賜はる、是より先き政府法典編纂の挙あり、先生法律取調報告委員に任し、起案に鞅掌す、民法商法民事訴訟法の成る、先生与りて力あり、二十四年三月其功績を以て、勲六等に叙せらる、其他海軍主計学校教授を命せられ、警官練習所教授の嘱託を受け、代言試験委員を命せらる、等先生か学得したる所を以て、賛助翼成の功を致したること甚た多し、先生仕官十年、二十三年三月終に冠を掛く、是時に当て、我国始めて衆議院議員撰挙の事あり、先生乃ち山形県第一区より撰出せらる、幾もなく代言人となる、東京有名の代言人其数甚た多し、而して先生の右に出つるもの殆と罕なり、終に推されて東京代言新組合会頭となる、二十五年臨時総選挙に当り、先生復同区より選挙せらる、先生の政海に在るや、不偏不党、超然自ら樹つ、而して各派大に先生を崇重す、第四議会開き、法典延期案の議場に上ほるや、先生身を以て断行論を主張し、外に在ては法治協会を起して、是非を輿論に問ひ、内に在ては同志を糾合して、利害を議場に争ふ、賛助人足らす、断行論竟に否決せらる、と雖も、天下先生の尽力を賞嘆せさるなし、先生曾て学友岸本辰雄等に計り、東京に明治法律学校を設置し、教頭となりて鋭意教授の労を執る、前後十年間、業を受くる者六千余人、業を卒る者七百余人の多きに達す、同校か府下有名の法律学校となりしは先生の力多きに居る、先生殊に刑法に精し、其著刑法講義は、大に世人の好評を博し、前後改版五回に及ひ、出版部数三万に及ふ、世人先生を呼ひて日本のオルトランと謂ふに至る、其他民事訴訟法講義、民法債権担保編講義等の著書あり、並に世に行はる、明治二十六年二月先生腸窒扶斯病を患ひ、病む旬日余、同月十四日溘焉長逝す、同日特旨位一級を進められ、正六位に叙す、行年四十有三、谷中天王寺に葬る、

岸本辰雄「祭宮城浩蔵君文」

『明法誌叢』第一二号、明治二六年二月二三日発兌

我法学ニ深博ナル畏友宮城浩蔵君逝矣、嗟呼哀矣哉、余ヤ君ト莫逆刎頸、其交情兄弟モ啻ナラス、安ンソ遽カニ其柩ヲ送クルニ忍ヒンヤ。回顧スレハ君、明治ノ初メ天童藩ノ貢進生ニ挙ケラレ名声夙ニ喧シ、当時余ノ君ト相見ルヤ意気相投シ互ニ相提携ス、其法学ヲ修ムルヤ与ニ官命ヲ帯ヒ仏国ニ留学セリ、其業成リテ帰朝スルヤ同シク法学普及ノ急務ナルヲ感シ相謀リテ経営苦辛遂ニ我明治法律学校ヲ創立セリ。爾来君益々力ヲ斯学ニ致シ夙夜励精敢テ怠ルナシ、君ノ学生ニ対スル丁寧懇篤、猶ホ慈父ノ愛子ニ於ケルカ如シ、君ノ刑法ヲ講スルヤ識見卓抜細ニ蘊奥ヲ究ム、其刑法ノ書ヲ著ハスヤ洛陽ノ紙価為メニ貴シ、我党ノ士称シテ東洋独歩ト為ス蓋シ誣言ニ非サルナリ、而シテ君ノ薫陶ニ浴シ為メニ智識ヲ啓発スル者又豈啻ニ我校幾多ノ学生ノミナランヤ、乃チ学友相伝ヘテ殆ント全国ニ徧カラントス。君又公ニ法律事業ニ従ヒ大ニ賛助スル所アリ、又代言ノ業ニ就クヤ蹶然一挙シテ頭角ヲ顕ハセリ、嗚呼君一身ヲ挙ケテ法律学普及ノ事ニ任シ其効ヲ致スモノ蓋シ鮮少ナラサルナリ、余輩同志ノ徒安ンソ感銘セサル可ケンヤ。君又衆議院議員ニ挙ケラレ特立独行、衆望大ニ帰シ前途将ニ為ス所アラントス、鵬翼既ニ成リ、図南ノ機既ニ熟シテ而シテ旻天不幸、寿ヲ斯人ニ仮サス、一朝道山ニ帰ス、嗟呼哀矣哉。君、啻ニ学識深博、弁舌勇壮ノミナラス天資英敏、温容玉ノ如シ、人ヲシテ敬服セシムルニ足ル、天下知ルト知ラザルト苟モ君ノ名声ヲ聞ク者君ノ訃ニ接シ誰レカ痛哀深悼セサランヤ、況ンヤ余輩、君ト多年相親交スル者ニ於テヲヤ。特ニ惜ム君其心血ヲ注キシ法律事業ノ大成ヲ見サリシコトヲ、思フテ此ニ至レハ悲痛余哀アリ。然リト雖モ君ハ斯ノ如キ衆望ト斯ノ如キ功績トヲ齎シ以テ逝ク、君ニ於テ夫レ或ハ憾ミナカラン。今日君ノ柩ヲ送ル者、同僚幾百、門生幾千、他日必ス誓テ君ノ遺志ヲ成シ以テ君ノ霊ヲ慰メントス、請フ君瞑セヨ。余ヤ君ノ親友トシテ又君ノ心力ヲ尽セシ我明治法律学校ノ代表者トシテ恭シク君ノ英霊ヲ祭リ茲ニ哀悼ノ意ヲ表ス。血涙滂沱、言ハント欲シテ言フ能ハス、嗚呼哀矣哉、尚クハ饗ケヨ

明治法律学校々長

明治二十六年二月十六日　岸本辰雄再拝

安達峯一郎「吊宮城浩蔵先生文」

『明法誌叢』第一二号、明治二六年二月二三日発兌

維レ時明治、二十有六年、二月十六日、門人安達峯一郎、謹ミテ清酌庶羞ノ奠ヲ具ヘ、生ミノ父ニモ等シキ大恩アル、亡師宮城浩蔵先生ノ霊ヲ吊ヒ奉ル

先生、温厚ノ徳、深遠ノ学ニ加フルニ、大ニ為スアルノ材ヲ以テ、千歳一遇ノ大御代ニ生レ玉ヒ、人ノ望モ高クシテ、国ノ為メ又学ノ為メ、前途為スヘキコト極メテ多カリシニ、去ンヌル十三日ノ朝、マダウラ若キ四十四歳ヲ一期トシ、無情ノ風ニ誘ハレテ、故里ニモ非ザル武蔵野ノ、露ト消エ玉ヒシゾ、悲シキコトノ限リナル

先生、若ウシテ国難ニ遇ヒ、九死ノ中ニ辛クモ命ヲ拾ハセラレ、其後数年ノ間、雪ノ窓、蛍ノ燈火ニ、苦シキ学ビノ道ヲ歩ミ玉ヒ、間モナク海外万里ノ遠キニ旅立シテ、学問ノ源トヲ尋ネラレ、帰朝セラレテハ久シク我国ノ制法事業ニ思ヲ焦サレ、代議士トナラレテハ、屈ヲ伸ベ弱キヲ扶クルテフ、弁護ノ業ヲモ兼ネサセ玉ヒ、今日ハ南ニ船ヲ向ケ、明日ハ北ニト車ヲ走ラセ、日一日モ安ラカニセラル、御暇ダニナカリシニ、諸々ノ御腹柄ニ先立セラレ、今日此式ヲ行ハネバナラヌトハ何事ゾヤ

彼ノ蒼キモノハ天ナリ、天ノ道ハ固ト私シナシト聞キツルニ、此仮リノ世ニ少ナカラザル曲者ヲ、払ヒモ尽サデ、情ケナクモ我等ノ尊トキ先生ヲ奪ヒ去リタルハ何事ゾ、

先生ノ某ニ於ケルヤ、父ノ恩アリ、師ノ恩アリ、又先進ノ恩アリ、某モ行ク々々ハ、身ヲ立テ道ヲ行ヒ、セメテハ先生ノ大恩ノ万分ノ一ニダニ、報井奉ラント思ヒ定メシニ、某ノ僅ニ波風荒キ浮世ニ出デ、西モ東モ分カヌ問ニ、早ヤ

遠ク逝キ玉ヘルゾ名残尽キヌ事共ナル
先生ハ実ニ某ヲ知リ玉ヘリ、先生ハ後進ノ輩ヲ慈クシミ玉ヒ、某共ニ対セラレテモ陰ニ陽ニ教エ導カセ玉ヒケル故、日ノ当リ先生ニ侍ラザル折トテモ、其精神ニ励マサレ、我レ自ラ我ガ駑馬ノ心ニ鞭チシコト幾度ゾヤ、噫今ヤ其人則チ無シ、悲イカナ
去リナガラ其人ノ現身ハ已ニナシトテモ其精神ハ必ズ滅ビザルベシ、先生ノ国ノ為メ又学問ノ為メニ尽シ玉ハントノ精神ハ、固ク某等門人数千ノ、頭ニ均シク宿レルナルベシ、噫此精神ヲ何時迄モ失ハヌコソ、某等門人ノ、先生ノ御霊ニ対シ奉ル、務ナルベケレ、
今ヤ早ヤ、寒モ已ニ過ギ去リタル時ナレバ、若シ先生ノ御累ノ彼ノ如ク俄カニ重ルコトナカリセバ、程ナク弥生ノ春モ立チ回リ麗カナル花ノ影ニ息ハセラレ快ヨキ鳥ノ声ニ誘ハレ御本復ニモ成ルベカリシニ寒キ北風ノミ吹キ猛リタルコソ無念ニモ、悲シキ事共ナルカナ

記事「宮城学士逝く」

『明法誌叢』第一二号、明治二六年二月二三日発兌

衆議院議員代言人正六位勲六等日本仏国法律学士宮城浩蔵氏は腸窒扶斯に罹り、病む僅に旬日、本月十四日溘然長逝す、僅に四十三、氏性剛毅果断、長上に屈せす、賤下を侮らす、赤誠を以て人に対し、毫も辺幅を飾らす、宛然古英雄の風あり、其法学の為に尽したること、後進薫陶に鋭意したること、及ひ代言人として、国会議員として、若くは新法典の維持者としての功蹟は、氏逝くも千歳炳焉たる有り、只国家方に多事、人才を待つに急なるの時、端なく斯偉人を喪ふ、是を終天の遺憾とするのみ、嗚呼其人已に無し、谷中天王寺、草樹悲み、禽鳥咽ふの処、空く一片の墓

標を見るのみ、嗚呼悲哉

「宮城未亡人の事」『東京朝日新聞』第二四七四号、明治二六年二月二六日発兌

此話し稍や旧聞に属すれども婦徳敗頽の歎ある今日記して以て裨益する所なからざらめや故法学士宮城浩蔵氏の未だ赤十字社にありて治療中同夫人濱子にハ昼夜其枕辺を去らす寝食を忘れて看護に尽しけるが為同夫人にも遂に病痢に罹り一時築地の本宅に戻りて服薬の折柄宮城氏危篤なりとの報知に接し家人等の止むるも肯かず早速二人引の腕車を飛ばして赤十社に到り先づ宮城氏の容体を窺ひ直に目黒の不動尊に赴き着類を脱ぎて不動の滝に寒垢離を取り我が身念を捧げて良人が病気平癒の祈願を籠めたるも其効なく人々ハ今尚其貞義の厚きを感じゐけるとなん

「Nécrologie（追悼文）」『Revue Française du Japon（仏文雑誌）』第一期第一四号、明治二六年三月五日発兌

La Société de Langue française vient de perdre un de ses membres les plus distingués, en la personne de M.Miyagi Kôzô（宮城浩蔵）, avocat et Membre de la Chambre des Représentants. M.Miyagi, né en 1852, était originaire du clan de *Tendô*, dans le *ken* de Yamagata. Après la guerre de la Restauration, à laquelle il prit part, comme volontaire, malgré son jeune âge, il s’adonna à l’étude du français, ce qui lui permit d’être admis, en 1874, par voie de concours, à suivre les premiers cours de droit français qui furent institutés au Ministère de la Justice et confiés à MM.Boissonade et G.Bousquet. En 1876, il passa brillamment son examen de sortie et fut désigné pour aller en France poursuivre ses études de droit. Il y reçut le grade de licencié. A son retour au Japon, il remplit diverses fonctions dans la Magistrature et au Ministère de la Justice. Il collabora avec ardeur à la confection des nouveaux Codes, spécialement du Code de Commerce, du Code de Procédure civile et de la Loi Organique des Tribunaux. En reconnaissance de ces services, il reçut, la 6e classe de l'Ordre du Soleil Levant, avec une gratification de 600 *yen*.

M.Miyagi fut un des fondateurs et professeurs de l'Ecole privée de droit connue sous le nom de *Meiji hôritsu gakkô*: les conférences qu'il y fit sont arrivées à leur 5e édition. Il a publié aussi un Commentaire très estimé du Code pénal de 1880, qui a eu de même un grand nombre d'éditions et fait autorité devant les tribunaux. Aussi fut-il appelé à faire partie de la Commission chargée par le Ministère de la Justice, en 1888 et 1889, de préparer la Révision du Code pénal. Le Projet révisé rétablissait, sur ses instances, avec de notables ameliorations, la plupart des dispositions du Projet originaire supprimées par l'ancien Sénat (*Genrô-in*); mais, comme la première réunion de la Diète était très proche lorsque ce travail fut terminé, le Gouvernement ne crut pas devoir l'adopter sans le soumettre à celle-ci, et il ne l'a pas encore présenté aux Chambres, sous sa forme definitive.

M.Miyagi, ayant été élu député pour le *ken* de Yamagata, aux premières élections, en 1890, quitta la Magistrature. Il fut réélu en 1892, après la dissolution. Il fut très remarqué comme orateur à la Chambre, notamment pour sa défense du Code civil et du Code de Commerce, au mois de Juin dernier.

Un peu auparavant, il avait été l'un des rédacteurs et signataires de la Défense des nouveaux Codes par les légistes franco-japonais, en réponse au Manifeste hostile des légistes anglo-japonais.

M.Miyagi est mort, le 13 Février, dans la force de l'âge et du talent, après une courte maladie dont rien ne faisait prévoir l'issue fatale.

Aimé de tous, pour son caractère affable et charmant, il est universellement regretté.

【翻訳】

　仏学会は、弁護士で衆議院議員である、宮城浩蔵という名前の、最も傑出したメンバーの一人を先ごろ失った。宮城氏は、一八五二年生まれで、山形県にある天童藩の出身である。彼は年少だったにもかかわらず志願兵として戊辰戦争に参加したが、その後、フランス語の勉強に打ち込み、その甲斐あって、彼は、一八七四年、競争試験を経て、司法省内に設けられ、ボワソナードとジョルジュ・ブスケに託された最初のフランス法講義に列することを許された。一八七六年、彼は優等な成績で卒業試験に及第し、法律の勉強を続けるべく、選ばれてフランスへ赴いた。彼は、フランスで法学士号を取得、日本に戻って、司法官および司法省内の様々な職務を果たした。新法典、とりわけ商法典、民事訴訟法典および裁判所構成法の編纂作業に熱心に参加した。こうした活動への感謝の印として、勲六等［単光］旭日章と金一封六〇〇円を授与された。

　宮城氏は、明治法律学校の名で知られる私立法律学校の創立者および教授の一人であった。同校で彼が行った講義は、五回に及んだ。彼はまた、一八八〇年刑法典について非常に優れた注釈書を出版したが、同書は数多くの版を重ね、裁判所において準則となっている。さらにまた、彼は、一八八八年と一八八九年、刑法典の改正準備のため、司法省が担った委員会のメンバーに招聘された。改正草案は、審級制に関して、元老院が削除した原案の規定のほとんどを、重大な修正を施しつつ、復旧したが、この作業が終了したとき、第一回議会の会期が切迫していたため、政府は、議会に同案を提出せずに採択すべきだとは考えず、最終的には、両院へ提出することさえしなかった。

　宮城氏は、一八九〇年、第一回［衆議院議員］選挙で、山形県から代議士に選出され、司法官を辞任した。議会解散の後、一八九二年に再選された。彼は、議会において、とりわけ、去る六月の民商法典擁護論で、雄弁家として大いに注目を集めた。

　その少し前、彼は、英法派日本人法律家による敵意ある声明文に応えて、仏法派日本人法律家による新法典擁護意見書の起草者および署名者の一人であった。

宮城氏は、二月一三日、致命的な問題になろうとは予想もしなかった短期間の病気の後、働き盛りで才能を発揮している最中に、死去した。

彼は、その愛想のある魅力的な人柄により、皆に愛されたことから、［その死］を惜しまない者はいない。

岸本辰雄「序」・「緒言」――宮城浩蔵著『刑法正義』上巻、講法会、明治二六年六月刊

是レ亡友宮城浩蔵君ノ遺著ナリ、今将ニ之ヲ梓ニ付シ、以テ世ニ公ニセントス、余ヤ君ニ於ル、交リ最親シク、君ヲ知ル亦最熟セリ、安ンソ一言以テ此書ノ来歴ヲ叙セサルヲ得ンヤ、君少シク夙ニ法律学ヲ修メ、該博淹通、窺ハサル所ナシ、而シテ刑法ニ至リテハ其最力ヲ尽ス所ナリ、君明治法律学校ニ於テ、刑法ヲ講スル爰ニ十有余年、反復講述、凡其幾回ナルヲ知ラス、而シテ随テ講スレハ随テ精ニ、一回ハ一回ヨリ密ナリ、遂ニ之レカ蘊奥ヲ究ムルニ至ル、復遺憾ナシト謂フヘシ、嘗テ刑法講義二巻ヲ著ハス、大ニ法学者間ニ行ハレ、声名洋溢、需用日ニ盛ンニ、改版五回、発行部数ノ多キ、実ニ三万有余ニ及ヒ、為メニ世ノ学者ヲシテ、殆ト其観ヲ改メシメタリ、世遂ニ君ヲ目シテ東洋ノオルトラント謂フ、オルトランハ西洋法学ノ泰斗、其著ハス所ノ刑法原論ハ、実ニ彼十九世紀ノ法学社会ヲ震盪セシメタリ、君輙チ此人ニ比セラル、其学殖ノ富贍、亦得テ知ルヘキナリ、然リト雖モ刑法講義ノ成ルハ、実ニ明治十七年ニ在リ、我刑法発布ノ後、僅ニ数年ノミ、其実施日尚ホ浅キヲ以テ、実例ノ徴ス可キモノ甚タ鮮シ、加フルニ爾後君カ学力識見ノ益々進ムヤ、講義ノ未タ尽サヽル所アルヲ見、奮然トシテ又新著述ニ従事セントス、時是レ明治二十年ナリ、此時ニ当リ、余等同志相謀リ、講法会ナルモノヲ創立シ、会員ヲ募リ、講義録ヲ頒ツ、君乃チ自ラ刑法ヲ担

任シ、先ツ其積累研究ニ因テ新得シタル所ノ結果ヲ述テ、本校生徒ニ講授シ、因テ以テ稿ヲ起シ、漸次之ヲ講義録ニ登載セリ、君公私ノ繁劇多忙無閑ノ身ヲ以テ、拮据励精、二十五年ノ晩秋ニ至リ、始メテ全成ヲ告ク、実ニ前後五年ノ星霜ヲ閲歴セリ、然ルニ君カ才学愈々進ムヤ、尚ホ未タ意ニ充タサル所アリ、乃チ更ニ全編ヲ訂正シ、以テ刑法正義ト題簽シ、将ニ今春ヲ待チテ、世ニ公ケニセンコトヲ期セリ、蓋シ此正義ハ前ノ刑法講義ヨリ進化シ来リタルモノナリト雖モ、此ヲ以テ彼ニ比スル、其精粗優劣ノ差、雲泥モ啻ナラサルナリ、僅々数年ノ間ニシテ既ニ此ノ如シ、君ノ才学ノ駿進、実ニ驚クヘキ哉、夫レ稿既ニ成レリ矣、而シテ刻未タ成ラス、旻天不祐、忽チ君カ命ヲ奪フ、溘然奄逝、其業ヲ終ルヲ得ス、豈悼惜痛哭セサルヘケンヤ、遂ニ余輩ヲシテ、泣血遺著ヲ執テ以テ上梓スルノ已ムヲ得サルニ至ラシメタリ、嗚呼君曾テ畢生ノ事業トシテ刑法ニ関スル一大著述ヲ為シ、以テ万世ニ嘉恵センコトヲ期シ、又近年刑事人類学ノ発達シテ、将ニ宇内刑法学ノ一大変革ヲ生シ来ラントスルヲ観、此レニ向ヒテ、大ニ所見ヲ吐露センコトヲ期ス、而シテ二者皆其成ヲ見ルヲ得ス、僅カニ此一書ヲ遺スニ過キサリシハ、万世ノ下、聞者猶ホ余哀アリト謂フヘシ、抑々君ノ名声ノ世ニ噪シキハ、固ニ唯ニ学術上ノミニ非サルナリ、其始メテ衆議院議員ニ挙ケラル、ヤ、特立独行、讜論正言、衆望大ニ帰セリ、乃チ知ル天資英敏、決シテ尋常一様ノ学者ニ非サルコトヲ、嗚呼君カ抱負スル所如此ノ大ナルヨリシテ之ヲ観レハ、此書ノ如キ、唯是レ詹々タル小著述ニ過キスト雖モ、亦因テ以テ君カ偉説卓見ノ一斑ヲ窺フニ足ル、余輩安ンソ之ヲ篋底ニ埋没シ、以テ蠹魚ニ飽シムヘケンヤ、同僚井上［正一］亀山［貞義］二氏、亦君ト最親ミ善シ、頃者余二氏ト相謀リ、倶ニ此書ヲ校シテ、之ヲ梓ニ付シ、以テ後進ニ裨益セント欲ス、蓋シ此挙聊以テ君カ遺志ヲ成シ、併セテ君ノ友誼ニ報ユルノミ、若シ夫レ此書ノ声価ハ世自ラ定論アリ、復安ンソ余輩ノ呶々ヲ須ヒンヤ、嗚呼天若シ幸ニ君ニ仮スニ数年ノ寿ヲ以テセンカ、学術老練、英才煥発、更ニ法学社会ニ向テ、必スオルトランヲ圧スヘキ偉功ヲ奏スルアラン、而シテ今ハ則チ亡シ、哀矣哉、会々刻成ル、愴然トシテ爰ニ数言ヲ録シ、詳カニ此書ノ来歴ヲ陳シ、以テ序ト為スト云爾

一故宮城君刑法学ニ精シ、本校創立以降十数年、君常ニ刑法ヲ担任セリ、其授ル所ノ講義精益々精ヲ加フ、本書ハ二十一、二十二ノ両学年ニ於テ、本校生徒ニ口授シ、因テ以テ起草シテ既ニ講義録ニ登載シタルモノナリ、

一君本書ヲ成スニ志アル久シ、公事私務、甚タ多忙閒ナキヲ以テ起草ヨリ成稿マテ、前後凡ソ五年ノ日子ヲ費セリ、未タ上梓スルニ至ラスシテ、君舘ヲ捐ス、而シテ本書ハ実ニ昨二十五年ノ末ニ於テ最終ノ訂正修補ヲ経タルモノナレハ、現行刑法ニ於ケル君カ意見ヲ知ルヘキノミナラス、刑法学上ニ於ケル、君カ精神ヲ窺フニ足ルヘシ、

一君舘ヲ捐ツルノ後、我講法会ニ於テ之ヲ梓ニ付セント欲ス、余即チ井上亀山二氏ト謀リ、共ニ之ヲ校ス、其学説ノ同異ハ暫ク措キ、其法理ニ問ヒ、其法文ニ照シ、又実際ノ難問ヲ掲ケテ之ヲ答解スルニ至リテハ、庶幾クハ克ク精覈ヲ得タリ、之ヲ世ニ公ケニスルモ、君ニ於テ遺憾ナカルヘシ、

一君常ニ云ク、法律ノ精神ト法理トヲ明晰ナラシムルニハ、学理的順序ヲ逐ハンヨリハ、寧ロ法文ヲ逐条ニ解釈スルヲ優レリト為スト、本書ノ逐条講義体ナルハ之ニ由テナリ、

一君刑法ヲ講スルヤ、校友佐々木忠蔵氏、常ニ之ヲ筆記シテ、君カ起草ノ労ヲ助ケタリ、本書ノ成ル、氏ノ力、蓋シ与リテ多シトス、氏ハ君ノ同郷ノ人ニシテ、君ノ知遇ヲ受ケタリ、記シテ以テ其労ヲ表ス、

佐々木忠蔵「先師宮城浩蔵先生小伝」——宮城浩蔵著『刑法正義』上巻、講法会、明治二六年六月刊

先生氏は宮城、名は浩蔵、嘉永三年二月八日を以て、山形県羽前国東村山郡天童に生る、武田玄々の次男なり、出て、宮城氏を嗣ぐ、宮城氏世々天童藩織田公に仕へ、重職に任す、先生天資英邁、幼にして文を好み武を嗜み、嶄然

頭角を露はす、人以て奇材と為す、既にして藩学養正館に入り、拮据励精、業大に進む、藩主信学公大に其材を愛し、擢て、養正館の句読師と為す、時に年甫めて十五、戊辰の歳天下淆乱、奥羽諸藩同盟して王師に抗す、朝廷織田公を奥羽征討先導使と為す、先生十九、藩の監軍吉田大八の麾下に属し、苦楚辛酸を砲烟剣火の間に嘗むること数閲月、大八殊に先生の勇胆を愛し、毎に左右に従へて戦に臨む、乱平くの後、藩公先生に命し、庄内藩酒田に遊び、雲州の衛戍兵に就き、英式兵法を学はしむ、帰藩後師範役と為り、英式戎隊を組織し、大に兵制を改革す、是の時に当り兵乱僅に平き、人心尚ほ激昂し、剣を磨し槍を横へ、疎豪放縦自ら高ぶり、殆と文事を委棄す、藩学亦将に廃絶せんとす、先生乃ち率先藩学の振興を計る、同志翕然之に応ず、是を以て養正館再び興り、少壮者復文事を修むるに至る、明治二年藩公先生を擢て、兵学を東京に修めしむ、先生藩公に懇請し、更に仏蘭西語を学ぶ、翌年政府貢進生の制を設け、各藩をして絶群の士一人乃至三人を貢せしむ、先生乃ち本藩の貢進生と為る、此制廃せらるゝに及び、藩公又命して大学南校に入らしむ、時に司法省明法寮に法律科を設置す、先生転して之に赴かんと欲す、南校允さす、乃ち意を決し校を脱して之に赴く、明治九年業を卒へ、日本法律学士と為る、司法省命じて仏蘭西国に遊び、法律学を修めしむ、留まること四年、パリー大学に入り、又リオン大学に学び、業成り仏蘭西法律学士の学位を受く、

十三年六月帰朝、検事に任じ、判事に転じ、司法省書記官に移り、後従六位奏任官三等に叙し、司法省参事官に歴任す、二十二年二月十一日憲法発布の盛典に列し、憲法発布紀念章を賜はる、是より先き政府法典編纂の挙あり、先生法律取調報告委員に任じ、起案に鞅掌す、民法商法民事訴訟法の成る、先生与りて力あり、二十三年刑法改正案起草委員を命ぜらる、第一期帝国議会に提出せられたる改正刑法案は、実に先生及び亀山、河津両氏の手に成れり、二十四年三月其功績を以て勲六等に叙せらる、其他海軍主計学校教授及び警官練習所教授を嘱託せられ、代言人試験委員に任せらる、等、先生か得る所を以て、輔翼の功を致したること甚た多し、

先生仕官十年、二十三年三月終に冠を掛く、是の時に当り我国始めて衆議院議員選挙の事あり、先生乃ち山形県第一

区より選出せられ、幾くもなくして先生代言人となる、東京有名の代言人其数甚た多し、而して先生の右に出つるもの殆と罕なり、終に推されて東京代言新組合会長となる、二十五年臨時総選挙に当り、先生復同区より選挙せられ、先生の政界に在るや、不偏不党、超然自ら樹つ、而して各派大に先生を崇重す、第四議会開き、新法典延期案の議場に上るや、先生身を以て断行論を主張し、外に在りては法治協会を起して、是非を輿論に問い、内に在りては同志を糾合し、利害を議場に争ふ、賛助人足らす、断行論竟に行はれすと雖も、天下先生の熱心を賞嘆せさるなし、

先生曾て学友岸本辰雄、矢代操の二氏等と謀り、東京に明治法律学校を設置し、其教頭となりて鋭意教授の労を執ること前後十年、教を受くる者六千余人、業を卒ふる者千余人の多きに達す、同校の府下有名の法律学校となりしは、先生の力多きに居る、蓋し是れ本邦私立法律学校の権輿なり、

二十六年二月、先生腸窒扶斯病を患ひ、病むこと旬余、同月十四日溘焉長逝す、同日特旨位一級を進め正六位に叙せらる、行年四十有四、東京谷中天王寺に葬る、天下の士識ると識らさると、皆痛惜せさるはなし、葬るに及ひ来り会する者数千人、在野の士にして盛葬此の如きは未た曾て之あらさるなり、亦以て平生の徳望を想ひ見るへし、

先生殊に刑法に精し、其講述に係る日本刑法講義二巻、大に世人の好評を博し、前後改版五回、出版部数三万に及ふ、世人先生を呼ひて東洋のオルトランと曰ふに至る、其他民事訴訟法正義、民法正義等の著述あり、並に世に行はる、遺稿若干あり、今回出版したる刑法正義は其一なり、

「故宮城氏紀念碑の建立」

『読売新聞』第五七五二号、明治二六年七月二七日発兌

明治法律学校校長岸本辰雄・講師熊野敏三・磯部四郎・亀山貞義・西園寺公望氏等数十名ハ今度同校出身者の賛成を

求め故宮城浩蔵氏の紀念碑を建設し氏が生前の功績を不朽に伝へんとの計画中なりと

岸本辰雄「緒言」

宮城浩蔵著『民事訴訟法正義（訂正増補）』上巻、新法註釈会、明治二六年八月刊

一故宮城浩蔵君ノ民事訴訟法正義ヲ著ハスヤ該法施行ノ当時ニ在テ未タ学理一定セス亦実例ヲ見サルナリ然レトモ君ハ曾テ該法取調委員ノ任ニ在リシヲ以テ専ラ該博所拠ノ学理ヲ基礎トシテ訴訟法正義ヲ著ハサレタルハ実ニ感嘆ニ堪ヘサルナリ

一爾後該法ノ実施其歳月ヲ経過スルニ従ヒ往々学理ノ実際ニ適合セサルモノアリ殊ニ幾多ノ実例出テ来リタルノ今日ニ在テハ前ノ著述稍々不完全ヲ免レス是ニ於テカ君昨年来之レカ訂正増補ニ著［着］手シ業将サニ半ハナラントシテ不幸ニモ二豎ノ為メニ遠逝セラレタルハ実ニ悲惜ニ堪ヘサルナリ

一然レトモ君ノ企業ヲシテ空シク篋中ニ埋没セシム可カラサルヲ知リ即チ其業ヲ継キ之レカ訂正ニ従事シ尚ホ増補スルニ大審院判決例、司法省回答、法曹会決議等ヲ以テシ一ハ学理研究ノ便ニ供シ一ハ実地応用ノ便ニ供セントス

「故宮城浩蔵氏一周年法会」

『読売新聞』第五九五四号附録、明治二七年二月一四日発兌

府下弁護士其他故宮城浩蔵氏に懇交ありし磯部四郎・岸本辰雄・名村泰蔵・斎藤孝治・小笠原久吉等の諸氏外四十余名ハ一昨十二日上野松源楼に会して同氏の為め一周年の法会を執行したる由

奥平昌洪著『日本弁護士史』

有斐閣、大正三年一一月刊

明治二十四年四月二十五日東京新組合代言人会春期通常議会を日本橋区坂本町銀行集会所に開く此より前新組合に於ては法典編纂問題の起りし頃より英法派と仏法派と隠然対立せしが会長鳩山和夫英法派の人なれば同派の澁谷慥爾を後任の会長に推し一味の人々之を佐けて其候補者と為し運動怠らず仏法派は宮城浩蔵を推し主として明治法律学校出身の人々之を佐け東京組合代言人会中の仏法派の人々を語らひ応接の為め臨時新組合へ転入せしめたりしかば英法派も横浜組合代言人中より転ぜしめたり是に至りて二十三年度決算報告を認可し次て役員の選挙に移るや中島又五郎建議して曰く吾人は役員選挙競争の弊を避けんが為めに新組合を設けしものなるが本年の如く激烈なる競争を見るは洵に遺憾なり宜しく申合規則第四条を改めて「役員は抽籤を以て十名の候補者を定め其候補者中より之を互選するものとす但出席者は無記名投票を用ゐ欠席者は記名投票を用ゐる」と為すべしと賛否の論熾に起り議場喧騒を極む決を起立に問ふに及び建議は遂に消滅せり乃ち会長の選挙を為ししが其得票左の如し

一百七票　宮城浩蔵　九十八票　澁谷慥爾

外に無効二票あり英法派の人々之を見て陸続退場せしかば其他の役員も皆仏法派の手に帰し丸山名政副会長に中島又五郎議長に浦田治平副議長に当選せり仏法派の井本常治不正の投票を取次ぎたりとて英法派の鳥居鍗次郎は同月三十日東京地方裁判所検事局へ投票偽造行使の告発を為ししが検事は罪と為らざるものと認め起訴の手続を為さゞりき

宮城浩蔵は旧天童藩医武田玄玄の子なり嘉永五年四月十七日に生れ出でて同藩の重職宮城氏に養はる夙に藩黌養正館に入りて修学懈らず藩主織田信学擢んでて句読師と為す時に年才に十五、明治元年奥羽諸藩同盟して王師に抗す朝廷織田氏を以て奥羽征討先導使と為す浩蔵藩の監軍吉田大八に属す大八之を愛し常に左右に従へて戦に臨む乱平ぐ藩主先生に命し庄内藩酒田に抵り出雲の衛戍兵に就き英式兵法を学ばしむ既にして藩に帰り師範役と為りて英式戎隊を組織す二年藩主浩蔵をして兵学を東京に修めしむ浩蔵請ひて仏蘭西語を学ぶ三年藩の貢進生と為りて大学南校に入る司法省司法寮生徒を募るに及び転じて此に入り仏蘭西法律を学び九年七月成業せり翌月同学岸本辰雄等と共に仏国留学を命ぜられて仏国に航し法律学を専攻しリサンシエ・アン・ドロアの称号を得て十三年六月帰朝せり十七年十一月十七日法律学士の称号を授けらる其帰朝するや司法省に出仕し検事判事に歴任し司法書記官に転じ従六位に叙せられ更に司法省参事官に転ず此より前浩蔵、岸本辰雄・矢代操と謀り明治法律学校を創立し公務の余暇仏蘭西法律を教授せり政府法典編纂の企あるや浩蔵与りて力あり勲六等に叙せられ金九百円を賞賜せらる其他海軍主計学校・警官練習所等の講師を嘱託せられ又判事登用試験委員・代言人試験委員・文官普通試験委員を命ぜられたり、尤も刑法に精しく著す所の「刑法講義」盛に世に行はる二十三年九月官を辞して代言人と為り新組合に入りしが是に至りて会長の選に当れり（中略）

明治二十六年二月十四日宮城浩蔵歿す浩蔵二十三年七月郷里山形県より推されて衆議院議員と為り二十五年二月総選挙の際にも復た当選し常に仏法派の袖領たりしが是に至りて腸窒扶斯に罹り遂に起たず年四十四

「宮城氏建碑除幕式」『山形新聞』第一二三六〇号、大正八年六月二三日発兌

天童藩出身故宮城浩蔵氏の建碑除幕式は昨日午前十時より当市千歳公園内同碑前に於て挙行せられたるが当日の来会者は佐藤治三郎佐藤啓多田理助佐々木忠蔵垂石太郎吉澤渡吉蔵等発起人を始め故人の親族及伏見所長高橋判事長谷川

典獄柴垣校長堀口秋元石塚等の各判事小鷹市長高橋署長高橋副議長市内各弁護士故人の知己等数百名に達し佐藤治三郎氏開式の挨拶に次で故人の人格と其抱負とに就て述べ次に故人の実兄、武田義昌氏の曾孫武田昌二氏被幕の綱を引きて幕を除くや拍手会衆の間より湧きたり次に垂石太郎吉氏の式辞朗読ありて佐藤啓氏は左記依田知事の祝辞を代読す

本日故宮城浩蔵先生の建碑成り其除幕式を引ぐに当り茲に親しく参列するを得たるは余の欣幸とする処なり顧れば余の明治法律学校に学ぶや故先生の薫陶を忝うするもの頗る多し其後先生の長逝を聞き同窓と共に痛惜措く所を知らず今余図らずも先生の故国に赴任し此思出多き廿七回の年忌に於て先生の除幕式に参列すると思へば師弟の因縁の決して尋常にあらざるを感得し万感の胸に溢るゝものあり式に臨み一言蕪辞を述べて祝辞とす

大正八年六月廿二日

山形県知事　依田銈次郎

次に伏見所長佐々木忠蔵秋本《ママ》判事堀口判事等の祝辞木下明治大学校長磯部博士河野廣中島田三郎岩崎総十郎原田務井本豊治《ママ》其他の諸氏より寄せられたる電報を披露し最後に故人の令弟武田荘三郎氏の答辞ありて式を終へ直ちに亀松閣に於て午餐会を開く一同着席するや佐藤治三郎氏発起人を代表して挨拶を述べ之に対し親族として武田荘三郎氏来賓として伏見所長謝辞を述べ主客歓談裡に午后二時散会せり

「**見聞雑記**」　▲故宮城浩蔵先生の碑は千歳公園内緑樹の下に建てられたので昨日其除幕式を挙行されたが頗る盛会であつた。▲先生は天童藩の出身で志を立てゝ法律を学び後仏蘭西に遊学し帰来当時の明治法律学校の教頭として刑法の講義を担当してあつたがさしも広き講堂も常に立錐の余地無き迄に聴講生を得非常の名声を博したものであつた▲依田本県知事も伏見裁判所長も戸田前所長なども先生の薫陶に浴したそうで先生長逝して二十七年後の今日猶先生の学識と徳望をも慕つて居るが▲是等の意味から見ても昨日の除幕式は頗る思出多きものであつた。

碑文

墓碑［東京都谷中墓地］・顕彰碑［山形市千歳公園］

君名余聞之久矣而未有与相見也明治二十三年帝国議会肇開停商法施行之議出君立壇盛論商法之不可不速施行余始得見君而未有与語也君状貌端荘雖無甚口弁而言一一出自肺腑蓋学殖干中而出之不可得已者是以雖当時議士多好騰口讙譁者莫不皆卒論傾聴焉議已畢衆皆退食余適与君連卓始交語雖未至叩其所蘊益欽其為人欲一日与有深語心窃楽之久之卒然獲君訃干新報紙上実明治二十六年二月也頃者君友人及門生相共謀為君建碑徴余文咸謂子其勿辞以余之仰慕君為日久遂不敢辞按状君諱浩蔵前羽人世事織田藩家天童以嘉永三年二月八日生考諱玄玄武田姓君其第二子出嗣宮城氏君天資英邁少好学兼習武伎夙入藩学養生館勤業藩主信学公愛其才擢為館句読師時年甫十五戊辰歳王師東下以織田公為先導君従在吉田大八麾下大八愛君胆勇常居側事平藩命遊酒田就松江藩戊兵受英国兵制既帰為藩師改革軍制当是時干戈僅息士皆疎豪尚気自喜排斥文学藩学亦幾乎廃君独奮倡学一藩翕然応之所謂養生館復興至少年相率居業者君之力也明治二年藩命出学兵法干東京明年官創制令列藩選俊秀士入官学号称貢進生君亦与焉既而貢進生罷藩又命入大学業益進居少之官設明法寮者授仏蘭西律君転自大学赴之明治九年卒業授法律学士之号官又命遊仏蘭西学律留凡四年入巴黎大学学成授仏国法律学士之号明治十三年帰任検事累進判事書記官参事官明治二十二年朝廷方著定憲令以二月十一日挙大典君班鵷列賜徽章先是官編纂法典君為調査委員属藁民商訴訟諸律之成君皆与有力焉明年為刑律改正委員草案是歳叙勲六等君既絶意仕途為代議士業弁護設明治法律学校者為之主且親授徒前後十年問業者七千有余人卒業者至千有余人蓋吾邦民間法律学校之権輿也明治二十六年二月臥疾旬余遂不起是日特進一級叙正六位享年四十有四葬干谷中里天王寺所著刑法民法民事訴訟法正義皆行干世余不能韻文且以君之可伝者始無待干詞藻也乃文之而弗銘云

明治二十八年二月

佐々木忠蔵「故宮城浩蔵先生小伝」『山形日報』九〇〇八号、大正八年六月二四日発兌

先生氏は宮城、名は浩蔵、嘉永三年二月八日を以て東村山郡天童に生る、武田玄々の次男なり、出でて宮城氏に嗣く、宮城氏世々天童藩織田公に仕へ、重職に任す、先生天資英邁、幼にして文を好み武を嗜み、嶄然頭角を露はす、人以て奇材と為す、既にして藩学養正館に入り、拮据励精業大に進む藩主学公大にその材を愛し擢てゝ養正館の句読師と為す、時に年甫めて十五、戊辰の歳天下淆乱、奥羽諸藩同盟して王師に抗す、

朝廷織田公を奥羽征討先導使となす、先生十九藩の監軍吉田大八の幕下に属し、苦楚辛酸を砲烟剣火の間に嘗むること数閲月大八殊に先生の勇胆を愛し、左右に従へて戦に臨む、乱平くの後藩公先生に命じ、庄内藩酒田に遊び雲州の衛戍兵に就き英式法を学ばしむ帰藩後師範役となり、英式戎隊を組織し、大に兵制を改革す、この時に当り、兵乱僅に平き、人心尚ほ激昂し、剣を磨し槍を横へ疎豪放縦自ら高ふし殆ど文事を委棄す、藩学亦将に廃絶せんとす、先生乃ち率先藩学の振興を計る、同志慨然これに応ず、これを以て養正館再び興り、少壮者また文事を修むるに至る明治二年藩公先生を擢て、兵学を東京に修めしむ

先生藩公に懇請し更に仏蘭西語を学ふ、翌年政府貢進生の制を設け各藩をして絶群の士一人三人を貢せしむ先生乃ち本藩の貢進生となる、この制廃せらるゝに及び藩公又命じて大学南校に入らしむ時に司法省明法寮に法律科を設置す、先生転じてこれに赴かんと欲す、南校允さず、乃ち意を決し校を脱してこれに赴く、明治九年業を卒へ日本法律学士となる、司法省命じて仏蘭西国に遊ひ法律学を修めしむ、留まること四年、「パリー」大学に入り、又「リオン」大

学に学び、業成り仏蘭西法律学士の学位を受く、十三年六月帰朝、検事に任じ、判事に転じ司法省書記官に移り後従六位奏任官三等に叙し、司法省参事官に歴任す、廿二年二月十一日

憲法発布の盛典に列し憲法発布紀念章を賜はる、これより先き政府法典編纂の挙あり、先生法律取調報告委員に任じ、起案に鞅掌す、民法商法民事訴訟法の成る、先生与りて力あり、二十三年刑法改正案起草委員を命せらる、第一期帝国議会に提出せられたる改正刑法案は実に先生及亀山河津両氏の手になれり、二十四年三月その功績を以て勲六等に叙せらる、その他海軍主計学校教授及び警官練習所教授を嘱託せられ、代言試験委員に任ぜらるゝ等、先生が得る所を以て、輔翼の功を致したること甚だ多し、先生仕官十年、二十三年三月終に冠を戴く、この時に当り我国始めて衆議院議員選挙のことあり、先生乃ち

本県第一区より撰出せらる、幾くもなくして先生代言人となる、東京有名の代言人その数甚だ多し、而して先生の右に出づるもの殆ど罕なり、終に推されて東京代言新組合会長となる、二十五年臨時総選挙に当り、先生復同区より選挙せらる、先生の政海に在るや、不偏不党、超然自ら樹つ、而して各派大に先生を崇重す、第四議会開き、新法典延期案の議場に上るや、先生身を以て断行論を主張し、外にありては法治協会を起して是非を輿論に問ひ、内にありては同志を糾合して利害を議場に争ふ賛助人足らず断行論竟に行はれずと雖も、天下先生の熱心を賞嘆せざるなし先生更に学友岸本辰雄、矢代操の二氏等計り、

東京に明治法律学校を設置して、その教頭となりて鋭意教授の労を執ること前後十年、教を受くる者六千余人、業を卒ふる者千余人の多きに達す、同校の府下有名の法律学校となりしは先生の力多きに居る、蓋しこれ本邦私設法律学校の権輿なり、二十六年二月、先生腸窒扶斯病を患ひ、病むこと旬余、同月十四日長逝す、同日特旨位一級を進め正六位に叙せらる行年四拾有四、東京谷中天王寺に葬る、天下の士識ると識らざると皆痛惜せざるはなし葬るに及び来り会する者数千人在野の士にして盛葬此の如きは曾て之あらざるなり、亦以て平生の

徳望を想ひ見る可し、先生殊に刑法に精し其講述に係る日本刑法講義二巻、大に世人の好評を博し、前後改版五回出版、都数三万に及ぶ世人先生を呼びて、東洋の「オルトラン」と曰ふに至る其他民事訴訟法正義、民法正義等の著述あり並に世に行はる遺稿若干あり、明治廿六年八月明治法律学校より出版したる刑法正義二巻は即ち其一なり、同校長岸本法学博士同書に序して曰く此書の声価値世自ら定論あり、復安そ呶々を須ゐんや天若し君に仮すに寿を以てせんか学術老練英才煥発更に「オルトラン」を圧すべき偉功を究するあらん、今は則ち亡し哀矣哉と、世の先生を視る概此の如くにして学海以外に於ける期待は更にこれより大なるものありしなり（門人佐々木忠蔵述識）

怒濤庵主人「選挙運動の別働隊　所謂壮士団の横行」

『山形公論』第二巻一号、大正一五年一月一日発兌

一

明治二十三年、初期の総選挙に於いて、佐藤里治と共に第一区（山形市及び東西南村山郡）から選出された宮城浩蔵は、当時山形市の金城鉄壁に拠りて余威村山四郡に君臨して居た重野謙次郎を政敵として、見事鎧袖の一触と葬り去つたに徴しても瞭かなるが如く、名声全く一世に敷くの観があつた。

さらでだに官尊民卑の風潮一世を風靡して、事大主義の跳躍して居た明治二十年代である、一小藩の出した眇たる貢進生が、秀才の誉れ高く法律学士となり、仏蘭西留学生となり、帰朝して司法省の書記官となり、参事官となり出てゝは西園寺公望、岸本辰雄、八［矢］代操、熊野源蔵等々、当代の錚々と比肩して明治法律学校（即ち現在の明治大学なり）創立し、其の「刑法講義」が、斯界の聖典として争ひ読まれたるの声望を伝へ聴いては、郷党の誇りとして是れを讃仰したるもの、強ち天童藩の士族だけではなかつたであらう。渠が一度官を辞して野に下ると聴くや、

郷党の同志が耽視虎嘯して是れを嚮へたのも、決して無理ではなかつたのである。

二

当時宮城派の闘将として其の逐鹿に参列した者には、東村山郡に垂石太郎吉（前山邊町長）が居る、否な今日に於てこそ老耄、漸く世に忘れられんとして居るが、当時は年少気鋭、闘争意識に百パーセントと燃焼を持して、政界に重きをなし宮城の立つや陰然参謀長の風格なり、大蕨の多田理助（先代）岡の柏倉九左衛門（先代）天童の工藤六兵衛（物故）井上富太（物故）、長崎の柏倉文蔵（先代）高柳の押野源吉（先代）等郡内の徳望有識皆な其の謀議に与りて、垂石の策戦に有終の美を済さしめた。而して西村山郡下は連記投票を利し、全派の統師佐藤里治と共に共同戦線を敷けるもの、由来「羽陽正義会」発祥の地として、対派に一指も染めざらしめたるものある事は、前章来詳述したる所、僅かに谷地、左澤、宮宿の一部に三四自由党員の点在せるものありしに過ぎず、殆ど挙郡一致佐藤宮城の当選に狂奔したのであつた。

勿論、工藤八之助、国井門三郎（先代）鈴木清助（先代）西澤定吉、本木林兵衛乃至鈴木与右衛門など今日郡内の政機を握る新興勢力は、僅かに其の萌芽を示せるに止まりて、未だ擡頭するに至らず、殆ど今日の政治意識から遠ざかつて居る白岩の田中弥太郎、八澤の加藤正俊、寒河江の安孫子寛之助、沼山の笹島正斎（現笹島長右衛門氏厳父）など、其の闘将として戦場に馳駆して居た。

三

但だ山形市のみは重野の拠つて以て金城湯池と頼む所、市長濱村勘太郎を始めとして、市会議員市吏員の果てに至るまで、皆な渠れの勢力圏内に置かれたもの、殊に口舌の雄、筆陣の鋭、代言人新聞記者等大半其の傘下に聚りて、其の鬱然たる勢力、市勢の中枢を縦貫するものあり宮城と叔甥の間にある長谷川直則（長谷川吉三郎氏先代）福島治助村井英太郎（村井三雄蔵氏先代）等市南の諸豪が、高橋倫之助、新関虎治（新開市助氏先考）草刈源助（先代）等東北の有志と合縦連衡して古川春策、前田事、高澤佐徳、国井庫等の代言人を配し、大いに攻守同盟を結んで当つたが、又如何ともする事が出来なかつた。

後年非政友の領袖として重きをなし、然も不遇の間に病没した国井庫の如きは当時未だ白面の青年、上山より出で、天童の国井家に養はれ、其の歳漸く檜物町に開業せる新参弁護士（代言人）に過ぎなかつた、況んや佐藤治三郎の如きは宮城の後風を慕ひて、遥々高柳より上京し、当時寄食して其の書生たりし者、初期の総選挙時代には、旗持雑兵に過ぎなかつた。

更に南村山は飯塚に斎藤理右衛門あり、金井の渡邊久八郎、上山の高橋宰橘等と共に自由党の重鎮たり、久八郎の宗家渡邊久右衛門を、正義会に引入れて妙見寺の鈴木六太郎、相倉の伊藤権右衛門等克く宮城派として力闘したが、其の結果に於いては重野派に一籌を輸するものがあつた。

四

宮城は学界の権威である許りでなく、政治家としても洋々たる将来を持つて居た、然し惜しい哉第一区より選出さるゝ事前後二回、明治二十六年二月腸チブスを病んで溘焉病没した、後年其の徳風を欣慕する者、佐々木忠蔵（天童女学校長）佐藤治三郎、佐藤啓、多田理助、澤渡吉兵衛等相図り、大正八年六月二十二日、山形市千歳公園心字池の畔、松籟颯々たる下に碑を建てゝ、其の功業を将来に伝へる事とした、構書した「宮城浩蔵碑」の篆額は学友侯爵西園寺公望の筆にかゝるもの、碑文は兆民中江篤介の撰に成るもので有る。

其の碑文冒頭に左の一節あり

君名余聞之久矣。而未有与相見也。明治二十三年帝国議会肇開停商法施行之議出。君立壇盛論商法之不可不速施行。余始得見君而未有与語也。君状貌端荘。雖無甚口弁。而言一々出自肺腑。蓋学殖于中。而出之不可得已者。是以雖当時議士多好騰口譁譁者。莫不皆卒論傾聴焉。

亦た以て其の風丰を知るに足ると思ふ。更に建碑式の当日録して以て一般に頒つた小伝がある。多少繁に過ぐるの嫌ひないでもないが、他日の参考の為めに掲記する、文は佐々木天童小学校長の選したものである。

先生氏は宮城、名は浩蔵、嘉永三年二月八日を以て山形県羽前国東村山郡天童に生る、武田玄々の次男なり、出て、宮城氏を嗣ぐ、宮城氏世々天童藩織田公に仕へ、重職に任ず、先生天資英邁、幼にして文を好み武を嗜み嶄然頭角を露はす、人以て奇材と為す既にして藩学養正館に入り、拮据励精業大に進む藩主信学公大に其材を愛し擢てゝ養正館の句読師と為す、時に年甫めて十五、戊辰の歳天下淆乱奥羽諸藩同盟して王師に抗す、朝廷織田公を奥羽征討先導使と為す、先生年十九藩の監軍吉田大八の麾下に属し、艱苦辛酸を砲烟剣火の間に嘗むること数閲月、大八殊に先生の勇胆を愛し、毎に左右に従へて戦に臨む乱平くの後藩公先生に命じ、庄内藩酒田に遊び、雲州の衛戍兵に就き英式兵法を学ばしむ帰藩後師範役となり、英式戎隊を組織し、大に兵制を改革す是の時に当り、兵乱僅に平ぎ人心尚ほ激昂し、剣を磨し槍を横へ疎豪放縦自ら高ぶり殆と文事を委棄す藩学亦将に廃絶せんとす、先生乃ち率先藩学の振興を計る同志翕然之に応ず、是を以て養正館再び興り、少壮者復文事を修むるに至る、明治二年藩公先生を擢て兵学を東京に修めしむ、先生藩公に懇請し更に仏蘭西語を学ぶ、翌年政府貢進生の制を設け各藩をして絶群の士一人乃至三人を貢せしむ先生乃ち、本藩貢進生となる、此制廃せらるゝに及び、藩公又命じて大学南校に入らしむ時に司法省明法寮に法律科を設置す先生転じて之に赴かんと欲す、南校允さず乃ち意を決し校を脱して之に赴く、明治九年業を卒へ、日本法律学士と為る司法省命じて仏蘭西国に遊び、法律学を修めしむ留まること四年「パリー」大学に入り又「リオン」大学に学び、業成り仏蘭西法律学士の学位を受く、十三年六月帰朝検事に任じ、判事に転じ司法省書記官に移り後従六位奏任官三等に叙し、司法省参事官に歴任す廿二年二月十一日憲法発布の盛典に列し憲法発布紀念章を賜はる、是より先き政府法典編纂の挙あり、先生法律取調報告委員に任じ起案に鞅掌す民法商法民事訴訟法の成る先生与りて力あり、廿三年刑法改正案起草委員を命ぜらる、第一期帝国議会に提出せられたる、改正刑法案は実に先生及び亀山河津両氏の手に成れり二十四年三月其功績を以て勲六等に叙せらる、其他海軍主計学校教授及び警官練習所教授を嘱託せられ、代言人試験委員に任ぜらるゝ等、先生が得る所を以て輔翼の功を致したること甚だ多し、先生仕官十年、二十三年三月終に冠を桂く、是の時に当り我国始めて衆議院議員選挙の事あり、先生乃ち山形県第一区より選出せらる、幾くもなくして先生代言人となる東京有名の代言人其数甚だ多し、而して先生の右に出づるもの殆ど罕なり、終に推されて東京代言新組合会長となる、二十五年臨時総選挙に当り先生復同区より選挙せらる、先生の政海に在るや不偏不党超然自ら樹つ、而して各派大に先生を崇重す、第四議会開き新法典延期案の議場に上るや、先生身を以て断行論を主張し外に在りては法事［治］協会を起して是非を輿論に問ひ内に在りては、同志を糾合して利害を議場に争ふ賛助人足らず断行論竟に行はれずと雖も、天下先生の熱心を賞嘆せざるなし先生曾て学友岸本辰雄、矢代操の二氏等と計り東京に明治法律学校を設置して其教頭となりて鋭意教授の労を執ること前後十年、教を受くる者六千余人、業を卒ふる者千余人の多きに達す同校の府下有名の法律学校となりしは先生の力多きに居る蓋し是れ本邦私立法律学校の権輿なり、二十六年二月先生腸窒扶斯病を患ひ、病むこと旬余同月十四日溘焉長逝す同日特旨位一級を進め、正六位に叙せらる、行年四十有四東京谷中天王寺に葬る、天下の士識ると識らざると皆痛惜せざるはなし、葬るに及び来り会する者数千人在野の士にして盛葬此の如きは未だ曾て之あらざるなり、亦以て平生の徳望を想ひ見る可し、

先生殊に刑法に精し其講述に係る日本刑法講義二巻、大に世人の好評を博し、前後改版五回出版部数参万に及ぶ、世人先生を呼びて東洋の「オルトラン」と曰ふに至る、其他民事訴訟法正義、民法正義等の著述あり並に世に行はる遺稿若干あり明治二十六年八月、明治法律学校より出版したる刑法正義二巻は即ち其一なり、同校長岸本法学博士同書に序して曰く、此書の声価世自ら定論あり、復安ぞ呶々を須ゐんや天若し君に仮すに寿を以てせんか、

学術老練英才煥発更に「オルトラン」を圧すべき偉功を奏するあらん、今は則ち亡し哀矣哉と、世の先生を視る概此の如し而して学海以外に於ける期待は更にこれより大なるものありしなり。

五

独り第一区のみと言はず、当時の選挙界は県下を通じて、今日革正を叫ばれて居るが如き買収請托等の不正事実は未た発生するに至らず、僅かに在るも夫れは「饗応」の一事に止まるの状態であつた然し夫の饗応とても有権者の甘心を買はんとする手段の為めに行はるゝ奸黠なる方法には非ずして寧ろ味方を慰撫する戦場の振舞酒と見るを妥当とする。

但だ所謂「壮士」と称する矯激暴行の徒、横行して所在に衝突乱闘を演じて居た事は、今日では全く想像もされない程で有り、随つて両派の運動員等は何れも拳銃仕込杖を携帯して、潜かに身を護らねばならない有様であつた、されば佐藤里治の如きは常住座臥天野某（後年巡査教習所の師範となる）なる柔術遣ひを要心棒として随へて居た程であつた、

随つて喧嘩、口論は借金に対する利息の如く、選挙の附き物となり、警察官亦た拱手傍観見て見ぬ振りをして居たと云ふ。

当時置賜には佐藤通義、佐藤氏次郎等の代表的壮士あり、為めに米沢市の有力家登坂某（県議登坂又蔵氏の因戚か）は、終に殺害さるゝに至り、酒田町の富豪本間光訓（現光勇氏の厳父）の如きは自由党の壮士の為め焼打され、同じく齋藤清太郎は殺害さるゝに至つた。宮城派の為めに鈴川村に政談演説会を開催すべく赴いた高橋倫之助（現山形市議）が反対村民の為め、警鐘を乱打されたのも此の時であつた、以つて其の横行推して知るべしである。

佐々木忠蔵「宮城先生と垂石君」――『山邊有意会々誌』第一二号〔垂石前会長追悼記念号〕昭和三年五月発兌

宮城先生は僕の恩師で、僕は先生の食客となつて明治法律学校を出ることを得、海岳の洪恩を受けた。垂石君とは明治二十二年に於ける衆議員〔院〕議員の第一回総選挙の際から知合となり、爾来君の最後まで知遇を受けた。故に今こゝに先生と君との関係を叙説するに当り、実に感慨無量である。

宮城先生は名を浩蔵といひ、我が天童の人。明治初年日本法律学士及び仏国法律学士となられた。当時我が県下にて学士の学位を有して居つた人は、恐らく先生一人で有つたと思ふ。官海では検事、判事、司法眞〔省〕書記官、同省参事官に歴任し、法典編纂の大業に参与せられ、桂冠の後は我が国最初の衆議院議員として山形県第一区から選挙せられ幾もなくして代言人（今の弁護士）となり第二回臨時総選挙にも亦第一区から選出せられたが惜いことには明治二十六年二月享年四十有四で長逝せられた。先生仕官十年その学問と材能とを以て輔翼の功を致したことは数ふるに遑がない。彼の有名な明治法律学校（今の明治大学）は先生等の創設に係る幾多有用の材を出したことは世間周知のことである。其の政界に在つては不偏不党超然自ら樹つて居らるゝに拘らず各政派より大らに崇重せ〔ら〕れた。議会に於ける地租改正の如き商法断行論の如き、実に堂々たる大議論で天下の耳目を聳動した。就中商法断行論は新聞雑誌に掲げられ洛陽の紙価を昂からしめた。龍驤虎闘といふ書物が出版せられしが其の中に其の断行論が掲録せられ非常に売れたことは今日も記憶して居る。此の如く先生は一世に超越した傑士であつたから其の総選挙に臨まるにも今日の如く有権者の前に三拝九拝して投票を依頼せられたのでなく却つて有権者から懇々要望せられ後始めて起たれたのであつた。而して先生に対し直接に立候補を要望した人は垂石太郎吉君、多田理助君（今の理助君の亡父）等であつた。

垂石君の先生に逢はれたのは恐く此時が始めてゞ有つたと思ふ。それから当時の推薦者若くは運動者も亦今日のそれとは全然其の撰を異にして居る。無論候補者から運動費を絞り上げるのでなくて自分から費用を提供するは勿論身命を賭してまでも尽力したものであつた。多田君は当時先生の兵站部を担任して居られた一人だが先生の後霊前に香奠一封を捧げられた其の在中の物は即ち先生が多田君から借受けられた選挙額費数千円の証書であつた。外にも献身的に運動の労を取られた人が沢山あつた今の山電の塚田正一君、山形市議の高橋倫之助君等も居られた。此等多数の人々を率ゐ選挙事務長格を勤めたのは垂石君其の人であつた。此等の人々には孰れも金銭の為め動くのではなく先生の人格を中心として活動したものであるから其の統率に関しての君の苦心と愉快とは想像に余りあるので有つた。君は当時年齢三十前後で有つたと思ふ蓬髪乱散兵児帯に着流し一寒書生の風あり。山形千歳館の奥座敷に陣取つて運動の指揮に任じ奇策縦横しかも神出鬼没の概があつた。概して当時の選挙運動は今日の様に泥や山吹の競争でなく封建の遺習未だ脱せずしてピストルと短刀は常に運動者の懐中に秘められて有るので動もすれば身命は風前の燈火同様の観があつた。因て君の身辺は常に壮士の護衛する所となつて居たが君は少しも頓着せず活動せられたものだ。当時先生の反対候補は重野謙次郎君で先生と同じ天童人で一種の傑物である山形自由新聞を其の機関とし盛に反対の気焔［を］揚げた。君は之に対抗すべく、同志と謀つて正義会［を］組織し、山形日報を発刊し之を先生の機関紙とした。同紙は日刊山形の前身でなか［つ］たかと思ふ。主筆は俣野時中とて、和仏法律学校教師で庄内人である。編輯長は明治法律学校在学中の僕であつた。君は選挙運動の傍、殆と毎日出社して逐鹿状況を報道せられ編輯員を奨励せられた。当時東京の或新聞が選挙競争の状況を報じて「熊本県は血を流し山形県は墨を流す」と言はれたが之を見ても競争の激甚が想ひ遣らるゝのである。

以上は除りに多岐に渉つたが、是れより専ら先生と君との関係を述べん。君は先生に対して、非常に敬崇を払つて居られた。君から直接聴いた話だが、先生に初対面の時に、全く先生に心酔したとのことである。凡そ人は他人に心酔すれば、其の人はその刹那から全く他に屈従して頭の上がらぬを常とする。然るに君が先生に対するときには、そんな有様は少しも見られざるのみならず酒酣に耳熱する時に至れば、友人も啻ならぬ程であつた。是れ先生に於ても深く君の人格に信頼して居られたからでも有るが、君の操守甚だ篤く、畏れず佞らず、豪懐人に過ぐる所があつたからだと思ふ。忘れもしない、先生が僕を随へ東京から第一回の総選挙に臨まるゝ時、関山隧道を通過すべく、仙台から作並温泉岩松旅館に着いたのは夕方であつた。同旅館には君を先頭に二十名前後の壮士が、今を遅しと待受けて居つた。

曰く、反対派では、先生が明朝関山隧道を通過せらるゝを探知し伏を洞門附近に設け、先生に危害を加へんとして居る。依て我等は敵の機先を制し今夜の中に其の洞門を通過して、明朝は早や天童に着することに致したいと。先生曰く、諸君の厚意は感謝に余りあり、去れど人に危害を加へんとするもの其の場所と時刻を予告し置くが如き愚を為さゞるべし果して自分を害せんとすれば、或は反対に今夜洞門に待ち居るか、若くは他の場所と時刻とを選び居るやも計れず、死生は命なり。夜中行動せんよりは、寧ろ今夕は此の温泉に都塵を滌ひ、諸君と満酌痛飲するに若かずとて聴かれなかつた。君之を聴き、憤然先生の前に進み出て、大声を揚げて曰く、先生の言理なきにあらず、なれど先生、考一考せられよ、今日先生の一身は、先生自身のものとのみ言ひ得ない、選挙区民のものでないか、我が県吾が国家のものでないか、此の至貴至重の身を以て、若し万一の事に際会せば、先生は兎も角予は選挙区民に対し、同志諸君に対し、何の面目がある。先生にして予等の言を採納せられざれば予は既に決する所ありとて懐中から短刀を出して、自分の前に置いた。之を傾聴し居られた先生は、予の身命は既に諸君に捧げて置いた、此の際に於て敢て諸君に背くものでないと言はれた。一坐黙として言なく、鬼気人を襲ふの観が有つた。刻已に九時を過ぎ、夜雨粛々、君を先鋒とせる先生の一行二十余名、人力車の轢る音勇ましく、旅館を出発し、半夜無事洞門を通過し、払暁天童に着せられた。此の時君と先生とは、多分二回目の面接であつたと記憶してゐるが、其の心酔せる人に対する君の態度は、実に君ならでは能くし得ぬことゝ、直接に此の場面を見てゐた僕は、つくづく感嘆して有つた。其の後先生と君とは、酒間に能く此の時の物語が繰り返へされたが、将来先生と君とが断金の交情を結ばれたのも、全く此の一場の奇劇が其の根基を為したものと僕は深く信してゐる。元来君と先生との性格及び経歴を対照するに、先生は感情の人であるが、君は意志の人である。先生は学者であるも、君は否らず。先生は官歴を有するも、君には少しも此の経歴を有してゐない。年齢に於ても先生は初老に近いが君は纔かに而立に過ぎぬ。先生は外国に遊学し、識見最も高く、特に中央の政界に於る大立物であるに反して、君は郷土に留まり、寧ろ井蛙的生活を続けて居るから、普通にいへば、君は先生よりして小児扱をせらるべきに、事実は全く之れに反して居る。其れは君と先生との性格に於て大に相類似して居る所があるからだと思ふ。其の磊落にして物に拘泥せず、任俠的気分に富み、正義を好愛し、邪悪を嫌忌し、豪邁にして胆力あり、温和にして情味あり、特に郷土を愛し、後進を誘掖する所、実に能く相類似して居る、此の類似点こそ君と先生の交情をして結合融和せしめたものと思ふ。

君が二回に渉る総選挙に於る活動振り、及ひ其の間に於る奇談進話甚た多し、左れど紙面に余裕なきを以て之を省略し、爰に君が先生に尽された最後の一事、即ち先生の記念碑建立のことを録して局を結はんと欲するのである。

先生の没後、在京の知友は先生の為に、東京谷中の天王寺に一大碑を建てられた。君も亦山形に一大記念碑を建てんと希図し、同志と共に醵金を集め、只管建立の準備に努力せられて居たが、種々の事情の為に果されす、星霜空しく過き、大正八年六月二十二日至り最も思出多き千歳公園内に建立することゝなつた。碑文は谷中天王寺に於るものと同しく中井［江］兆民翁の譔篆額は特に西園寺公望侯の筆に成り、天王寺のそれよりも一層記念すへきものと為つた。侯の執筆については、当時僕在京中なるを以て、多少の労を執つた。これ偏に君の依嘱に出てたものである。同日建碑除幕式に於る君の式辞は、恐く君の熱誠を込めたもので、本文に掲けた君と先生との関係事実を証明するものと思ふから、左に全文を掲記することゝする。読去り読来りて、君の心事に想到すれは、先つものは涙てある。恩師逝いて三十有余年、知己亦逝いて返らす、駑才独り余命を全ふするも、碌々為す所なく、酬恩の事心と違ふ。吁々。

宮城浩蔵先生建碑除幕式辞

山形県選出代議士日本及仏国法律学士宮城浩蔵先生ノ道山ニ帰シテヨリ、已ニ二十有六年、吾人敬慕ノ念ハ毫モ衰ヘサルノミナラス、寧ロ益々其ノ風貌ヲ追想シテ、情ニ禁ヘサルモノ有リ、是レ先生ノ人格崇高ニシテ、一世ヲ超越スルモノ有ルニ職由セスンハアラス、先生ノ学海ニ於ル造詣、官途ニ於ル功業ノ偉大ナルコトハ、固ヨリ吾人ノ呶々ヲ要セス、其ノ選ハレテ代議士トナルヤ、政界ノ活動ト貢献トハ、政見ヲ異ニスル者ト雖モ、尚ホ且ツ目ヲ側テ、視、耳ヲ傾ケテ聴カサルナク、実ニ議会ノ重鎮トシテ迎ヘラル、是ヲ以テ我カ県民ハ、幾多地方開発ノ問題ヲ提ケテ、先生ノ一身ニ期待シタリト雖モ、任ニ在ル僅ニ四ケ年ニシテ長逝セラル、顧フニ当時選挙ノ情勢ハ、全ク人格本位ニ在リシヲ以テ、各地競ヒテ第一流ノ人物ヲ挙ケ、相下ランコトヲ期シタト雖モ、先生ノ如キ才徳兼備ノ選良、果シテ幾人カアル、故ニ訃音一タヒ伝ハルヤ、天下ノ士識ルト否トニ拘ラス、悉ク痛惜セサルナシ、当時東京ノ大新聞「日本」ノ弔詩ニ云ハク、

巍然頭角羽陽豪。苦学雲曹甲第高。
蓋世声名多弁護。登門弟子足薫陶。
志非博士衒何用。弊厭朋人籍早逃。
済々選良三百士。以今唯少一英髦。

是レ決シテ過称ニアラサルナリ、今ヤ人格ノ人已ニ亡シ、吾人之ヲ見ントスルモ復得ヘカラス、因テ同志相謀リ、地ヲ山形市外千歳公園ノ一角ニトシテ、碑ヲ建テ以テ先生ノ功業ヲ勒ス、譔文ハ中井［江］兆民翁ノ作、篆額ハ西園寺公望侯ノ筆、共ニ先生生前ノ知己ニシテ一世ノ偉人ナリ。而シテ此ノ地ハ、先生ノ最モ愛好優游セル所ナリ、後ノ亀松閣ハ、進鹿ノ余暇机ニ凭リテ著述ニ従事セラレシ処又今日此処ニ来会セラレタルモノハ、悉ク当年先生ニ親炙シ共ニ活動シタルノ士ナリ、先生聊カ以テ安スヘシ、嗚呼松風ノ颯々トシテ吼ユル、泉声ノ淒々トシテ鳴ル、今猶ホ昔ノ

コトシト雖モ、而カモ我国ノ趨勢全ク豹変シテ、国歩ハ益々艱難、政界ハ愈々多事、世ヲ挙ケテ大人物ノ出現ヲ仰望セサルナシ、吾人ノ遠ク先生ヲ追慕シテ禁ヘサル所以ノモノ、実ニ茲ニ存ス、除幕式ニ当リ、聊カ愚衷ヲ披瀝シテ式辞ニ換ヘ、竝ニ来会同志ニ感謝スト云爾。

大正八年六月二十二日

発起人総代　垂石太郎吉

大植四郎編著『明治過去帳〈物故人名辞典〉』

――東京美術、私家版・昭和一〇年一二月刊、新訂初版・昭和四六年一一月刊

山形県第一選挙区選出衆議院議員東京新組合代言人正六位勲六等法律学士　山形県士族　旧天童藩侍医武田玄々の男にして嘉永五年四月生る十五歳養生館句読師に挙げられ明治戊辰の役監軍吉田大八に属し五年司法省明法寮法学生徒と為り九年仏国に留学十四年東京裁判所検事に任じ従七位に、十五年司法省検事に遷る十七年二月廿一日大審院詰判事に任じ正七位に、十一月五日司法権少書記官に転じ司法局詰と為り十七日法律学士の称号を授けらる十九年七月八日川畑種長巌谷立太郎宮内盛高後藤新平等と従六位に、廿一年頃奏任三等上を以て司法省参事官たり廿三年佐藤里治と倶に山形県第一区より代議士に選ばる君法学界に錚々の聞え高く明治法律学校の創立に尽し其講師と為る日本刑法講義の著あり廿四年三月卅日勲六等に叙し瑞宝章を賜ふ訴訟代理人たり廿六年法学博士の学位を授与せられんとし腸チブスに罹り二月十三日歿す年四十二、十四日特旨を以て正六位に陞り谷中に葬る（墓誌）

【ま】

【や】

【ら】

【わ】

人名索引

村上一博（むらかみ・かずひろ）

1956年生まれ。明治大学法学部専任教授。日本近代法史。神戸大学大学院法学研究科博士後期課程単位取得退学。博士（法学・神戸大学）。主な著書に、『明治離婚裁判史論』（法律文化社、1994年）、『日本近代婚姻法史論』（法律文化社、2003年）、『日本近代法学の巨擘　磯部四郎論文選集』（編著、信山社、2005年）、『日本近代法学の揺籃と明治法律学校（編著、日本経済評論社、2007年）、『日本近代法学の先達　岸本辰雄論文選集』（編著、日本経済評論社、2008年）、『史料で読む日本法史』（共編著、法律文化社、2009年）。

東洋のオルトラン　宮城浩蔵論文選集

2015年7月31日　　初版発行

編者　村上一博

発行所　明治大学出版会

〒101-8301
東京都千代田区神田駿河台1-1
電話　03-3296-4282
http://www.meiji.ac.jp/press/

発売所　丸善出版株式会社

〒101-0051
東京都千代田区神田神保町2-17
電話　03-3512-3256
http://pub.maruzen.co.jp/

装丁　岩瀬聡

印刷・製本　理想社

ISBN 978-4-906811-14-4 C3032